Digital ProLine

Digital Composing

Pavel Kaplun

DATA BECKER

Copyright	© DATA BECKER GmbH & Co. KG Merowingerstr. 30 40223 Düsseldorf
E-Mail	buch@databecker.de
Produktmanagement	Hans-Peter Kusserow
Textmanagement	Jutta Brunemann
Layout	Jana Scheve
Umschlaggestaltung	Inhouse-Agentur DATA BECKER
Textbearbeitung und Gestaltung	Astrid Stähr
Produktionsleitung	Claudia Lötschert
Druck	Media-Print, Paderborn

ISBN 978-3-8158-3019-2

Wichtige Hinweise

Die in diesem Buch wiedergegebenen Verfahren und Programme werden ohne Rücksicht auf die Patentlage mitgeteilt. Sie sind für Amateur- und Lehrzwecke bestimmt.

Alle technischen Angaben und Programme in diesem Buch wurden vom Autor mit größter Sorgfalt erarbeitet bzw. zusammengestellt und unter Einschaltung wirksamer Kontrollmaßnahmen reproduziert. Trotzdem sind Fehler nicht ganz auszuschließen. DATA BECKER sieht sich deshalb gezwungen, darauf hinzuweisen, dass weder eine Garantie noch die juristische Verantwortung oder irgendeine Haftung für Folgen, die auf fehlerhafte Angaben zurückgehen, übernommen werden kann. Für die Mitteilung eventueller Fehler ist der Autor jederzeit dankbar.

Wir weisen darauf hin, dass die im Buch verwendeten Soft- und Hardwarebezeichnungen und Markennamen der jeweiligen Firmen im Allgemeinen warenzeichen-, marken- oder patentrechtlichem Schutz unterliegen.

Alle Fotos und Abbildungen in diesem Buch sind urheberrechtlich geschützt und dürfen ohne schriftliche Zustimmung des Verlags in keiner Weise gewerblich genutzt werden.

Vorwort

Bildcomposings gab es schon immer: für gute und weniger gute Zwecke. Künstler bastelten Collagen, in denen sie verschiedene Techniken wie Fotografie, Malerei und sogar Gegenstände vereinten (denken wir an Picasso und Braque – Kubismus ist auch eine Form des Composings). Politiker missbrauchten die Möglichkeiten der Bildbearbeitung für ihre weniger lobenswerten Ziele, um zum Beispiel unliebsame Personen von offiziellen Fotos zu entfernen. Das haben die Retuscheure bereits in den 20er-Jahren des vergangenen Jahrhunderts ohne Hilfe von Photoshop & Co. mit Erfolg hingekriegt.

Bildmontagen sind aus dem täglichen Leben nicht mehr wegzudenken. Egal wo wir hinschauen: Zeitung, Werbung, Verpackung – überall sind Bildmontagen vertreten. Gute und weniger gute Beispiele überfluten uns jeden Tag.

In diesem Buch finden Sie eine Auswahl der Techniken, die Sie fast für jede Composing-Aufgabe verwenden können, von einfachen Ausbesserungen und Optimierungen eines Fotos bis hin zu komplexen Produktionen, die etwa im letzten Kapitel detailliert beschrieben werden.

Viele Beispiele aus diesem Buch sind an Photoshop-Anwender gerichtet, die mit dem Programm schon sicher umgehen können. Thematisch richtet sich das Buch an Fotografen und Grafiker, die sich mit dem Thema Postproduktion beschäftigen. Was die Programmversionen betrifft, sind die beschriebenen Workshops mit den Versionen ab Photoshop CS machbar.

Viel Spaß mit Bildcomposings!

Ihr Pavel Kaplun

Pavel Kaplun ist seit 1999 in der Werbebranche tätig. Als selbstständiger Fotograf, Postproduzent, Grafiker und Webdesigner konzipiert und gestaltet er Werbekampagnen für Unternehmen, Freiberufler und Parteien. Für Fotografen, Grafiker und Werbeagenturen bietet er regelmäßig Photoshop-Schulungen an.

Offizielle Homepage: *www.kaplun.de*

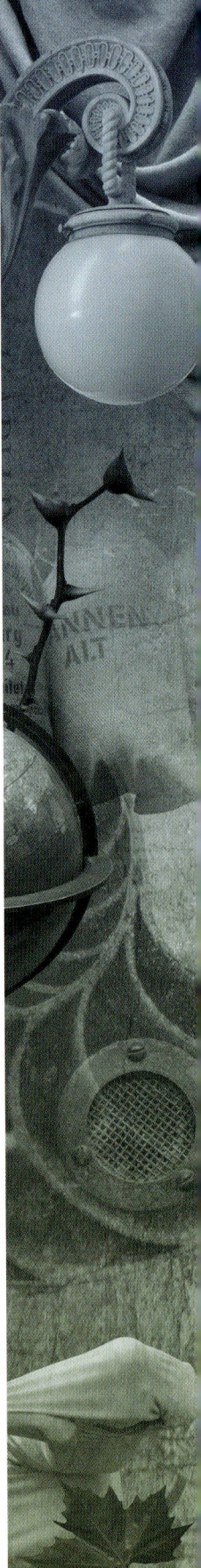

4

5

6

7

8

Einführung in die digitale Bildkomposition

Schon in den früheren Zeiten der Fotografie beschäftigten sich viele Fotografen mit dem Manipulieren von Bildern. Schon damals entstanden interessante Kunstwerke, die qualitativ vielleicht nicht so perfekt wie die modernen Bildcomposings waren, aber einen Charme hatten, der uns bis heute noch fasziniert. Natürlich wurden die Möglichkeiten, Fotos zu manipulieren, auch zu weniger guten Zwecken verwendet, um etwa aus politischer Sicht unerwünschte Personen aus der Geschichte zu löschen. Abgesehen von den Verwendungszwecken hat sich die Technik besonders in den letzten Jahren rasant entwickelt und bietet dem Fotografen ungeahnte Möglichkeiten, aus ganz normalen Fotos wahre Kunstwerke zu kreieren.

1.1   Bildcomposing – Kunst oder Foto?

In einigen fotografischen Internetforen und Fotozeitschriften gibt es Diskussionen über das Digital Composing. Soll man digitale Fotos noch als Fotos gelten lassen, oder sind diese schon etwas ganz anderes, das im Bereich Fotografie eigentlich nichts verloren hat? Kunst oder Fotografie? Die richtige Antwort wäre: Beides. Denn ohne Fotografie gäbe es keine Bildcomposings. Und beides – digitale Manipulationen und Fotografie – sind zwei Kunstrichtungen, die miteinander verschmolzen sind und dem Fotografen spannende Möglichkeiten bieten. Im Folgenden erhalten Sie einige Tipps zu Bildcomposings.

Die Idee

Ohne interessante Bildideen wirken auch technisch perfekt umgesetzte Arbeiten nicht. Der Anfang eines Composings ist nicht in der Kamera und nicht in einem Bildbearbeitungsprogramm, sondern im Kopf des Künstlers zu suchen. Wenn Sie eine zündende Idee haben, halten Sie diese fest, machen sich über die Entwicklung des Bildes Gedanken, skizzieren Ihre Vision auf einem Blatt Papier, sprechen über Ihre Idee mit Ihren Freunden – Sie werden sehen, die Idee entwickelt sich und wird schnell so reif, dass Sie sich nicht mehr halten können und damit beginnen, Ihre Gedanken in einem Kunstwerk zu verwirklichen. Wenn Ihre Idee reif ist, fangen Sie damit an, die passenden Bilder zu suchen und in einem Ordner abzulegen. Es kann sein, dass einige Bilder dann ausrangiert und durch andere ersetzt werden – kein Problem, die Fotos in einem Composing sollen nicht „zusammengeklebt", sondern wie aus einem Guss wirken.

1.2 Mit offenen Augen durch die Gegend laufen und die Kamera dabeihaben – so kommen Sie auf interessante Ideen

Diese Überschrift ist kein Scherz – auch beim Fotografieren können Sie die alltäglichen Dinge mit etwas anderen Augen sehen und auf tolle Ideen kommen.

Zwei Bilder plus eine Idee = Composing

Natürlich ist es von Vorteil, wenn Sie eine große, gut organisierte Sammlung von Fotos zu verschiedenen Themen haben. Dann ist es umso einfacher, passende Bilder für eine Bildkomposition zu finden. Es geht aber auch anders. Auch zwei, drei Fotos, die Sie bei einem Spaziergang schießen, reichen oft für eine effektvolle Collage. Das nächste Beispiel zeigt Ihnen anschaulich, wie das geht.

Die Ausrüstung für die nachfolgenden Fotos war folgende: eine digitale Spiegelreflexkamera mit einem Standardzoom und einem Weitwinkelzoom. Das Foto vom Helikopter wurde ohne besondere Anstrengungen mit dem Teleobjektiv bei kurzer Verschlusszeit aufgenommen.

Das Bild vom Hubschrauber allein ist alles andere als spektakulär. Anders ist es, wenn die Maschine durch die Straßenschluchten fliegt – dann kommt ein richtiges Action-Feeling zum Vorschein. Sie brauchen nicht unbedingt die Wolkenkratzer aus New York; europäische Häuser, aufgenommen mit einem Weitwinkelobjektiv, machen auch eine gute Figur. Die Idee liegt praktisch auf der Hand. Nehmen Sie ein Blatt Papier und skizzieren Sie das Layout für Ihre Bildkomposition.

Weitere Ideen zur Detailverarbeitung wie zum Beispiel, dass der Himmel verändert werden kann, werden Ihnen bestimmt beim Skizzieren einfallen.

Die Wirkung des Himmels durch den Einsatz eines anderen Bildes verstärken

Helikopter freistellen und die Rotorblätter zum „drehen" bringen (Bewegungsunschärfe)

Ausschnitt verändern

Nachdem Sie die Aufteilung der Bildfläche fertig haben, können Sie sich Gedanken über die Farb- und Tonwertanpassung einzelner Bildelemente machen. Aus der Ausgangssituation wie auf dem kleinen Bild können Sie mithilfe verschiedener Einstellungsebenen eine Komposition mit völlig anderer Farbrichtung und starker Stimmung kreieren. Über die Techniken, die Sie dabei verwenden können, erfahren Sie mehr in den nächsten Kapiteln dieses Buches.

1.3 Tipps zum gezielten Fotografieren bestimmter Bildelemente für das Composing

Wenn Sie sich ernsthaft mit Bildkompositionen beschäftigen möchten, sollten Sie schon beim Fotografieren eine Strategie entwickeln, wie Sie die Landschaften und einzelne Elemente für Ihre Gestaltungen aufnehmen. Hier finden Sie einige Ratschläge zum Fotografieren der Bausteine für Ihre Composings.

Die richtige Perspektive bei Landschaftsaufnahmen

Folgendes Beispiel: Sie möchten ein Auto aus einem Foto in die neue Umgebung eines anderen Bildes übertragen. Die Aufgabe klingt einfach, aber beim Fotografieren sind einige Einstellungen zu beachten.

Wenn Sie das Auto fotografieren, sollten Sie auf jeden Fall auf die durchgehende Schärfe achten, das heißt, die Blende sollte im Bereich f8 bis f12 liegen. Falls die Schärfe abnimmt, sollten Sie das beim Gestalten des Hintergrunds berücksichtigen, indem Sie zum Beispiel den Hintergrund mit dem Gaußschen Weichzeichner künstlich unscharf machen.

Bei der Aufnahme der Landschaft ist es wichtig, den richtigen Winkel bzw. den Abstand der Kamera zum Boden zu treffen. Ziemlich treffsicher sind Aufnahmen, bei denen der Abstand der Kamera zum Boden ca. 50–80 cm beträgt.

Beachten Sie ebenfalls, dass die Horizontlinie gerade verläuft. So sparen Sie sich die spätere Ausrichtung und ein daraus resultierendes Beschneiden des Bildes.

Verwenden Sie beim Fotografieren eine kleine Blende von f8 bis f16 wegen der durchgehenden Schärfe. In solchen Situationen ist es sinnvoll, vom Automatikmodus zum AV-Modus zu wechseln, bei dem Sie die Blende selbst bestimmen können.

Die Verschlusszeit wird dann von der Kamera automatisch gewählt. Bei dieser Blende und niedriger ISO-Zahl ist es ratsam, ein Stativ zu verwenden. Natürlich sind die Aufnahmeeinstellungen von Ihrem Konzept abhängig.

Wenn Sie ein Composing mit ungewöhnlicher Perspektive oder starkem Weitwinkeleffekt planen, werden die Aufnahmeregeln ganz anders. Aber dann beziehen sich diese Einstellungen auf alle Aufnahmen, die in der Bildkomposition verwendet werden.

Speziell bei diesem Beispiel wurden die Größenverhältnisse so gewählt, dass das Auto richtig in die neue Umgebung passt.

Obwohl das Foto des Wagens mit einer leichten Telebrennweite aufgenommen wurde, wurde das freigestellte Fahrzeug so klein gemacht, dass der Eindruck entsteht, es wäre genauso wie die Landschaft mit einem Weitwinkelobjektiv fotografiert worden.

Die passende Wahl der Aufnahmeeinstellungen macht die Arbeit an einem Composing leichter.

Wenn die Freistellung und Farbanpassung auch sauber durchgeführt sind, sehen die Ergebnisse sehr überzeugend aus.

Einstellungen bei der Aufnahme der Details zum Freistellen

Besonders die kleinen Details, die später freigestellt werden, sollten nach Möglichkeit vor einem ruhigen Hintergrund fotografiert werden.

Wenn Sie die Möglichkeit haben, das Objekt vor einem Papierhintergrund zu fotografieren, ist dies die beste Lösung, weil Sie dann beim Freistellen das Zauberstab-Werkzeug verwenden können und die Arbeit im Nu erledigt ist.

Wenn so eine Möglichkeit nicht besteht (zum Beispiel beim Fotografieren der Gegenstände auf der Straße oder im Museum), sollten Sie wenigstens darauf achten, dass keine bzw. nur wenig störende Muster hinter dem Objekt zu sehen sind.

Zwar haben Sie dann keine große Auswahl an Freistellungswerkzeugen (wahrscheinlich nehmen Sie dann das Zeichenstift-Werkzeug), die infrage kämen, aber die störenden Bildelemente werden Sie beim Treffen der Grenze zwischen dem Objekt und dem Hintergrund nicht zu stark verwirren.

Vorsicht bei Hintergründen mit intensiven Farben: Diese verfälschen die Farben des Objekts, und schon nach dem Freistellen sehen Sie besonders an den Kanten, dass eine Farbkorrektur unumgänglich ist.

Besteht die Möglichkeit, intensive Farbhintergründe zu meiden, sollten Sie das unbedingt tun.

Landschaftsdetails, Himmel und Strukturen

Nicht nur Fotos von Details werden für Collagen benötigt, sondern auch Fotos, die für die Gestaltung der Kulisse verwendet werden.

Bei diesen Aufnahmen sollten Sie ebenfalls einige Regeln beachten. Hier sehen Sie einige Beispiele, wie Sie aus einer Aufnahmereihe die Auswahl des richtigen Bildes treffen.

Das Beispiel Wüstenlandschaft

Die Bildfolge zeigt eine Auswahl von Fotos und die Kriterien, nach denen Sie die Entscheidung für das optimale Bild treffen können.

Bei Composings ist es ideal, wenn Sie mit Bildkulissen arbeiten, die wenig Details oder störende Personen aufweisen, bei denen die Schatten nicht zu stark ausgeprägt und die Kontraste eher moderat sind. Solche Bilder sind wie eine Leinwand: Sie können die Bilddetails frei auf dem Landschaftsfoto positionieren, den Schattenwurf bestimmen und an den Stellen, an denen es nötig ist, die Farben verändern sowie die Kontraste verstärken.

Wenn das Landschaftsbild schon eigene stark ausgeprägte Details besitzt, wie die oberen beiden Beispielbilder, sind Sie gezwungen, diese Gegebenheiten zu akzeptieren und Ihre Komposition daran anzupassen, was allerdings eine starke Einschränkung Ihrer Kreativität bedeuten kann.

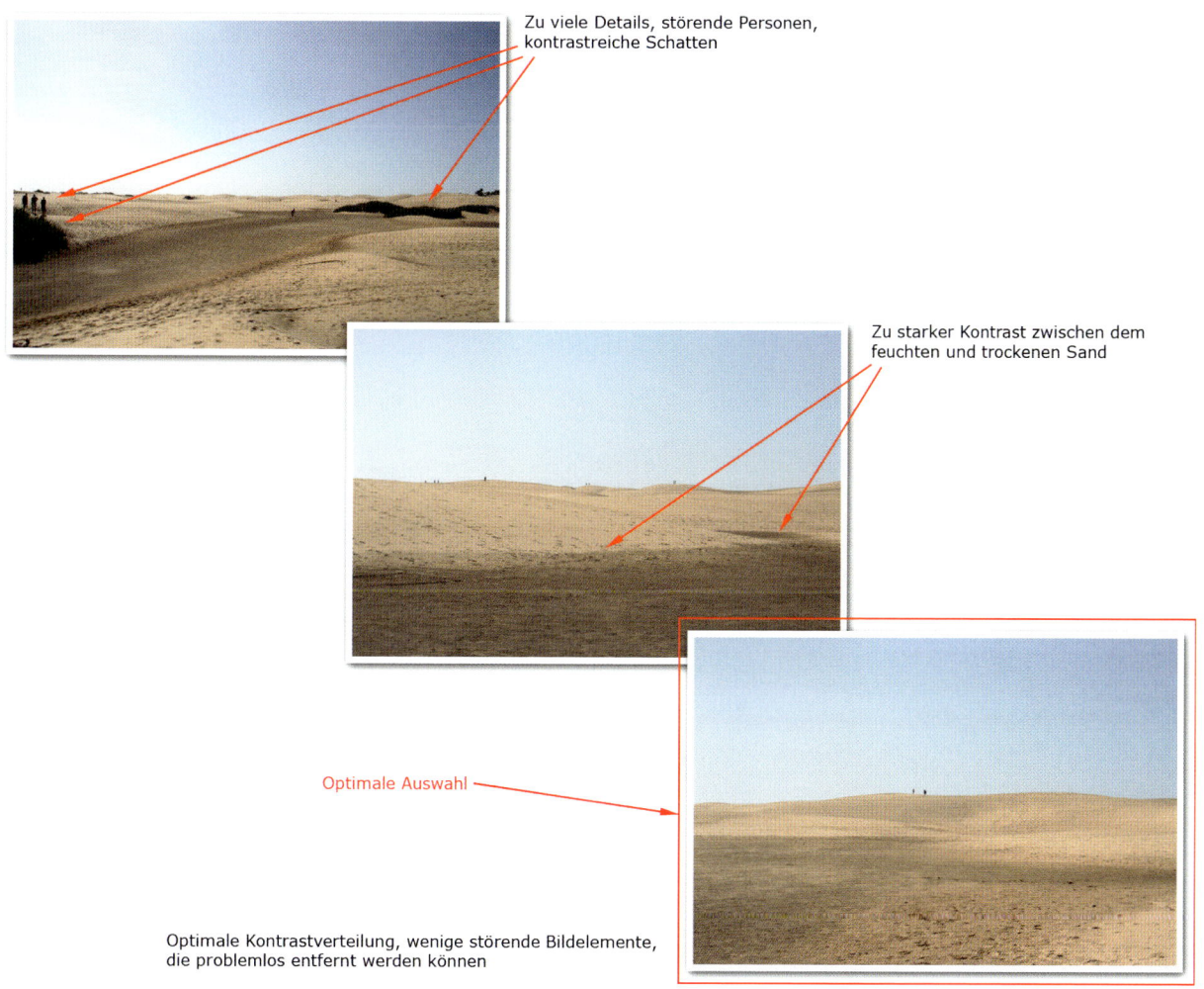

Zu viele Details, störende Personen, kontrastreiche Schatten

Zu starker Kontrast zwischen dem feuchten und trockenen Sand

Optimale Auswahl

Optimale Kontrastverteilung, wenige störende Bildelemente, die problemlos entfernt werden können

Beispiel eines veränderten Himmels

Bei der Auswahl des passenden Himmels können Sie ähnliche Regeln befolgen wie bei den Wüstenfotos und müssen zusätzlich noch folgende Aspekte beachten: Sehr wichtig ist, dass Sie die Himmelsfotos in hoher Auflösung und bestmöglicher Qualität machen – optimal ist hierfür das RAW-Format. Bei den Composings werden die Fotos des Himmels oft die größte Fläche der Bildkulisse einnehmen.

Wenn Sie eine Datei in der Größe 30 x 40 cm bei 300 dpi anlegen, muss das Foto des von Ihnen ausgewählten Himmels evtl. vergrößert werden. Entwickeln und optimieren Sie das Bild im RAW-Konverter, öffnen Sie dieses als TIFF und passen die Bildgröße an die Größe Ihrer Arbeitsfläche an. Wie Sie die Fotos optimal vergrößern, lesen Sie in Kapitel 2.

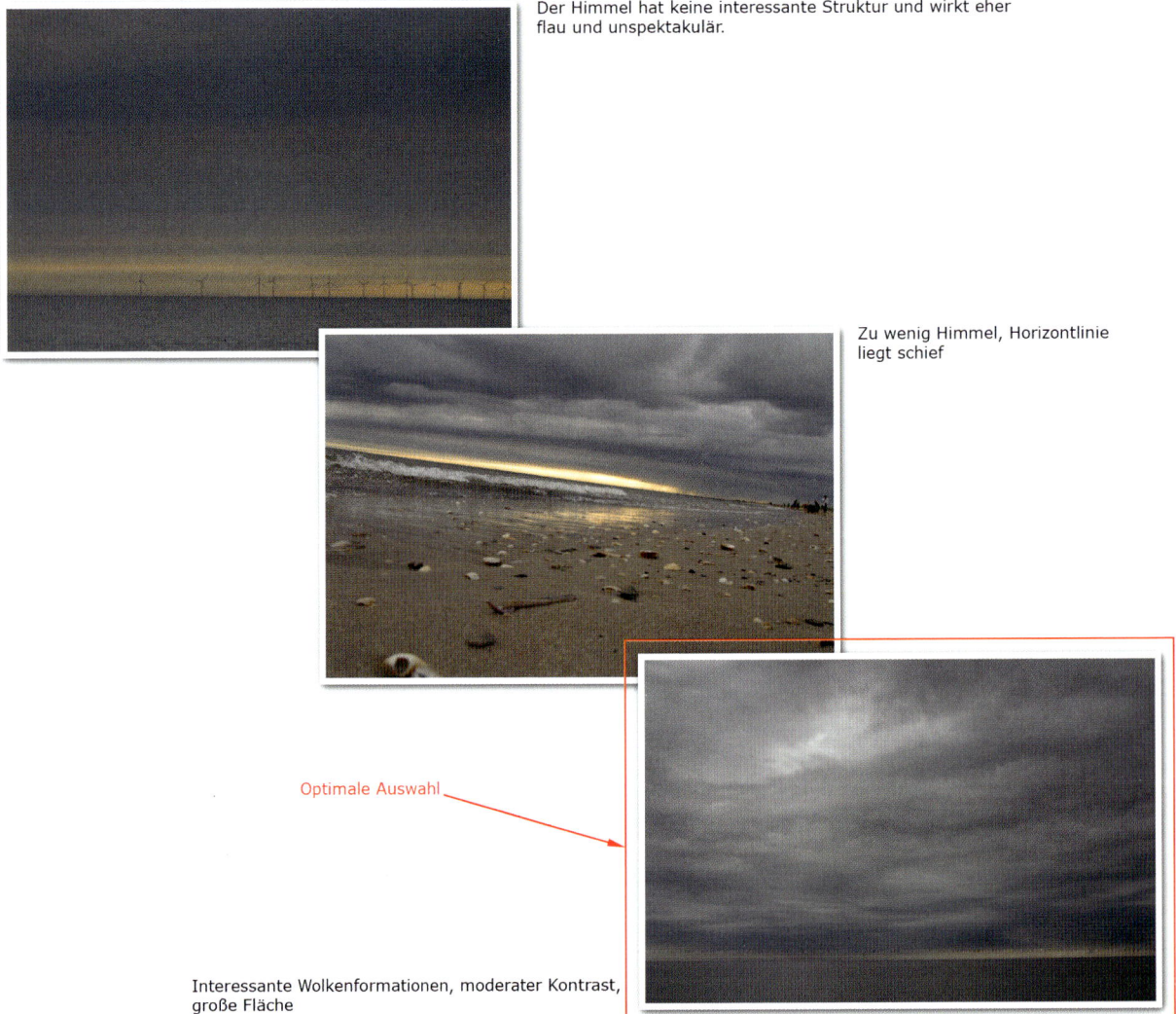

Der Himmel hat keine interessante Struktur und wirkt eher flau und unspektakulär.

Zu wenig Himmel, Horizontlinie liegt schief

Optimale Auswahl

Interessante Wolkenformationen, moderater Kontrast, große Fläche

Beispiel verschiedener Strukturen, die als Hintergrund zu verwenden sind

Achten Sie bei der Auswahl der Strukturen, die in Ihrer Komposition als Hintergrund eingefügt werden können, auf folgende Aspekte: Fotografieren Sie die Strukturen möglichst nicht bei strahlendem Sonnenlicht, sondern eher im Schatten, um weiche Hintergründe zu bekommen, die keine hohen Kontrastunterschiede aufweisen.

Verwenden Sie zum Fotografieren kein Weitwinkelobjektiv, sondern eher Standardobjektive mit Brennweiten von 50–100 mm. Dadurch vermeiden Sie Verzerrungen und tonnenförmige Verzeichnungen. Beim Fotografieren von z. B. einer Mauer halten Sie die Kamera nach Möglichkeit im 90°-Winkel zu der zu fotografierenden Oberfläche.

Bei der Auswahl der Struktur sind folgende Kriterien wichtig: Die Struktur darf nicht zu grob und zu kontrastreich sein (es sei denn, Sie wollen eine Ziegelmauer oder bunte Tapete als Hintergrund benutzen). Optimal sind Strukturen, die keine zu starken Farben aufweisen, im Idealfall Grau- oder Brauntöne. Die Strukturen sollten nach Möglichkeit keine störenden Details enthalten, damit sparen Sie sich viel Zeit bei der nachträglichen Retusche.

Wie Sie in der Auswahl sehen, können Sie jede erdenkliche Fläche als Struktur benutzen: Steine, Mauern, Stoffe, Sand etc. Tipp: Auch Teile einer Skulptur, etwa ein Faltenwurf aus Stein, (untere Reihe rechts) eignen sich hervorragend für viele Bildkompositionen.

1.4 So finden Sie schnell die Fotos für Ihr Composing

Die Archivierung und richtige Organisation der Fotos sollte nicht zu kurz kommen. Wenn Sie die Aufnahmen zu verschiedenen Themen immer griffbereit haben, sparen Sie viel Zeit und können sich mehr auf die Gestaltung des Bildes konzentrieren.

Schon beim Übertragen der Fotos auf Ihre Festplatte können Sie die Fotos gezielt mit entsprechend passenden Stichwörtern versehen, nach denen Sie dann später punktgenau suchen können. Ob Sie Adobe Bridge oder Adobe Lightroom benutzen, spielt dabei keine Rolle. Zugewiesene Stichwörter bleiben an den

Metadaten „hängen" und werden von den meisten Bildbearbeitungsprogrammen erkannt. Zusätzlich können Sie die Fotos thematisch in verschiedene Ordner kopieren, die Sie oft benötigen: zum Beispiel *Menschen, Tiere, Himmel/Wolken, Strukturen/Hintergründe, Berge, Meer, Landschaften, Technik* etc.

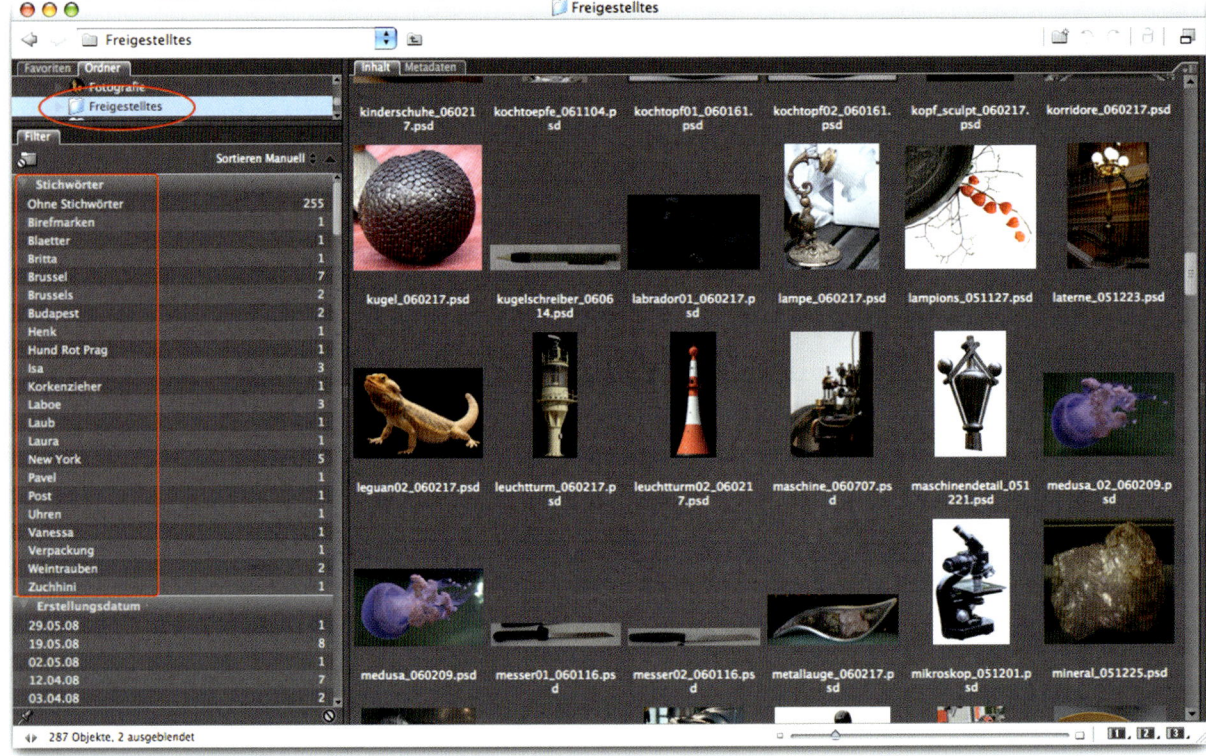

Wenn Sie einige Bildteile bereits freigestellt haben, ist es sinnvoll, die freigestellten Bilder in einem separaten Ordner, z. B. *Freigestellte Objekte*, zu speichern. Da die Kapazitäten der Festplatten nicht unbegrenzt sind, archivieren Sie die Daten zusätzlich auf CDs oder DVDs.

Zwar sind diese auf lange Sicht nicht so sicher wie Festplatten, aber wenn Sie beide Medien (Festplatten und CDs/DVDs) zum Speichern benutzen, können Sie ziemlich sicher sein, dass sich der Datenverlust in Grenzen hält. Auch externe Festplatten eignen sich hervorragend zur Archivierung Ihres Bildmaterials.

Vorbereitung der Bilder für das Bildcomposing

Bevor Sie mit dem Montieren Ihrer Bildkomposition beginnen, sollten die Fotos optimiert und angepasst werden. Worauf besonders zu achten ist, erfahren Sie in diesem Kapitel.

2.1 JPEG oder RAW?

Es wird unter Fotografen nicht mehr so heftig darüber gestritten, welches Format besser ist: RAW oder JPEG. Dass RAW gegenüber JPEG einige Vorteile hat, ist klar, das bedeutet aber nicht, dass Sie JPEG-Dateien gar nicht mehr verwenden sollten. In diesem Abschnitt können Sie sich selbst davon überzeugen, wann Sie die eine und wann die andere Einstellung Ihrer Kamera verwenden sollten und welche Techniken zum Bearbeiten des jeweiligen Formats am besten geeignet sind.

Das RAW-Format

Im Grunde ist RAW kein Bildformat, sondern die Datenmenge, die Ihre Digitalkamera aufzeichnet, bevor diese in ein Bildformat umgewandelt wird, das jedes Bildbearbeitungs- oder Betrachtungsprogramm interpretieren kann. RAW-Daten können entweder direkt in der Kamera vom kamerainternen Prozessor in JPEG-Daten umgewandelt oder unbearbeitet auf der Speicherkarte abgelegt werden. Wenn Sie sich für eine direkte Aufzeichnung entschieden haben, brauchen Sie zum Lesen ein spezielles Programm, den RAW-Konverter.

Dieses Programm haben Sie entweder auf der CD, die Sie zusammen mit der Kamera erwerben, oder Sie greifen zum RAW-Konverter von z. B. Photoshop. Besonders bei den neusten Kameras kann es passieren, dass Photoshop noch nicht das aktuelle RAW-Format der Kamera unterstützt, aber meistens werden die entsprechenden Updates ziemlich schnell nach dem Verkaufsstart der neuen Kamera auch für Adobe Photoshop zur Verfügung gestellt. Sie können bereits in Adobe Bridge sehen, ob das RAW-Format Ihrer Kamera unterstützt wird. Wenn ja, wird die Bildminiatur sofort angezeigt, wenn nicht, dann sehen Sie nur ein leeres Rechteck.

In so einem Fall klicken Sie auf *Hilfe/Aktualisierungen*. Das Programm verbindet sich mit dem Adobe-Server und lädt, falls vorhanden, die neusten Kamera-RAW-Updates auf Ihren PC.

Die Vorteile des RAW-Formats wurden schon oft in zahlreichen Büchern, Zeitschriften und Onlineforen bestätigt. Welche Vorteile hat RAW gegenüber JPEG nun speziell in Bezug auf die Fotos, die Sie für ein Composing vorbereiten wollen?

In erster Linie ist das die Möglichkeit, ein Foto so zu entwickeln, dass es keine unter- oder überbelichteten Stellen gibt. Manchmal sollten dabei mehrere Entwicklungen mit verschiedenen Einstellungen gemacht und dann mithilfe von Ebenen und Masken zu einem Bild mit gleichmäßiger Beleuchtung zusammengestellt werden. Wie das geht, erfahren Sie im nächsten Beispiel.

Mehrfache Entwicklung der RAW-Dateien für bessere Bildqualität

Sie möchten ein Objekt auf dem Foto freistellen und in einer Collage verwenden. Besonders bei den Fotos, die an einem sonnigen Tag aufgenommen wurden, kommt es vor, dass die Ausleuchtung des Objekts sehr unregelmäßig ist, und das passt nicht zu Ihrem Konzept. In solchen Situationen verwenden Sie die mehrfache Entwicklung.

1

Öffnen Sie die Datei mit dem RAW-Konverter, indem Sie in Adobe Bridge auf die Bildminiatur doppelklicken. Wie Sie auf dem Beispielbild sehen, sind einige Stellen des Objekts (Schattenbereiche) perfekt ausgeleuchtet, die Bereiche rechts sind allerdings fast überbelichtet. Machen Sie in der Palette *Grundeinstellungen* vorerst keine Anpassungen und klicken Sie auf

Objekt öffnen. Das geöffnete Bild soll in der Arbeitsfläche von Photoshop bleiben.

2

Jetzt können Sie sich mit den überbelichteten Bereichen des Bildes beschäftigen. Gehen Sie zurück zu Bridge und doppelklicken Sie erneut auf die Bildminiatur des gleichen Bildes. Im RAW-Konverter können Sie die Einstellungen *Belichtung* und *Reparatur* verändern, sodass überbelichtete Bereiche wiederhergestellt werden. Setzen Sie den Wert von *Belichtung* auf ca. –1,20 (das Bild wird dabei etwas dunkler) und von *Reparatur* auf 100. Durch die Erhöhung des Wertes *Reparatur* erreichen Sie, dass sehr helle Bereiche des Bildes sanft abgedunkelt werden, sodass keine Störungen entstehen. Speziell bei den starken Überbelichtungen bedeutet

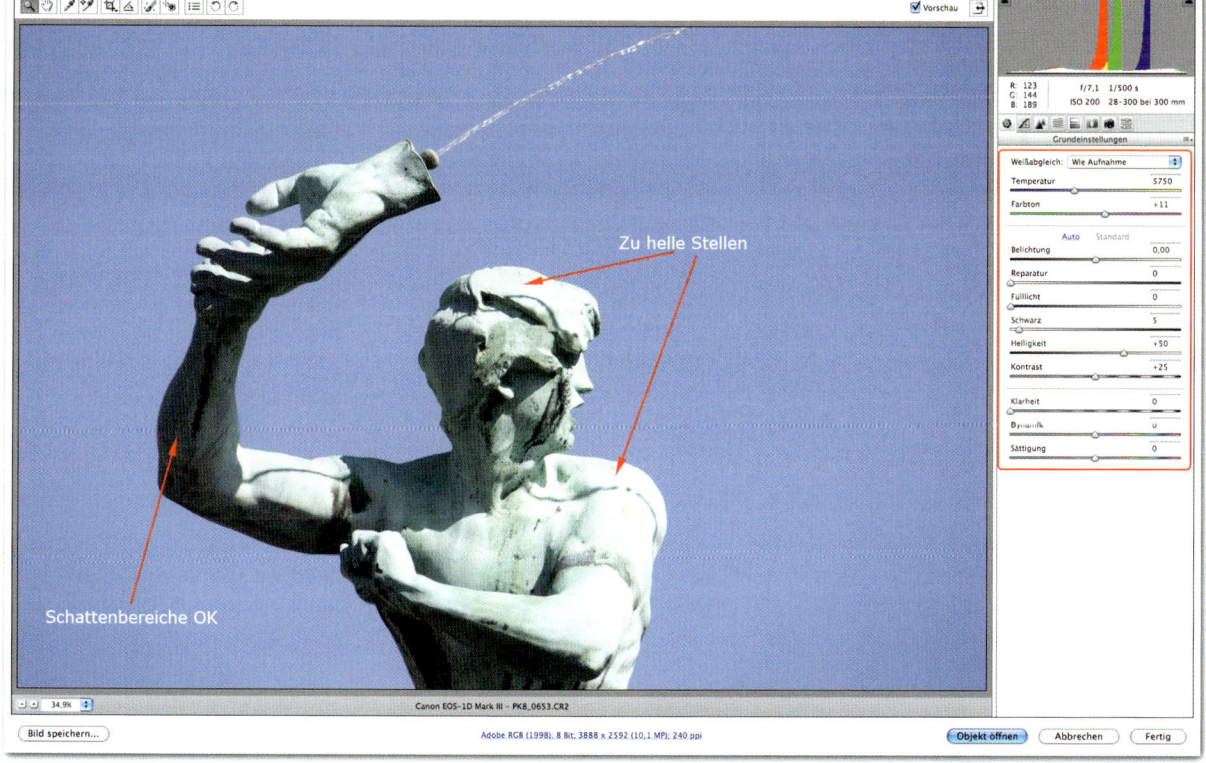

Zu helle Stellen

Schattenbereiche OK

dies, dass auch bei den Stellen, an denen die Strukturen fast verschwunden sind, diese fast komplett wiederhergestellt werden. Öffnen Sie das Bild ebenfalls
in Photoshop.

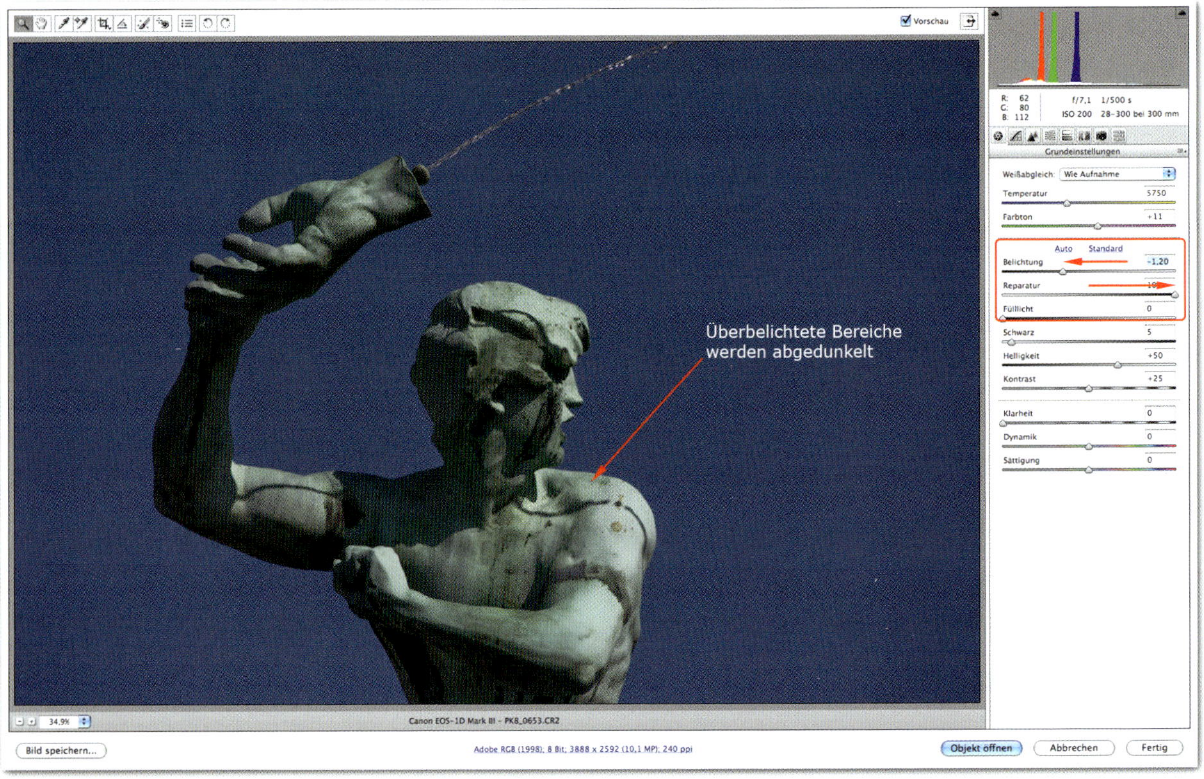

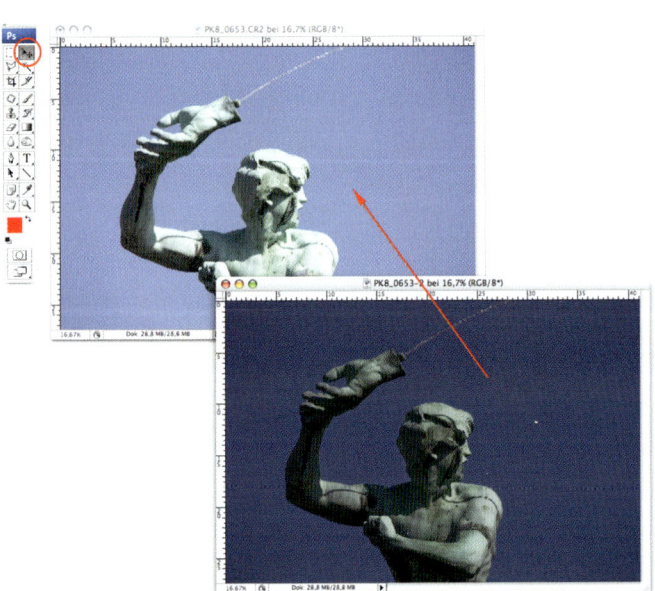

Überbelichtete Bereiche
werden abgedunkelt

3

In Photoshop haben Sie jetzt zwei Bilder mit
einem Motiv, aber mit unterschiedlicher Beleuchtung.

Wählen Sie in der Werkzeugpalette das
Verschieben-Werkzeug ([V]) und ziehen Sie
das dunklere Bild in die Arbeitsfläche mit
dem helleren Bild.

Halten Sie beim Verschieben die [Umschalt]-
Taste gedrückt, damit die Ebenen genau mittig übereinanderliegen.

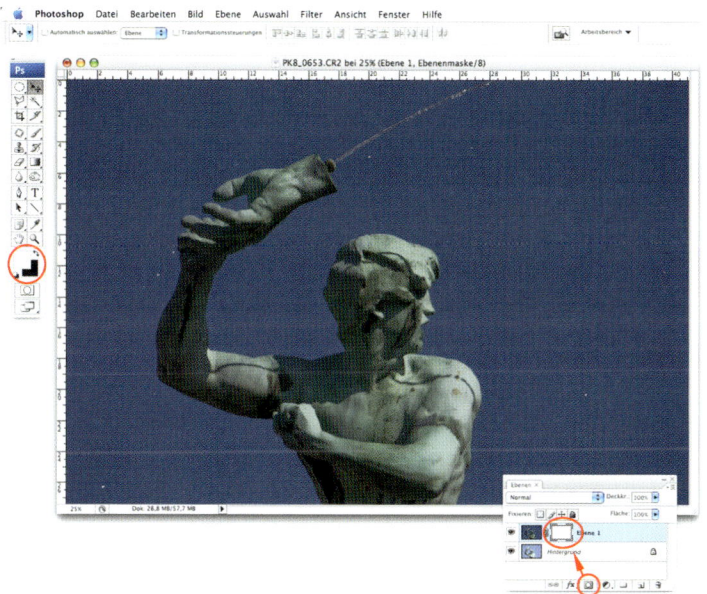

4

Auf der Ebene mit dem dunkleren Bild erstellen Sie eine Ebenenmaske. Definieren Sie in der Werkzeugpalette im Farbwähler die Vordergrundfarbe Weiß und die Hintergrundfarbe Schwarz.

Das können Sie mit den Tasten [D] (setzt Schwarz und Weiß als Grundfarben) und [X] (wechselt zwischen Vordergrund- und Hintergrundfarbe) machen.

Mit [Strg]+[Entf] füllen Sie die Maske der Ebene mit schwarzer Farbe, damit die Maske vorübergehend deaktiviert wird.

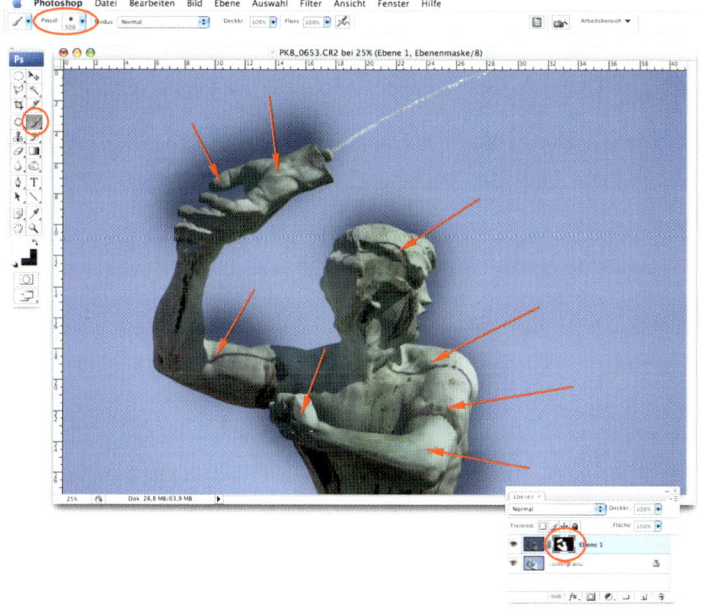

5

Wählen Sie anschließend das Pinsel-Werkzeug ([B]) mit der Größe ca. 400–500 Pixel, Härte = 0.

Mit der weißen Farbe können Sie jetzt auf der Ebenenmaske die hellen Bereiche abdunkeln, indem Sie die Teile der oberen Ebene demaskieren. Das Objekt bekommt dadurch eine gleichmäßige Beleuchtung.

6

Der Freistellung des Objekts steht nichts mehr im Wege. Ihr Bild hat zwei Ebenen, aber Sie können sich vorerst auf die Freistellung auf einer Ebene konzentrieren. In unserem Beispiel eignet sich zum Freistellen das Werkzeug Zauberstab ([W]) (mehr Freistellungswerkzeuge lernen Sie im nächsten Kapitel kennen). Blenden Sie die obere Ebene aus und klicken Sie mit dem Zauberstab-Werkzeug ([W]) in die Fläche des Himmels. Der Himmel wird ausgewählt. Da Sie nicht den Himmel, sondern die Figur brauchen, kehren Sie die Auswahl mit [Strg]+ [Umschalt]+[I] um. Die Figur ist ausgewählt.

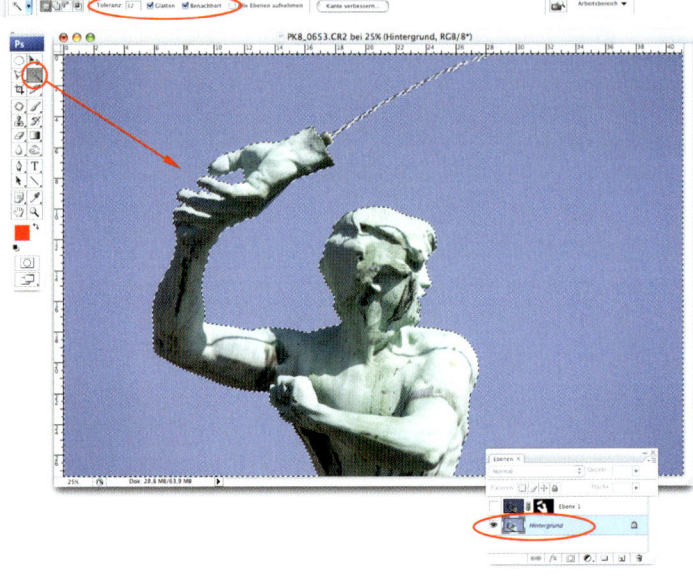

7

Nachdem die Auswahl passend ist, können Sie mit [Strg]+[E] die beiden Ebenen auf die Hintergrundebene reduzieren. Mit [Strg]+[J] legen Sie den ausgewählten Bereich als Kopie auf eine neue Ebene und können diese für Ihre Composings verwenden.

Vorteile

Bei dieser Methode haben Sie zwei unterschiedlich entwickelte Bilder, die Sie zu einem zusammenfügen. Im Vergleich zum JPEG-Format werden die Pixel nicht verändert und die Gefahr, dass durch die Anpassungen von Tonwerten das Rauschen zunimmt und andere Störungen auftreten, besteht nicht. Das Ergebnis ist ein optimal ausgeleuchtetes Objekt, das in einer Komposition auch mit anderen Lichtverhältnissen als im Originalbild verwendet werden kann.

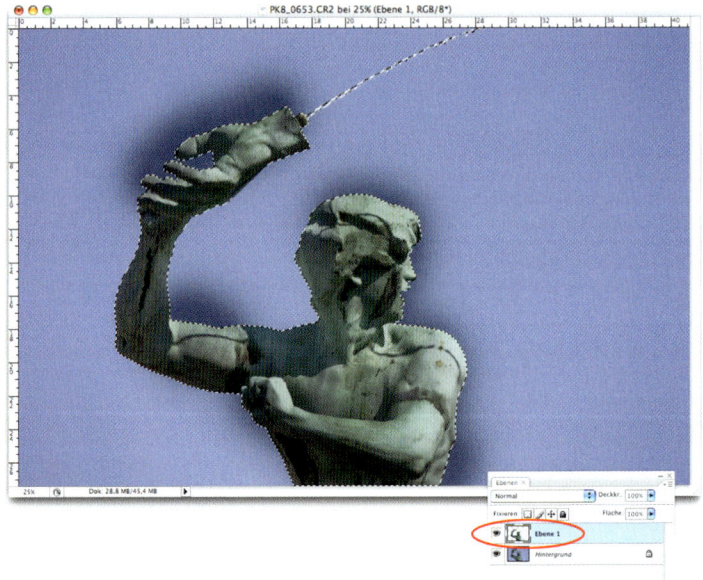

Vorher

Nachher

Korrekturen von JPEG-Dateien

Im Gegensatz zum RAW-Format haben Sie bei JPEG-Dateien nicht die Möglichkeit, die Lichtsituation im Konverter zu simulieren. Alle Korrekturen an JPEGs führen zur Veränderung der Pixelstruktur des Bildes, was oft zu Qualitätseinbußen führen kann. Wenn Sie aber keine andere Wahl haben, bleibt Ihnen nichts anderes übrig, als das Beste daraus zu machen. In den nächsten Schritten erfahren Sie, wie Sie eine „schonende" Bildkorrektur an den JPEG-Daten durchführen können.

Überbelichtete Bilder mit der Ebenenfüllmethode Multiplizieren abdunkeln

1

Öffnen Sie das Bild und erstellen Sie in der *Ebenen*-Palette mit [Strg]+[J] eine Kopie der Hauptebene.

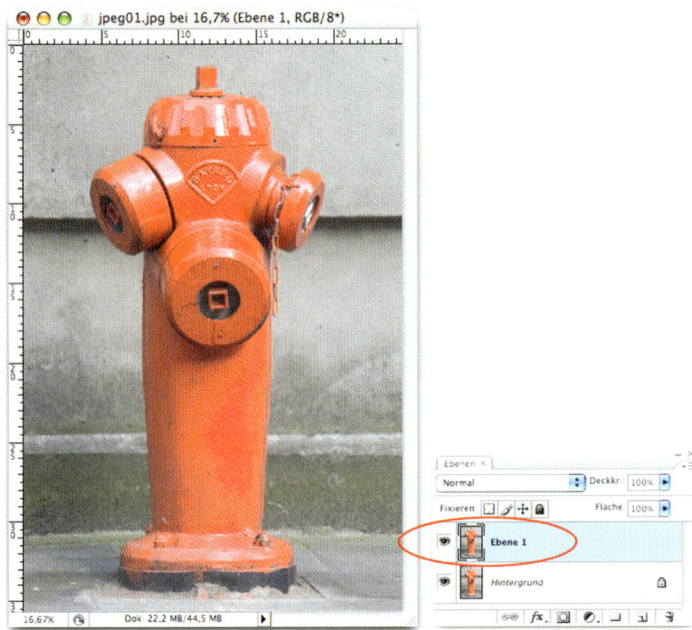

2

Ändern Sie die Ebenenfüllmethode für die obere Ebene auf *Multiplizieren*, das Bild wird deutlich abgedunkelt. Sollte die Abdunklung zu stark sein, können Sie die Deckkraft der oberen Ebene reduzieren.

3

Falls die obere Ebene auf einige Bildbereiche nicht wirken soll, können Sie Folgendes machen: Erstellen Sie auf der oberen Ebene eine Ebenenmaske. Wählen Sie das Pinsel-Werkzeug ([B]) mit großer Werkzeugspitze, Härte = 0.

Maskieren Sie mit schwarzer Farbe die Bereiche, die im Originalzustand erscheinen sollen. In unserem Beispiel wurde die Mitte des Objekts durch die Maskierung wieder

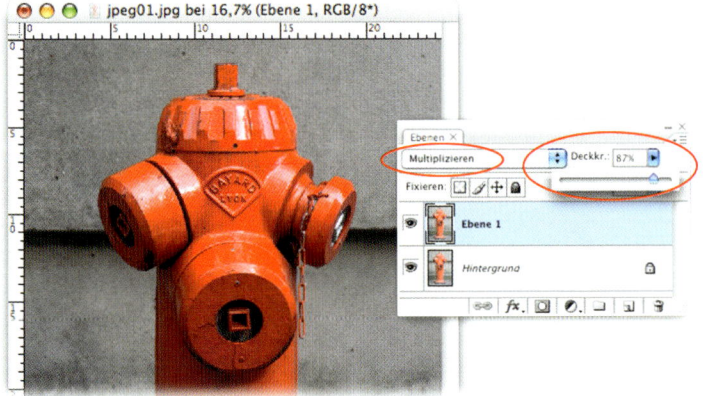

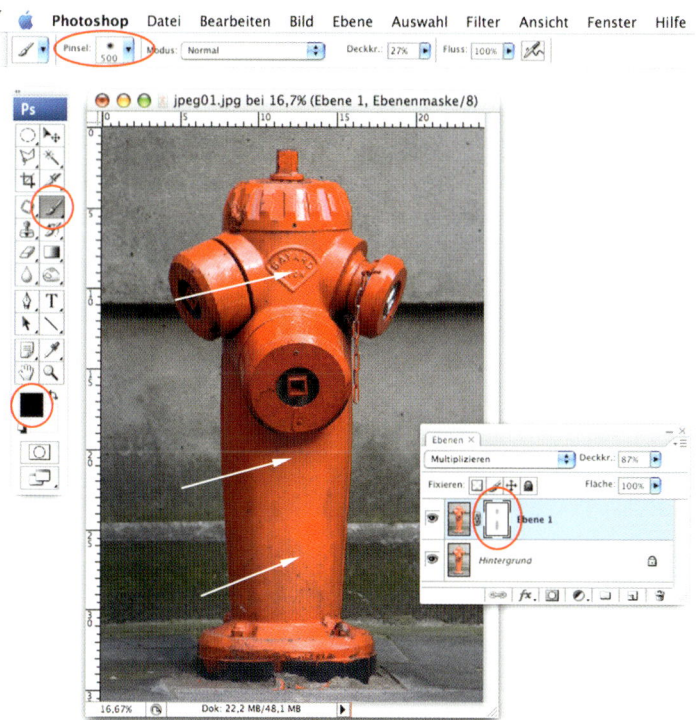

aufgehellt, damit die zylindrische Form besser zur Geltung kommt. Wenn Sie mit den Korrekturen zufrieden sind, können Sie die Ebenen mit Strg+E auf eine Hintergrundebene reduzieren und mit der Freistellung beginnen.

Bei so einem Beispiel wäre die Freistellung mit dem Zeichenstift-Werkzeug (P) optimal. Mehr zu dieser Freistellungsart im nächsten Kapitel.

Diese Art der Korrektur ist für die Pixel einer JPEG-Datei ziemlich schonend und das Rauschen steigt nur minimal an.

Vorher

Nachher

Einstellungsebenen für schonende Korrektur verwenden

1

Öffnen Sie das Bild. Beginnen Sie mit der Korrektur der Tonwerte. Erstellen Sie dazu in der *Ebenen*-Palette die Einstellungsebene *Tonwertkorrektur*.

Konzentrieren Sie sich vorerst auf die Bereiche, in denen flaue Farben besser zur Geltung kommen sollen.

Verschieben Sie den mittleren und den linken Regler nach rechts. Das Bild gewinnt deutlich an Kontrast.

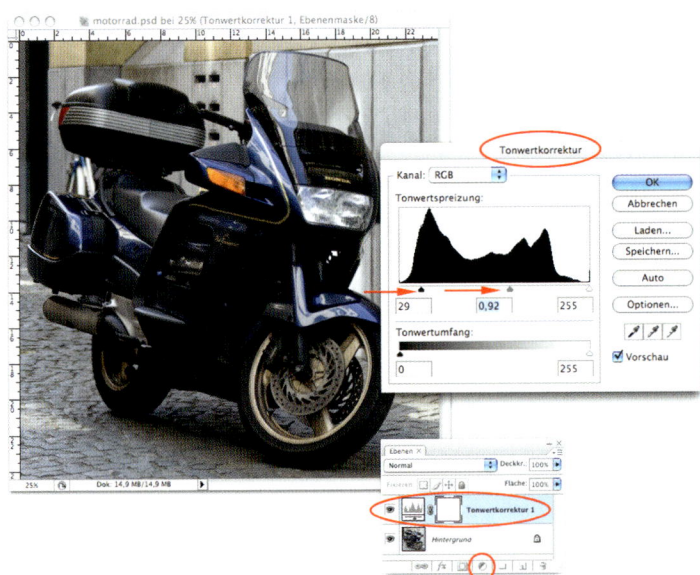

2

Da durch die Einstellungsebene *Tonwertkorrektur* das ganze Bild dunkler wird, auch die ohnehin dunkleren Stellen, können Sie die Einstellungsebene an diesen Stellen maskieren.

Die Maske ist an jeder Einstellungsebene schon vorhanden. Sie benötigen nur das Pinsel-Werkzeug (B) mit einer großen, weichen Werkzeugspitze und schwarzer Vordergrundfarbe.

Bearbeiten Sie mit dem Pinsel die Stellen, die zu dunkel geworden sind.

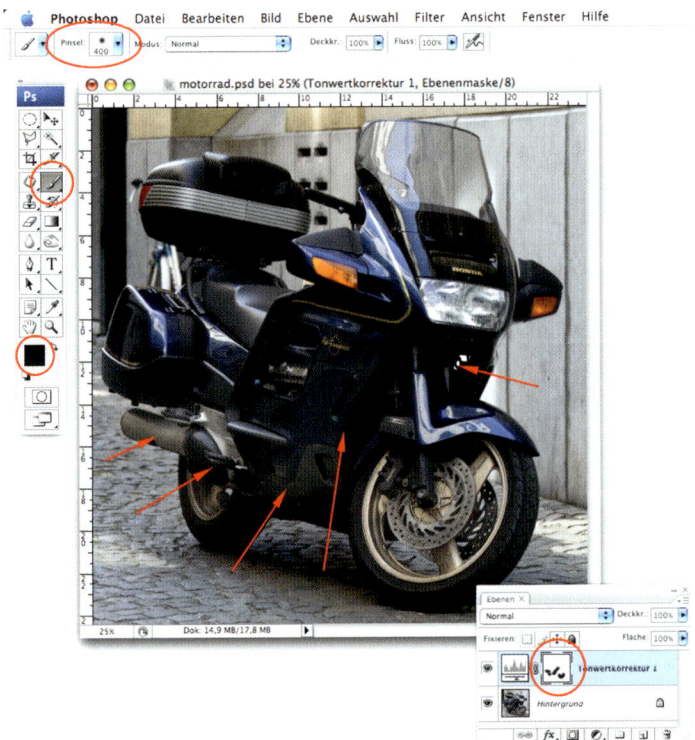

3

Wenn Sie leuchtende Farben wünschen, können Sie das mit nur einem Klick machen.

Bei den Fotos wie in unserem Beispiel können Sie die lackierten Oberflächen kontrastreicher gestalten.

Ändern Sie die Ebenenfüllmethode für die Einstellungsebene *Tonwertkorrektur* auf *Weiches Licht*.

Falls das Bild dadurch etwas dunkler wird, können Sie die Deckkraft der Einstellungsebene auf ca. 70–80 % reduzieren.

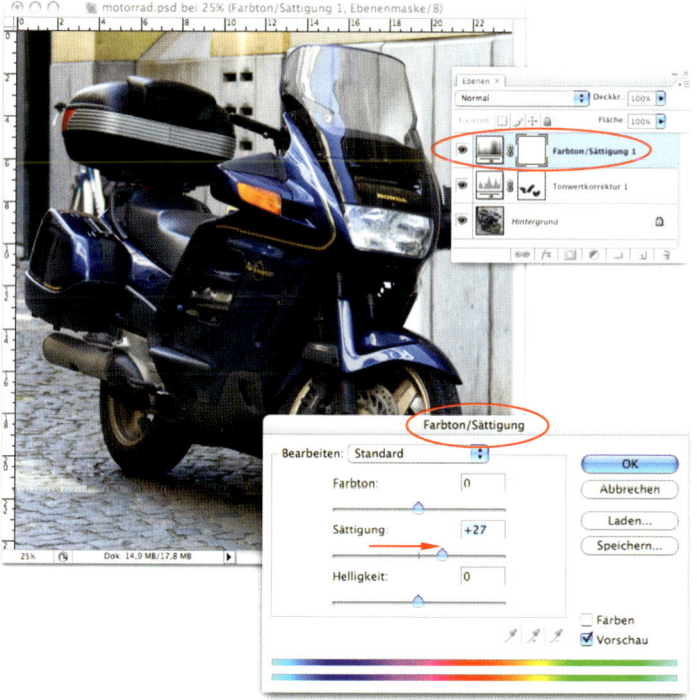

4

Noch mehr Farbe für die Lackierung bekommen Sie durch eine weitere Einstellungsebene *Farbton/Sättigung*. Konzentrieren Sie sich vorerst nur auf die gewünschte Farbe der Lackierung der Maschine. Dass der Rest des Bildes auch in der Farbe gesättigt wird, sollte Sie nicht stören. Die Einstellungsebene *Farbton/Sättigung* können Sie dann an den Stellen, an denen die Farbe nicht zu intensiv erscheinen soll, mit dem Pinsel-Werkzeug ([B]) maskieren.

Nachdem die Korrekturen durchgeführt wurden und Sie mit den Ergebnissen zufrieden sind, können Sie alle Ebenen in der *Ebenen*-Palette auf die Hintergrundebene reduzieren und mit dem gezielten Freistellen des Objekts beginnen.

Vorher

Nachher

Der Vergleich

Anhand der gezeigten Beispiele haben Sie festgestellt, dass beide Formate, RAW und JPEG, für die Vorbereitung der Bildelemente eines Composings geeignet sind. Wenn JPEGs keine stark überbelichteten Stellen aufweisen, können Sie gute Ergebnisse ohne große Störungen erzielen. Bei kritischen Belichtungssituationen haben die RAW-Daten große Vorteile gegenüber JPEGs, da sie durch mehrfache Entwicklung so gut wie

jede Belichtungssituation fast ohne Qualitätsverluste meistern können. Die Verarbeitung der RAW-Daten hat noch einen weiteren Vorteil. Da alle Entwicklungseinstellungen in einem Dialog zur Verfügung stehen, haben Sie ein bequemeres Arbeiten als bei JPEGs, die Sie zum Korrigieren mit einer oder mehreren Einstellungsebenen ausstatten sollten.

2.2 Richtige Auswahl der Bildflächengröße und Auflösung

Bevor Sie mit dem Composing beginnen, ist es wichtig zu überlegen, für welche Zwecke Sie die Datei verwenden möchten. Die richtige Wahl der Farbtiefe, Größe und Auflösung spielt dabei eine große Rolle.

Allgemeine Tipps

Bildcomposings sind meist mit sehr viel Arbeit verbunden und es ist ratsam, von Anfang an mit qualitativ hochwertigem Material zu arbeiten und ebenso die Daten mit sehr guter Qualität zu produzieren. Auch wenn Sie Ihre Bilder vorerst nur im Internet zeigen möchten, ist es besser, gleich eine größere Datei anzulegen, die Sie problemlos auch für großformatige Prints verwenden können. Denn Verkleinern geht immer, Vergrößern nur bis zu einem bestimmten Grad, und bei zu starken Vergrößerungen müssen Sie mit Qualitätsverlusten rechnen.

Die richtige Bildgröße

Die optimale Bildgröße für Composings beträgt 30 x 40 bis 40 x 50 cm bei einer Auflösung von 300 dpi. Diese Dateien können später je nach Auflösung für Poster bis zu einer Größe von 80 x 120 cm ohne große Qualitätsverluste umgerechnet werden. Und so erstellen Sie eine leere Datei für ein Bildcomposing:

- Wählen Sie *Datei/Neu* und definieren Sie im Dialog zuerst eine Auflösung von 300 Pixel/Zoll (Pixel/ Zoll ist dpi – **D**ots **p**er **I**nch).

  Verwechseln Sie *Pixel/Zoll* nicht mit *Pixel/Zentimeter*, die Arbeitsfläche wird dadurch 2,4-fach größer.

- Definieren Sie den Farbmodus RGB. Auch wenn Sie eine Vorlage für die Druckvorstufe herstellen wollen, ist es besser, zuerst in RGB zu arbeiten und die fertige Datei später als Kopie in den CMYK-Farbraum umzuwandeln.

- Definieren Sie die Farbtiefe. Welche Farbtiefe für die Composings besser geeignet ist, erfahren Sie später in diesem Kapitel.

- Definieren Sie den Hintergrundinhalt. Für die Bildcomposings ist der Hintergrundinhalt *Weiß* am besten geeignet.

- Definieren Sie die Breite und die Höhe in Zentimeter.

- Falls Sie diese Eingaben für nun mehrere Composings planen, können Sie sie als Vorgabe speichern. Klicken Sie dazu im Dialog auf die Schaltfläche *Vorgabe speichern*.

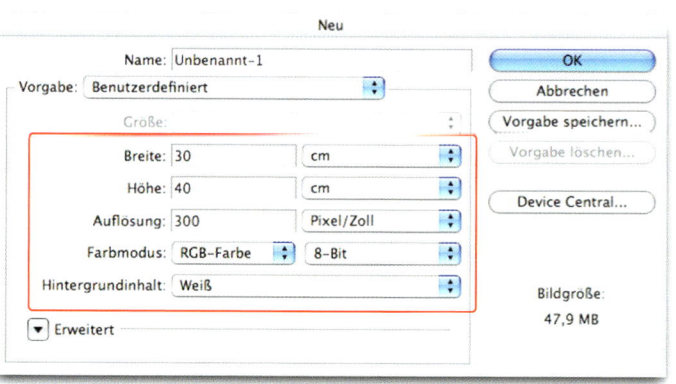

Die Wahl der richtigen Farbtiefe

Obwohl Adobe seit der Photoshop-Version CS3 eine Bildtiefe von 32 Bit zur Verfügung hat, sind nur die Einstellungen von 8 und 16 Bit von Bedeutung.

Welche für die Composings besser geeignet ist, können Sie abhängig von Ihrem Projekt entscheiden.

Wählen Sie die 16-Bit-Farbtiefe, wenn

- Sie eine Vorlage für großflächigen Druck gestalten.

- die Ausgangsfotos auch eine Farbtiefe von 16 Bit besitzen.

- nicht zu viele Ebenen, Einstellungsebenen, Masken und Smart Objekte in der Datei enthalten sind.

- Ihr Rechner gut ausgestattet ist, um größere Datenmengen zu verarbeiten. Im Vergleich zum 8-Bit-Modus sind 16-Bit-PSD-Dateien ca. 40 % größer, was viel mehr Rechenleistung erfordert.

Wählen Sie den 8-Bit-Modus, wenn

- Ihr Composing viele Details enthält, die wiederum mit einigen Einstellungsebenen (auch mit Schnittmasken) ausgestattet sind.

- Sie mit Filtern, Smartfiltern und Effekten arbeiten.

- die Leistung Ihres Rechners für die Verarbeitung von 16-Bit-Dateien nicht ausreicht.

16-Bit-Daten sind natürlich besser für großformatige, hochwertige Produktionen geeignet, erfordern aber auch eine bessere Technik und entsprechende Ausgangsbilder.

Wenn Sie Ihre Fotos im RAW-Format aufzeichnen, können Sie frei entscheiden, ob Sie 8- oder 16-Bit-Dateien daraus erstellen. Bei der Aufzeichnung im JPEG-Format haben Sie hingegen keine Wahl; Sie können nur im 8-Bit-Modus arbeiten. Für RAW-Bilder ist der im Folgenden dargestellte Workflow sinnvoll:

1

Wenn Sie im RAW-Konverter die Datei zum Entwickeln öffnen, klicken Sie im unteren Bereich des Dialogs auf die Beschreibung des Bildes.

Im Dialog *Arbeitsablauf-Optionen* können Sie Ihre Eingaben vornehmen.

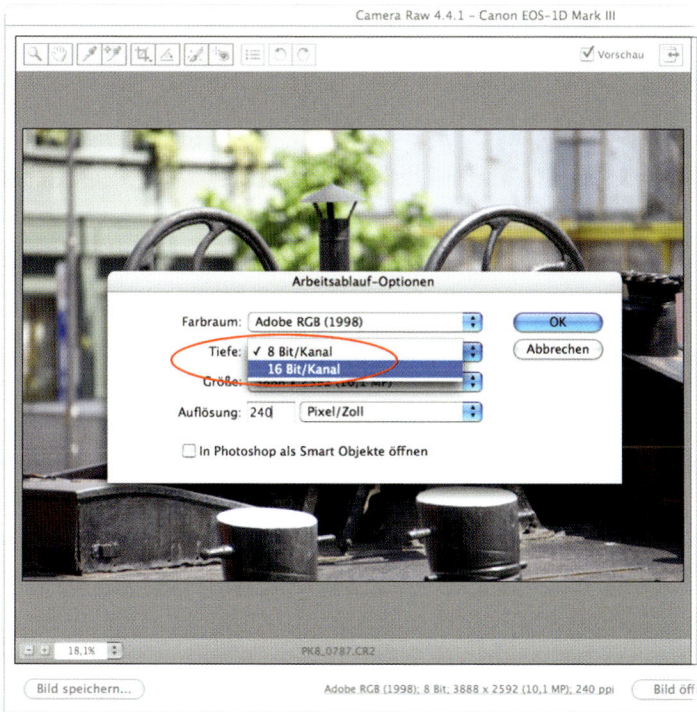

Stellen Sie die gewünschte Farbtiefe ein. Zur Verfügung stehen nur zwei Optionen: 8 und 16 Bit.

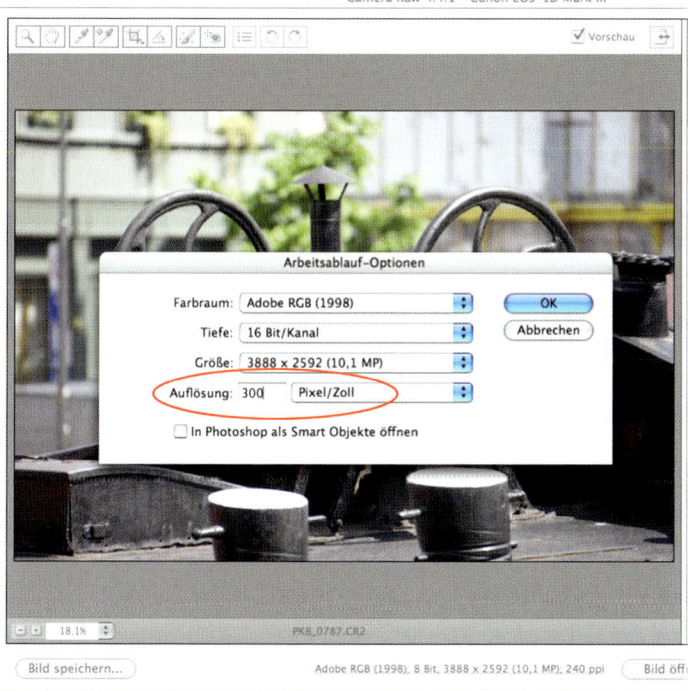

Wie vorher empfohlen ist für den hochwertigen Druck eine Auflösung von 300 Pixel/Zoll optimal. Im Bereich *Auflösung* können Sie direkt *300 Pixel/Zoll* eingeben. So werden Sie die Ausgangsbilder und eine leere Datei ohne Umrechnungen benutzen können.

Je nach Kamerahersteller wird die Auflösung standardmäßig unterschiedlich angezeigt, z. B. 72, 180 oder 240 Pixel. Das spielt allerdings keine Rolle.

Entscheidend ist die Pixelzahl und dass sich die Auflösung auf die Verteilung der Pixel auf einen Quadratzoll bezieht.

4

Im RAW-Konverter können Sie die Pixelzahl Ihres Bildes erhöhen. Auch wenn Ihre Kamera zum Beispiel 10 Megapixel hat, können Sie die Pixelzahl zwischen 1,6 bis 25 Megapixel variieren. Aber Vorsicht: Beim Erhöhen der Pixelzahl kann es zu Qualitätsverlusten kommen.

Eine leichte Erhöhung der Pixelzahl ist unbedenklich, aber bei einer Vergrößerung der Bilddatei um mehr als das Doppelte können Sie mit Qualitätsverlusten rechnen. Besonders bei etwas unscharfen Bildern sollten Sie die Pixelzahl nicht zu stark erhöhen.

Die Größen, die im Dialogfeld mit einem Minus gekennzeichnet sind, bedeuten Verkleinerung und sind unbedenklich, die mit dem Pluszeichen bedeuten Pixelinterpolation und eventuelle Qualitätseinbußen.

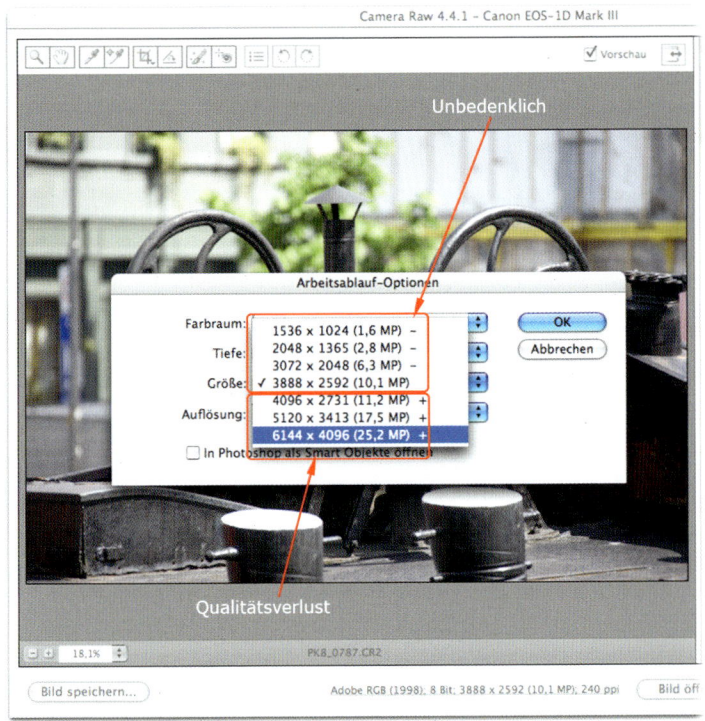

5

Bei der Wahl des Farbraums kommen zwei Optionen infrage: *Adobe RGB (1998)* und *sRGB*.

Wenn Sie im Profibereich arbeiten und qualitativ hochwertige Vorlagen für den Druck benötigen, ist *Adobe RGB (1998)* sicherlich die bessere Wahl.

Achten Sie darauf, dass die Photoshop-Einstellungen auch für diesen Farbraum festgelegt sind. Das können Sie über *Bearbeiten/Farbeinstellungen* überprüfen.

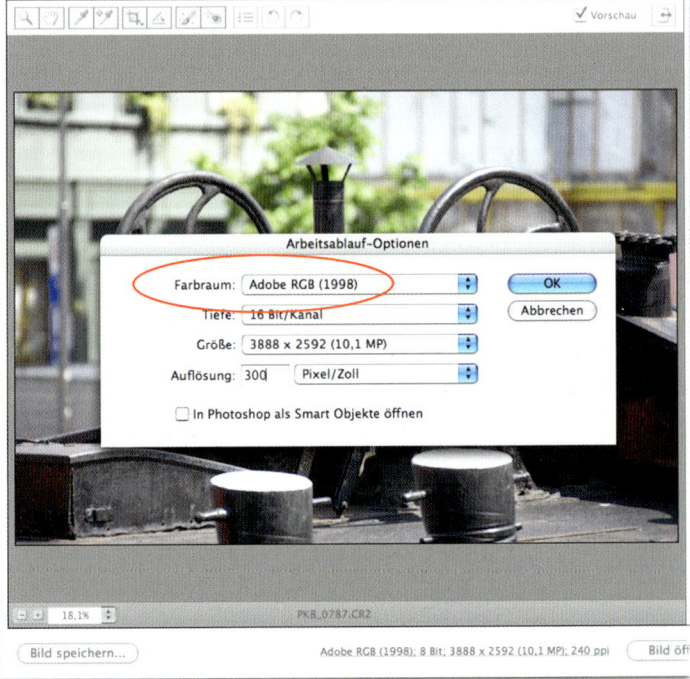

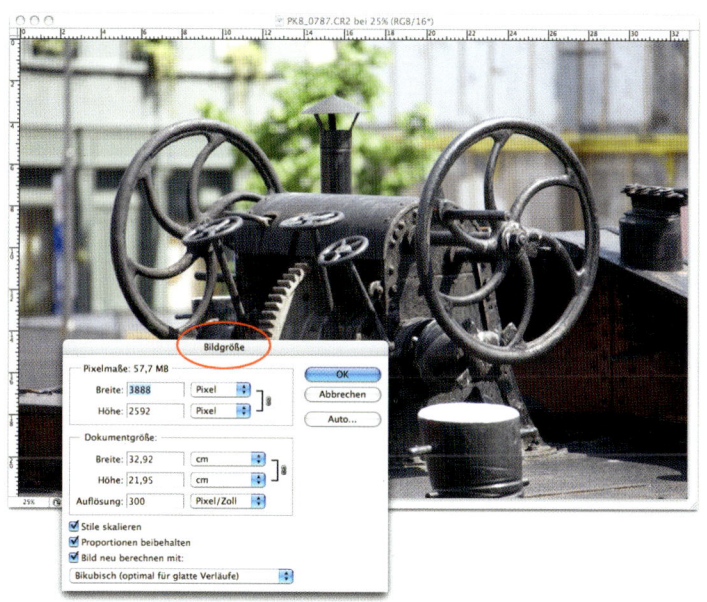

Wenn Sie im RAW-Konverter alle Einstellungen durchgeführt haben und das Bild in Photoshop geöffnet wurde, können Sie alle Eingaben noch einmal überprüfen und sich in einem Dialogfenster die Zusammenfassung anzeigen lassen. Wählen Sie dazu *Bild/Bildgröße*.

2.3 Bilder verlustfrei umrechnen

Wie Sie RAW-Bilder umrechnen, haben Sie im vorherigen Abschnitt gelesen. Beim Umrechnen von JPEG-Bildern gibt es andere Möglichkeiten, die Ihnen helfen, große Qualitätsverluste zu vermeiden.

Adobe Photoshop bietet Ihnen bereits in den Standardoptionen die Möglichkeit, bei einer Vergrößerung oder Verkleinerung die Einstellungen so zu wählen, dass die Qualität der Bilder gut bleibt. Öffnen Sie das Dialogfeld *Bild/Bildgröße*.

Im Bereich *Pixelmaße* finden Sie die tatsächliche Pixelgröße des Bildes (so wie das Bild aus der Kamera kommt).

Im Bereich *Dokumentgröße* sind die Pixel auf die Fläche des Drucks bei bestimmter Anzahl der Pixel pro Zoll (*Auflösung*) verteilt.

Wenn Sie nur die Auflösung ändern möchten, deaktivieren Sie die Option *Bild neu berechnen mit*. Dann wird die tatsächliche Pixelzahl nicht verändert, dafür aber die Größe des Ausdrucks. Bei der Verringerung der Auflösung ist die Fläche größer und bei höherer Auflösung kleiner.

Anders ist es, wenn Sie das Bild neu berechnen. Dann sollte die Option *Bild neu berechnen mit* aktiviert bleiben.

Wenn Sie die Größe des Drucks von original ca. 19 x 22 cm auf ca. 30 x 35 cm verändern möchten, wählen Sie die Option *Bikubisch glatter (optimal zur Vergrößerung)*.

Beim Verkleinern der Druckfläche verwenden Sie die Option *Bikubisch schärfer (optimal zur Reduktion)*.

Es gibt noch eine gute Möglichkeit, Bilder zu vergrößern oder zu verkleinern. Das ist die Veränderung der Größe in 10 %-Schritten. Wählen Sie im Bereich *Pixelmaße* oder im Bereich *Dokumentgröße* die Maßeinheit *Prozent*. Setzen Sie in der Breite oder in der Höhe den Wert 110 zum Vergrößern und 90 zum Verkleinern.

Bestätigen Sie mit *OK*. Wiederholen Sie den Vorgang mehrmals, bis die gewünschte Größe erreicht ist. Bei Verwendung dieser Methode sind die Qualitätsverluste sehr gering. Diese Technik wird von vielen Fotografen sehr geschätzt.

2.4 Organisation und übersichtliche Struktur der Bildebenen für das Composing

Wenn Sie sich mit Bildcomposings schon einmal beschäftigt haben, kennen Sie die Situation, in der die Anzahl der Ebenen in der *Ebenen*-Palette wächst und wächst und es immer schwieriger wird, die Ebene zu finden, die Sie gerade brauchen.

Dabei ist es ziemlich einfach, Ordnung in der *Ebenen*-Palette zu halten. Der erste Schritt dazu ist die Benennung der Ebenen.

Dazu brauchen Sie nur auf die Ebenenbezeichnung (z. B. *Ebene 1*) doppelzuklicken und den Namen der Ebene zu ändern.

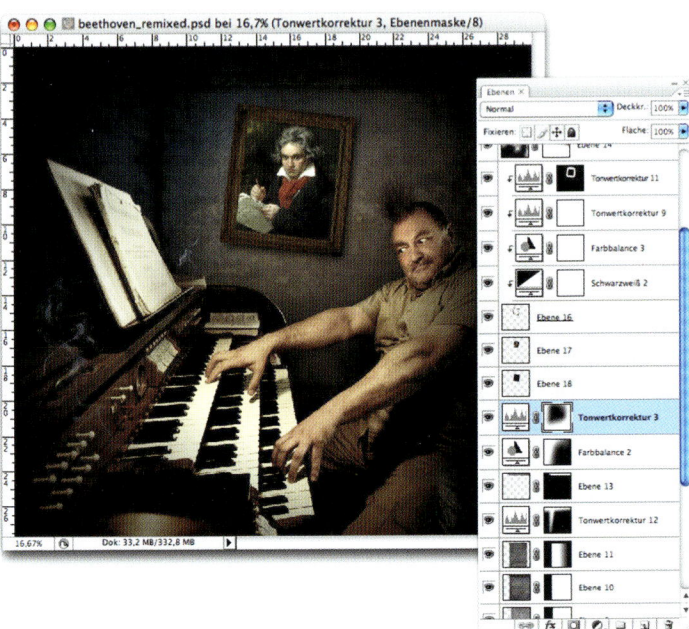

Es gibt in einem Composing Objekte, die aus mehreren Pixelebenen bestehen, die wiederum mit den Einstellungsebenen mit Schnittmasken bearbeitet werden.

Die Ebenen und Einstellungsebenen eines Objekts können Sie gruppieren. Markieren Sie die Ebenen mit gedrückter Umschalt- oder Strg-Taste und bewegen Sie die markierten Ebenen auf das Symbol *Ebenengruppe*. In der *Ebenen*-Palette erscheint eine Ebene mit dem Gruppensymbol.

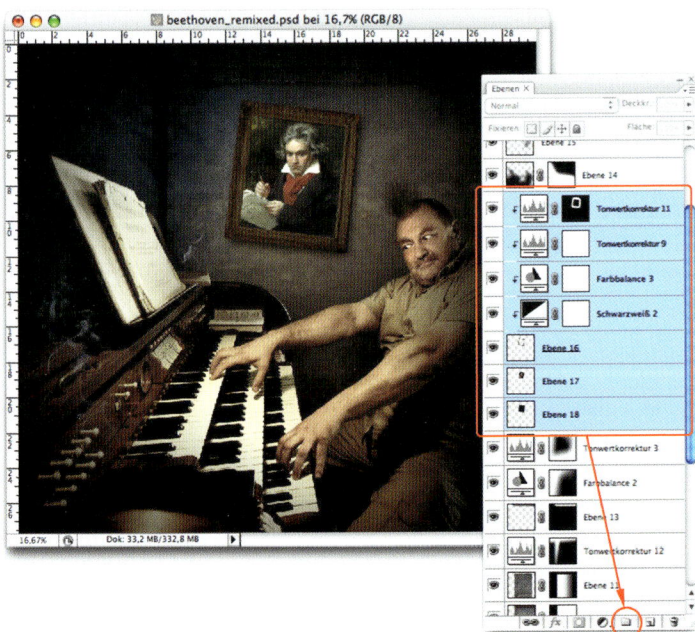

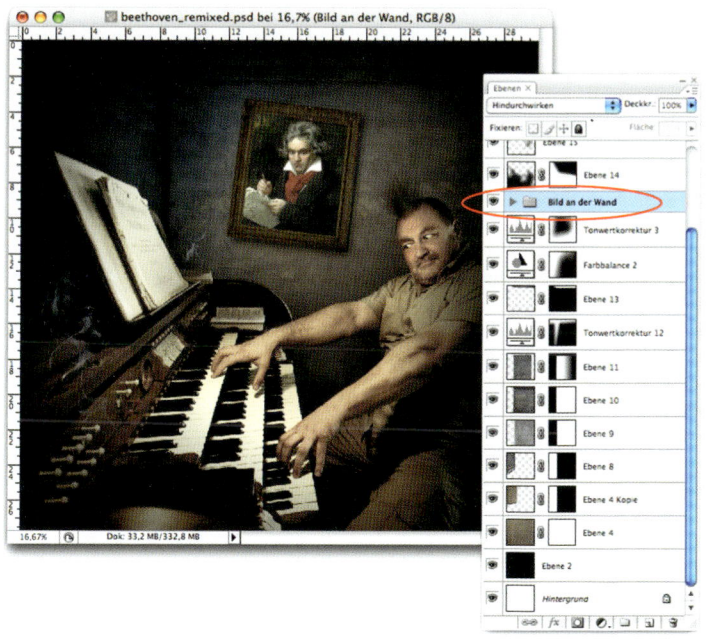

Die Ebenengruppe können Sie umbenennen. Das machen Sie genauso wie bei den einzelnen Ebenen durch einen Doppelklick auf den Ebenennamen.

Die Ebenengruppen können in der *Ebenen*-Palette verschoben werden, Sie können auf die Ebenengruppen Ebenenfüllmethoden anwenden, die Gruppen skalieren und deren Deckkraft ändern. Wenn Sie die Gruppe in eine Ebene umwandeln möchten, ist das auch kein Problem. Klicken Sie mit der rechten Maustaste auf die Gruppe und wählen Sie die Option *Gruppe zusammenfügen*.

Wenn Sie sehr ordentlich sind, sieht die *Ebenen*-Palette einer komplexen Collage so aus wie auf dem unteren Screenshot.

Freistellungstechniken für jeden Zweck

Wenn Sie mit Bildkompositionen arbeiten möchten, kommen Sie nicht um die Freistellung herum. Schließlich besteht ein Composing aus den Elementen, die Sie aus anderen Bildern separiert haben, und wirkt nur dann sehr gut, wenn Sie die Freistellung sauber durchgeführt haben. Lernen Sie in diesem Kapitel Freistellungstechniken kennen, mit denen Sie so gut wie jede Situation meistern können.

3.1 Übersicht der Freistellungswerkzeuge von Photoshop und deren Anwendungsgebiete

Photoshop bietet Ihnen eine Fülle an Werkzeugen, die Sie zum Freistellen verwenden können. Dabei ist es wichtig, die richtige Wahl für ein bestimmtes Motiv zu treffen.

Zauberstab-Werkzeug

Dieses gehört zu den populärsten Freistellungswerkzeugen, das zum schnellen Freistellen von Gegenständen ohne komplizierte Umrisse wie Haare oder Fell gut zu gebrauchen ist.

Allerdings gibt es für das Zauberstab-Werkzeug eine Einschränkung: Sie können damit nur die Objekte freistellen, die vor einem ruhigen Hintergrund aufgenommen wurden. Hintergründe wie Wald, Stadtkulisse o. Ä. sind für die Freistellung mit diesem Werkzeug nicht geeignet.

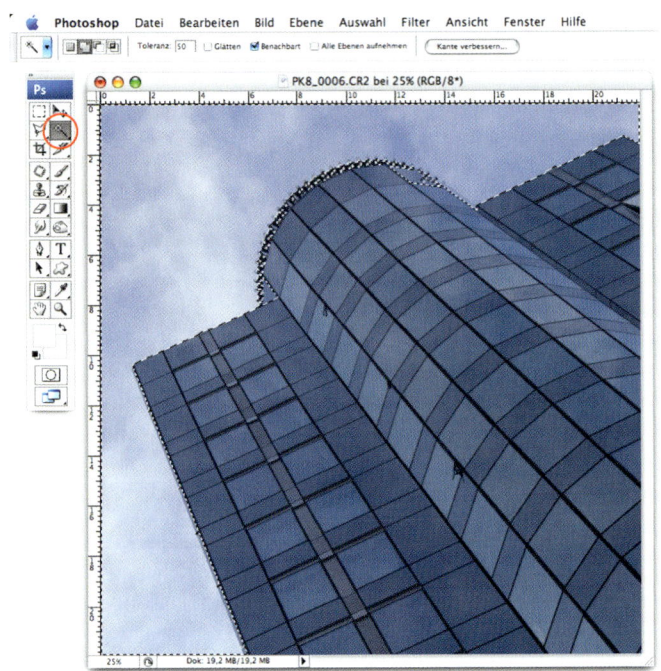

Schnellauswahl-Werkzeug

Dieses Werkzeug hat Adobe zuerst in Photoshop Elements eingeführt, und das war ein voller Erfolg.

Die Nutzer waren von diesem Tool begeistert und seit Photoshop CS3 steht das Schnellauswahl-Werkzeug auch den Profis zur Verfügung.

Das Werkzeug arbeitet präzise und hat viele Einstellungsmöglichkeiten, die es Ihnen erlauben, die Auswahl sicher zu treffen.

Lasso-Werkzeuge

Die Lasso-Werkzeuge gehören zu den Photoshop-Klassikern. Zu der Gruppe der Lasso-Werkzeuge zählen: Lasso-Werkzeug, Polygon-Lasso-Werkzeug und Magnetisches-Lasso-Werkzeug.

Durch die Kombination dieser Werkzeuge gelingen Ihnen die Freistellungsarbeiten auch an Objekten mit komplizierten Umrissen. Die Optionen, die bei diesen Werkzeugen zur Verfügung stehen, erhöhen die Präzision und machen Ihre Arbeit schneller.

Lasso-Werkzeuge sind für die Freistellung von Objekten mit gut erkennbaren Umrissen gut geeignet. Die Beschaffenheit des Hintergrunds, vor dem das Objekt fotografiert wurde, spielt dabei keine Rolle.

Extrahieren-Tool

Dieses Werkzeug finden Sie unter *Filter/Extrahieren*. Zu diesem Werkzeug gibt es geteilte Meinungen. Es funktioniert nahezu perfekt beim Freistellen von Fotos, die im Studio aufgenommen wurden – also ist ein starker Kontrast zwischen dem Objekt und dem Hintergrund eine Grundvoraussetzung.

Bei Profis ist dieses Tool allerdings wegen oft unpräziser Ergebnisse nicht besonders beliebt. Wenn Sie mit dem Extrahieren-Werkzeug arbeiten möchten, erstellen Sie auf jeden Fall eine Kopie der Hauptebene, auf der Sie die Freistellung dann vornehmen. So können Sie zu viel abgeschnittene Bereiche durch Kopie von der Hintergrundebene füllen.

Zeichenstift-Werkzeug

Dieses Werkzeug ist die erste Wahl in vielen Bild- und Werbeagenturen. Zwar brauchen Sie etwas Zeit, um mit dem Zeichenstift-Werkzeug richtig umgehen zu können, aber diese Zeitinvestition lohnt sich. Eine präzisere Freistellung als mit diesem Tool ist kaum möglich.

Zuerst erstellen Sie einen Pfad (den Sie übrigens auch zum Freistellen von Objekten in den Satzdateien verwenden können), und danach wird der Pfad unter Berücksichtigung der weichen Auswahlkante in eine schwebende Auswahl umgewandelt.

Beim Erstellen des Pfades ist die Vergrößerung der Ansicht auf bis zu 400 % sinnvoll. So kann die Grenze zwischen dem Objekt und dem Hintergrund sehr genau getroffen werden.

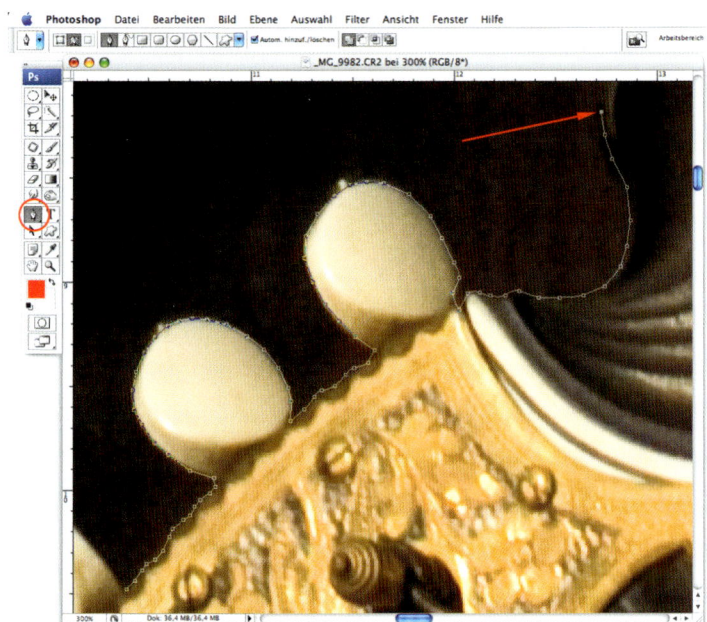

Freistellung im Maskierungsmodus

Sie können die komplette Freistellung im Maskierungsmodus durchführen oder diese Art der Freistellung mit anderen Methoden, z. B. mit dem Lasso-Werkzeug, kombinieren. Im Maskierungsmodus werden die nicht ausgewählten Bereiche rot eingefärbt. Wenn Sie mit schwarzer Farbe im Maskierungsmodus auf dem Bild malen, schließen Sie die bemalten Bereiche von der Auswahl aus.

So können Sie mit dem Pinsel-Werkzeug die Grenze zwischen dem ausgewählten Bereich und dem restlichen Bild definieren

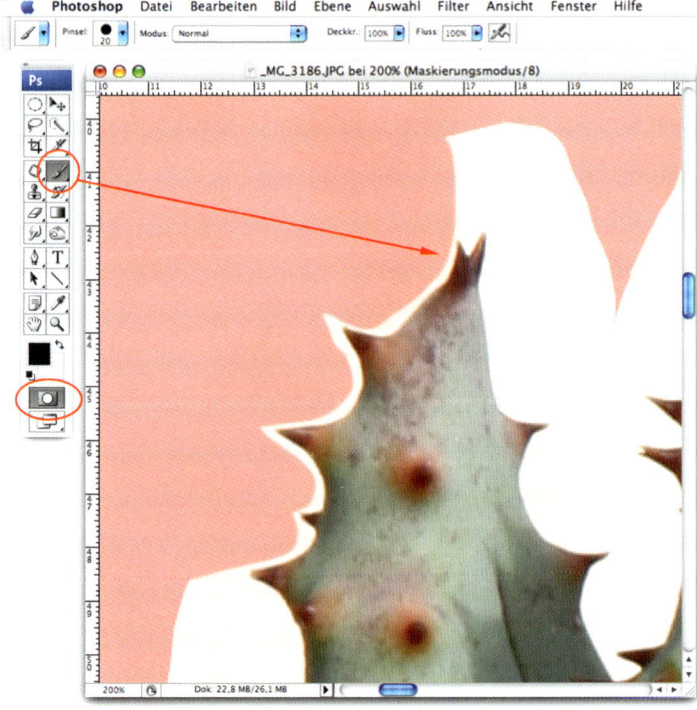

und dann zum Standardmodus zurückkehren. Besonders beim Freistellen feiner Details ist der Maskierungsmodus eine große Hilfe.

Egal für welche Freistellungsmethode Sie sich entscheiden, ist es ratsam, ein Grafiktablett zu benutzen. Es wird vielleicht ein paar Tage dauern, bis Sie das Arbeiten mit dem Stift beherrschen, aber Sie arbeiten mit dem Grafiktablett viel präziser als mit der Maus.

Die Profis schätzen diese Eingabegeräte sehr. Grafiktabletts gibt es in verschiedenen Größen und Preisklassen. Sinnvoll ist die Größe A5 oder A6 (gemeint ist die Größe der aktiven Fläche).

3.2 Gegenstände mit einfachen Umrissen auf neutralem Hintergrund freistellen

Diese Art der Freistellung gehört zu den relativ einfachen Aufgaben. Aber auch hierbei sind Präzision und saubere Arbeit gefragt. Lernen Sie in den nächsten Beispielen effektive und schnelle Freistellungstechniken.

Objektfreistellung vor einfarbigem Hintergrund

1

Freistellungen dieser Art können Sie für Fotos von Objekten auf einem einfarbigen Hintergrund verwenden.

Aktivieren Sie das Zauberstab-Werkzeug ([W]) und wählen Sie folgende Optionen aus: *Toleranz* ca. 10–15, *Glätten*, *Benachbart*. Klicken Sie in die Fläche außerhalb des Objekts (in unserem Beispiel in den Himmel). Klicken Sie dann auf die Schaltfläche *Kante verbessern*.

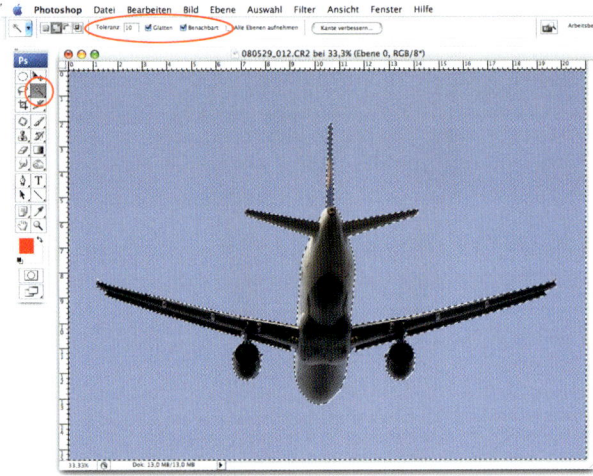

2

Im Dialog *Kante verbessern* können Sie entweder die Maskierung aktivieren oder eine andere Option wählen, die es Ihnen erlaubt, die Grenze zwischen dem Objekt und dem restlichen Hintergrund besser sehen zu können.

Mit den Reglern können Sie im Dialog *Kante verbessern* eine weiche Kante definieren, die Auswahl glätten, kontrastreicher gestalten, verkleinern oder erweitern. Wenn Sie mit den Veränderungen zufrieden sind, bestätigen Sie Ihre Korrekturen mit *OK*. Danach wird die Auswahl wie vorher mit pulsierender Linie angezeigt.

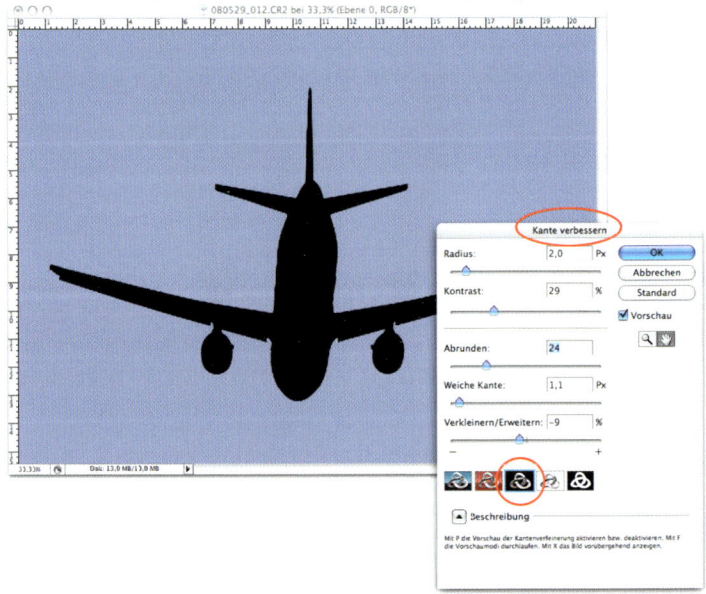

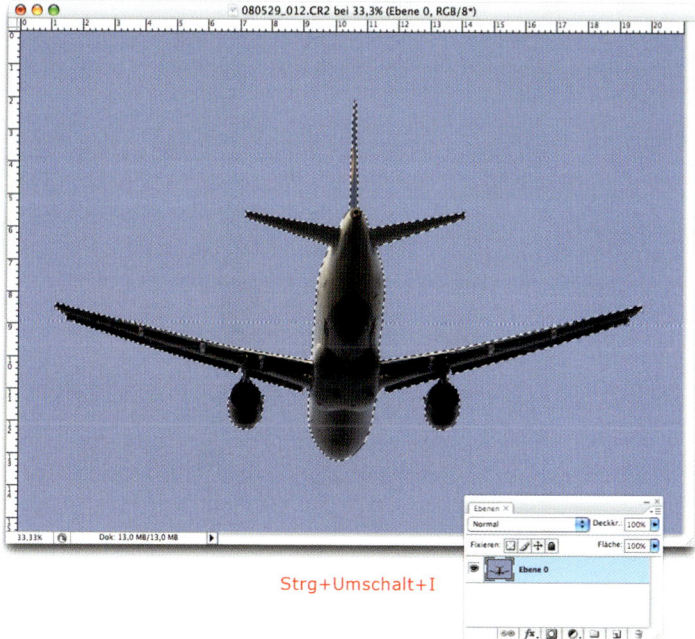

Bis jetzt war der Hintergrund ausgewählt und nicht das Objekt, das Sie freistellen möchten. Das können Sie mit dem Befehl *Auswahl/Auswahl umkehren* oder Strg + Umschalt + I ändern.

Strg+Umschalt+I

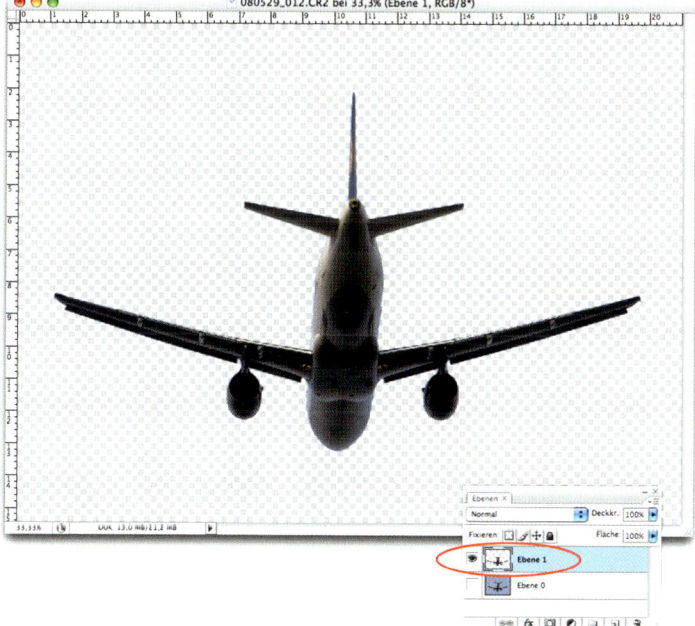

Mit Strg + J oder *Ebene/Neu/Ebene durch Kopie* können Sie das ausgewählte Objekt auf eine neue Ebene legen. Das Objekt ist jetzt zum Einsatz in einer Bildmontage vorbereitet.

Objektfreistellung mit dem Schnellauswahl-Werkzeug

Anders als beim Zauberstab sind Sie beim Schnellauswahl-Werkzeug weniger auf die Beschaffenheit des Hintergrunds angewiesen, weil Sie mehr Kontrolle durch raffinierte Optionen des Werkzeugs haben.

1

Öffnen Sie das Bild und wählen Sie das Schnellauswahl-Werkzeug ([W]) zuerst mit einer großen Werkzeugspitze, z. B. 90 Pixel. Bearbeiten Sie das Objekt mit dem Pinsel, bis die grobe Auswahl erstellt ist.

Beim Bearbeiten werden Sie feststellen, dass die Auswahl sich automatisch den Kanten des Objekts anpasst – zwar nicht überall, aber für eine genaue Anpassung gibt es einige Optionen.

2

Vergrößern Sie die Ansicht des Bildes auf ca. 200 %. Wechseln Sie die Größe der Werkzeugspitze auf ca. 15 Pixel und wählen Sie die Option *Der Auswahl hinzufügen*. Bearbeiten Sie mit dem Werkzeug die Stellen, die noch nicht ausgewählt wurden.

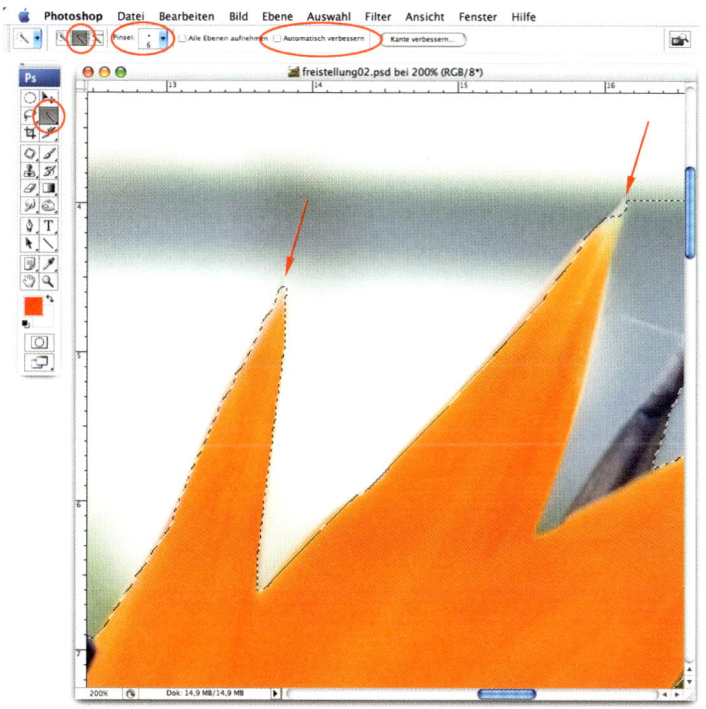

3

Besonders feine Details, wie in unserem Beispiel die Spitzen der Blume, bearbeiten Sie mit noch kleinerer Werkzeugspitze.

Speziell in den kontrastarmen Bereichen ist es für das Werkzeug schwierig, die Kante zu erkennen, weil die Option *Automatisch verbessern* aktiviert ist (standardmäßig).

Deaktivieren Sie diese Option und bearbeiten Sie die feinen Details.

4

Beim Auswählen mit der großen Werkzeugspitze in Schritt 1 ist an einigen Stellen bestimmt auch der Hintergrund ausgewählt worden.

Das kann besonders an den Stellen passieren, an denen der Kontrast zwischen dem Objekt und dem Hintergrund zu schwach ist.

Wählen Sie die Option Von *Auswahl subtrahieren* und entfernen Sie die Auswahl an solchen Stellen.

5

Schalten Sie die volle Ansicht mit [Strg]+[0] ein und kontrollieren Sie, ob die Bereiche des Objekts komplett ausgewählt sind und keine Teile des Hintergrunds mit in die Auswahl einbezogen sind.

Klicken Sie dann auf die Schaltfläche *Kante verbessern*.

Bei der Freistellung von Objekten mit starken Farben, wie in unserem Beispiel, ist es optimal, wenn Sie im Dialog *Kante verbessern* den schwarzen Hintergrund wählen. Bei Objekten mit ziemlich scharfen Kanten können Sie den Wert des Reglers *Kontrast* erhöhen.

Falls das freigestellte Objekt unregelmäßige, zackige Kanten hat, kann ebenfalls der Wert für *Abrunden* erhöht werden. Der Wert für *Weiche Kante* ist von der Schärfe des Bildes und der Objektkante abhängig.

Wenn Sie mit der Kante zufrieden sind, bestätigen Sie mit *OK*. Mit [Strg]+[J] legen Sie das freigestellte Objekt als Kopie auf eine neue Ebene.

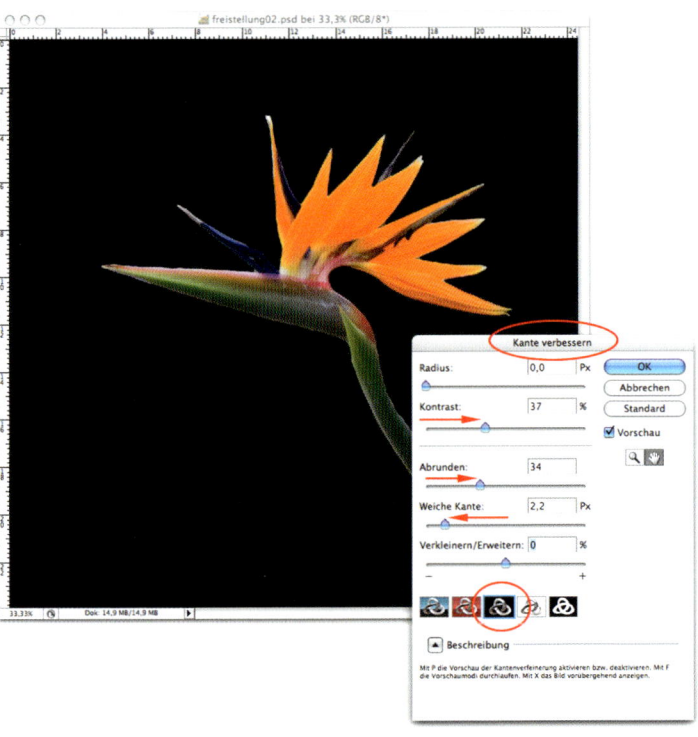

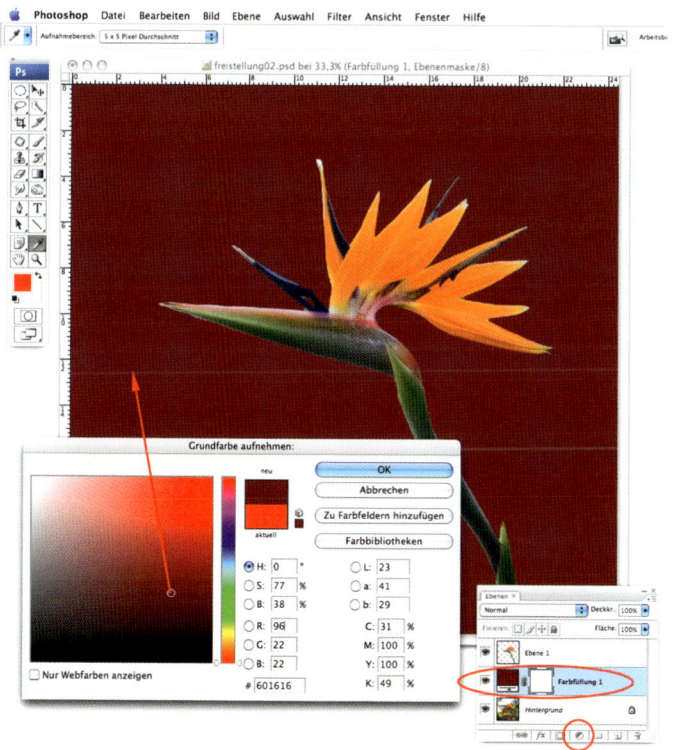

6

Einige Bereiche sollten wahrscheinlich doch noch einer manuellen Korrektur unterzogen werden.

Damit Sie die Kante besser sehen können, erstellen Sie zwischen der Hintergrundebene und der Ebene mit dem Objekt eine Füllebene *Volltonfarbe* und wählen im Farbwähler den Ton, bei dem Sie die Kanten objektiv beurteilen können.

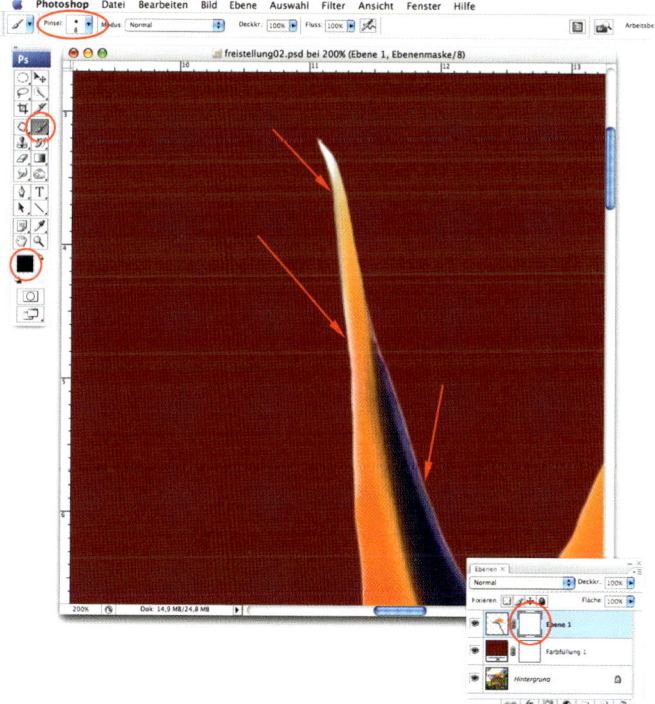

7

Erstellen Sie auf der Ebene mit dem freigestellten Objekt eine Ebenenmaske. Vergrößern Sie die Ansicht des Bildes auf 200–300 %.

Bearbeiten Sie die Kanten des Objekts mit dem Pinsel-Werkzeug ([B]) mit einer kleinen Werkzeugspitze (8–10 Pixel) und schwarzer Farbe.

So können Sie alle Unebenheiten, die noch vorhanden sind, glätten.

3.3 Freistellung von Gegenständen, die aus einer Umgebung separiert werden müssen

Das ist die Freistellungsart, mit der Sie wahrscheinlich am meisten zu tun haben werden – die Freistellung von Bildteilen und Objekten aus der ganz normalen Umgebung, und zwar dort, wo der Hintergrund nicht immer genug Kontraste zu der Kante des Objekts bietet. Da hilft nur Präzision.

Freistellen mit den Werkzeugen aus der Lasso-Gruppe

1

Öffnen Sie das Bild mit dem Objekt, das Sie aus dem Foto separieren möchten.

Wählen Sie zuerst das Magnetische-Lasso-Werkzeug ([L]) mit folgenden Einstellungen: *Breite* 10 Pixel, *Kontrast* ca. 5–10 %, *Freq.* zwischen 50 und 60.

Gehen Sie mit dem Magnetischen-Lasso-Werkzeug entlang der Kante des freizustellenden Objekts.

Ziehen Sie das Werkzeug langsam, damit erhöhen Sie die Genauigkeit und die Kante zwischen Hintergrund und Objekt wird sauberer.

Besonders in den Bereichen, in denen der Kontrast ziemlich schwach ist, wird die Auswahl ziemlich ungenau sein, aber diese können Sie in weiteren Schritten verbessern.

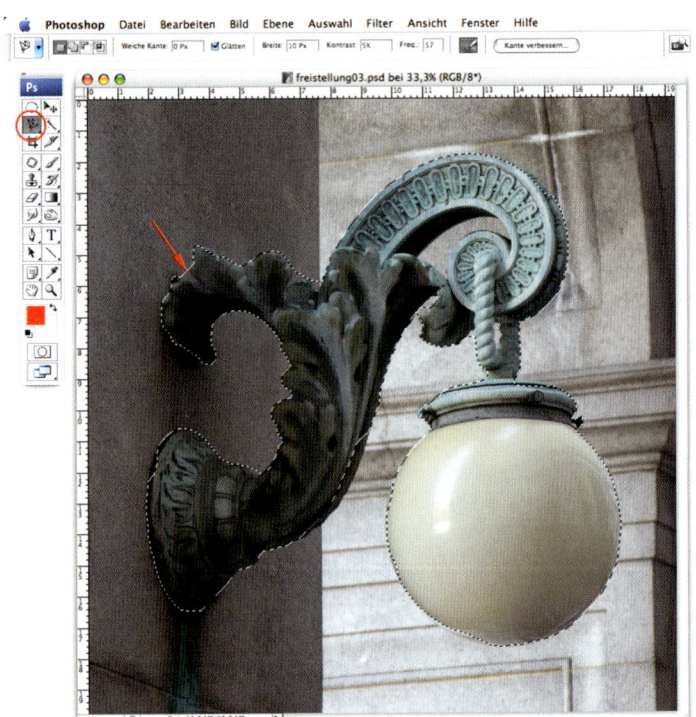

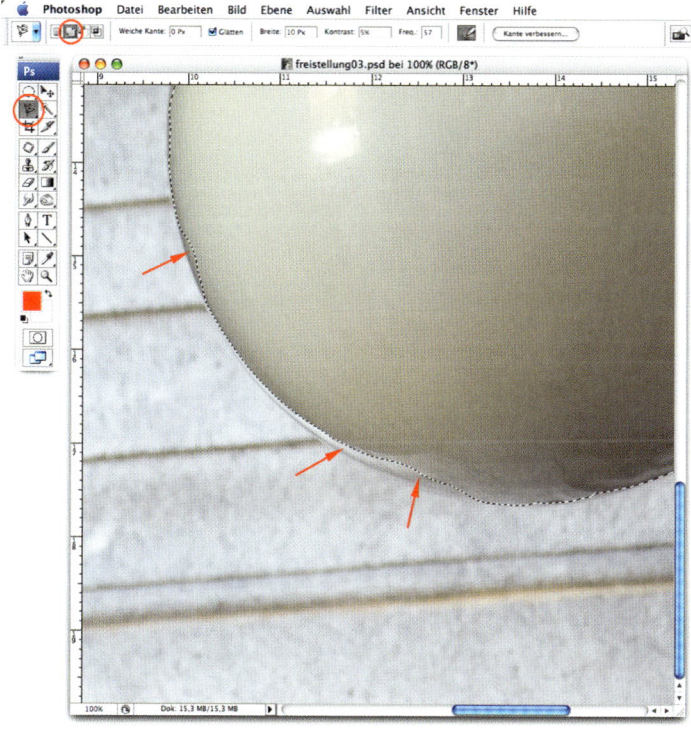

2

Vergrößern Sie die Bildansicht auf 200–300 %. Aktivieren Sie die Option *Der Auswahl hinzufügen* für das Magnetische-Lasso-Werkzeug ([L]) und bearbeiten Sie die Stellen, die nicht so sauber freigestellt wurden. Diese Stellen können Sie einfach dazu auswählen.

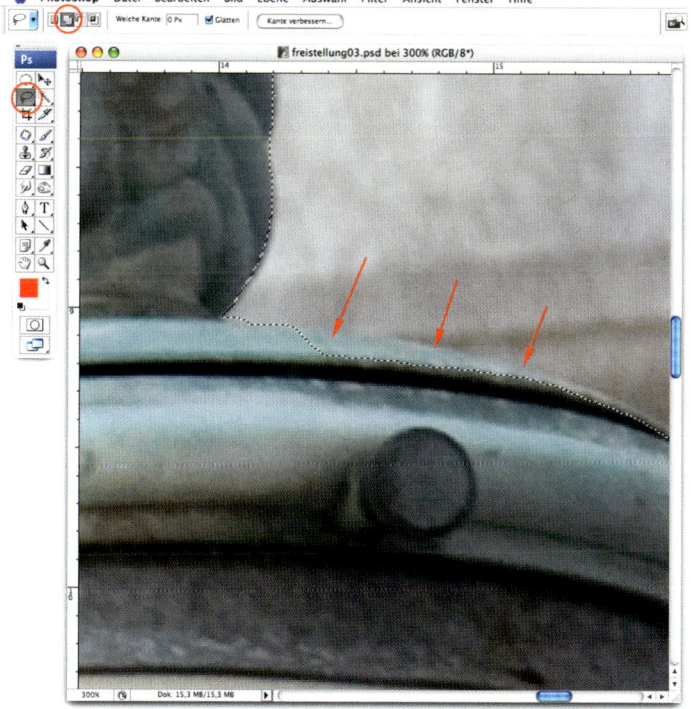

3

Bei einigen Stellen wird die Auswahl mit dem Magnetischen-Lasso-Werkzeug ([L]) einfach nicht funktionieren, weil der Kontrast zu schwach ist.

Wechseln Sie in solchen Fällen zum Lasso-Werkzeug ([L]). Aktivieren Sie ebenfalls die Option *Der Auswahl hinzufügen* und wählen Sie die Stellen aus, die das magnetische Lasso nicht erkannt hat.

4

Innenbereiche, die nicht mit ausgewählt werden sollten, können Sie entweder mit dem Lasso- oder Magnetischen-Lasso-Werkzeug ([L]) von der Auswahl abziehen.

Wählen Sie dazu die entsprechende Option (*Von Auswahl subtrahieren*). Da Sie die große Ansicht verwenden, können Sie im Bild entweder mit den Scrollbalken navigieren oder das rote Auswahlrechteck im Navigator-Fenster benutzen oder zwischendurch zum Hand-Werkzeug ([H]) wechseln.

Das geht am einfachsten, indem Sie die [Leertaste] gedrückt halten und die Bildansicht verschieben.

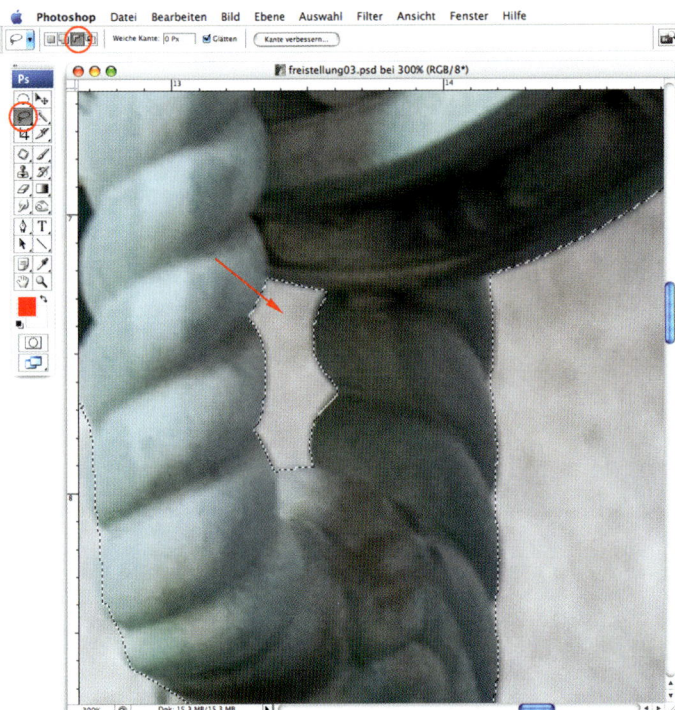

5

Sind Sie so weit mit der Auswahl, können Sie zur Option *Kante verbessern* wechseln. Mit dieser wird die Auswahl genauer, glatter und Sie können eine weiche Auswahlkante hinzufügen.

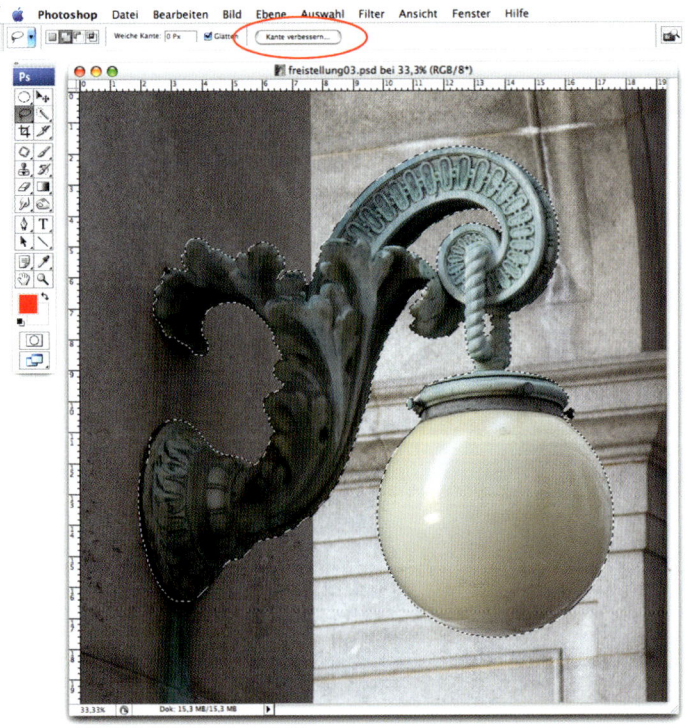

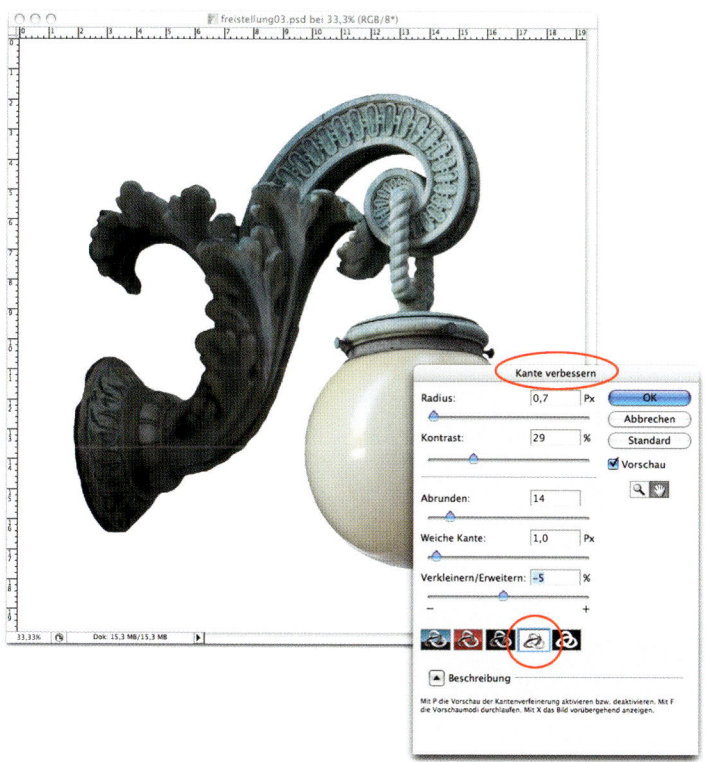

Im Dialog *Kante verbessern* wählen Sie den passenden Hintergrund, an dem Sie die Kante des Objekts besser sehen können, und korrigieren Ihre Auswahl mithilfe der Regler *Radius* und *Kontrast*.

Sollte die Auswahl zu zackig sein, erhöhen Sie die Werte für *Abrunden*. Definieren Sie *Weiche Kante*. Sollten am Rande des Objekts noch einige Pixel des Hintergrunds sichtbar sein, verkleinern Sie die Auswahl.

Übrigens, alle Regler haben eine Beschreibung, die beim Betätigen angezeigt wird. Bestätigen Sie mit *OK*.

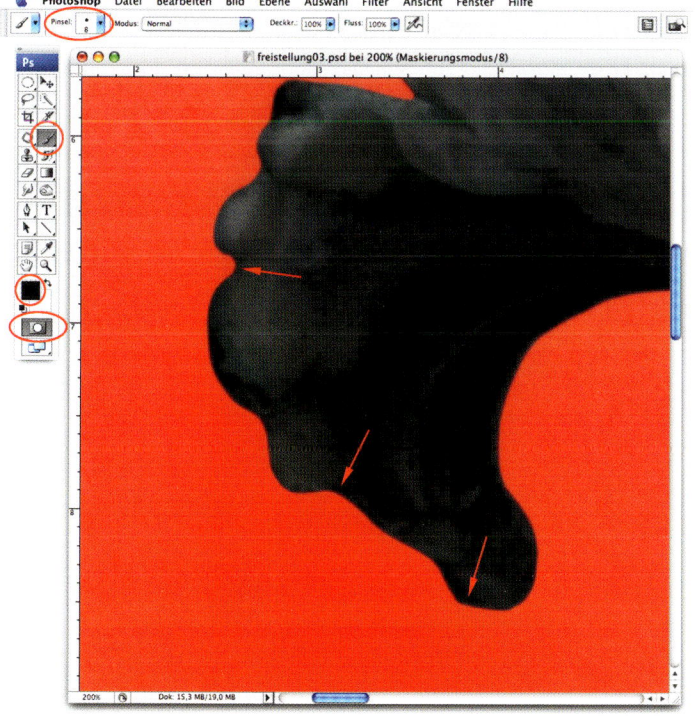

6

Die Feinkorrekturen erledigen Sie im Maskierungsmodus. Drücken Sie einmal auf die Taste Q, der Maskierungsmodus wird gestartet.

Wählen Sie das Pinsel-Werkzeug (B) mit der passenden Größe und mit einer weichen Kante.

Bearbeiten Sie die Grenzen, die noch nicht die passende Auswahl haben, mit der schwarzen Farbe.

Drücken Sie anschließend wieder auf die Taste Q, um zum Standardmodus zurückzukehren.

7

Das Objekt ist jetzt vom Hintergrund separiert und kann mit ⌈Strg⌉+⌈J⌉ auf eine neue Ebene als Kopie gelegt werden.

Diese Ebene können Sie jetzt in eine Gestaltung herüberziehen und für eine Collage verwenden.

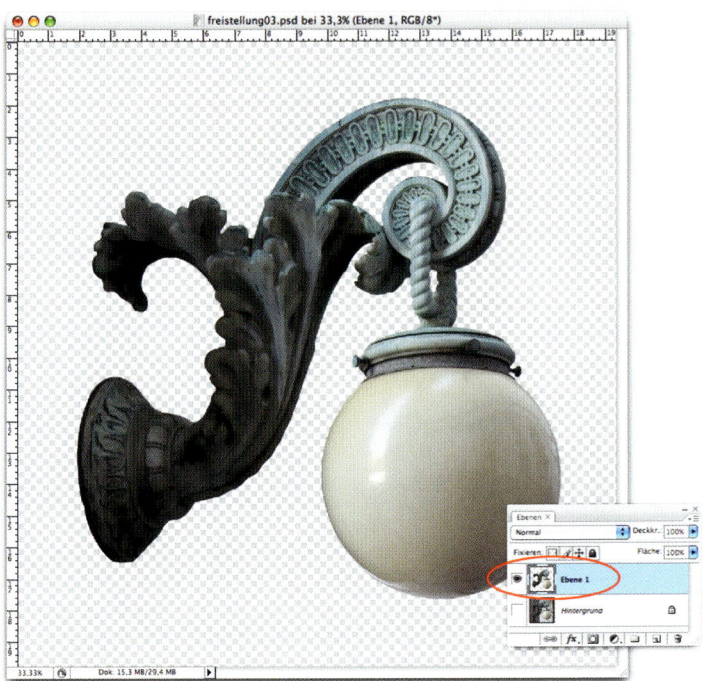

Freistellen mit dem Zeichenstift-Werkzeug

1

Genauso wie mit den Werkzeugen der Lasso-Gruppe können Sie mit dem Zeichenstift-Werkzeug (⌈P⌉) die Objekte freistellen, die auf jedem beliebigen Hintergrund fotografiert wurden. Die Kontrastverhältnisse im Bild spielen keine Rolle, weil Sie die Kante zwischen dem Objekt und dem Hintergrund selbst definieren.

Öffnen Sie das Bild mit dem Objekt, das Sie freistellen möchten. Aktivieren Sie das Zeichenstift-Werkzeug (⌈P⌉) mit folgenden Optionen: *Pfade, Pfadbereich erweitern*.

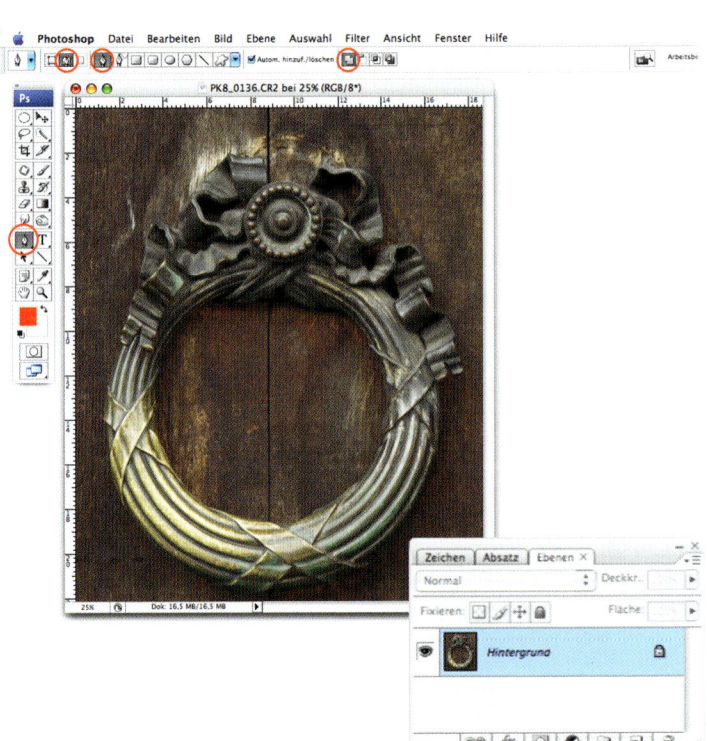

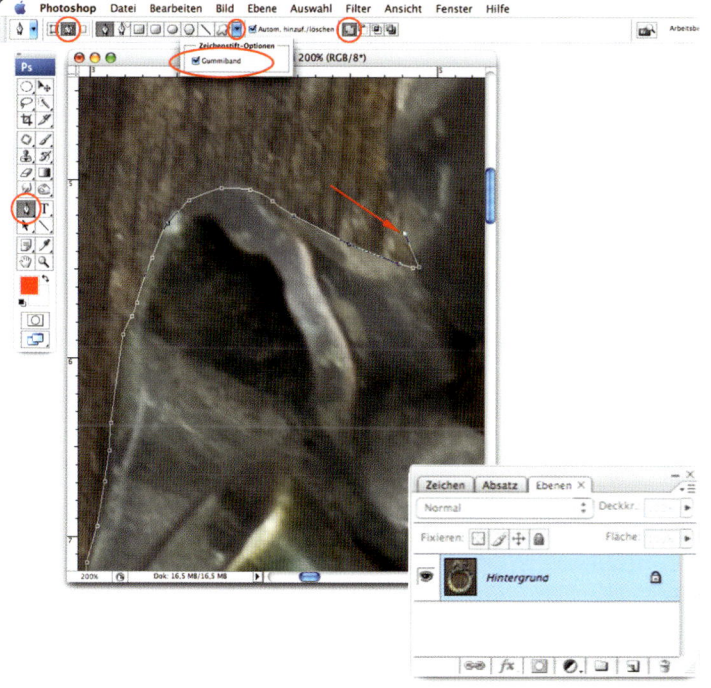

2

Aktivieren Sie die Option *Gummiband*. Damit können Sie die Entstehung des Pfades besser verfolgen.

Vergrößern Sie die Ansicht des Bildes auf 200–300 %, damit Sie die Kante des Objekts besser sehen können. Erstellen Sie den Pfad so genau wie möglich an der Kante.

Um die Ansicht des Bildes zu verschieben, halten Sie die [Leertaste] gedrückt – das Pfad-Werkzeug ([P]) verwandelt sich beim Drücken der [Leertaste] in das Hand-Werkzeug ([H]).

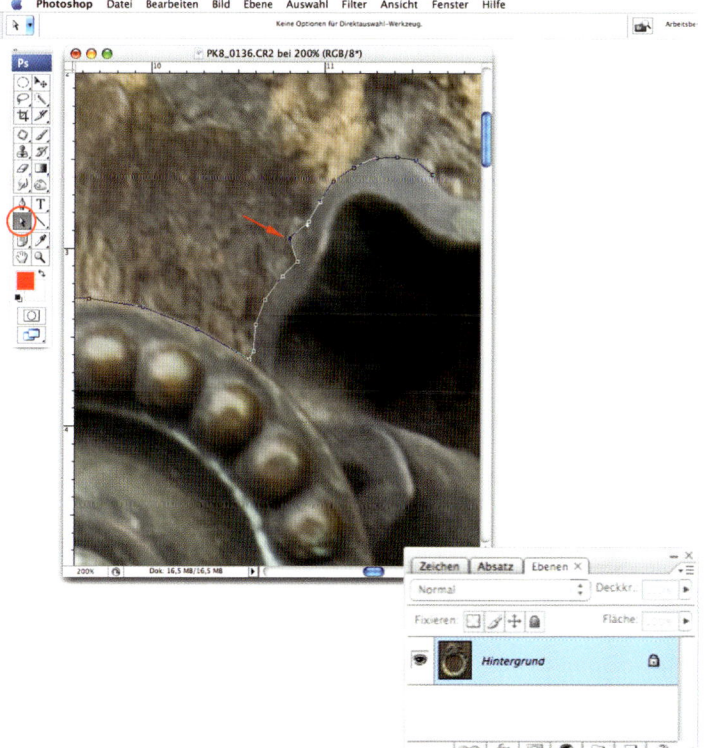

3

Falls Sie einige Punkte des Pfades falsch angelegt haben, haben Sie zwei Möglichkeiten, diese zu korrigieren.

Sie können mit [Strg]+[Alt]+[Z] mehrere Schritte zurückgehen und den Pfad erneut anlegen, oder Sie benutzen das Direktauswahl-Werkzeug ([A]). Mit ihm können Sie die Punkte des Pfades verschieben.

4

Bis jetzt wurde gezeigt, wie Sie den Pfad Punkt für Punkt anlegen. Bei den Rundungen können Sie die Linie zwischen den zwei Punkten eines Pfades in eine Kurve verwandeln.

Halten Sie die Maustaste gedrückt und ziehen Sie an dem Pfad. Der letzte Punkt des Pfades bekommt die Anfasser, und die Linie zwischen dem vorletzten und letzten Punkt des Pfades verbiegt sich. Mithilfe der Anfasser können Sie die Kurve anpassen.

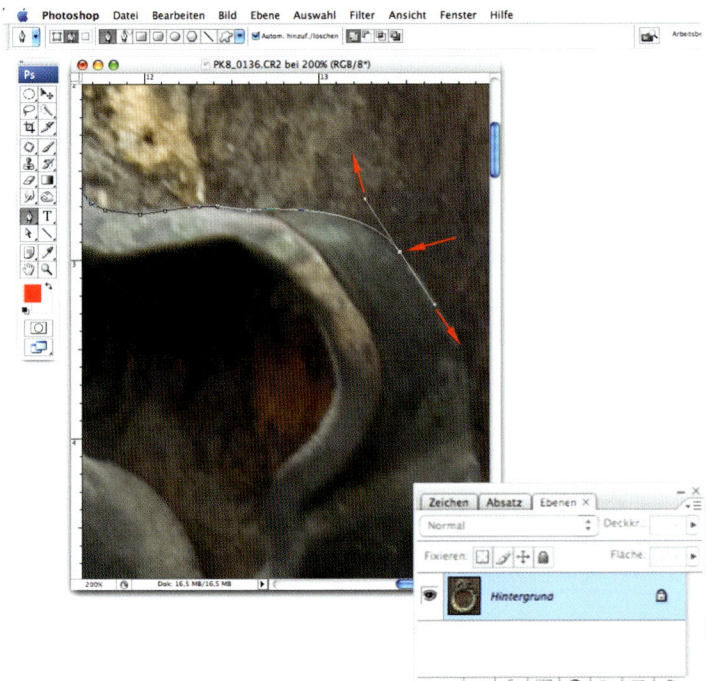

5

Wenn Sie den Pfad um das Objekt fertig haben, verkleinern Sie die Ansicht des Bildes so, dass Sie das ganze Objekt im Blick haben (Strg+0).

Vergewissern Sie sich, dass der Pfad korrekt angelegt ist, und korrigieren Sie gegebenenfalls den Pfad mit dem Direktauswahl-Werkzeug (A).

Klicken Sie dann mit der rechten Maustaste bei aktiviertem Zeichenstift-Werkzeug (P) in die Mitte des Pfades und wählen Sie die Option *Auswahl erstellen*.

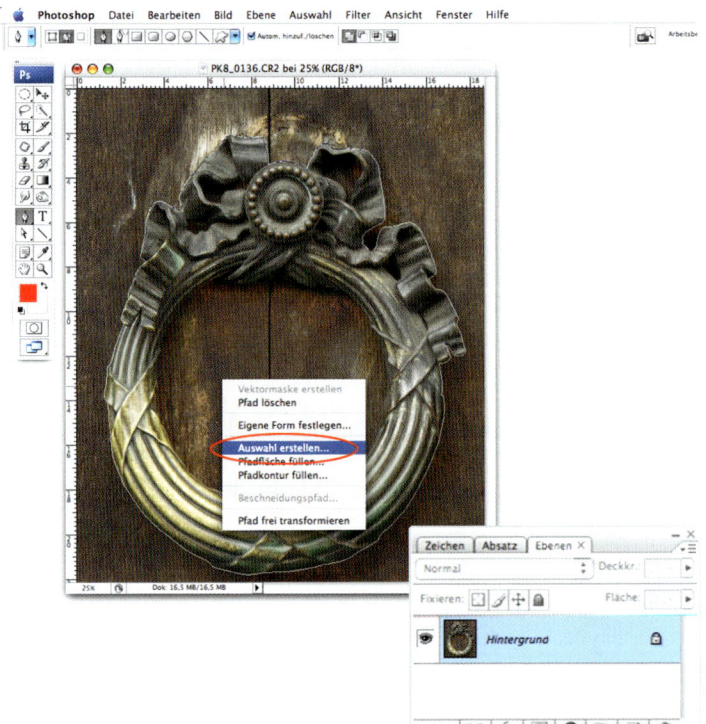

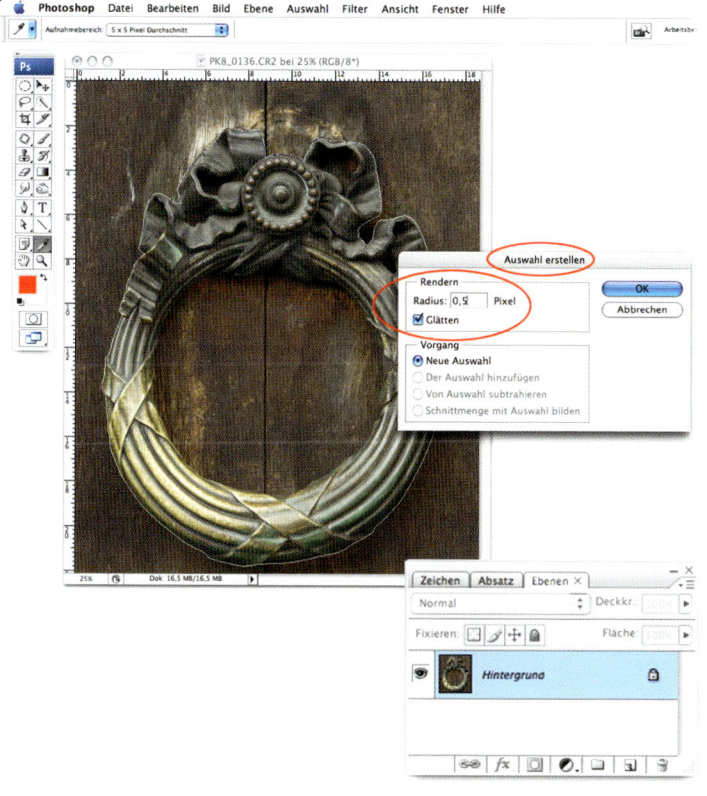

Im Dialog *Auswahl erstellen* definieren Sie im Bereich *Rendern/Radius* die weiche Auswahlkante. Sie kann abhängig von der Schärfe des Bildes gewählt werden.

Ist das Bild sehr scharf, können Sie eine weiche Kante von 0,5 Pixel wählen. Bei weniger scharfen Bildern nehmen Sie 1 bis 1,5 Pixel.

Die Option *Glätten* sollte aktiviert sein. Bestätigen Sie mit *OK*, und mit [Strg]+[J] legen Sie das ausgewählte Objekt auf eine neue Ebene.

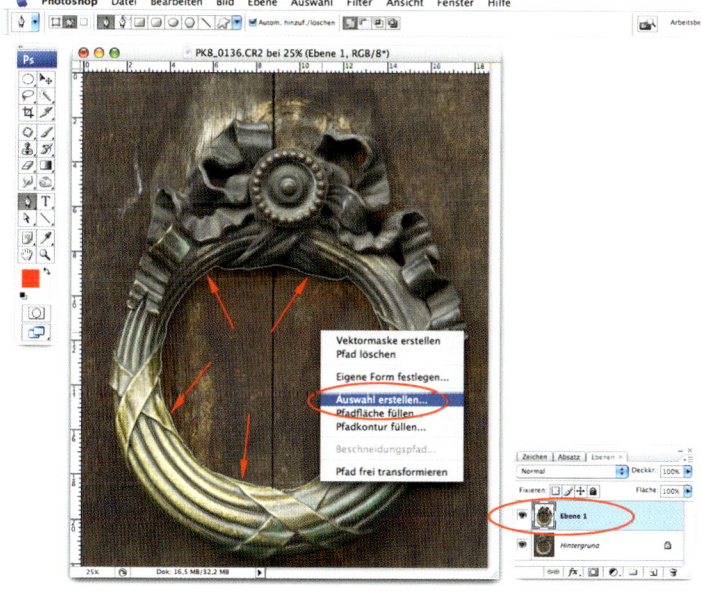

6

Wenn das freigestellte Objekt Innenräume hat, durch die der Hintergrund zu sehen ist, können Sie auf der neu erstellten Ebene diese Räume ausschneiden.

Erstellen Sie zuerst den Pfad um die Kante des Innenbereichs und wandeln Sie den Pfad dann in eine Auswahl um.

Anschließend können Sie den Innenbereich mit der Tastenkombination [Strg]+[X] ausschneiden.

Das Objekt ist als freigestellte Ebene zum Einsatz in einem Bildcomposing fertig.

Sie können auch Personen oder Tiere teilweise mit dem Zeichenstift-Werkzeug ([P]) freistellen.

Bei Tieren wie Katzen, Hunden etc., bei denen die Auswahl wegen des Fells ziemlich kompliziert ist, können Sie mit dem Zeichenstift-Werkzeug ([P]) zuerst eine grobe Auswahl erstellen.

Wenn das Objekt als Kopie auf einer neuen Ebene liegt, können Sie die Kanten zusätzlich bearbeiten. Wie das geht, erfahren Sie im Abschnitt 3.6.

Beim Freistellen von Personen können Sie die gut erkennbare scharfe Kante (Haut, Kleidung) mit dem Zeichenstift-Werkzeug ([P]) genau freistellen.

Den Bereich um die Haare stellen Sie grob frei und lassen viel Platz rund um die Haare. Die Freistellung der Haare bei Studiofotos lernen Sie im Abschnitt 3.7 kennen.

3.4 Transparente Gegenstände freistellen

Das Freistellen von transparenten Gegenständen ist eine komplizierte Aufgabe, weil Oberflächen wie Glas nicht einfach mit einem Freistellungswerkzeug wie dem Lasso oder der Extrahieren-Funktion etc. von dem Originalhintergrund separiert werden können.

Zur Hilfe kommen Ihnen die Ebenenfüllmethoden, mit denen Sie die Transparenz an den neuen Hintergrund anpassen können.

In diesem Abschnitt lernen Sie, wie eine Flasche aus der Originalumgebung separiert und auf den neuen Hintergrund platziert wird, sodass die Transparenz erhalten bleibt.

1

Öffnen Sie zuerst die Datei mit der Flasche und stellen Sie die Flasche mithilfe des Zeichenstift-Werkzeugs (P) frei. (Sie können auch das Lasso-Werkzeug (L) zum Freistellen benutzen.)

Natürlich ist hier unter Freistellen nur der Umriss der Flasche gemeint. Legen Sie die freigestellte Flasche als Kopie auf eine neue Ebene.

2

Öffnen Sie das Bild mit dem neuen Hintergrund. Ziehen Sie die Ebene mit der freigestellten Flasche mit dem Verschiebe-Werkzeug ([V]) in die neue Arbeitsfläche.

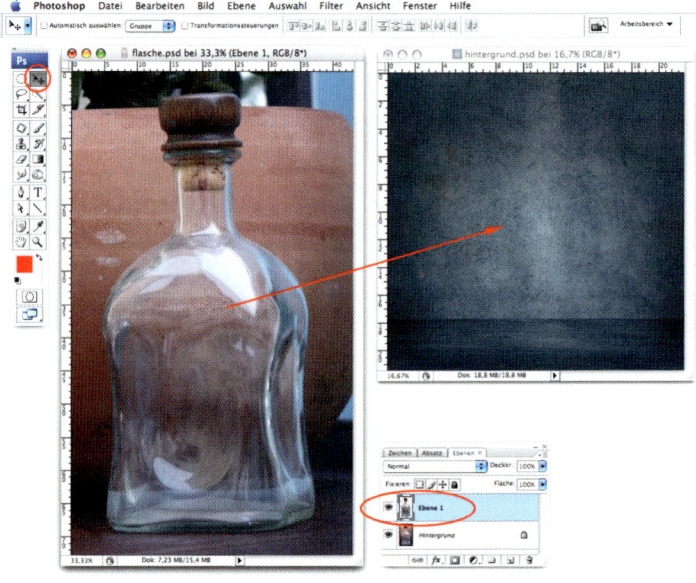

3

Damit die Flasche von der Größe und von der Lage in die neue Umgebung passt, aktivieren Sie den Transformationsrahmen mit [Strg]+[T], stellen die Flasche gerade und verkleinern diese – falls erwünscht – durch Ziehen an einem der Eckanfasser.

Halten Sie dabei die [Umschalt]-Taste gedrückt, damit die Proportionen erhalten bleiben.

4

Duplizieren Sie die Ebene mit der Flasche mit dem Tastenbefehl ⌈Strg⌉+⌈J⌉ und benennen Sie die Ebenen um.

Die obere Ebene mit der Flasche können Sie in *kanten* und die untere in *transparenz* umbenennen.

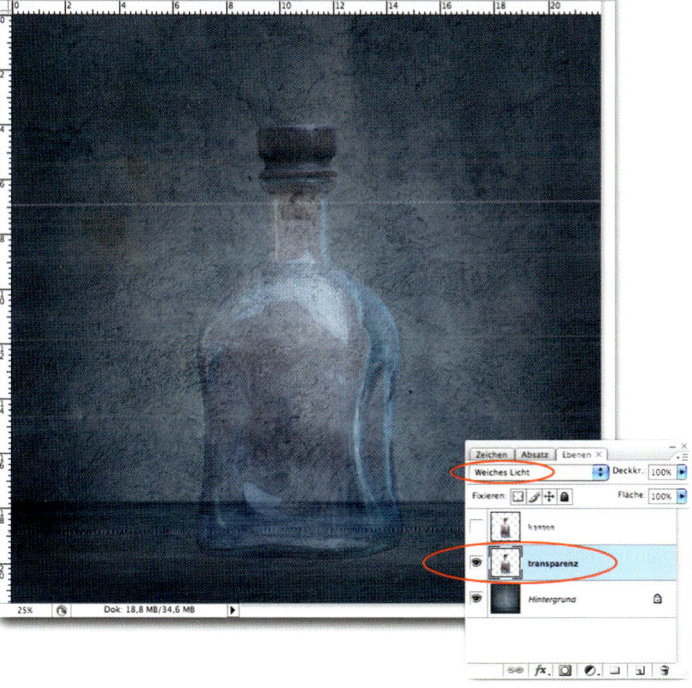

5

Blenden Sie die Ebene *kanten* vorerst aus und ändern Sie die Ebenenfüllmethode der Ebene *transparenz* auf *Weiches Licht*. Die Flasche auf dieser Ebene wird durchsichtig.

6

Blenden Sie die Ebene *kanten* wieder ein und erstellen Sie auf dieser Ebene eine Ebenenmaske. Definieren Sie im Farbwähler mit der Taste ⟨D⟩ die Farben Schwarz und Weiß.

Wählen Sie Weiß als Vordergrund und Schwarz als Hintergrund – am schnellsten geht das mit der Taste ⟨X⟩. Mit ⟨Strg⟩+⟨Entf⟩ füllen Sie die Maske der Ebene *kanten* mit schwarzer Farbe – die Ebene wird vorübergehend unsichtbar.

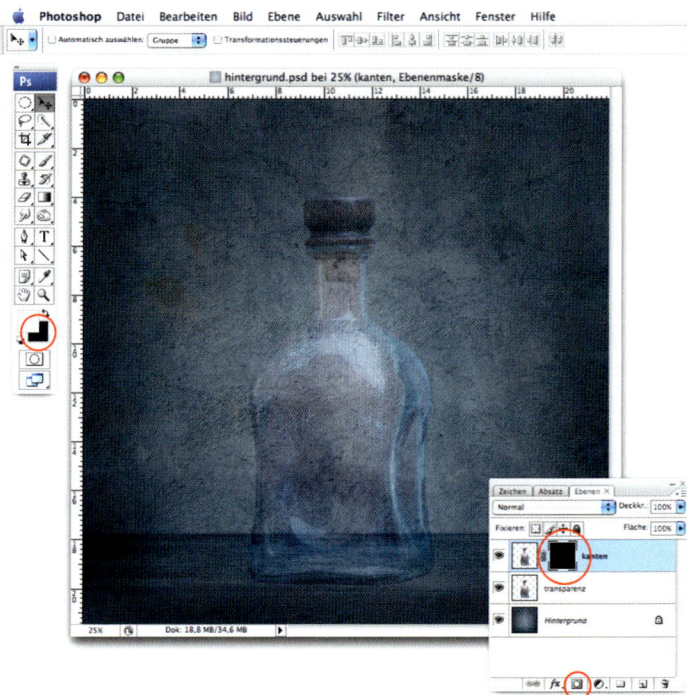

7

Wählen Sie das Pinsel-Werkzeug (⟨B⟩) mit einer runden weichen Spitze und einer Größe von ca. 150 Pixel. Bemalen Sie den Korken der Flasche und die Kanten, sodass diese wieder sichtbar werden.

Zum Bemalen verwenden Sie die Vordergrundfarbe Weiß, die Sie bereits im vorherigen Schritt eingestellt haben.

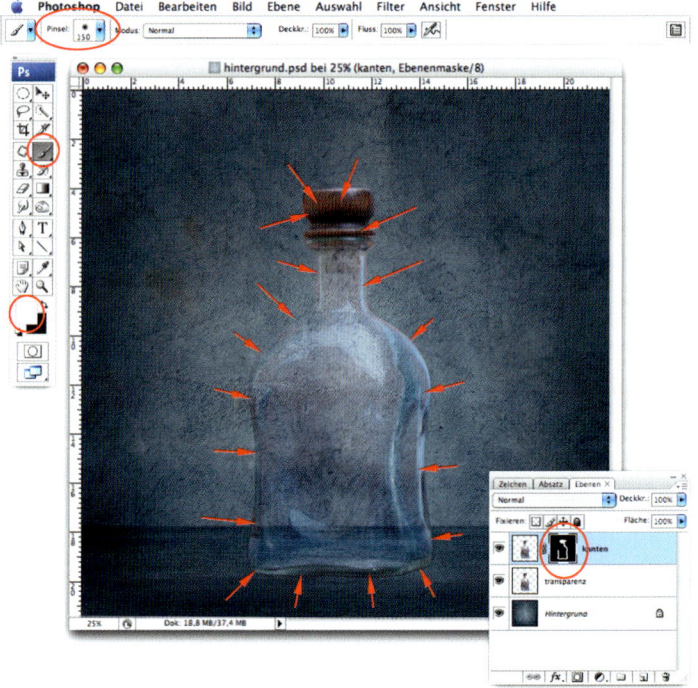

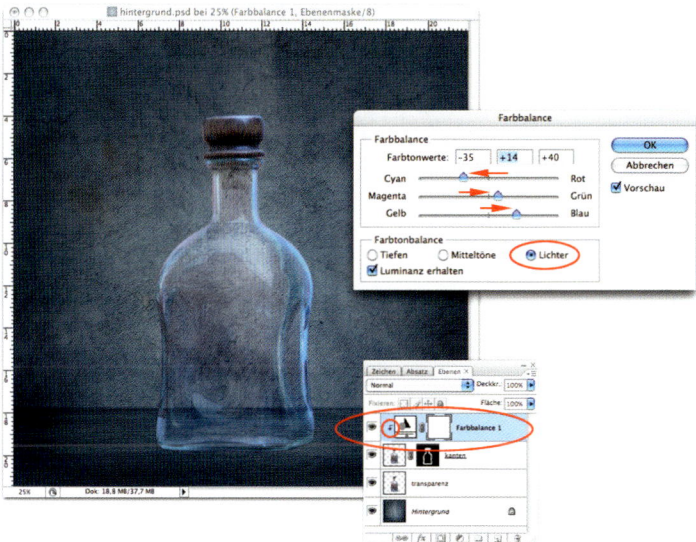

8

Die Farbe der oberen Ebene hat noch einen leichten Farbstich vom Original. Das können Sie ändern. Klicken Sie die Ebene *kanten* an und halten Sie die [Alt]-Taste gedrückt. Wählen Sie eine Einstellungsebene *Farbbalance*. Im Dialog *Neue Ebene* aktivieren Sie die Option *Schnittmaske aus vorheriger Ebene erstellen*.

Wählen Sie im Dialog *Farbbalance* im Bereich *Farbtonbalance* vorerst die Option *Lichter*.

Verstärken Sie die Farbbereiche Cyan, Grün und Blau mit den entsprechenden Reglern im Bereich *Farbbalance*. Nehmen Sie die Werte ungefähr so, wie es in dem Screenshot zu sehen ist.

Wechseln Sie im Bereich *Farbtonbalance* auf *Mitteltöne*. Bearbeiten Sie den Bereich *Farbbalance*, indem Sie die Bereiche Cyan, Grün und Blau auch bei den Mitteltönen verstärken.

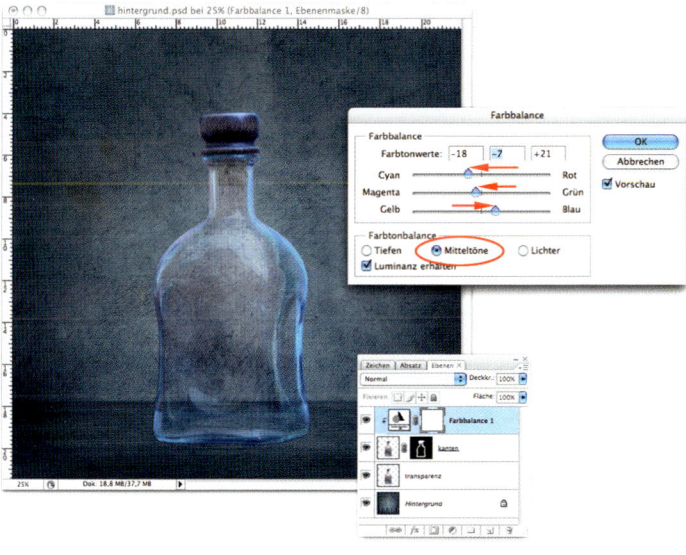

9

Wenn die Kanten der Flasche zu hell oder zu dunkel sind, was zu der neuen Umgebung nicht passt, erstellen Sie über der Ebene *Farbbalance 1* eine neue Einstellungsebene *Tonwertkorrektur* mit Schnittmaske.

Bewegen Sie den mittleren Regler nach rechts (in unserem Beispiel war die Flasche zu hell), bis die Tonwerte ausgeglichen sind und die Kanten der Flasche dunkler werden. Die Transparenz der Flasche ist somit fertig.

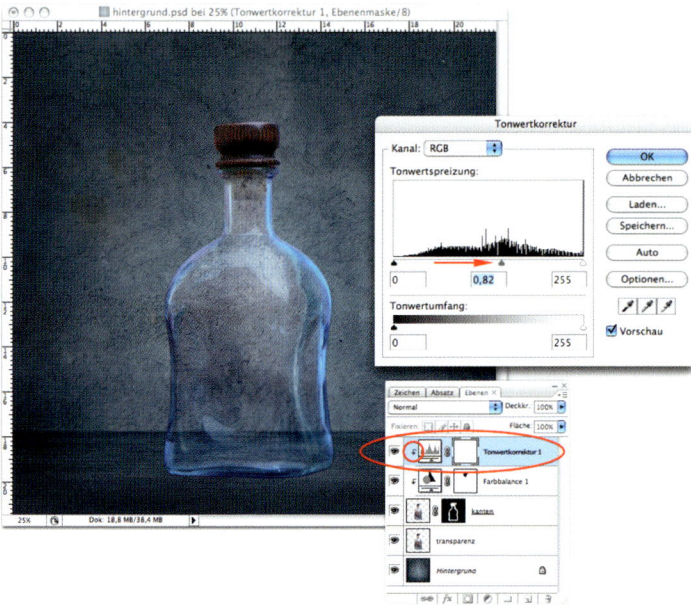

10

Damit die Flasche nicht in der Luft hängt, sollte ein Schatten unter dem Boden der Flasche erstellt werden.

Erzeugen Sie in der *Ebenen*-Palette über der Ebene *Hintergrund* eine neue leere Ebene und benennen Sie diese in *schatten* um. Wählen Sie das Lasso-Werkzeug (L) und zeichnen Sie eine Form wie in dem Screenshot.

Füllen Sie diese Form auf der Ebene *schatten* mit schwarzer Farbe. Heben Sie die Auswahl mit Strg+D auf.

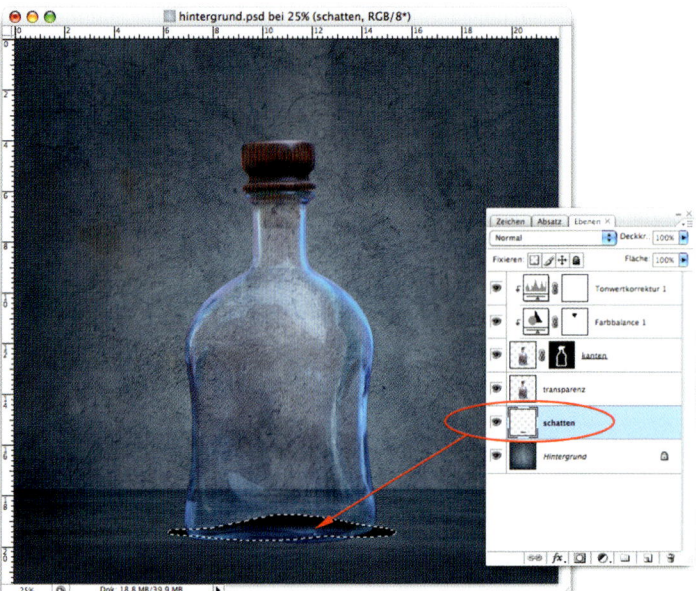

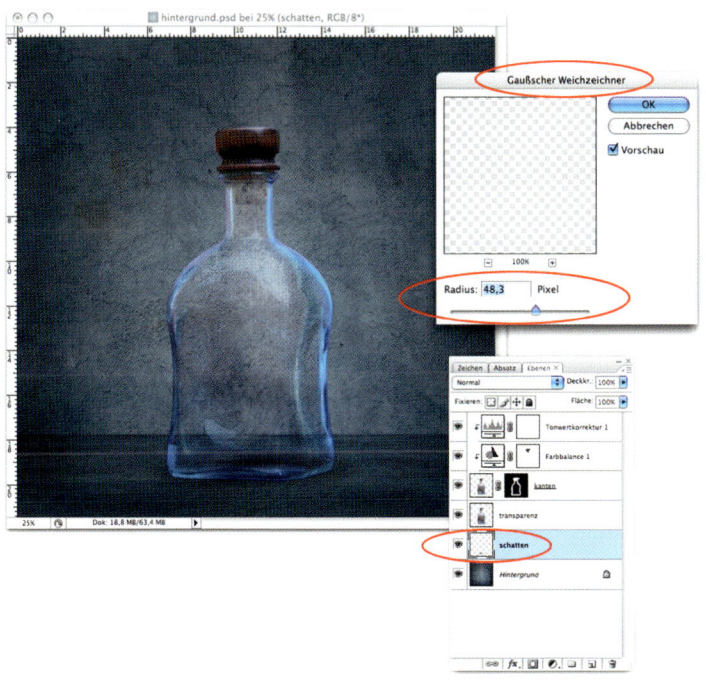

11

Die erstellte Form können Sie jetzt mit *Filter/ Weichzeichnungsfilter/Gaußscher Weichzeichner* bearbeiten.

Wählen Sie im Dialog *Gaußscher Weichzeichner* einen Radius von ca. 40–50 Pixel, damit die gezeichnete schwarze Form richtig unscharf wird.

12

Durch das Weichzeichnen kann es passieren, dass der Schatten zu groß wird. Korrigieren Sie die Größe des Schattens mit der Transformation.

Aktivieren Sie mit [Strg]+[T] den Transformationsrahmen und passen Sie die Form des Schattens dem Boden der Flasche an.

3.5 Ungreifbare Dinge wie Rauch und Wolken freistellen

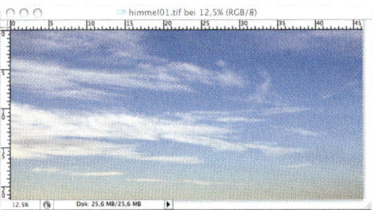

Freistellung durch Änderung der Ebenenfüllmethode

Wenn Sie Wolken aus einem Bild in ein anderes übertragen möchten, können Sie das auf unterschiedliche Weise machen.

Entweder Sie stellen diese frei, wie das im nächsten Workshop über die Freistellung des Rauches beschrieben wird, oder Sie machen das mithilfe der geänderten Ebenenfüllmethode.

1

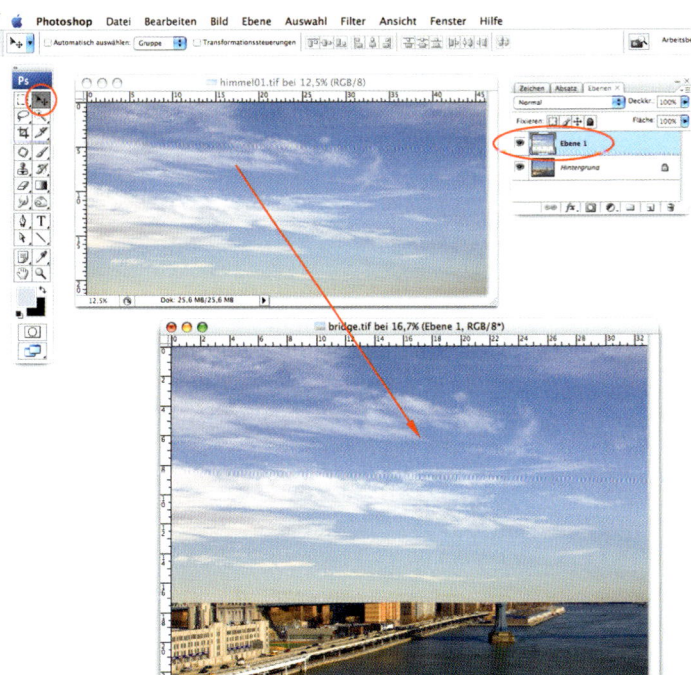

Öffnen Sie das Bild mit der Brücke und das Bild mit dem Himmel. Aktivieren Sie das Verschieben Werkzeug ([V]) und ziehen Sie das Bild mit dem Himmel in das Bild mit der Brücke.

Halten Sie dabei die [Umschalt]-Taste gedrückt. So landet das Himmel-Bild genau in der Mitte der neuen Arbeitsfläche.

Richten Sie die Ebene mit dem Himmel an der oberen Kante der Arbeitsfläche aus.

2

Ändern Sie die Ebenenfüllmethode für die Ebene mit dem Himmel auf *Hartes Licht*.

Die Ebene wird transparent und die Wolken-formationen werden auf die darunterliegende Ebene projiziert.

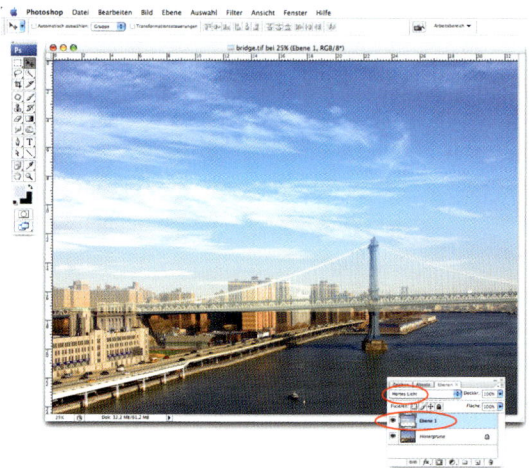

3

Durch die Veränderung der Ebenenfüll-methode kann es passieren, dass die Sättigung verstärkt wird, was nicht immer erwünscht ist.

Um die Sättigung einzudämmen, erstellen Sie über der Ebene mit dem Himmel eine Einstellungsebene *Farbton/Sättigung* mit Schnittmaske.

Reduzieren Sie die Sättigung, indem Sie den Regler *Sättigung* auf –100 bewegen.

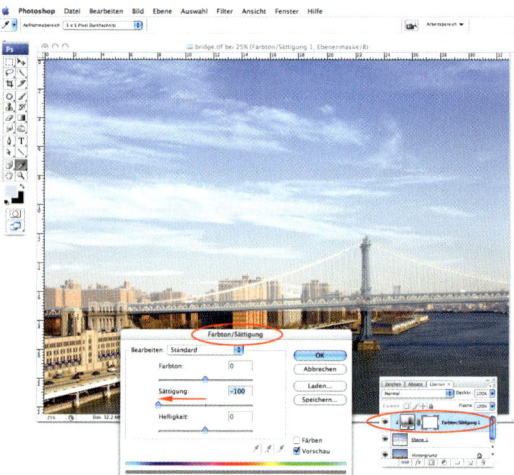

4

Wenn Sie mehr Kontrast bei den Wolken wünschen, können Sie die Ebenenfüllmetho-de auf *Ineinanderkopieren* setzen. Die Ebene mit dem Himmel hat noch eine harte Kante. Diese können Sie maskieren, damit der Übergang zu dem Bild nicht mehr sichtbar ist. Verwenden Sie dazu das Verlaufswerk-zeug (G) mit folgenden Optionen: linearer Verlauf, Vordergrund-Transparent, Vorder-grundfarbe Schwarz.

Ziehen Sie den Verlauf von der sichtbaren Kante der Ebene mit den Wolken nach oben, wie das mit dem Pfeil in dem Screen-shot angezeigt wird.

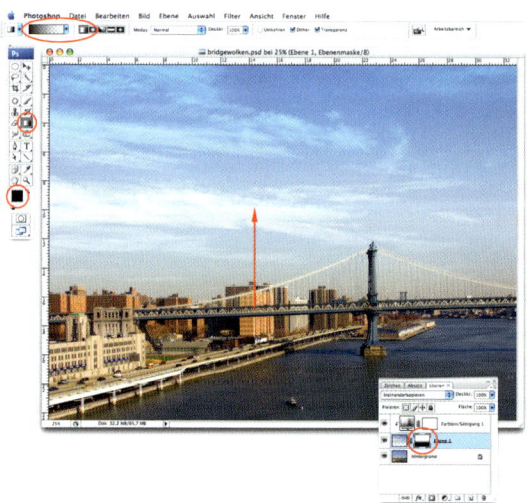

Vorher

Nachher

Freistellung durch Farbauswahl

Wenn Sie Rauch freistellen möchten, sind Sie mit der nachfolgenden Methode gut beraten.

Vorab ein Tipp zum Fotografieren: Machen Sie die Aufnahme von dem Rauch nach Möglichkeit vor einem dunklen Hintergrund (schwarzer Stoff oder Studiohintergrund), damit erreichen Sie einen besseren Kontrast, den Sie für die Freistellung brauchen.

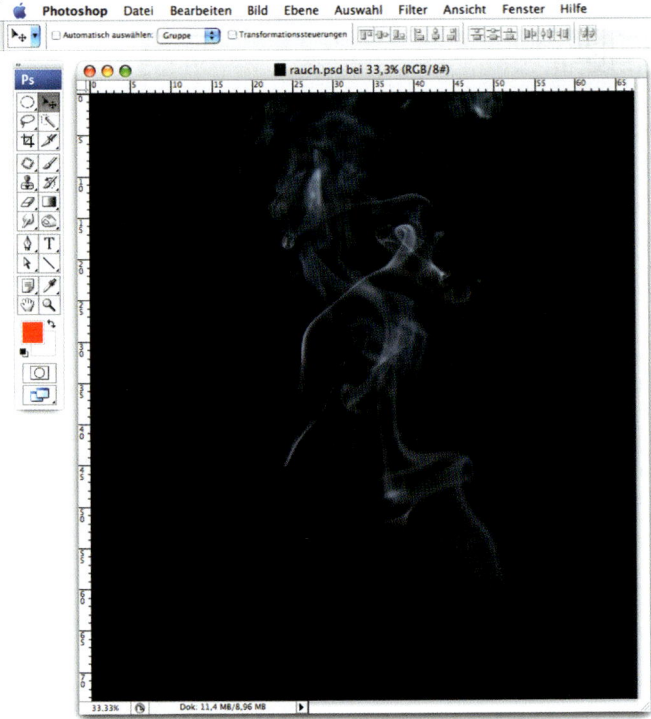

1

Wählen Sie *Auswahl/Farbbereich*. Wenn das Dialogfenster erscheint, verwandelt sich der Mauszeiger in eine Pipette, mit der Sie auf die hellste Stelle im Rauch klicken können.

Auf dem Vorschaubild im Dialog *Farbbereich* wird der ausgewählte Bereich angezeigt. Wahrscheinlich wurde noch nicht der ganze Rauch ausgewählt.

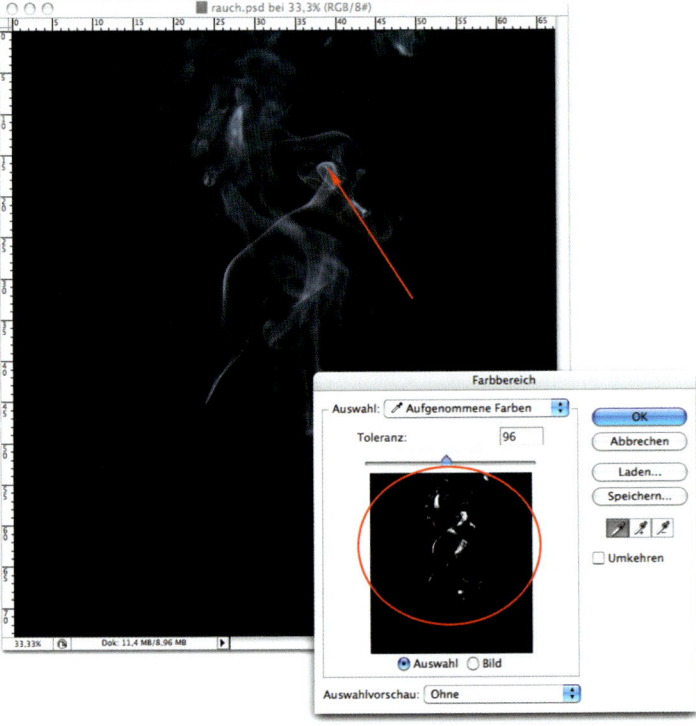

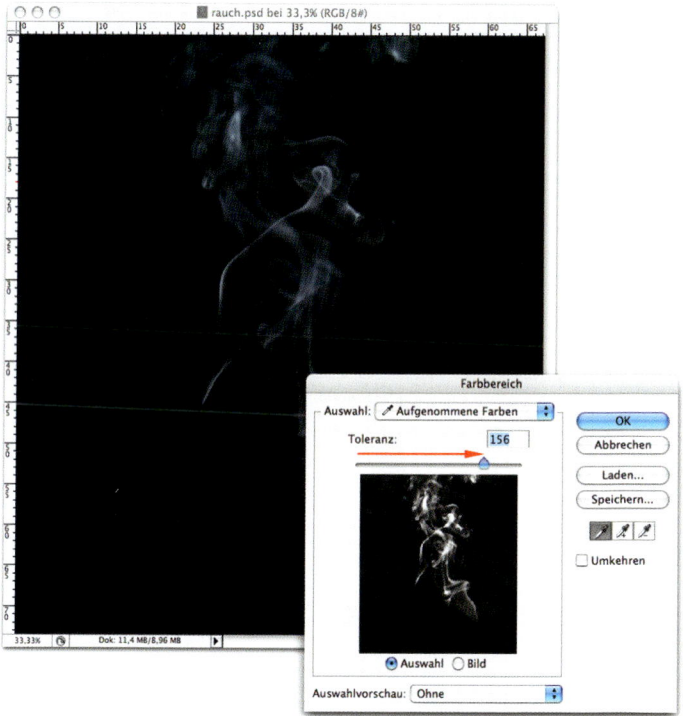

Damit der ganze Rauch auf dem Negativ im Dialogfenster angezeigt wird, erhöhen Sie die Toleranz auf ca. 150–160. Bestätigen Sie jetzt mit OK.

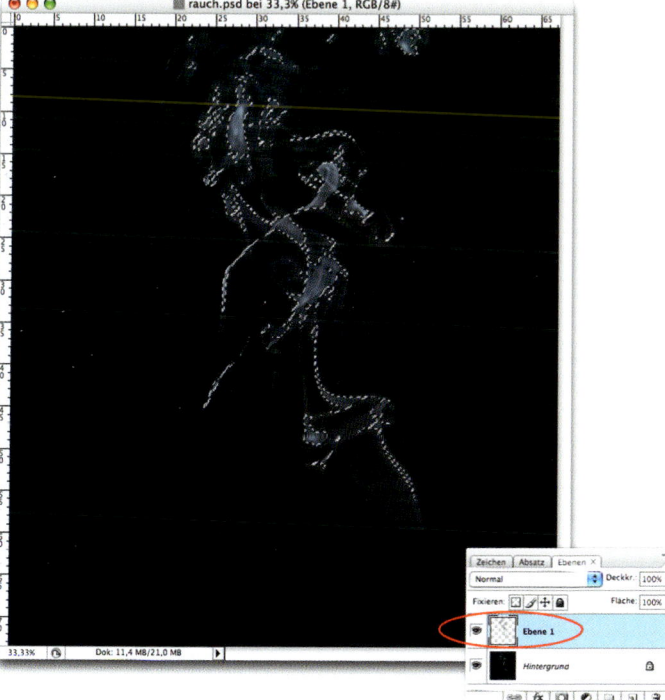

2

Der Rauch wird nun mit einer schwebenden Auswahl angezeigt. Die Auswahl zeigt zwar nicht alle Feinheiten, aber das spielt keine Rolle – ausgewählt sind deutlich mehr Rauchstrukturen, als angezeigt werden.

Mit Strg+J können Sie den ausgewählten Bereich als Kopie auf eine neue Ebene legen.

3

Den freigestellten Rauch können Sie in eine Bildkomposition übertragen. Öffnen Sie das Bild, in das der Rauch übertragen werden soll, und ziehen Sie die Ebene mit dem Rauch herüber mit dem Verschieben-Werkzeug ([V]).

Positionieren Sie die Ebene mit dem Rauch und passen Sie, falls erforderlich, die Größe des Rauches dem Bild an.

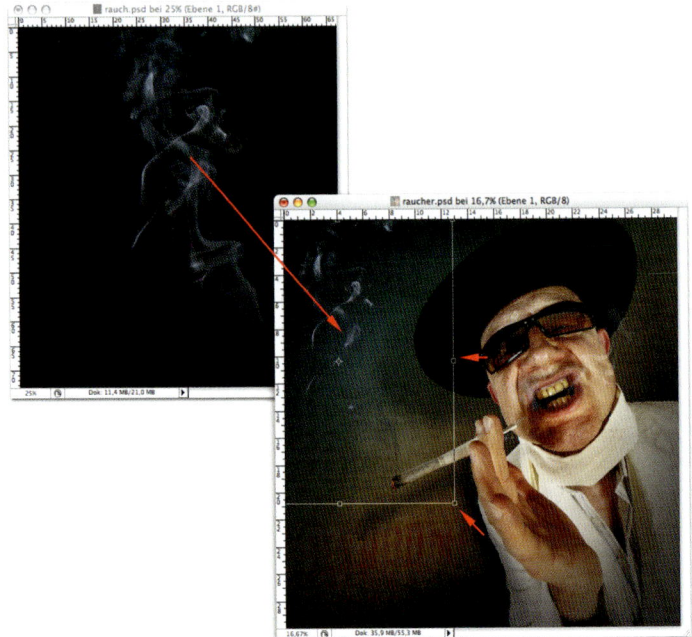

4

Damit der Rauch mehr Kontrast auf dem neuen Hintergrund bringt, ändern Sie die Ebenenfüllmethode für die Ebene mit dem Rauch auf *Negativ multiplizieren*.

Dadurch verschwinden auch die eventuell noch sichtbaren Reste des schwarzen Hintergrunds, auf dem der Rauch fotografiert wurde.

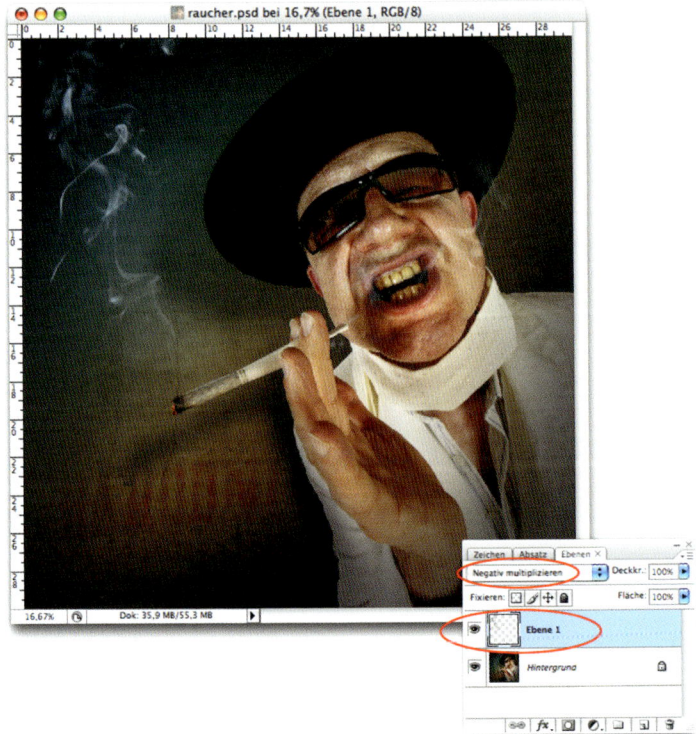

3.6 Tierfell oder Gefieder freistellen

Die perfekte und genaue Freistellung von Tieren gehört nicht zu den einfachsten Aufgaben. Wenn Sie aber Wert auf Qualität legen, sollten Sie Zeit in diese Arbeit investieren.

Auf unserem Bild sieht der Hund auf den ersten Blick ziemlich glatt aus. Bei der Vergrößerung stellen Sie aber fest, dass die Haare deutlich zu sehen sind. Mit einfachem Ausschneiden mithilfe des Lasso- oder Zeichenstift-Werkzeugs wird es nicht funktionieren.

Das Extrahieren-Werkzeug können Sie hier auch vergessen, weil der Kontrast zwischen dem Hund und dem Hintergrund zu schwach ist.

Es bleibt nichts anderes übrig als eine Freistellung mit dem speziellen Pinsel-Werkzeug.

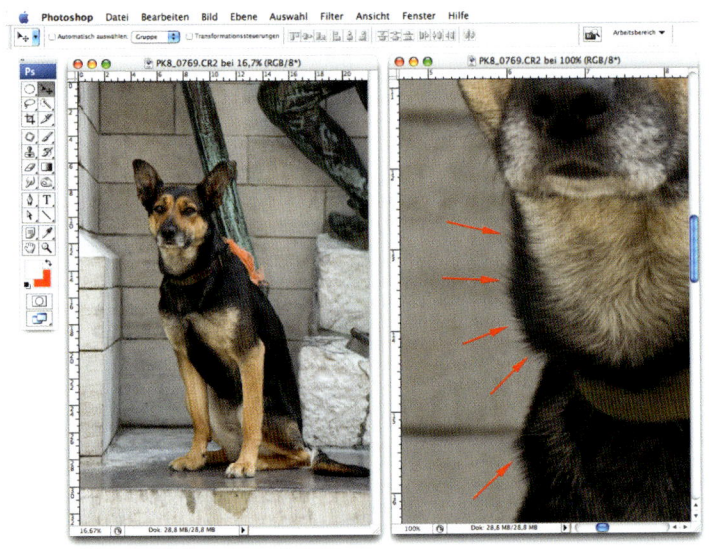

1

Erstellen Sie zuerst eine grobe Auswahl entweder mit dem Zeichenstift- oder Lasso-Werkzeug. Der Abstand zum Fell kann ungefähr so wie auf dem Beispielbild sein.

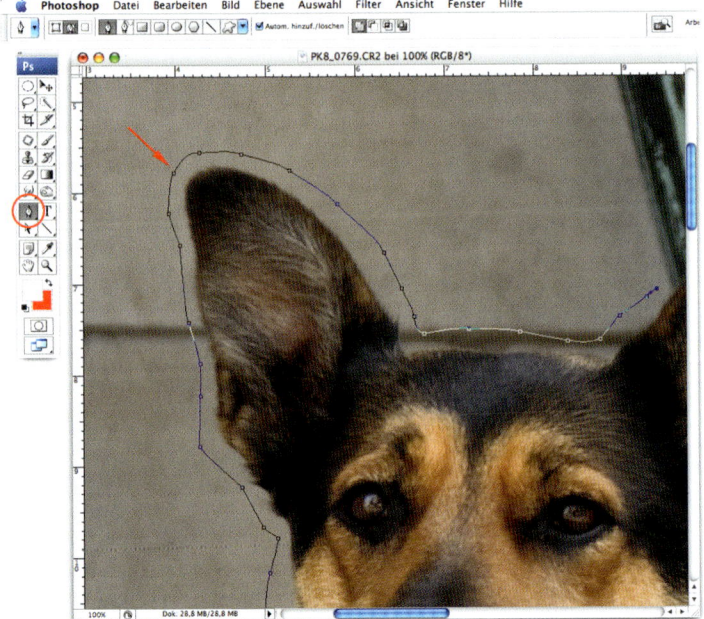

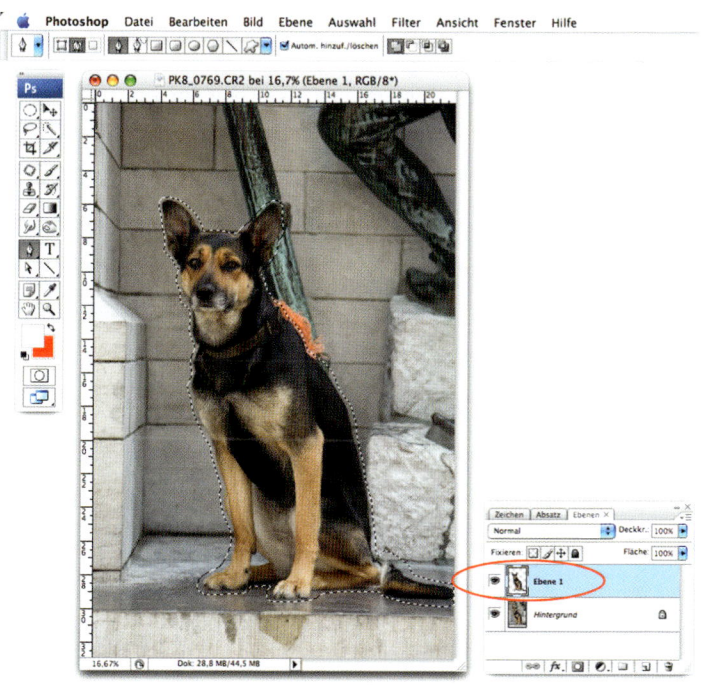

2

Wenn die Auswahl fertig ist, können Sie mit [Strg]+[J] den ausgewählten Bereich als Kopie auf eine neue Ebene legen.

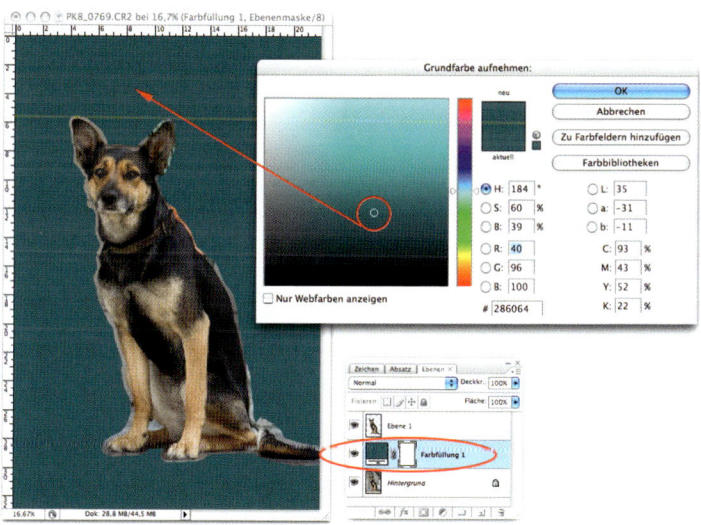

3

Um die Freistellung fortsetzen zu können, brauchen Sie eine Zusatzebene mit einer Kontrastfarbe.

Erstellen Sie zwischen der Hintergrundebene und der Ebene mit dem grob freigestellten Hund eine Füllebene *Volltonfarbe*.

Wählen Sie im Farbwähler eine Farbe aus, die es im Bild sonst nicht gibt und auf der die Kanten der freigestellten Ebene mit dem Hund gut zu sehen sind.

4

Erstellen Sie auf der Ebene mit dem Hund eine Ebenenmaske. Wählen Sie die Spitze für das Pinsel-Werkzeug aus der Gruppe *Stern*.

Fangen Sie mit dem Pinsel *26 an. Die Größe der Pinselspitze können Sie entweder mit dem Regler *Hauptdurchmesser* vergrößern und verkleinern oder Sie benutzen dazu die Tasten.

Nehmen Sie zum Vergrößern der Pinselspitze die Taste # und zum Verkleinern die Taste Ö.

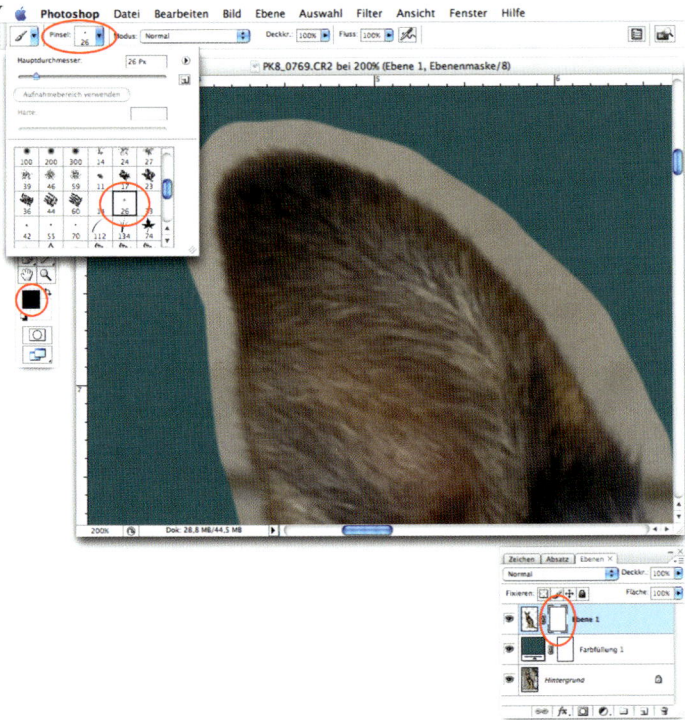

Vergrößern Sie die Ansicht des Bildes auf 200–300 %, sodass Sie die Kanten gut erkennen können.

Bearbeiten Sie mit dem Pinsel und schwarzer Vordergrundfarbe auf der Maske die Kanten der Ebene so, dass das Fell zum Vorschein kommt. Bearbeiten Sie sorgfältig die Ebenenkanten auf der ganzen Ebene.

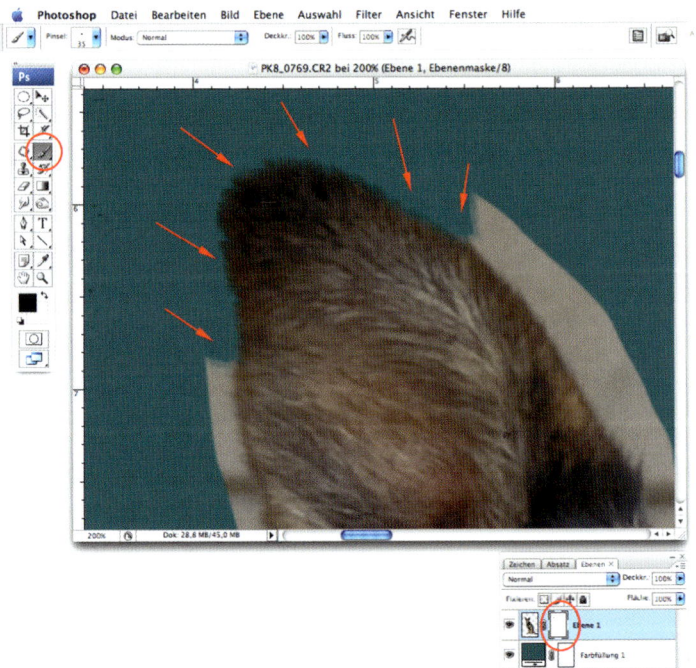

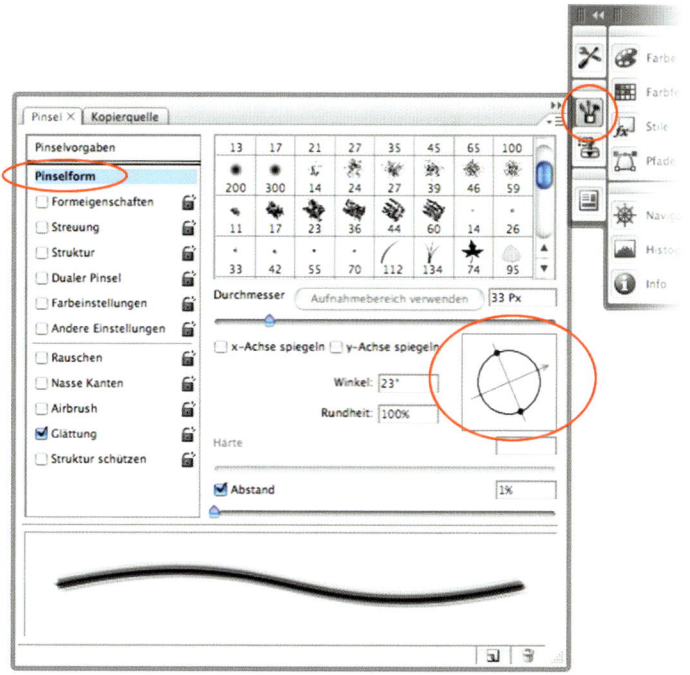

5

Damit das Fell unterschiedliche Kanten hat, können Sie unterschiedliche Werkzeugspitzen aus der Gruppe *Stern* der Pinselspitzen verwenden.

Sie können auch die Pinselspitzen drehen, um unterschiedlich wirkende Fellkonturen zu bekommen.

Öffnen Sie die *Pinsel*-Palette und klicken Sie auf den Eintrag *Pinselform*. Mit dem Rad rechts in der Palette können Sie die Werkzeugspitze drehen.

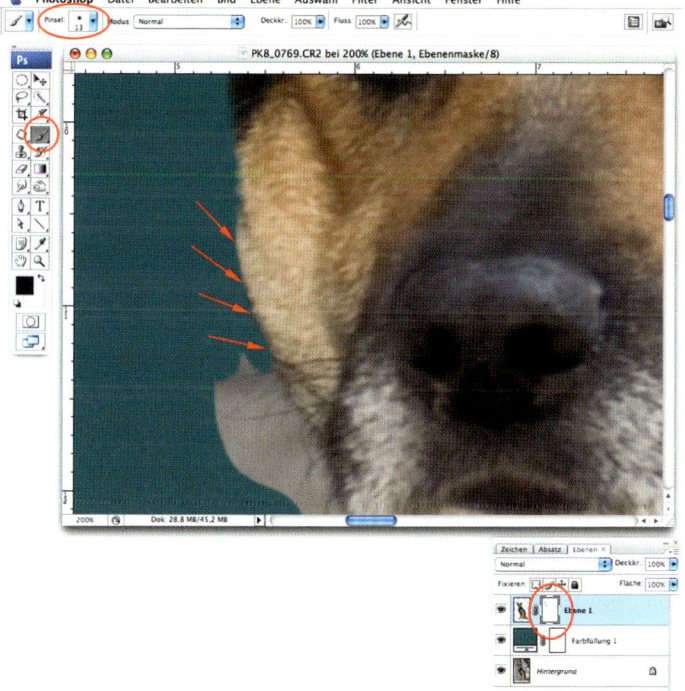

6

Zum Bearbeiten der Kanten, bei denen das Fell glatt ist, oder anderer Stellen ohne Fell können Sie den weichen runden Pinsel verwenden.

Die Größe können Sie variieren zwischen 10–15 Pixel, für die Härte sollte 0 gewählt werden.

7

Kontrollieren Sie, ob alle Kanten jetzt sauber freigestellt sind, und speichern Sie die Datei im PSD-Format mit Ebenen.

8

Öffnen Sie das Bild mit dem neuen Hintergrund (in Kapitel 4 erfahren Sie, wie Sie solche Hintergründe gestalten können). Klicken Sie die Ebene mit dem freigestellten Hund an.

Wählen Sie das Verschieben-Werkzeug ([V]) und ziehen Sie die Ebene mit dem Hund auf die Arbeitsfläche mit dem neuen Hintergrund.

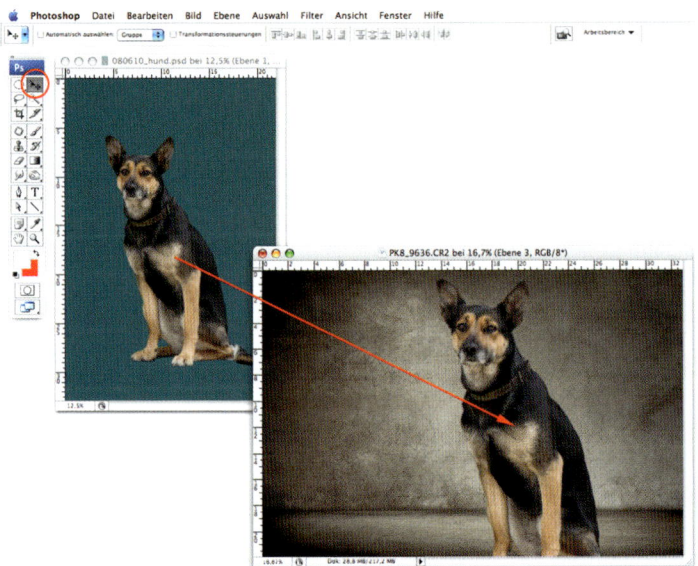

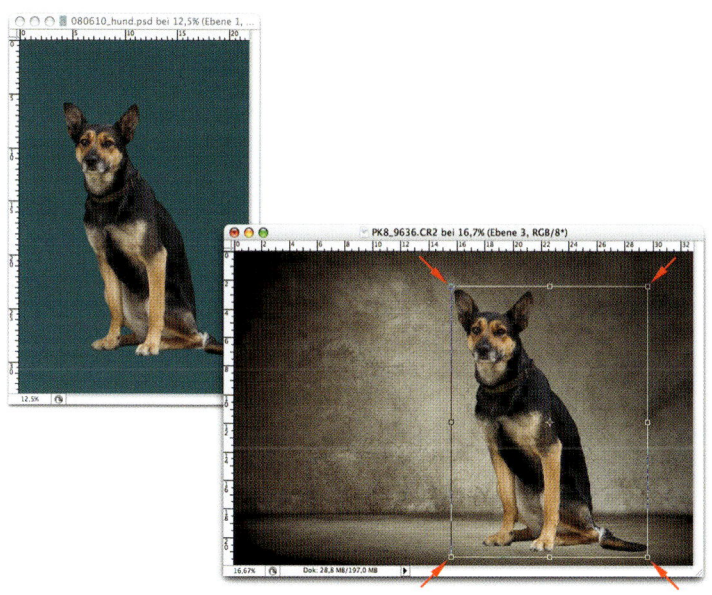

9

Mit ⌘Strg+T aktivieren Sie den Transformationsrahmen. Mit gedrückter Umschalt-Taste (damit die Proportionen erhalten bleiben) ziehen Sie an einem der Eckanfasser und verändern die Größe der Ebene mit dem Hund so, dass diese in der neuen Umgebung authentisch wirkt. Bestätigen Sie die Transformation mit der Enter-Taste.

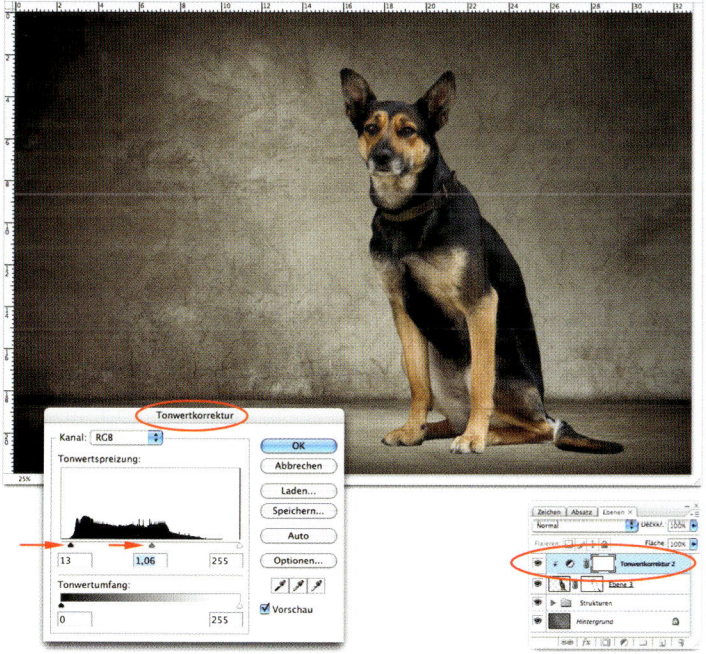

10

Da es immer Helligkeitsunterschiede zwischen den Bildern aus den verschiedenen Fotos gibt, sollten Sie diese aneinander anpassen.

In unserem Beispiel werden die Tonwerte der Ebene mit dem Hund an die Helligkeit des Hintergrunds angepasst. Erstellen Sie über der Ebene mit dem Hund eine Einstellungsebene *Tonwertkorrektur* mit einer Schnittmaske.

Bewegen Sie im Dialog *Tonwertkorrektur* den mittleren und den linken Regler nach rechts, um die Helligkeit der Ebene zu reduzieren und den Kontrast leicht zu erhöhen.

11

Damit der Hund in der neuen Umgebung realistisch wirkt, sollten noch einige Ebenen mit Schatten erstellt werden.

Die Schattenebenen werden so erstellt, wie es im Abschnitt 3.4 erklärt wurde. Einige Techniken über das Erstellen von Schatten werden noch in weiteren Workshops des Buches erklärt.

Für eine korrekte räumliche Darstellung des Hundes vor dem neuen Hintergrund brauchen Sie mindestens drei Schattenarten:

- Kernschatten, der als Kontur unter dem Hund zu sehen ist

- Schlagschatten – der diffuse Schatten auf dem Fußboden, entgegengesetzt dem Lichteinfall

- Wandschatten – leichter diffuser Schatten an der Wand

Vorher

Nachher

3.7 Komplizierter Fall: Freistellung von Haaren

Nichts bereitet Fotografen so viele Sorgen wie die Freistellung von Haaren. Mittlerweile hat jeder Fotograf oder Grafiker seine Erfahrungen mit diesem Thema gemacht und einige Techniken für sich entdeckt. Hier lernen Sie die Technik kennen, die sich perfekt zum Freistellen von Haaren auf Studiofotos eignet. Von Bedeutung ist, dass Sie schon beim Fotografieren wichtige Voraussetzungen erfüllen, die Sie später zum Freistellen brauchen.

Das Wichtigste, wenn Sie auf diese Art Haare freistellen möchten, ist die Wahl des Hintergrunds beim Fotografieren. Die Person muss nicht unbedingt im Studio fotografiert werden.

Die Regel ist einfach: Personen mit dunklen Haaren sollten vor einem hellen Hintergrund fotografiert werden (weiß, hellgrau), und für Personen mit blonden Haaren nehmen Sie am besten einen schwarzen Hintergrund.

Wie Sie bestimmt schon ahnen, basiert diese Freistellungstechnik auf dem starken Kontrast zwischen den Haaren und dem Hintergrund.

1

Öffnen Sie das Bild und stellen Sie zuerst die Bereiche frei, in denen die Kanten gut zu erkennen sind (Haut, Kleidung).

Verwenden Sie dazu entweder das Lasso-Werkzeug (L) oder das Zeichenstift-Werkzeug (P).

Den Bereich um die Haare können Sie großzügig auswählen, ungefähr so, wie das im Screenshot zu sehen ist.

Verwenden Sie für die Auswahl die weiche Kante mit einem Radius von 0,5 oder 1 Pixel.

Erstellen Sie eine neue Ebene mit der Kopie des ausgewählten Bereichs mit Strg+J.

Öffnen Sie das Bild mit dem neuen Hintergrund und verschieben Sie die Ebene mit der freigestellten Figur in diese Arbeitsfläche.

4

Duplizieren Sie die Ebene mit der Figur mit
[Strg]+[J] und benennen Sie die entstandenen Ebenen um: die obere Ebene in *original*
und die untere in *haare*.

5

Die Ebene *original* kann vorerst ausgeblendet werden. Über der Ebene *haare* erstellen
Sie eine Einstellungsebene *Tonwertkorrektur*
mit der Schnittmaske.

Nehmen Sie im Dialog *Tonwertkorrektur* keine Änderungen vor, bestätigen Sie einfach
mit *OK*. Ändern Sie die Ebenenfüllmethode
für die Ebene *haare* auf *Multiplizieren*.

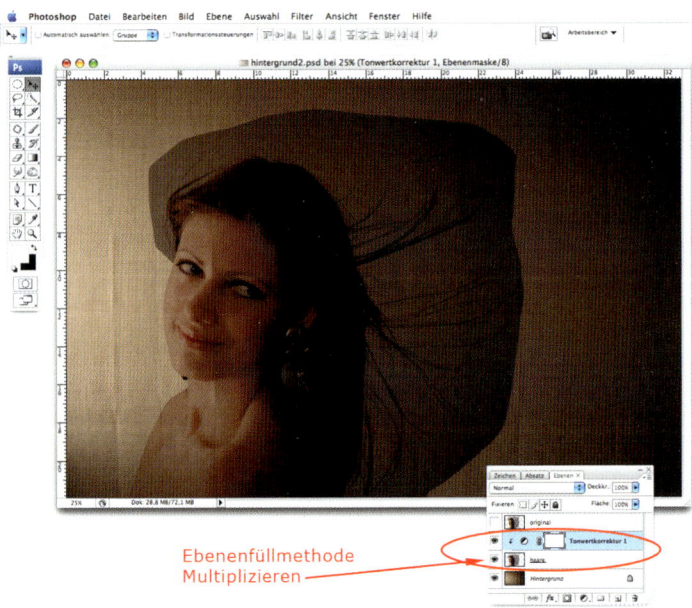

Ebenenfüllmethode
Multiplizieren

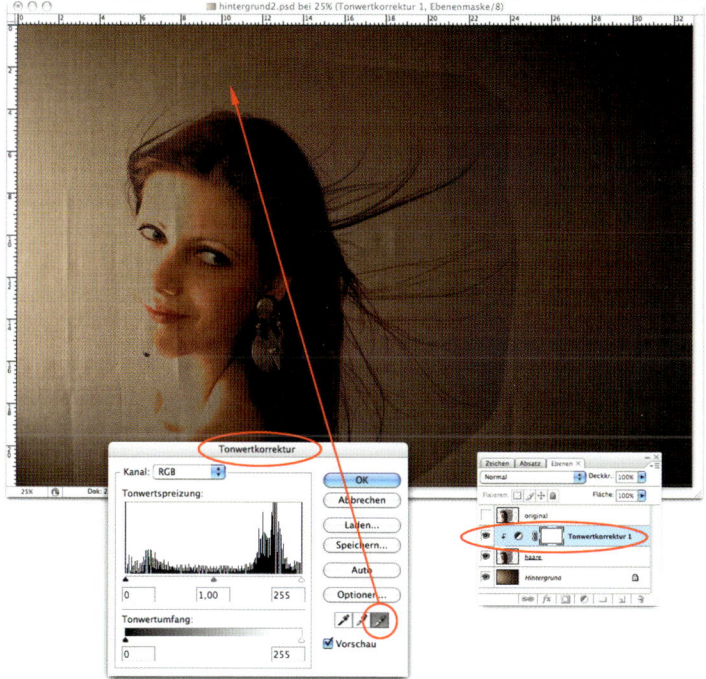

6

Wie Sie bereits bemerkt haben, wurde die Ebene *haare* durch die Änderung der Ebenenfüllmethode auf *Multiplizieren* wie ein Diapositiv transparent.

Genau diese Eigenschaft wird genutzt, um den hellen Hintergrund transparent darzustellen, wobei die Haare sichtbar bleiben.

Da der Hintergrund auf der Ebene *haare* dunkler ist als Weiß, sollte eine Anpassung der Tonwerte erfolgen.

Doppelklicken Sie auf die Einstellungsebene *Tonwertkorrektur* und klicken Sie mit der weißen Pipette auf die hellste Stelle des Hintergrunds der Ebene *haare*. Der Hintergrund wird fast transparent, aber noch nicht überall.

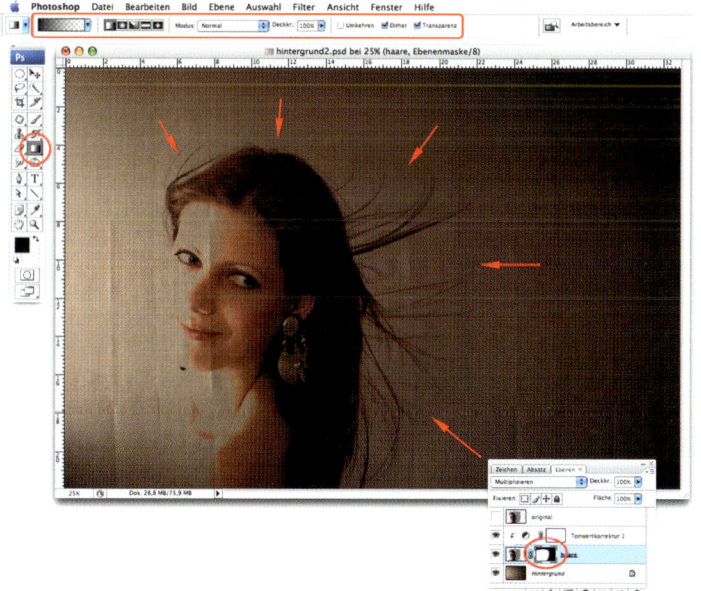

7

Die Stellen, die noch eine dunkle Kante haben, können Sie mit einem Maskierungsverlauf bearbeiten. Erstellen Sie auf der Ebene *haare* eine Ebenenmaske.

Wählen Sie das Verlaufswerkzeug ([G]) mit den Optionen linearer Verlauf, Vordergrund-Transparent, Vordergrundfarbe Schwarz.

Erstellen Sie mehrere Verläufe in die mit den Pfeilen im Screenshot angezeigten Richtungen, damit die Reste des Hintergrunds verschwinden.

8

Blenden Sie die Ebene *original* wieder ein. Erstellen Sie auf dieser Ebene eine Ebenenmaske.

Wählen Sie das Pinsel-Werkzeug (B) mit einer Werkzeugspitze von ca. 200 Pixel, Härte = 0. Bemalen Sie mit dem Pinsel den restlichen grauen Hintergrund. Sie können über die Haare malen, diese bleiben durch die untere Ebene gut sichtbar.

In dem Bereich, in dem die Haare an das Gesicht grenzen, verwenden Sie eine kleinere Werkzeugspitze. Die Freistellung der Haare ist somit fertig.

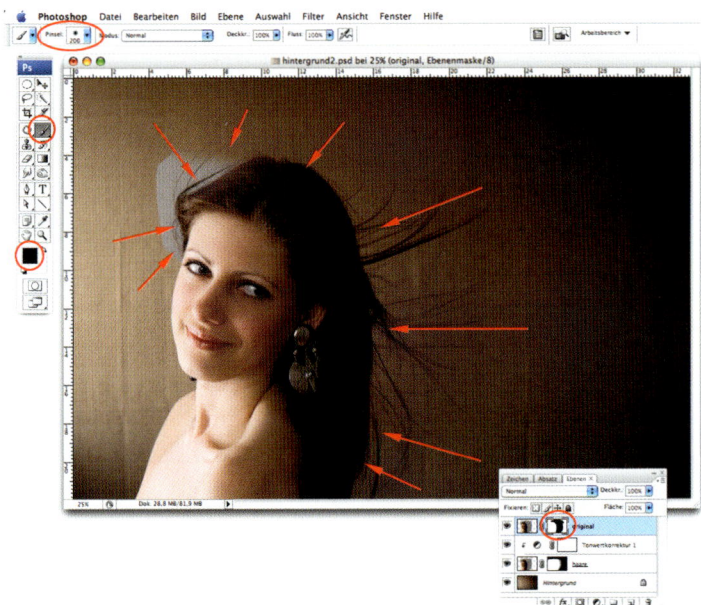

9

Damit die freigestellte Person in der neuen Umgebung realistisch aussieht, können Sie einen Schlagschatten hinter den Ebenen mit der Frau hinzufügen.

Erstellen Sie über der Ebene *Hintergrund* eine neue leere Ebene. Mit dem Lasso-Werkzeug (L) erstellen Sie eine Form, die ungefähr so aussehen kann wie in dem Screenshot.

Füllen Sie die Auswahl auf der neuen Ebene mit schwarzer Farbe. Heben Sie mit (Strg)+(D) die Auswahl auf und benennen Sie die Ebene in *schatten* um.

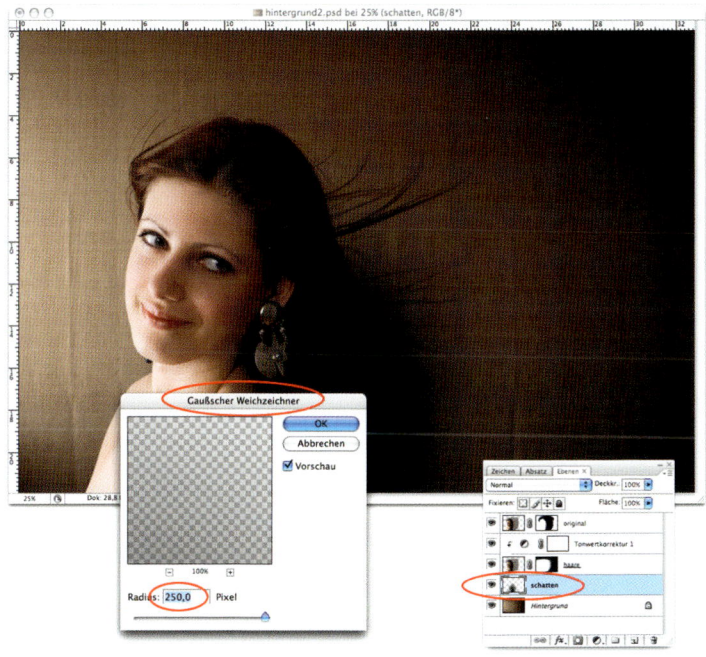

10

Die soeben erstellte Form können Sie jetzt mit *Filter/Weichzeichnungsfilter/Gaußscher Weichzeichner* bearbeiten.

Nehmen Sie einen sehr großen Radius, ca. 230–250 Pixel, damit der Schatten diffus wird. Bestätigen Sie die Weichzeichnung mit *OK*.

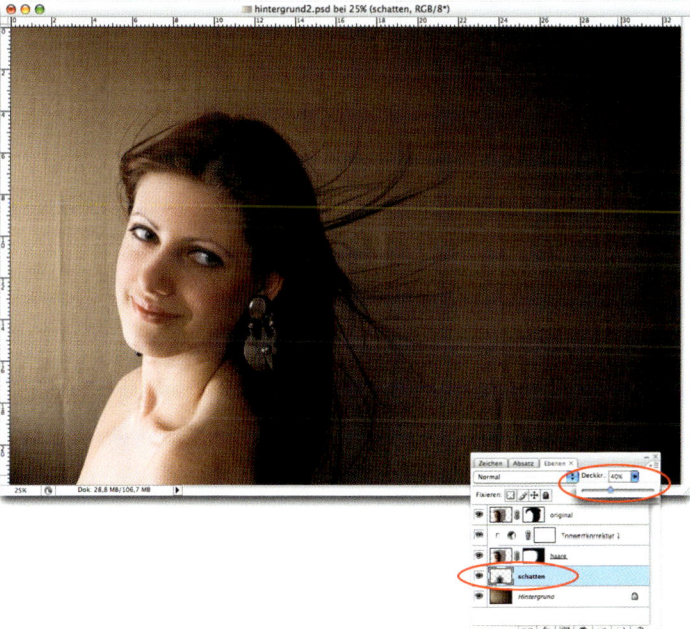

Falls der Schatten zu dunkel wird, reduzieren Sie die Deckkraft der Ebene *schatten* auf ca. 40–50 %.

Ein kleiner Tipp: Wenn Sie vor einem dunklen Hintergrund aufgenommene Personen mit blonden Haaren freistellen möchten, gehen Sie genauso vor wie in diesem Abschnitt, verwenden aber die Ebenenfüllmethode *Negativ multiplizieren*. Bei der Tonwertkorrektur nehmen Sie statt der weißen eine schwarze Pipette und klicken dann auf den restlichen dunklen Hintergrund, um ihn transparent zu machen.

3.8 Wenn es mit dem Freistellen der Haare nicht so richtig klappt

Model: Vanessa Pichiri

Nicht immer geht es mit der Freistellung von Haaren so glatt wie im vorherigen Beispiel. Oft ist der Kontrast zwischen dem Hintergrund und den Haaren nicht stark genug, um die Freistellung mithilfe der Ebenenfüllmethoden vorzunehmen.

Oder es ist ganz und gar nicht möglich, eine Person sauber freizustellen, wenn diese vor einem unruhigen Hintergrund aufgenommen wurde. Dann bleibt oft nichts anderes übrig, als die Haare nachzuzeichnen.

1

Stellen Sie die Person zuerst frei, wie das im vorherigen Abschnitt erklärt wurde. Die Bereiche mit den scharfen Konturen (Haut, Kleidung) können Sie genau freistellen, die Stellen um die Haare stellen Sie vorerst grob frei.

2

Für die weitere Freistellung erstellen Sie zwischen der Ebene *Hintergrund* und der Ebene mit der Person eine Füllebene *Volltonfarbe* mit einer kontrastreichen Farbe, z. B. Blau oder Grün.

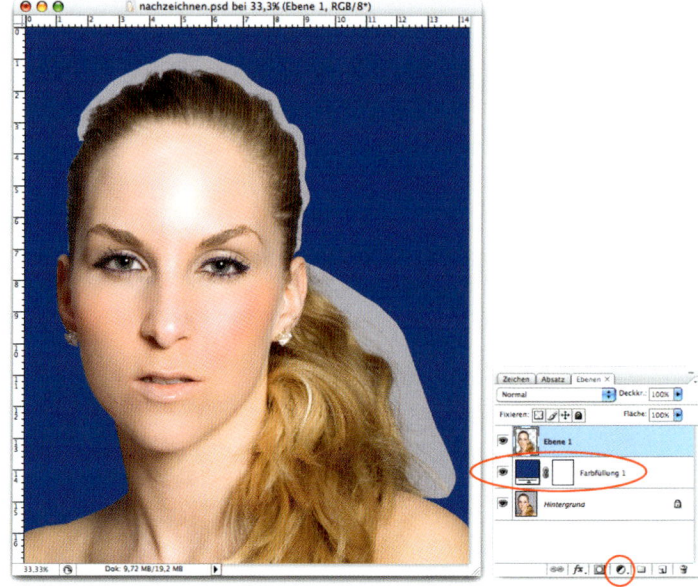

3

Erstellen Sie auf der Ebene mit der freigestellten Person eine Ebenenmaske. Wählen Sie das Pinsel-Werkzeug (B) mit einer Größe von 60–70 Pixel und der Härte 0. Stellen Sie so gut wie möglich den Bereich um die Haare frei.

Zwar wird das nicht eine ganz genaue Freistellung sein, aber die Grenze zwischen den Haaren und dem Hintergrund sollte eine weiche Kante haben.

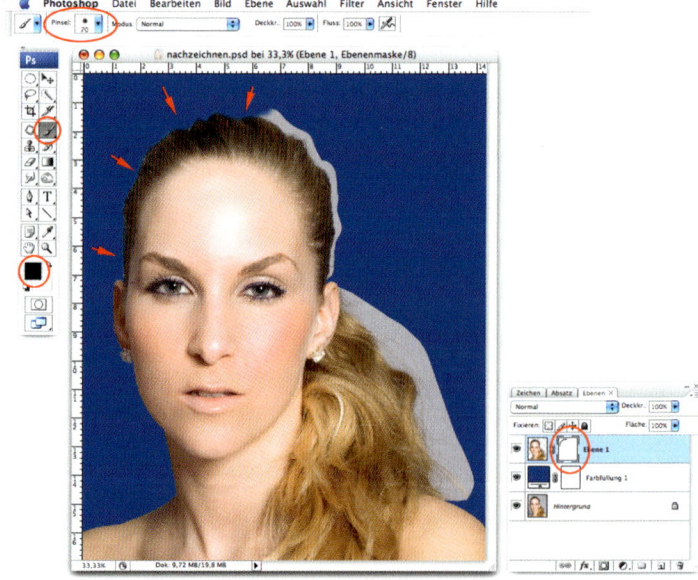

4

Über der Ebene mit der freigestellten Figur erstellen Sie eine neue Ebene und nennen diese *haare*. Auf dieser Ebene werden die Haare nachgezeichnet. Wählen Sie das Pinsel-Werkzeug (B) mit der Stärke von 1 Pixel und die Härte 0. Das ist genau die richtige Pinselgröße, um die Haare nachzeichnen zu können. Definieren Sie für das Pipetten-Werkzeug einen Aufnahmebereich von 3 x 3 Pixeln. Aktivieren Sie das Pinsel-Werkzeug.

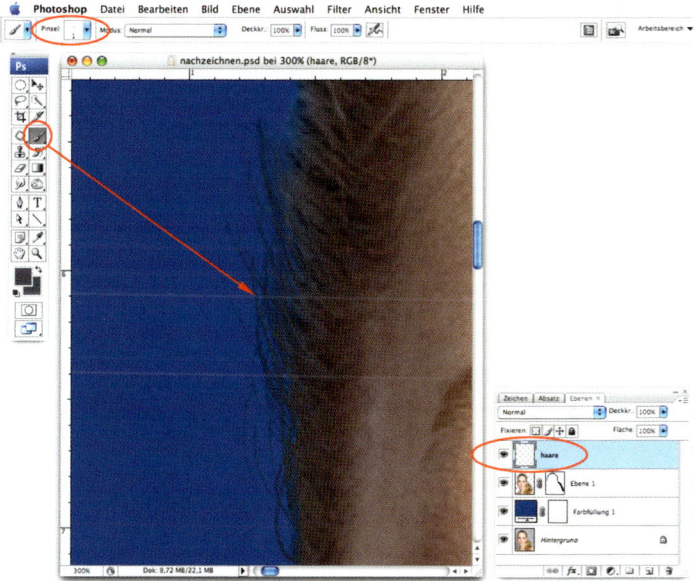

Mit gedrückter Alt-Taste klicken Sie auf eine Stelle in den Haaren, um die Farbe aufzunehmen. Malen Sie ein paar Haare auf der neu erstellten Ebene.

Klicken Sie mit gedrückter Alt-Taste wieder in den Haarbereich und wählen Sie eine hellere oder dunklere Farbe aus, malen Sie weitere Haare auf der Ebene.

Nehmen Sie die Farbe immer wieder auf, damit Sie die Haare mit den verschiedenen Farben malen – so sieht die Nachzeichnung natürlich aus.

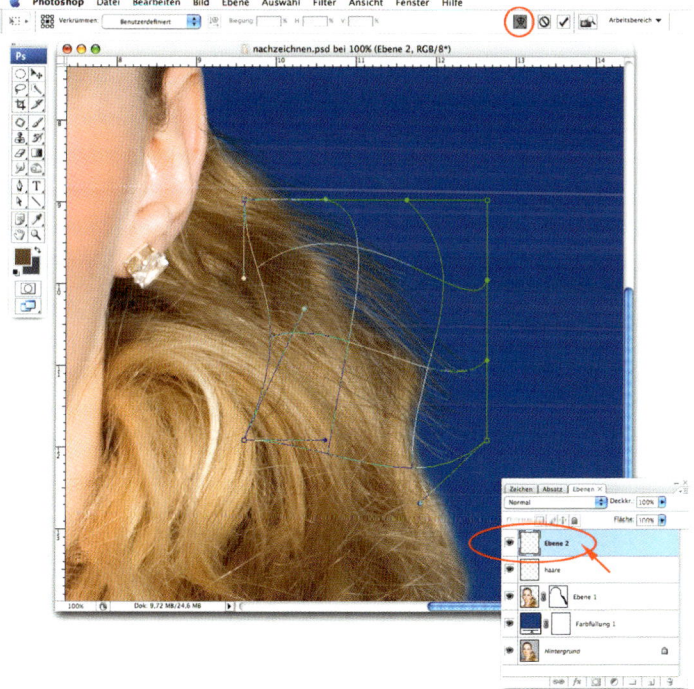

5

Wahrscheinlich befürchten Sie schon, dass Sie zu viele Haare nachzeichnen müssen. So ist das aber nicht. Sie können eine Ebene, in der Sie die Haare nachgezeichnet haben, duplizieren und verschieben, um die nächste Stelle abzudecken. Damit diese Ebene nicht wie eine Kopie aussieht, können Sie diese transformieren und verkrümmen.

Aktivieren Sie mit Strg+T den Transformationsrahmen, drehen Sie wenn erforderlich die Haarsträhne und klicken Sie dann auf das Symbol *Verkrümmen*.

Ziehen Sie an dem Gitterrahmen und geben Sie den Haaren die gewünschte Form. Bestätigen Sie dann mit der Enter-Taste. So können Sie viele Stellen mit nur wenigen Kopien abdecken.

3.9 Überblenden statt freistellen: wann sich das Freistellen nicht lohnt

Manchmal ist es gar nicht erforderlich, eine komplizierte Freistellung der Haare zu machen – vor allem dann, wenn Sie nur einen strukturierten Hintergrund zu einem Studiofoto hinzufügen möchten.

Am besten funktioniert die nachfolgend beschriebene Methode auf einem grauen Hintergrund.

1

Öffnen Sie das Bild mit dem Model, fotografiert vor einem grauen Hintergrund, und das Foto von einem strukturierten Hintergrund, z. B. einer Betonmauer.

Ziehen Sie mit dem Verschieben-Werkzeug ([V]) das Bild mit der Struktur in die Arbeitsfläche des Bildes mit dem Model.

Halten Sie dabei die [Umschalt]-Taste gedrückt, damit die Ebene mit der Struktur genau mittig in der neuen Arbeitsfläche landet.

Ändern Sie die Ebenenfüllmethode für die Ebene mit dem Hintergrund auf *Weiches Licht*.

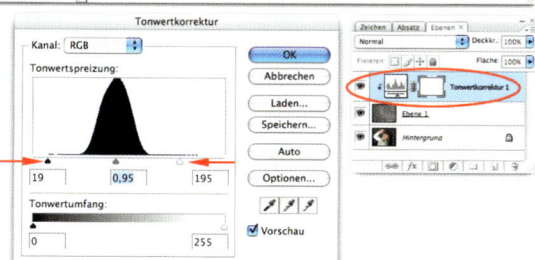

2

Damit die Struktur auf dem neuen Hintergrund besser zur Geltung kommt, sollten die Tonwerte angepasst werden.

Erstellen Sie über der Ebene mit der Struktur eine Einstellungsebene *Tonwertkorrektur* mit der Schnittmaske.

Passen Sie die Tonwertspreizung so an, wie es in der Abbildung gezeigt wird. Die Tiefen und Lichter sollten angehoben werden, damit der Kontrast stärker wird.

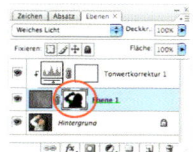

3

Erstellen Sie auf der Ebene mit der Struktur eine Ebenenmaske.

Wählen Sie das Pinsel-Werkzeug (B) zuerst mit einer großen Werkzeugspitze, z. B. 100 Pixel, und mit der Härte 0 und bemalen Sie die Figur der Frau, sodass die Struktur nicht mehr zu sehen ist.

Die Grenzen zwischen Kleidung und Hintergrund bearbeiten Sie mit einer kleineren Werkzeugspitze.

4

Damit Sie sicher sein können, dass die Maske keine Lücken hat, klicken Sie in der *Ebenen*-Palette bei gedrückter [Alt]-Taste auf die Maske der Ebene mit dem strukturierten Hintergrund.

Auf der Bildfläche wird nur die Maske angezeigt und Sie können genau sehen, wo auf der Maske noch weiße Flecken sind. Diese können Sie mit schwarzer Farbe bemalen.

Klicken Sie anschließend wieder mit gedrückter [Alt]-Taste auf die Maske der Ebene mit der Struktur, um zur normalen Ansicht zurückzukehren.

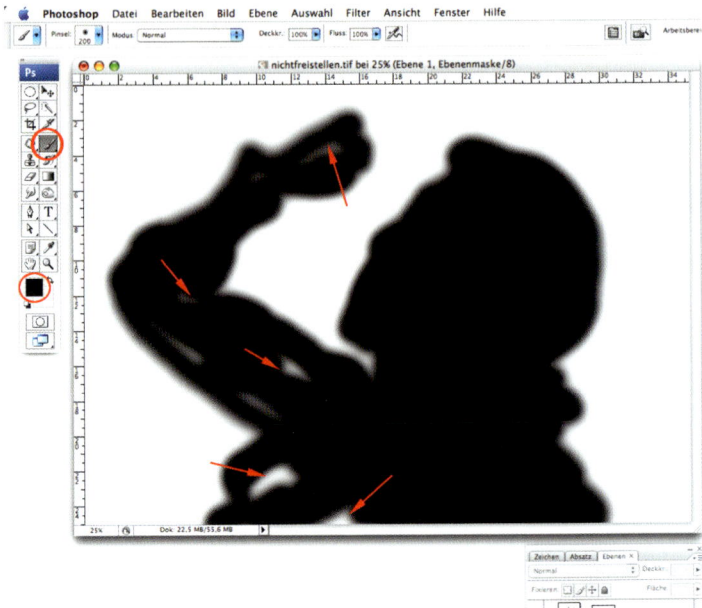

5

Um den Hintergrund zu verfärben, können Sie zwischen der Ebene mit der Struktur und der Einstellungsebene *Tonwertkorrektur* eine Einstellungsebene *Farbbalance* einfügen.

Diese wird automatisch mit einer Schnittmaske eingefügt. Verfärben Sie den Strukturhintergrund zum Beispiel leicht gelbrot.

Bearbeiten Sie dazu im Bereich *Mitteltöne* die Werte für Rot und Gelb, bis die Struktur die gewünschte Tönung bekommt.

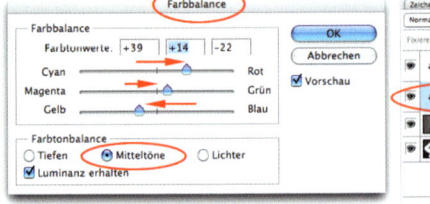

Vorher

Nachher

3.10 Lästige Ränder bei freigestellten Objekten auf unterschiedliche Arten entfernen

Mit der Funktion Basis

Nachdem Sie das Objekt freigestellt haben, kontrollieren Sie die Kanten bei einer starken Vergrößerung von ca. 100–200 %.

Wenn Sie dunklere oder hellere Ränder feststellen, können Sie diese auf unterschiedliche Art entfernen.

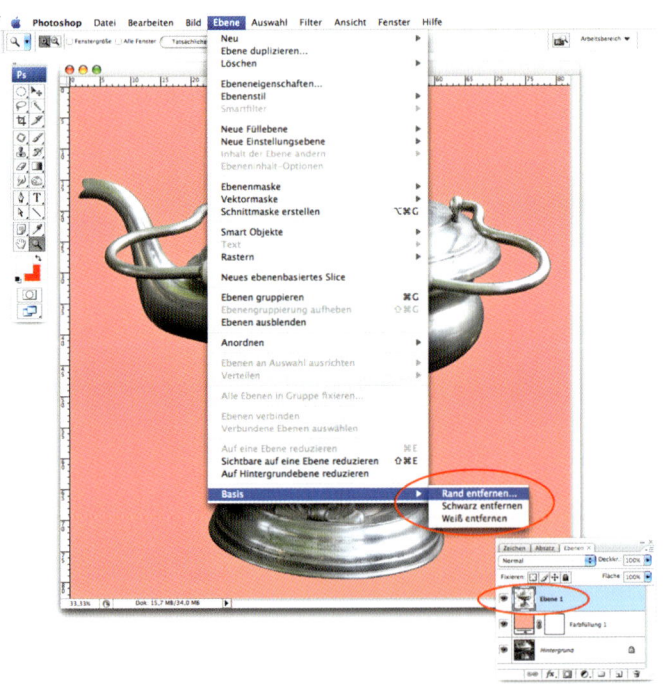

Eine ziemlich schnelle Hilfe bietet Ihnen die Funktion *Ebene/Basis*. Sie können entscheiden, ob Sie schwarze oder weiße Ränder entfernen oder einen Rand mit bestimmter Größe loswerden möchten.

Die ersten zwei Optionen funktionieren automatisch, für die Option *Rand entfernen* können Sie die Randgröße in Pixel eingeben. Obgleich die Entfernung der Ränder schnell geht, ist die Basis-Methode nicht immer zuverlässig.

Besonders an den weichen Kanten gibt es oft unschöne grobe Pixel. Zum Freistellen von feinen Rändern in qualitativ hochwertigen Fotos ist diese Methode folglich nicht geeignet.

Durch gezieltes Abschneiden der Pixel

Eine bessere Alternative ist das gezielte Abschneiden der Pixel rund um das freigestellte Objekt.

Diese Methode ist zwar etwas umständlich, funktioniert dafür aber wesentlich besser als *Ebene/Basis*. Die Kanten bleiben sehr sauber.

1

Klicken Sie die Ebene mit dem freigestellten Objekt und dann noch mal mit gedrückter [Strg]-Taste an. Die Auswahl des Objekts wird geladen.

2

Wählen Sie *Auswahl/Auswahl verändern/ Verkleinern*. Im Dialog *Auswahl verkleinern* geben Sie einen Wert in Pixel an, und zwar so viel, wie Sie denken, dass vom Rand abgeschnitten werden sollte.

Meistens ist das nur 1 Pixel, aber wenn der Rand besonders gut zu sehen ist, können Sie auch 2 Pixel eingeben. Bestätigen Sie mit *OK*.

3

Mit *Auswahl/Auswahl umkehren* oder [Strg]+[Umschalt]+[I] wählen Sie den Bereich um das Objekt aus. In dieser Auswahl befindet sich die Zugabe von 1 oder 2 Pixel, die Sie in Schritt 2 festgelegt haben.

Mit [Strg]+[X] schneiden Sie den Pixelrand ab. Die Auswahl wird dadurch automatisch aufgehoben.

Vergrößern Sie die Ansicht des Bildes auf 100–200 % und vergewissern Sie sich, dass der Rand jetzt verschwunden ist. Auch wenn Sie ein Objekt mit weicher Kante auf diese Art vom Rand befreien möchten, wird die weiche Kante erhalten bleiben.

Bei Composings ist diese Methode, die Ränder zu entfernen, die bessere.

4

Kulissen für Bildcomposings kreieren

Egal ob Sie ein Porträt-, Indoor-, Stillleben- oder Landschaftscomposing planen, die Kulisse soll perfekt sein. Sie haben die Möglichkeit, eine fertig fotografierte Location zu verwenden – das wirkt zwar sehr realistisch, aber es ist nicht so einfach, eine passende Kulisse ohne störende Elemente zu finden. Alternativ können Sie selbst einen Hintergrund für Ihre Komposition gestalten. Egal ob zweidimensional oder 3-D, es geht alles mit dem richtigen Ausgangsmaterial sowie perfekten Techniken. Lernen Sie in diesem Kapitel, wie Sie Locations für Composings mit unterschiedlichen Themen selbst gestalten können.

4.1 Hintergrundfotos als Bausteine für die Simulation eines 3-D-Raums nutzen

Erstellen Sie Strukturen aus eigenen Fotos. Nutzen Sie optimal das vorhandene Material und optimieren Sie die Strukturbilder für den Einsatz in Ihren Composings.

Strukturen optimieren

Hintergrundstrukturen sind für viele Composings geeignet, aber nicht jede Struktur kann für jedes Composing verwendet werden. Nur fein gemusterte Hintergründe sind universell für eine Vielzahl von Composings geeignet. Grobe Muster würden im Composing dominieren und vom Hauptmotiv ablenken. Strukturierte Hintergründe finden Sie, wenn Sie mit offenen Augen durch die Welt gehen, überall. Egal ob alte Mauern, Beton oder einfach im schrägen Licht aufgenommenes Papier, Holz, Stoff etc., eine Sammlung an Strukturen kann niemals groß genug sein. Einige Strukturen wie das Bild rechts können sofort verwendet werden, da sie schon einen eigenen „Charakter" besitzen, andere (Bild links) sollten zunächst optimiert werden. Die Optimierung einer Struktur kann wie im Folgenden beschrieben vorgenommen werden:

Öffnen Sie das Bild mit der feinen Struktur (Hauptbild) und je nach Bedarf zum Beispiel ein Foto mit Mauerrissen. Ziehen Sie mit dem Verschieben-Werkzeug ([V]) das Bild mit den Rissen auf das Foto mit der Hauptstruktur. Halten Sie dabei die [Umschalt]-Taste gedrückt, damit die obere Ebene beim Verschieben mittig im Bild landet.

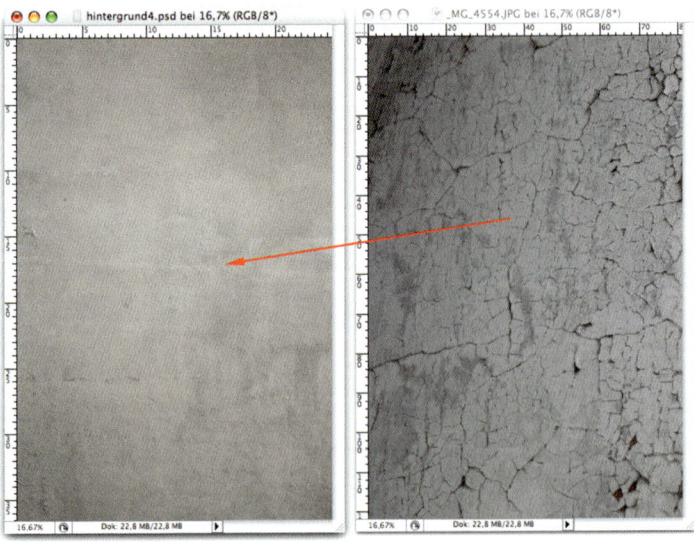

Ändern Sie jetzt die Ebenenfüllmethode für die obere Ebene auf *Weiches Licht* und reduzieren Sie die Deckkraft auf ca. 70–80 %. Wichtig ist, dass die Risse sichtbar, aber nicht zu dominant sind. Weniger ist mehr.

Oft ist es erforderlich, dass gröbere Strukturen (Risse) nur am Rand der Bildfläche zu sehen sind und die Mitte ziemlich glatt bleibt (zum Beispiel bei den Hintergründen für Porträtcollagen). Diese Wirkung können Sie mithilfe von Maskierungsverläufen erreichen. Erstellen Sie auf der oberen Ebene zuerst eine Ebenenmaske. Definieren Sie für die Vordergrundfarbe Weiß und für die Hintergrundfarbe Schwarz. Füllen Sie die Ebenenmaske zuerst schwarz (die Ebene wird vorübergehend unsichtbar) und erstellen Sie dann von allen vier Seiten Maskierungsverläufe, wie das anhand der Pfeile in der Abbildung zu erkennen ist. Die Optionen für das Verlaufswerkzeug ([G]) sind: linearer Verlauf, Vordergrund-Transparent, Vordergrundfarbe Weiß. Die Risse werden so nur an den Rändern des Bildes sichtbar.

4

Jetzt können Sie die Strukturen allgemein etwas kontrastreicher wirken lassen.

Erstellen Sie über den zwei Strukturebenen eine Einstellungsebene *Verlaufsumsetzung* mit der Option *Schwarzweiß* für die Graustufenersetzung.

Das Bild wird entfärbt, aber das ist nur ein Zwischenschritt und kein Endziel.

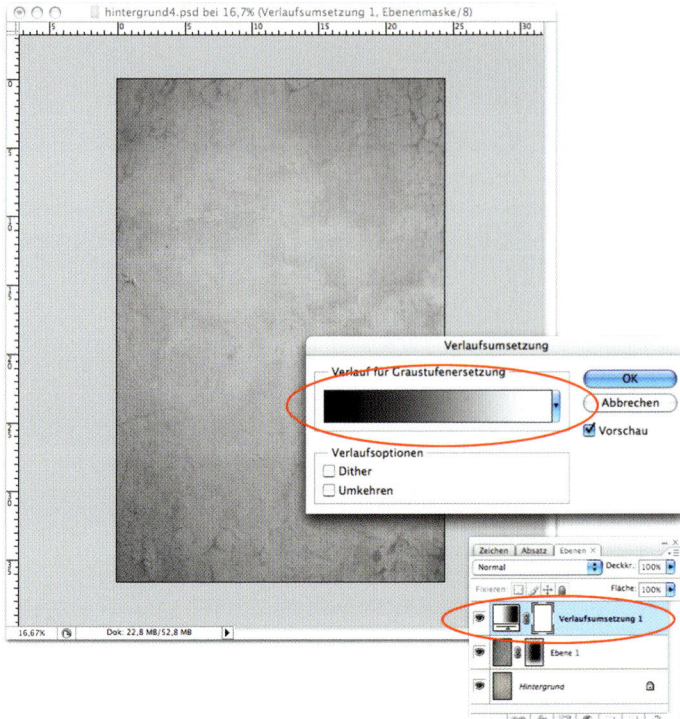

Ändern Sie die Ebenenfüllmethode für die Ebene *Verlaufsumsetzung* auf *Weiches Licht*, wenn Sie eine leichte Anhebung der Kontraste wünschen. Soll der Kontrast stärker angehoben werden, wählen Sie die Option *Ineinanderkopieren*.

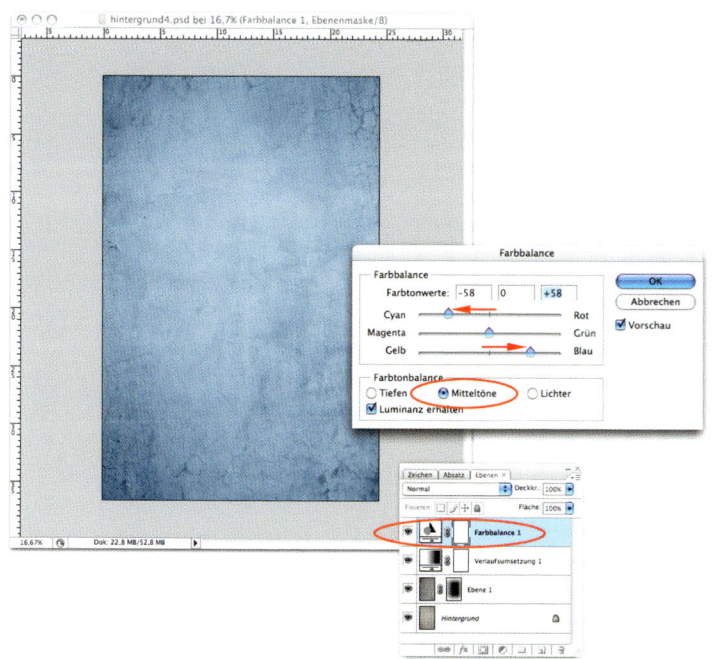

Eine weitere Veredelung des Hintergrunds erreichen Sie mithilfe der Einstellungsebene *Farbbalance*.

Die Einstellungsebene *Farbbalance* können Sie in der *Ebenen*-Palette über der Einstellungsebene *Verlaufsumsetzung* platzieren.

Erhöhen Sie im Bereich *Mittelt*öne die Werte für Cyan und Blau (siehe Screenshot). Das Bild verfärbt sich blau.

Nach dem Ändern der Ebenenfüllmethode auf *Weiches Licht* ist die Verfärbung fast verschwunden, aber die Strukturen bekommen mehr Kontrast und wirken ausgeglichen und edel.

Vorher

Nachher

Einen „gefliesten" Fußboden aus strukturiertem Hintergrund erstellen

Bei Indoor-Composings sind die gefliesten Fußböden total „in". So einen Fußboden können Sie schnell aus nur einem Foto mit einem strukturierten Hintergrund erstellen. Eigentlich können Sie auch ohne strukturierte Hintergründe arbeiten, aber dann wirkt der Boden zu steril.

1

Duplizieren Sie zuerst die Hintergrundebene mit [Strg]+[J]. Das Bild kann in der Arbeitsfläche liegen oder minimiert werden.

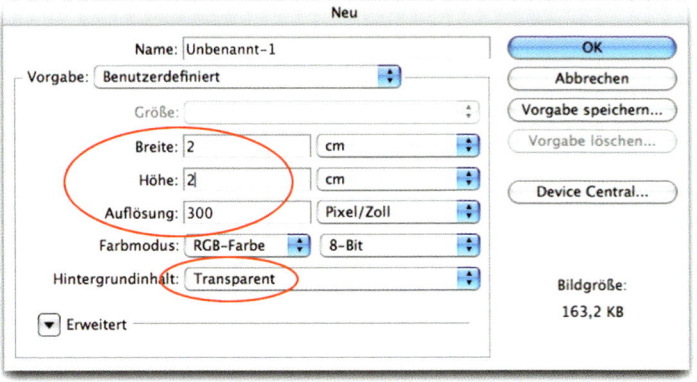

2

Jetzt beschäftigen Sie sich mit den Fliesen. Wählen Sie *Datei/Neu* und definieren Sie im Dialog *Neu* folgende Werte (für ein Foto mit einer Größe von ca. 20 x 30 cm bei 300 dpi): *Breite* und *Höhe* je 2 cm, *Auflösung 300 Pixel/Zoll, Hintergrundinhalt Transparent*.

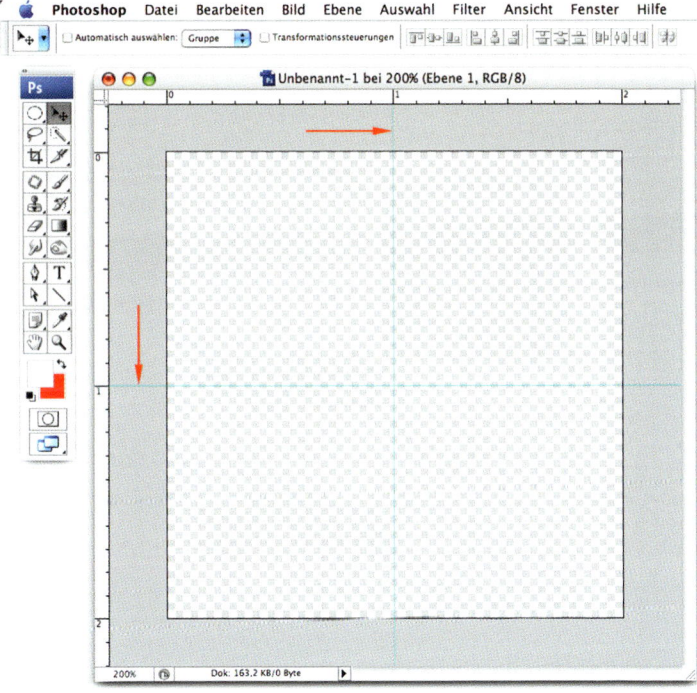

3

Mit [Strg]+[R] blenden Sie in der Arbeitsfläche Lineale ein, falls diese noch nicht eingeblendet sind.

Ziehen Sie aus dem linken und aus dem oberen Lineal je eine Hilfslinie und positionieren Sie diese jeweils in der Mitte.

Die Arbeitsfläche soll dadurch in vier gleiche Quadrate geteilt werden. Falls die Lineale noch nicht Zentimeter oder Millimeter anzeigen, können Sie das einstellen.

Doppelklicken Sie auf eines der Lineale und stellen Sie die Maßeinheit Ihrer Wahl ein.

4

Wählen Sie das Auswahlrechteck-Werkzeug ([M]) mit der Option *Der Auswahl hinzufügen*.

Erstellen Sie zwei diagonal gegenüberliegende Auswahlrahmen. Die Auswahlrahmen werden von den Hilfslinien magnetisch angezogen.

Falls das nicht passiert, überprüfen Sie im Menü *Ansicht* die Option *Ausrichten*. Erstellen Sie eine neue Ebene und füllen Sie die Auswahl mit schwarzer Farbe.

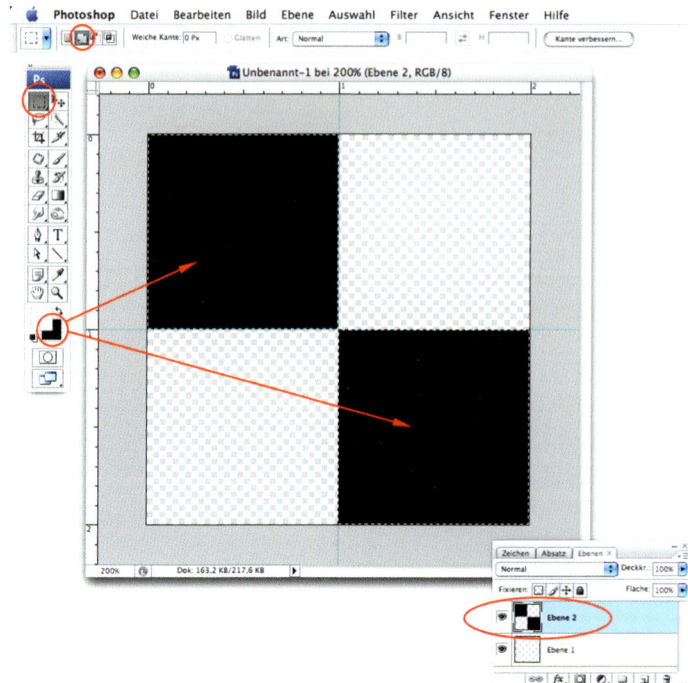

5

Mit [Strg]+[A] wechseln Sie zu *Auswahl/Alles auswählen*. Wählen Sie dann *Bearbeiten/ Muster festlegen*.

Im Dialogfenster *Mustername* sehen Sie schon die schwarzen Kacheln auf dem transparenten Hintergrund. Nennen Sie das Muster z. B. *kacheln*.

Bestätigen Sie mit *OK* und schließen Sie die Datei. Das Muster ist gespeichert.

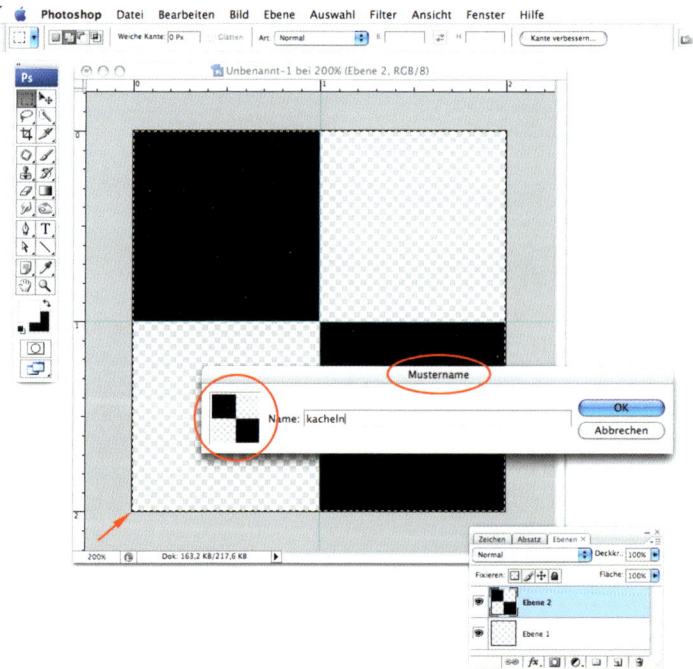

6

Bringen Sie das Bild, das Sie in Schritt 1 gemacht haben, in den Vordergrund. Erstellen Sie über zwei in der *Ebenen*-Palette bereits enthaltene Ebenen eine neue leere Ebene.

Wählen Sie *Bearbeiten/Fläche füllen*. Wählen Sie im Dialog *Fläche füllen* die Option *Muster*.

Unter *Verwenden* wählen Sie bei *Eigenes Muster* dasjenige aus, das Sie soeben gespeichert haben. Die Fläche füllt sich mit dem karierten Muster.

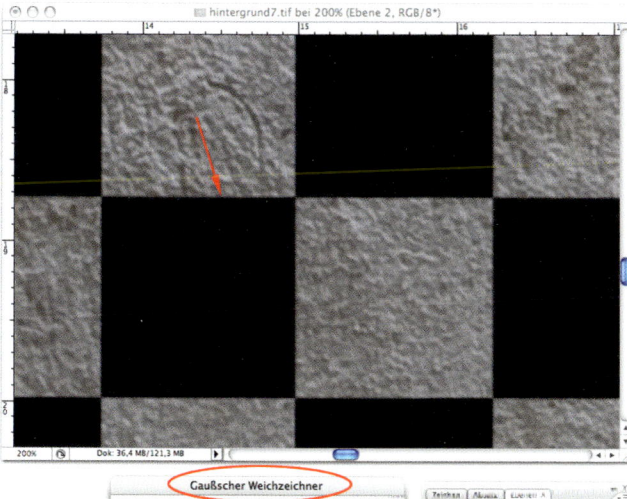

7

Damit die Kacheln nicht zu künstlich aussehen, sollten sie ein wenig bearbeitet werden.

Wählen Sie für die Ebene mit den Kacheln *Filter/Weichzeichnungsfilter/Gaußscher Weichzeichner*. Wählen Sie im Dialog einen kleinen Radius, ca. 0,5 bis 1 Pixel, sodass die Kanten der Kacheln nur leicht weichgezeichnet werden.

8

Damit die Kacheln Ränder aufweisen, können Sie *Ebene/Ebenenstil/Abgeflachte Kante und Relief* nehmen.

Wählen Sie im Dialogfenster *Ebenenstil* die Option *Hart meißeln* sowie die dazugehörige Größe von 2 Pixeln und bestätigen Sie Ihre Einstellungen.

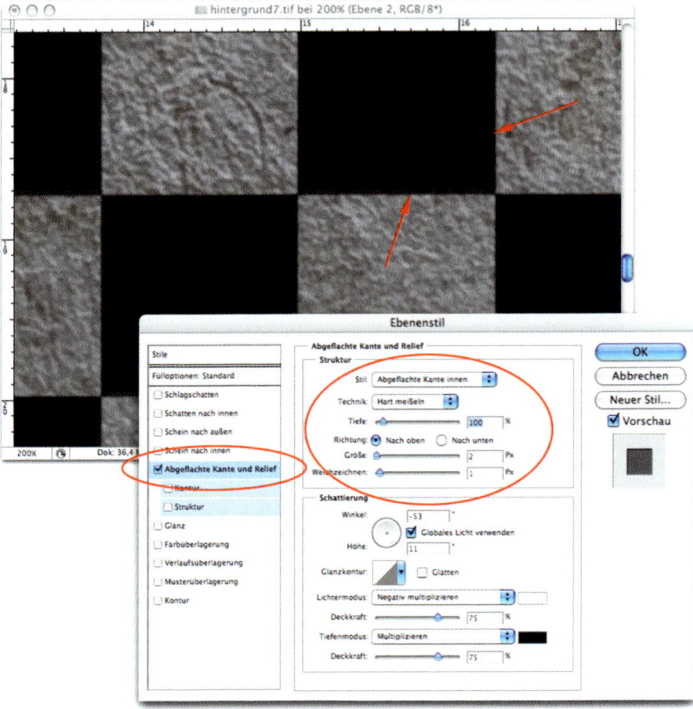

Es ist ratsam, die Deckkraft der Ebene mit den Kacheln zu reduzieren. So werden die Kacheln nicht tiefschwarz, sondern erhalten durch den Hintergrund etwas Struktur – das sieht auf jeden Fall besser aus. Eine Deckkraft von ca. 50 % sollte dafür ausreichen.

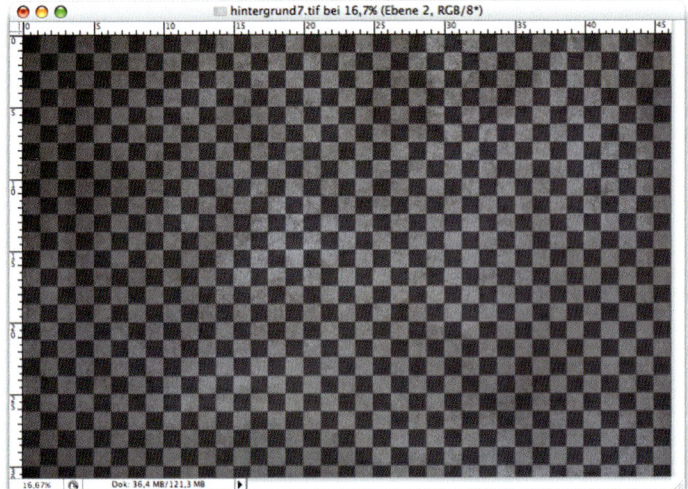

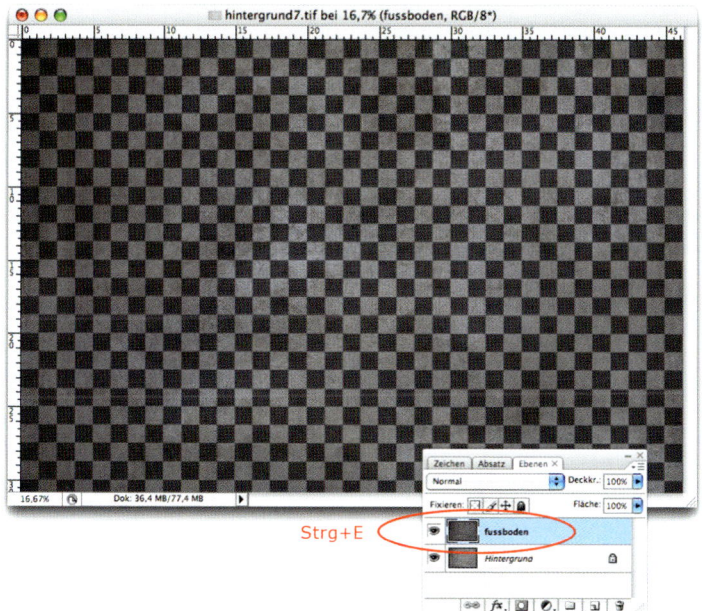

Die Ebene mit den Kacheln und die darunterliegende Ebene der Struktur können Sie mit gedrückter [Strg]-Taste markieren und dann mit [Strg]+[E] auf eine Ebene reduzieren.

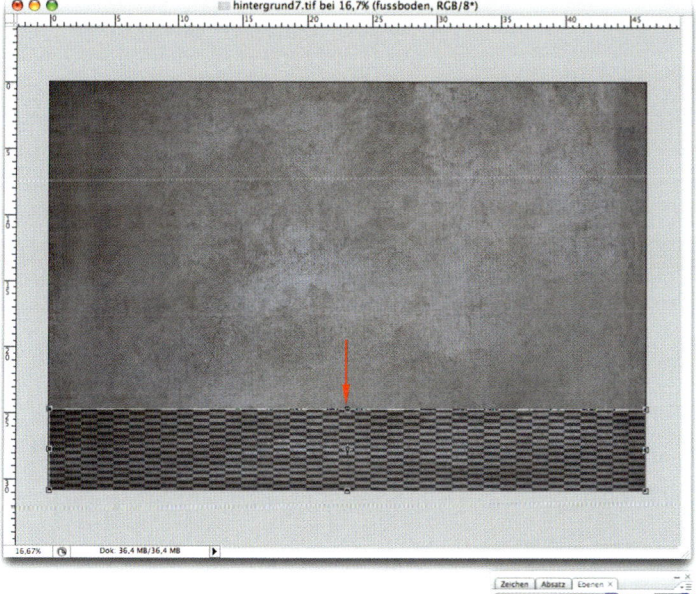

Beginnen Sie jetzt mit der Anpassung des Fußbodens, damit die gekachelte Fläche perspektivisch wie ein Fußboden aussieht. Mit [Strg]+[T] aktivieren Sie den Befehl *Bearbeiten/Frei transformieren*.

Ziehen Sie den mittleren oberen Anfasser des Transformationsrahmens nach unten, wie es in dem Sreenshot zu sehen ist.

Mit Strg + - verkleinern Sie die Ansicht des Bildes. Vergrößern Sie nun die Arbeitsfläche, indem Sie an der unteren rechten Ecke des Bildfensters ziehen.

Klicken Sie mit der rechten Maustaste in den Transformationsrahmen und wählen Sie die Option Perspektivisch.

Ziehen Sie an einem der unteren Anfasser nach rechts oder nach links, wie es in der Abbildung gezeigt wird – die Perspektive des Fußbodens verändert sich und wirkt jetzt natürlich.

Wenn Sie die gewünschte Wirkung erreicht haben, bestätigen Sie mit OK.

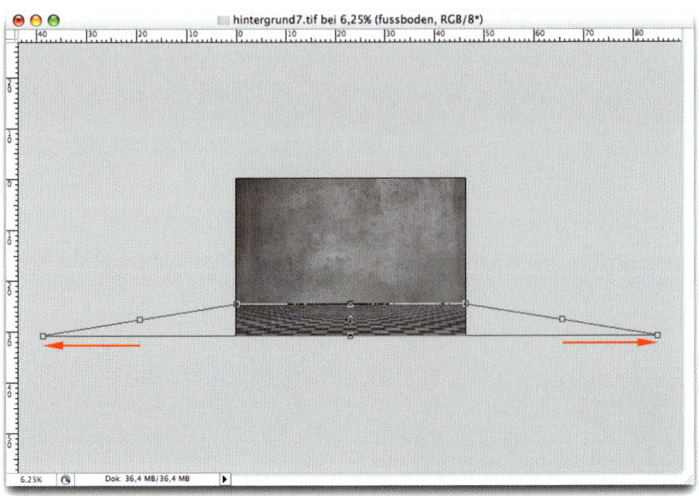

11

Bei näherer Betrachtung des Bildes (Vergrößerung 100 %) stellen Sie fest, dass die Kante zwischen dem Fußboden und der Wand noch zu hart ist.

Das können Sie mit einem Maskierungsverlauf ändern. Erstellen Sie auf der Ebene des Fußbodens eine Ebenenmaske.

Ziehen Sie einen sehr kurzen Maskierungsverlauf von der oberen Kante der Ebene fussboden nach unten, sodass die Kante weicher wirkt.

Der Verlauf sollte nur wenige Pixel lang sein. Damit der Verlauf streng nach unten geht, halten Sie die Umschalt-Taste gedrückt.

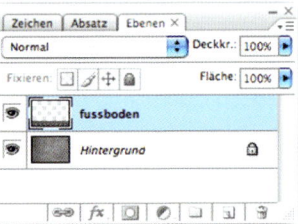

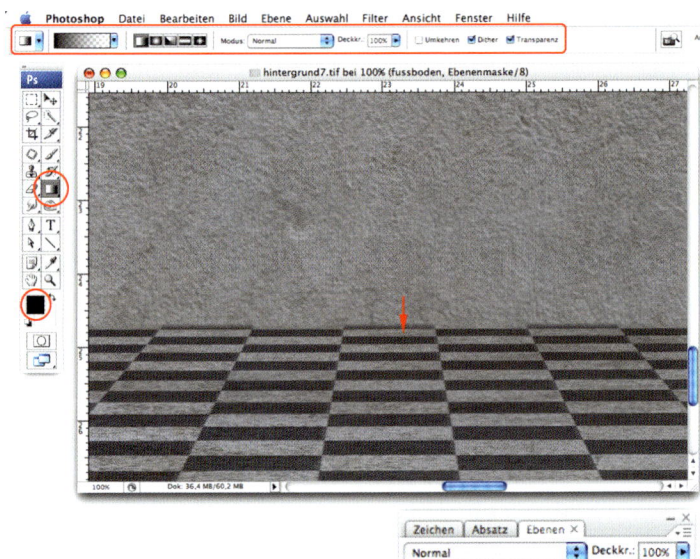

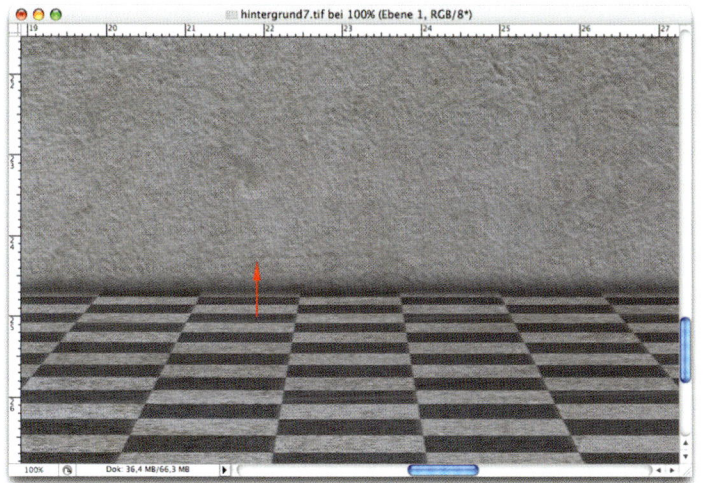

12

Die Stelle, an der der Fußboden auf die Wand trifft, können Sie leicht abdunkeln.

Das erledigen Sie wie folgt: Erstellen Sie unter der Ebene des Bodens eine neue leere Ebene. Ziehen Sie anschließend einen kleinen Verlauf *Vordergrund-Transparent* bei gedrückter Umschalt-Taste.

Der Verlauf soll die Kante leicht abdunkeln wie in dem Beispielbild. Der Fußboden ist somit fertig und kann für verschiedene Composings verwendet werden, wie es im Folgenden zu sehen ist:

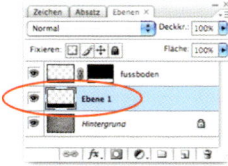

Vorher

Nachher

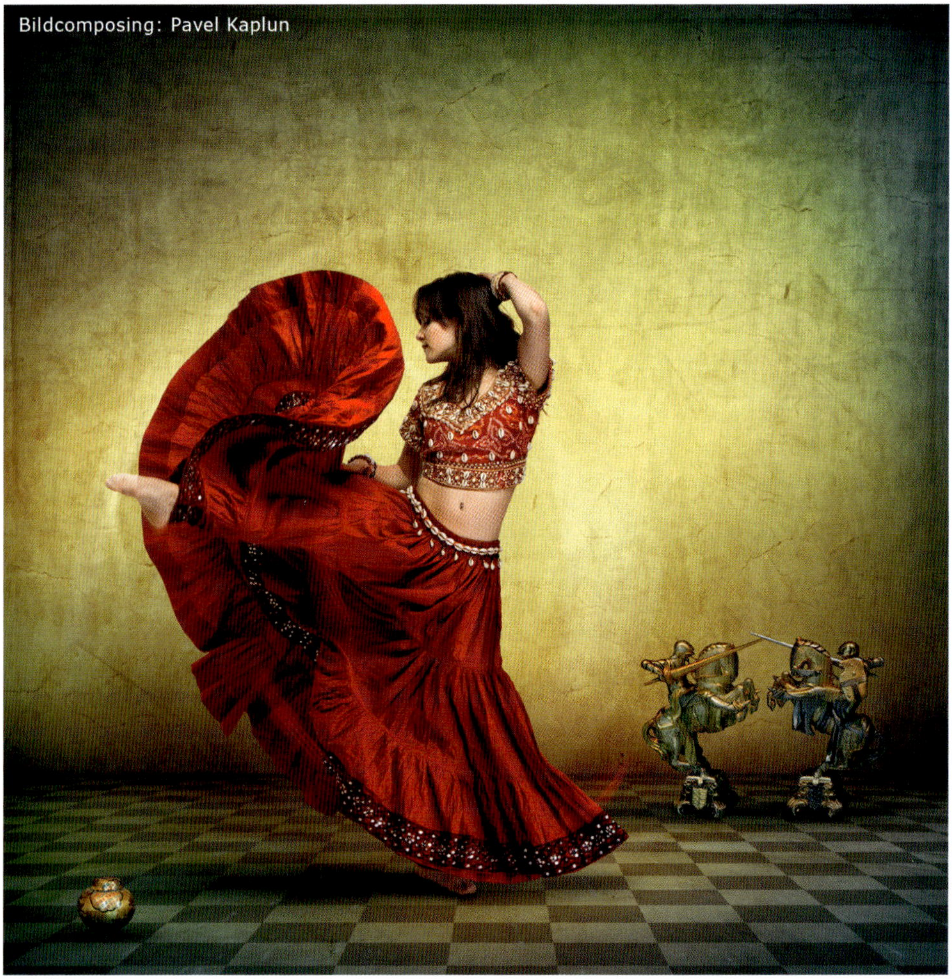
Bildcomposing: Pavel Kaplun

Bildcomposing: Pavel Kaplun

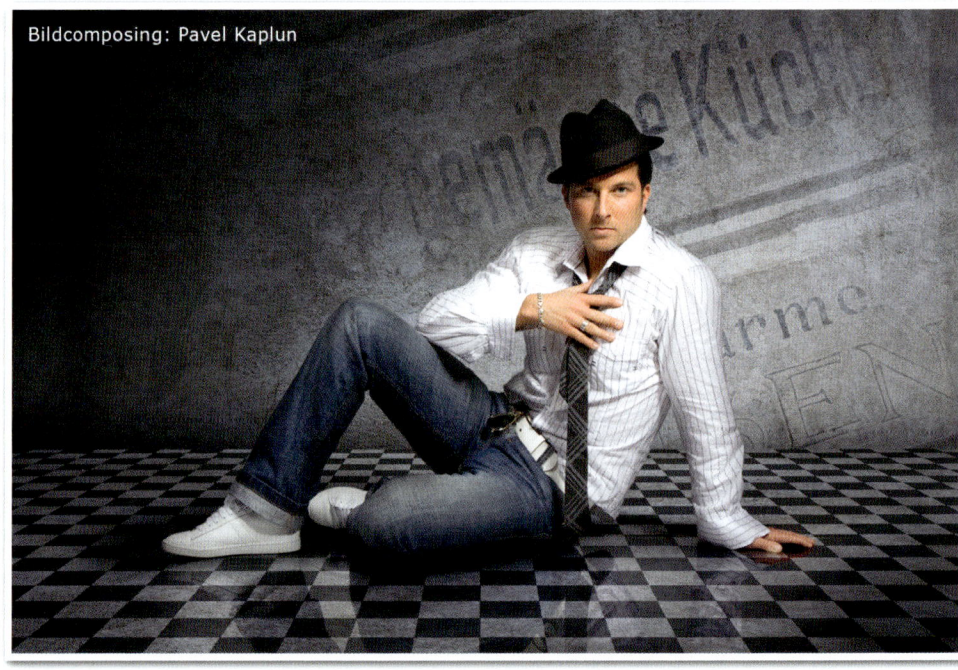

Oberfläche aus gebürstetem Metall kreieren

Wenn Sie ein Foto von einem Metallgehäuse betrachten, wirkt die Oberfläche eher langweilig.

Auf einem Foto kommt der Glanz des Metalls nicht so gut zur Geltung. Es ist deshalb häufig besser, die Oberfläche zu „bürsten".

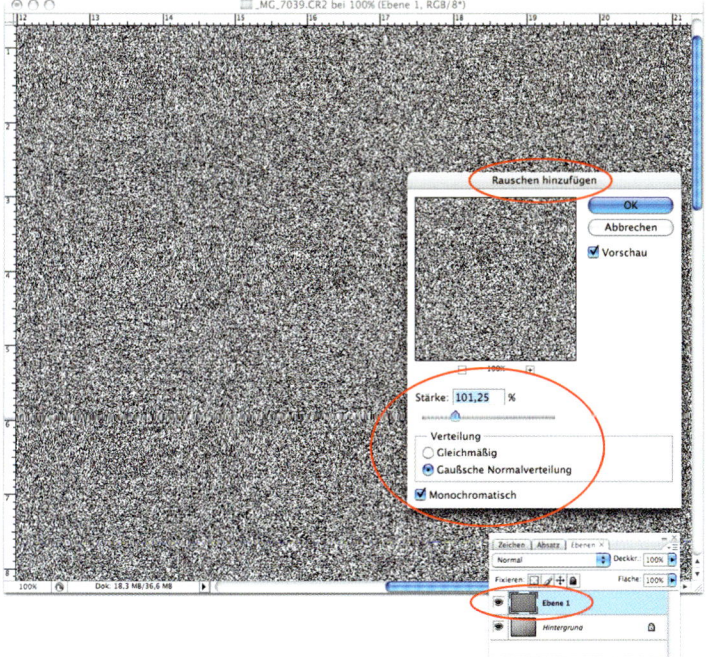

1

Duplizieren Sie hierfür die Hintergrundebene und wählen Sie *Filter/Rauschfilter/Rauschen hinzufügen*.

Wählen Sie im Dialogfenster *Rauschen hinzufügen* einen ziemlich großen Wert im Bereich *Stärke*, ca. 100 %.

Aktivieren Sie die Option *Monochromatisch* und wählen Sie *Gaußsche Normalverteilung*.

2

Um den gebürsteten Effekt zu erlangen, wählen Sie jetzt *Filter/Weichzeichnungsfilter/Bewegungsunschärfe*.

Den Wert für *Winkel* können Sie nach Ihrem Geschmack wählen und der für *Abstand* kann ungefähr zwischen 80 – 100 Pixel gewählt werden.

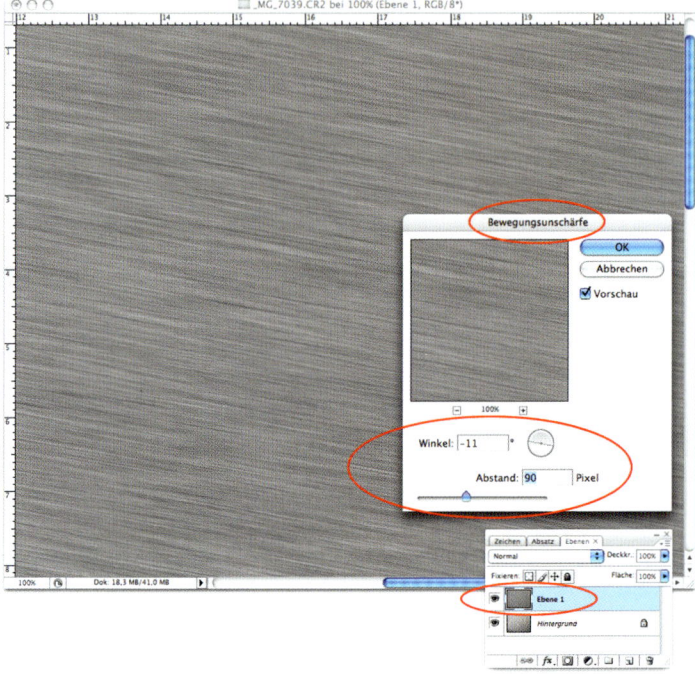

3

Ändern Sie im Anschluss die Ebenenfüllmethode für die bearbeitete obere Ebene auf *Strahlendes Licht*. Die Oberfläche wirkt schon wie gebürstetes Aluminium.

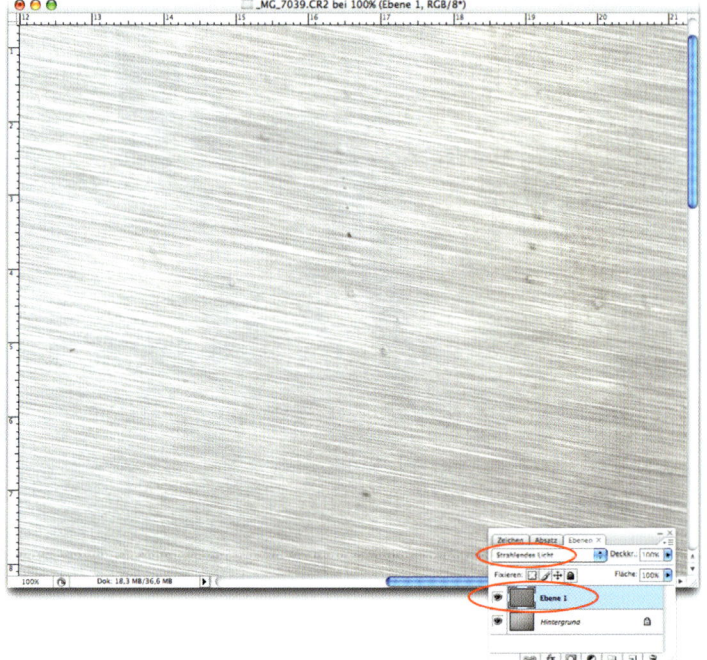

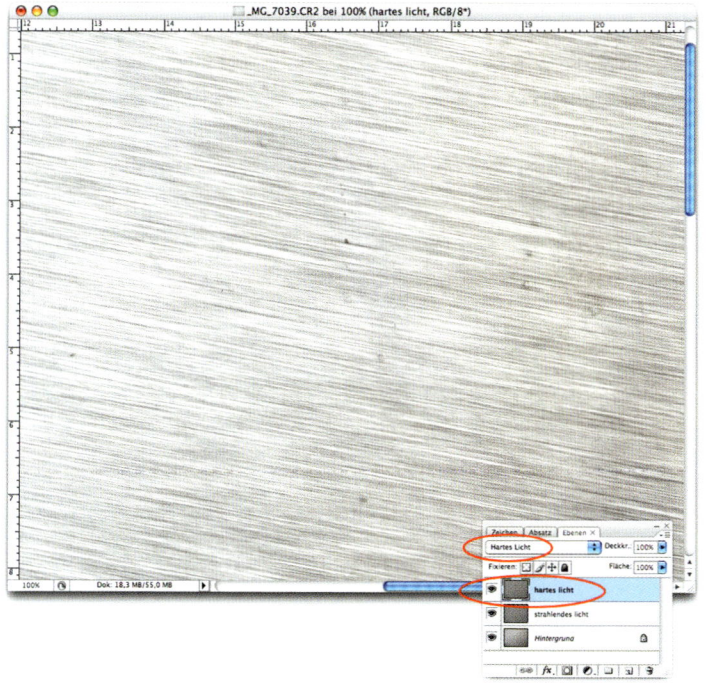

Um diese Wirkung zu verdeutlichen, können Sie die Ebene duplizieren. Benennen Sie die zwei Ebenen in *strahlendes licht* und *hartes licht* (genauso wie die Ebenenfüllmethoden) um.

Wie Sie schon ahnen, wird die Ebenenfüllmethode für die Ebenenkopie auf *Hartes Licht* gesetzt. Die metallische Wirkung ist noch stärker geworden.

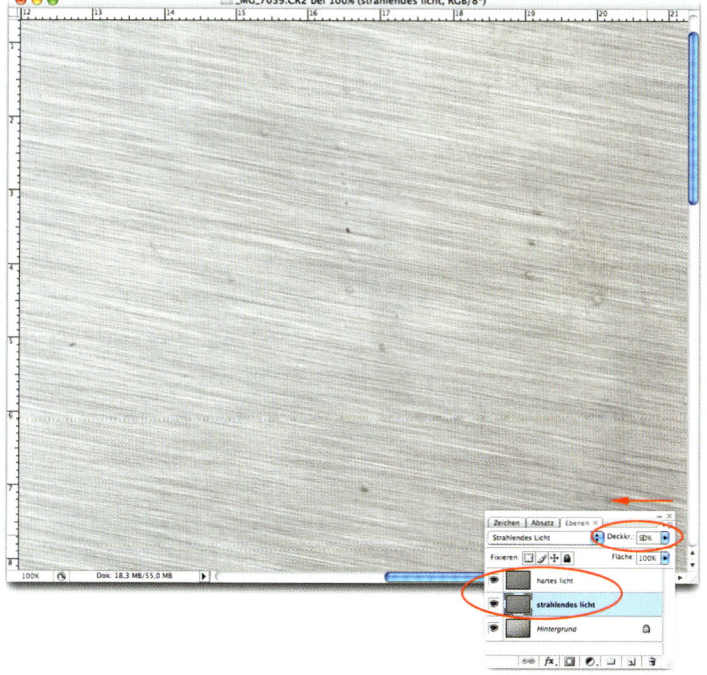

Wenn die Ergebnisse zu grob aussehen, können Sie die Wirkung des „Metalls" anpassen: Reduzieren Sie die Deckkraft der Ebenen *hartes licht* und *strahlendes licht* auf je 50 %.

4.2 3-D-Raum für ein Indoor-Composing gestalten

Im vorherigen Workshop haben Sie schon einen Einblick in die Gestaltung dreidimensional wirkender Räume aus zweidimensionalen Bildern bekommen, und zwar am Beispiel des Fußbodens mit den hellen und dunklen Fliesen. Es war aber noch nicht so weit, dass Sie sagen konnten: „Ja, das ist ein 3-D-Raum." Einen derartigen dreidimensional wirkenden Raum zu kreieren, ist die Aufgabe dieses Workshops.

1

Öffnen Sie zunächst ein Foto mit einem strukturierten Hintergrund. Das kann eine Mauer, eine Betonwand oder eine andere Oberfläche mit nicht zu groben Strukturen sein.

Duplizieren Sie die Hintergrundebene mit [Strg]+[J] zweimal und benennen Sie die Kopien in *wand re* und *fussboden* um.

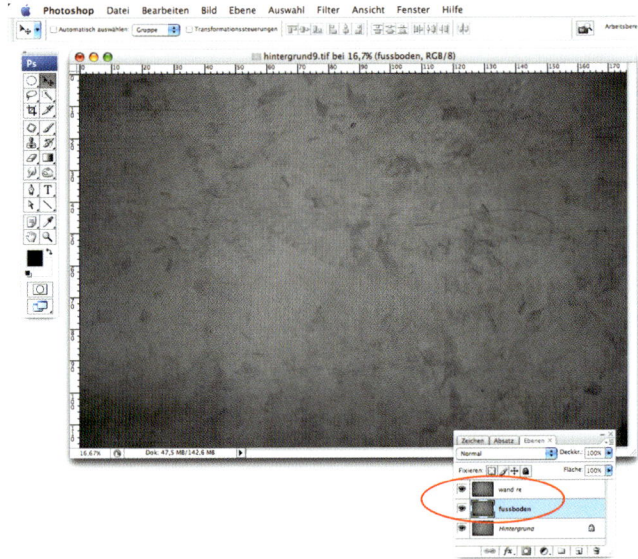

2

Blenden Sie die obere Ebene *wand re* vorerst aus. Klicken Sie die Ebene des Fußbodens an und aktivieren Sie mit [Strg]+[T] den Transformationsrahmen.

Ziehen Sie am mittleren oberen Anfasser nach unten, bis Sie ungefähr ein Viertel der Gesamthöhe des Bildes erreichen.

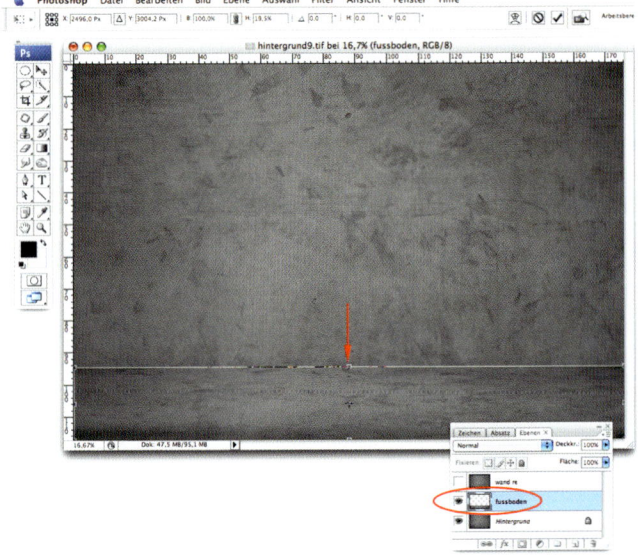

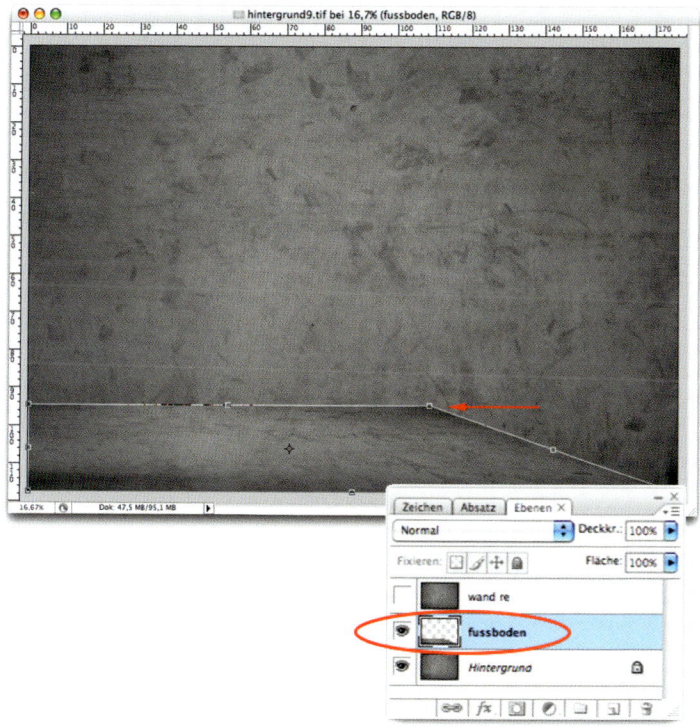

Klicken Sie mit der rechten Maustaste in die Mitte des Transformationsrahmens und wählen Sie die Option *Verzerren*.

Halten Sie die (Umschalt)-Taste gedrückt und ziehen Sie den rechten oberen Anfasser nach links ins Bild rein, wie das in der Abbildung zu sehen ist.

Den Boden haben Sie jetzt verformt und können die Transformation mit der (Enter)-Taste bestätigen.

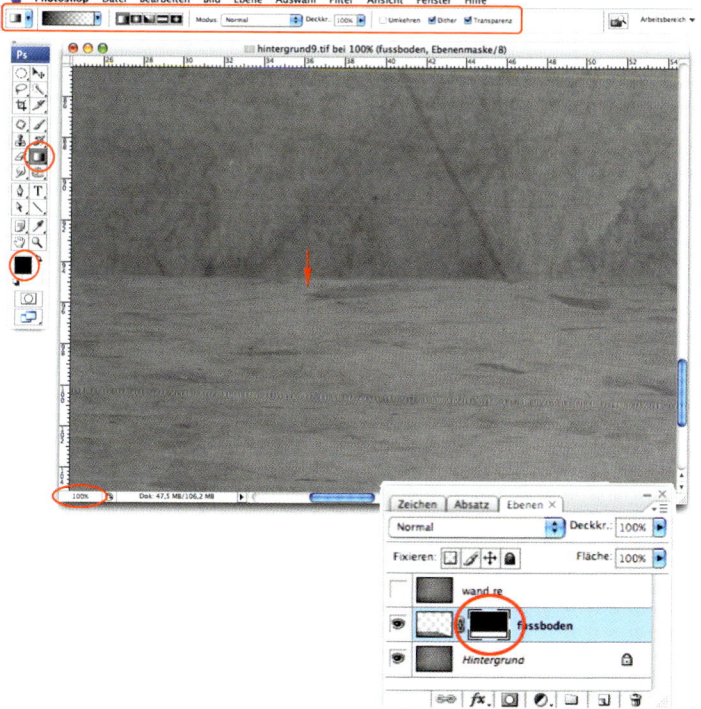

3

Um die harte Kante zwischen der Ebene *fussboden* und der Hintergrundebene etwas realistischer aussehen zu lassen, erstellen Sie auf der Ebene *fussboden* eine Ebenenmaske.

Vergrößern Sie die Ansicht des Bildes auf 100 % und erstellen Sie von der Kante nach unten einen sehr kurzen Maskierungsverlauf.

Halten Sie die (Umschalt)-Taste gedrückt, damit der Verlauf streng senkrecht erstellt wird. Die harte Kante wird dadurch weichgezeichnet.

4

Jetzt beschäftigen Sie sich mit der weichen Kante der Ebene *wand re*. Blenden Sie die Ebenen *fussboden* und *Hintergrund* aus.

Erstellen Sie auf der Ebene *wand re* eine Ebenenmaske. Machen Sie an der linken und unteren Kante der Ebene kurze Maskierungsverläufe, ungefähr so wie bei der Kante der Ebene *fussboden*.

Vergrößern Sie bei Bedarf die Ansicht auf 100 % oder mehr und schalten Sie vom Fenstermodus auf den Vollbildmodus um (durch mehrfaches Drücken der Taste F).

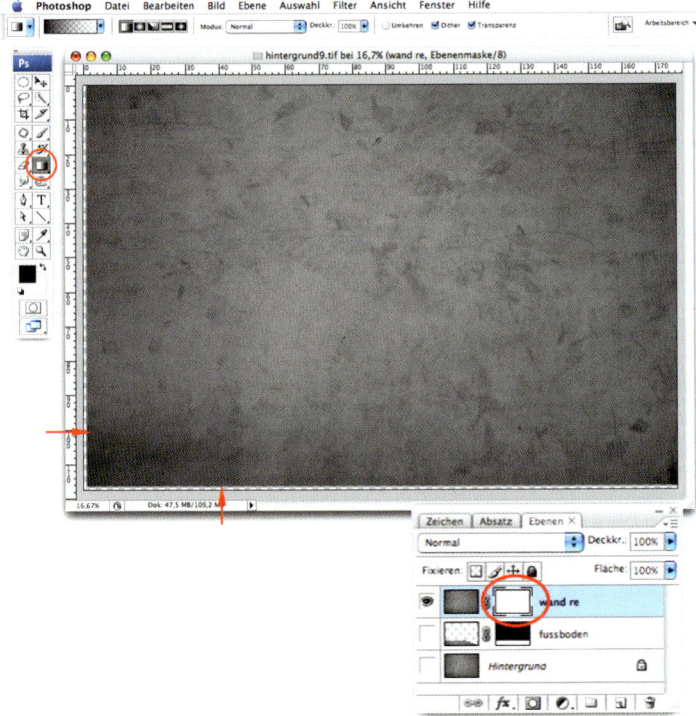

5

Blenden Sie alle Ebenen in der *Ebenen*-Palette ein. Aktivieren Sie mit Strg+T den Transformationsrahmen.

Ziehen Sie am rechten mittleren Anfasser nach rechts und positionieren Sie die linke Kante der Ebene *wand re* an der Stelle, an der die Ebene *fussboden* einen Winkel gebildet hat.

Klicken Sie jetzt mit der rechten Maustaste in den Transformationsrahmen und wählen Sie *Verzerren*.

Genauso wie bei der Ebene *fussboden* erzeugen Sie einen Winkel. Ziehen Sie den linken unteren Anfasser des Transformationsrahmens nach oben, bis die Ecken der Ebenen *fussboden* und *wand re* sich treffen.

Achten Sie darauf, dass die Ecke der Ebene *wand re* etwas über der Ecke der Ebene *fussboden* liegen sollte, sonst wird der Spalt zwischen den Ebenen sichtbar.

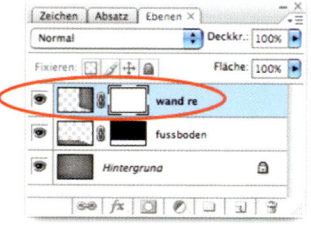

6

Die Wände und der Fußboden in dem Raum sind nun fertig und sollen jetzt mit den passenden Schatten ausgestattet werden.

Erstellen Sie über der Ebene *Hintergrund* eine Einstellungsebene *Tonwertkorrektur*. Ziehen Sie im Dialogfenster *Tonwertkorrektur* den mittleren Regler nach rechts, sodass die Ebene stark abgedunkelt wird. Bestätigen Sie den Vorgang mit *OK*.

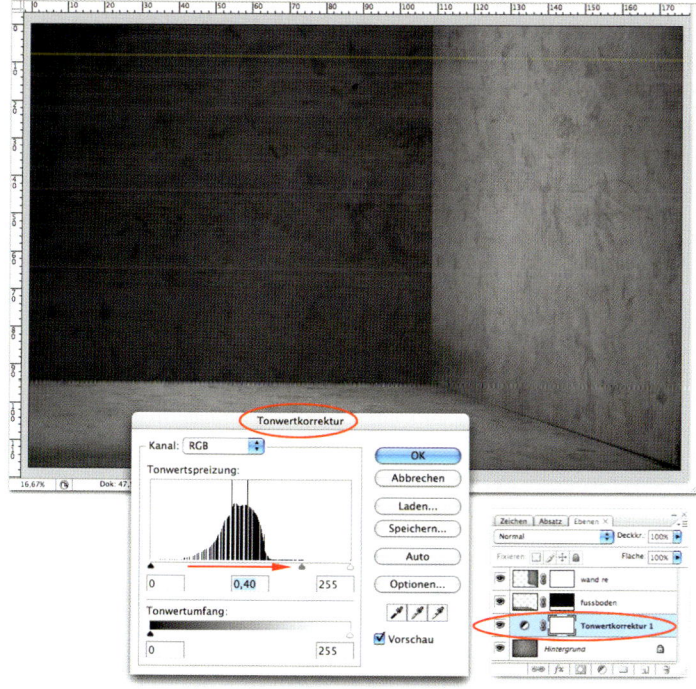

7

Drücken Sie nun einmal die Taste ⌐D⌐, damit im Farbwähler die Grundfarben Schwarz und Weiß angezeigt werden. Mit der Taste ⌐X⌐ stellen Sie Weiß als Vordergrund und Schwarz als Hintergrund ein.

Mit ⌐Strg⌐+⌐Entf⌐ füllen Sie die Maske der Einstellungsebene *Tonwertkorrektur* mit schwarzer Farbe. Die Einstellungsebene ist jetzt deaktiviert.

Erstellen Sie danach mehrere kurze Maskierungsverläufe, wie es in dem Screenshot anhand der Pfeile zu sehen ist. An diesen Stellen wird die Einstellungsebene auf die Ebene *Hintergrund* wirken und bildet so die Schatten an den Ecken.

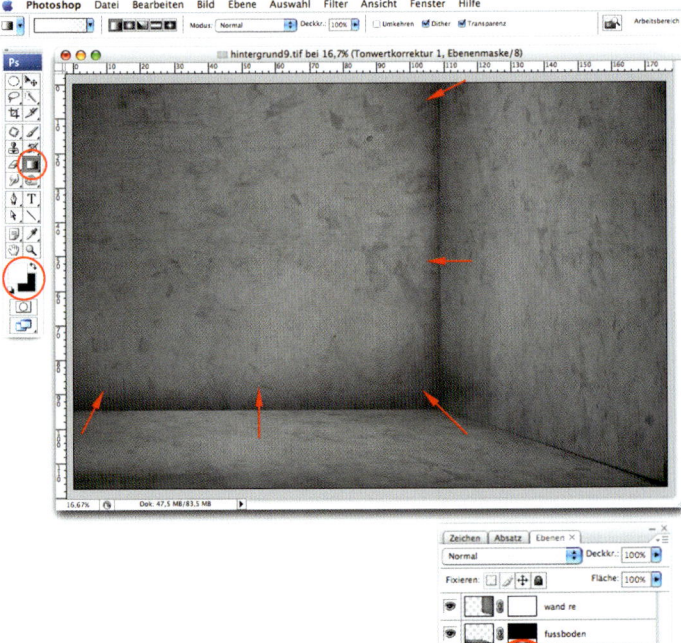

8

Die Wand rechts wird auch entsprechend abgedunkelt. Diesmal erstellen Sie eine Einstellungsebene *Tonwertkorrektur 2* mit der Schnittmaske, damit die Einstellungsebene nur auf die darunterliegende Ebene wirkt.

Stellen Sie die Werte im Dialog ungefähr so ein wie in der Einstellungsebene für die Ebene *Hintergrund*.

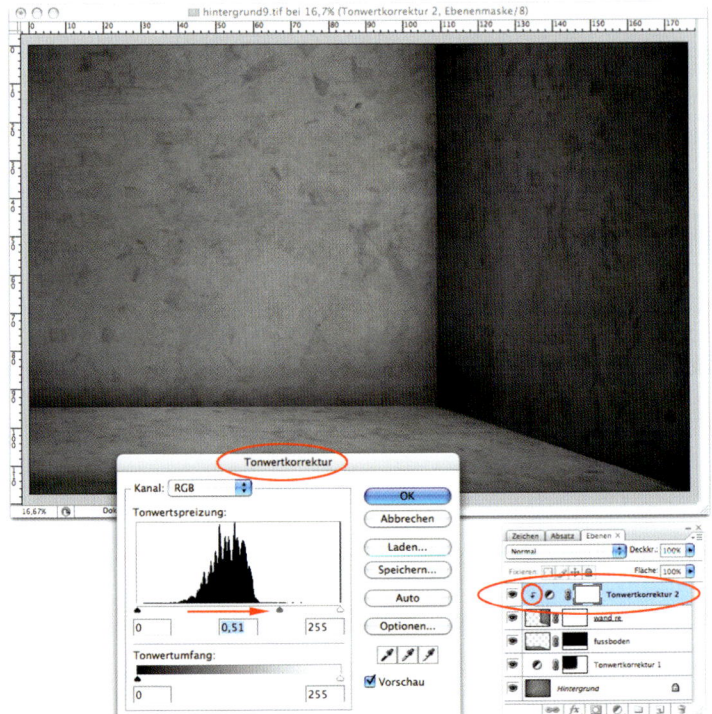

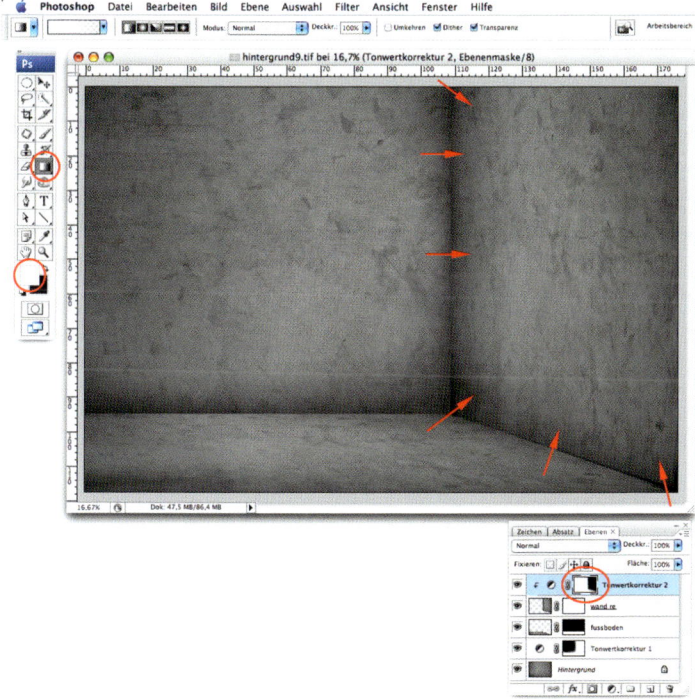

9

Die Ebenenmaske der Einstellungsebene *Tonwertkorrektur 2* wird vorher auch mit schwarzer Farbe gefüllt.

Danach erstellen Sie die Maskierungsverläufe, die die Kanten der Ebene dunkler erscheinen lassen. Gehen Sie so vor, wie es in Schritt 7 beschrieben ist.

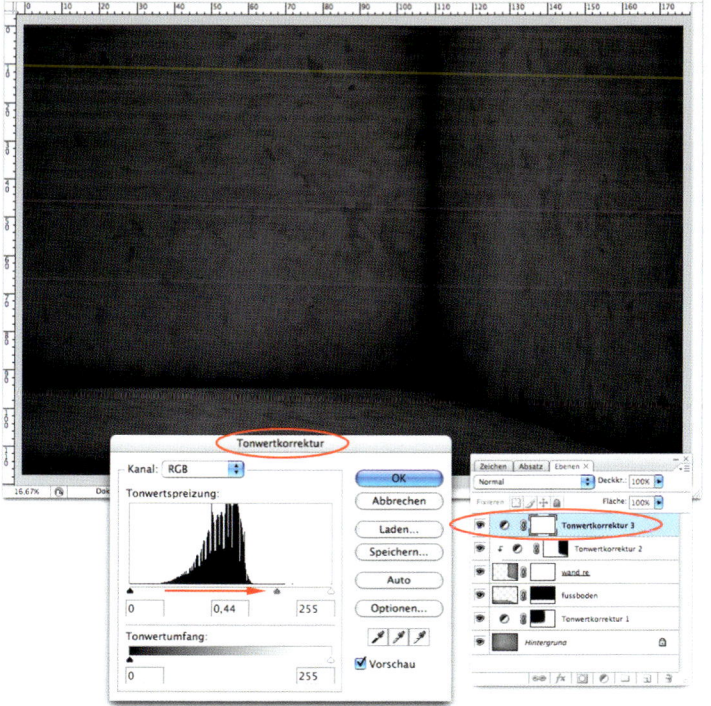

10

Zum Abschluss ist es sinnvoll, eine künstliche Vignette zu erstellen. So bekommt der Raum mehr Tiefe und wirkt realistischer. Erstellen Sie über allen Ebenen in der *Ebenen*-Palette eine weitere Einstellungsebene *Tonwertkorrektur 3* (ohne Schnittmaske).

Dunkeln Sie das ganze Bild ab, indem Sie den mittleren Regler des Bereichs *Tonwertspreizung* nach rechts bewegen. Bestätigen Sie mit *OK*.

11

Wie Sie das bereits bei den Ebenen *Hintergrund* und *wand re* gemacht haben, können Sie das gesamte Bild jetzt mit Maskierungsverläufen an den Bildkanten abdunkeln. Sollte die Abdunklung zu stark sein, können Sie diese verringern, indem Sie die Deckkraft der oberen Einstellungsebene entsprechend reduzieren.

Die Grundvorbereitungen sind abgeschlossen und Sie können in der vorbereiteten Kulisse ein Composing aufbauen. Es kann sein, dass im Laufe der Arbeit noch einige Korrekturen an dem „Raum" gemacht werden sollten – wie zum Beispiel Farbkorrekturen, das Anbringen zusätzlicher Strukturen an den Wänden etc.

Wie Sie in dem folgenden Bildbeispiel sehen, kann ein auf diese Art vorbereiteter Raum für eine ganz interessante Bildkomposition verwendet werden. In der Produktion „Formula Femme Fatale" wurde der gleiche strukturierte Hintergrund verwendet wie in diesem Workshop.

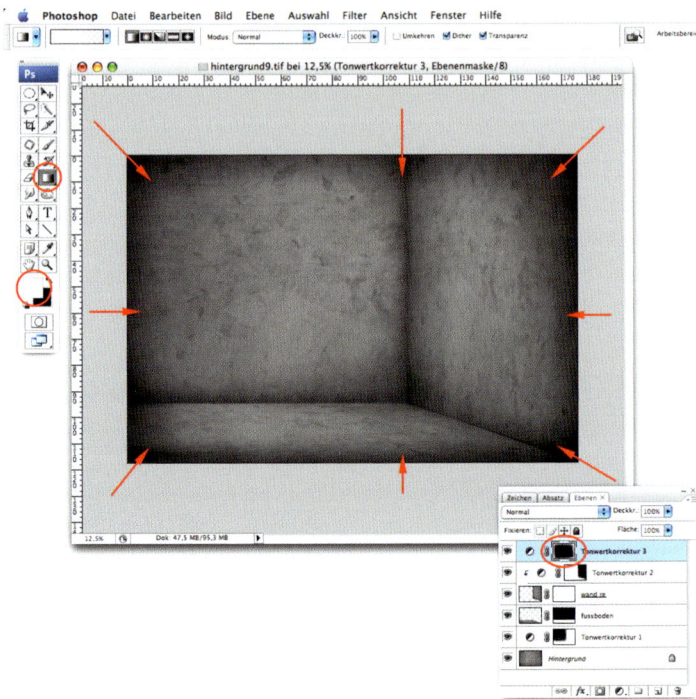

Idee, Fotografie, Produktion: Kaplun & Kaplun GbR

Femme Fatale

4.3 Überlagerungstechniken für Hintergründe einsetzen

Überlagerungstechniken können Sie zum Optimieren von Hintergründen sowie zum Erstellen „antiker" Composings benutzen. Denn aus nahezu jedem Motiv können Sie eine auf alt getrimmte Postkarte erstellen.

1

Als Ausgangsmaterial für den Hintergrund können Sie entweder eine alte Postkarte oder eine Seite aus einer alten Zeitschrift oder einem alten Buch verwenden.

Scannen Sie die Seite ein oder fotografieren Sie diese ab und stellen Sie anschließend die komplette Seite sauber frei. Wichtig ist, dass etwaige ungerade Kanten gut zur Geltung kommen.

2

Sind auf der Seite Überschriften oder Texte zu sehen, können Sie diese mithilfe des Ausbessern-Werkzeugs (J) unsichtbar machen.

Verwenden Sie dazu die Option *Quelle*. Wählen Sie ein Wort oder einen Textblock aus und ziehen Sie die Auswahl auf die textfreie Stelle. Der Text verschwindet.

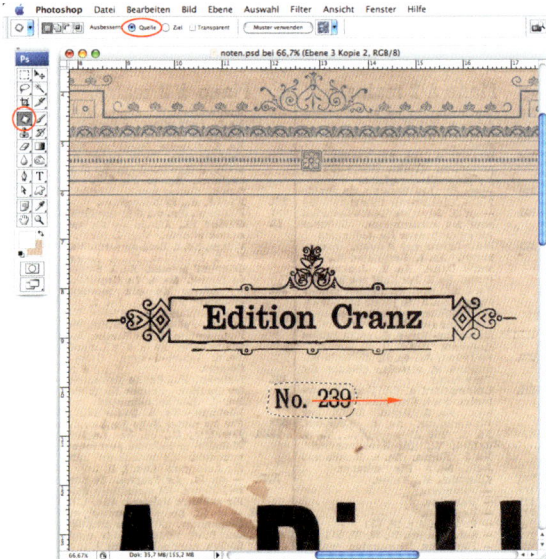

Bei großen Buchstaben ist es sinnvoll, nicht ganze Wörter oder ganze Überschriften mit einer Auswahl zu erledigen, sondern einen Buchstaben nach dem anderen. So vermeiden Sie dunkle Flecken, die beim Ausbessern größerer Flächen häufig entstehen.

Achten Sie darauf, dass Sie Flächen, bei denen Strukturen im Hintergrund zu sehen sind, so verschieben, dass die Strukturen passend zu den restlichen Flächen verlaufen.

Sonst gibt es unschöne Musterbildungen, die nachträglich nur schwer zu eliminieren sind.

Die Oberfläche des Hintergrunds sollte für das anstehende Composing frei von Texten sein. In so einem Zustand wie auf dem Beispielbild kann es für die Gestaltung verwendet werden.

3

In unserem Beispiel wird für das Composing ein Bild im Querformat verwendet, deshalb sollte die Fläche des Hintergrunds entsprechend gedreht werden.

Wählen Sie hierzu *Bild/Arbeitsfläche drehen/90° im UZS* (oder *gegen UZS*).

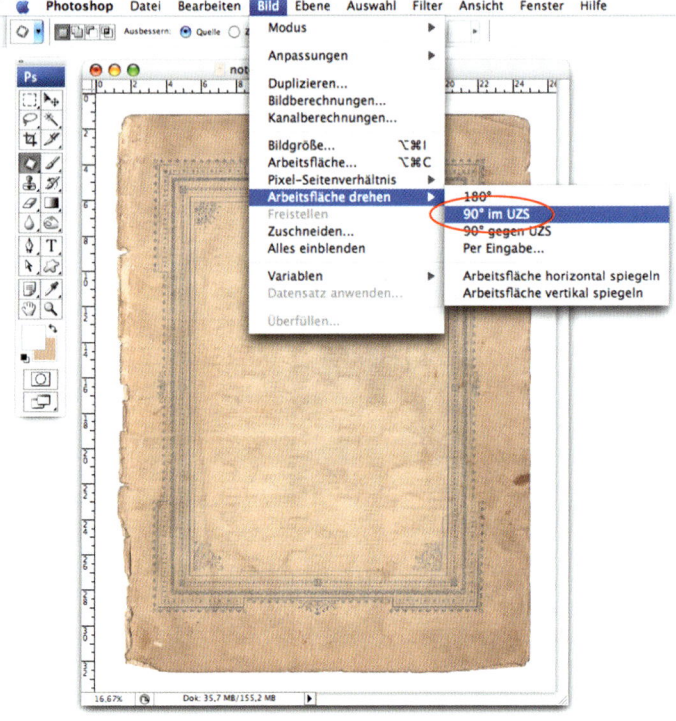

4

Öffnen Sie anschließend das Bild, das Sie auf den strukturierten Hintergrund übertragen möchten.

Aktivieren Sie das Verschieben-Werkzeug ([V]) und ziehen Sie das Foto in die Arbeitsfläche mit dem neuen Hintergrund.

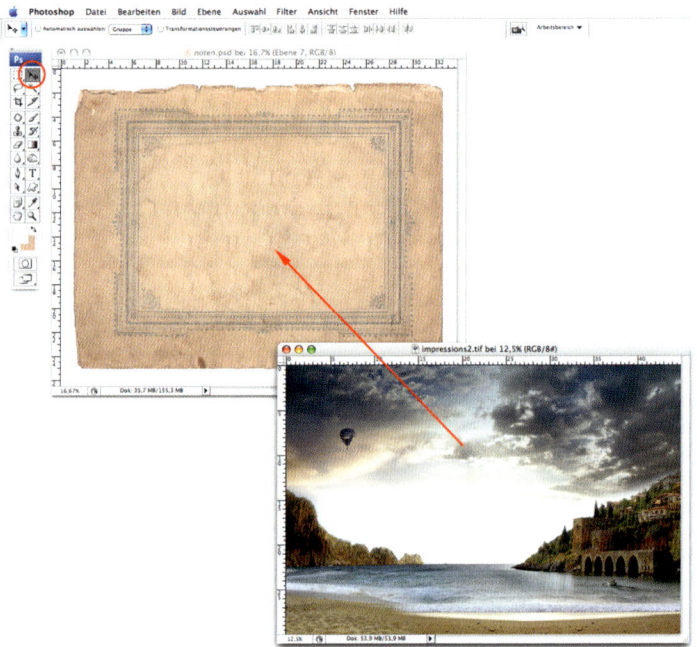

5

Passen Sie die Größe des Bildes der Größe des Innenrahmens unseres Hintergrundbildes an.

Falls Sie eine Vorlage verwenden, die keinen Innenrahmen hat, liegt die Anpassung der Größe in Ihrem Ermessen.

6

Damit das Bild die Struktur des neuen Hintergrunds übernimmt, ändern Sie die Ebenenfüllmethode der Ebene mit dem Foto auf *Multiplizieren*.

Sie können sicherlich auch die Ebenenfüllmethoden *Weiches Licht* oder *Ineinanderkopieren* verwenden.

Bei der Ebenenfüllmethode *Multiplizieren* kann man die Wirkung mit dem Druck auf einer Folie vergleichen, bei der weiße und helle Bereiche transparent dargestellt und die Bereiche mit den dunkleren Farben etwas dunkler werden.

Gerade wegen der Abdunklung der einzelnen Bereiche des Fotos sollten Sie die Deckkraft der Ebene ein wenig reduzieren.

Meistens reicht es, wenn Sie eine Deckkraft von 70 – 80 % verwenden.

7

Durch das Verschieben aus dem anderen Bild sind die Kanten der oberen Ebene mit dem Foto scharf. Das sollte geändert werden. Aktivieren Sie auf der Ebene mit dem Foto die Ebenenmaske. Erstellen Sie an den Kanten kurze Maskierungsverläufe, wie es im Screenshot gezeigt ist, sodass die Kanten stark weichgezeichnet werden. Verwenden Sie die Verlaufsart *Vordergrund-Transparent*, damit Sie eine mehrfache Verlaufsmaskierung durchführen können. Halten Sie beim Ziehen der Verläufe die [Umschalt]-Taste gedrückt, damit die Kanten der Ebene im 90°-Winkel erhalten bleiben. Falls das Bild farbig bleiben sollte, sind Sie mit der Gestaltung bereits fertig. Wenn Sie allerdings eine richtig antike Wirkung erreichen möchten, ist es besser, wenn das Foto in Schwarz-Weiß umgewandelt wird.

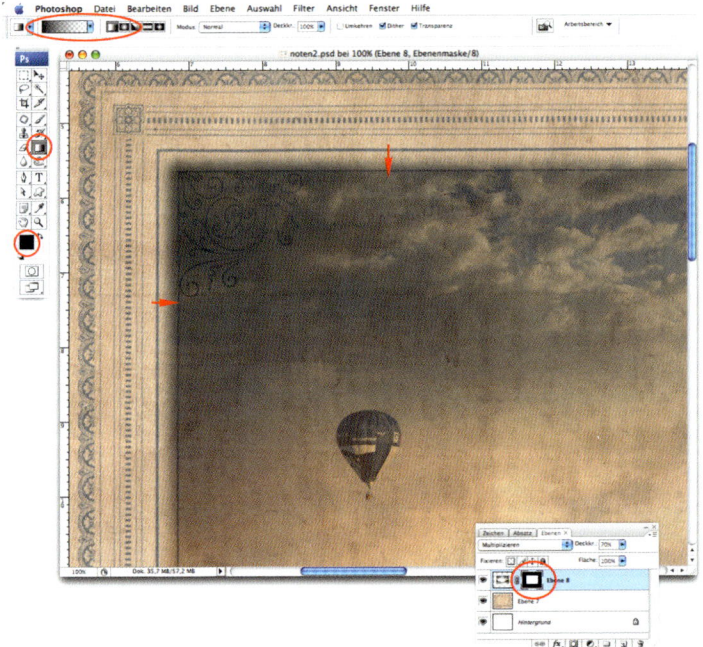

Zum Umwandeln in Schwarz-Weiß verwenden Sie für die Ebene mit dem Foto eine Einstellungsebene *Schwarzweiß* mit Schnittmaske.

Die Einstellungen im Dialogfenster *Schwarzweiß* können Sie entweder mithilfe von Reglern durchführen oder Sie verwenden die In-Bild-Korrektur.

Wenn Sie in einem Bildbereich die Pipette (sie wird automatisch im Dialog *Schwarzweiß* anstatt des Mauszeigers angezeigt) nach links bewegen, wird dieser Farbbereich des Bildes (in Graustufen gesehen) dunkler und nach rechts heller. Sind die Kontraste des Bildes so, wie Sie sich das vorgestellt haben, bestätigen Sie den Vorgang mit *OK*.

4.4 Hintergründe für Outdoor-Composings kreieren

Outdoor- oder Landschaftscomposings sind bei Fotografen sehr populär. Schon bei der Gestaltung der Umgebung ist es wichtig, auf die Perspektive, die Bildtiefe sowie den Lichteinfall zu achten, damit die Komposition überzeugend wirkt. Lernen Sie im Folgenden die wichtigsten Techniken anhand typischer Beispiele kennen.

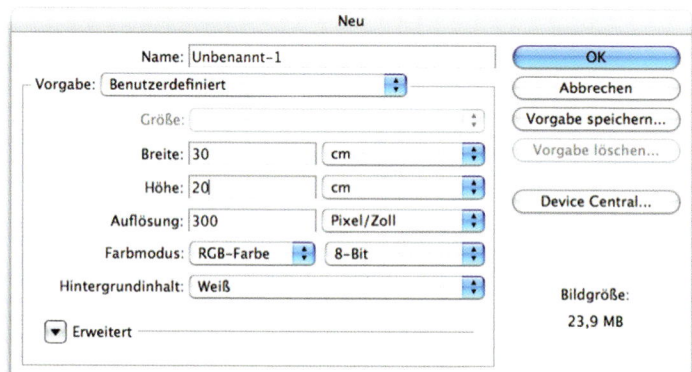

Eine Kulisse mit einer Landfläche, die bis zur Horizontlinie geht

1

Beginnen Sie die Gestaltung eines Landschaftscomposings am besten mit einer leeren Bildfläche. Erstellen Sie eine neue Arbeitsfläche mit einer Auflösung von 300 Pixel/Zoll und mit der Größe Ihrer Wahl.

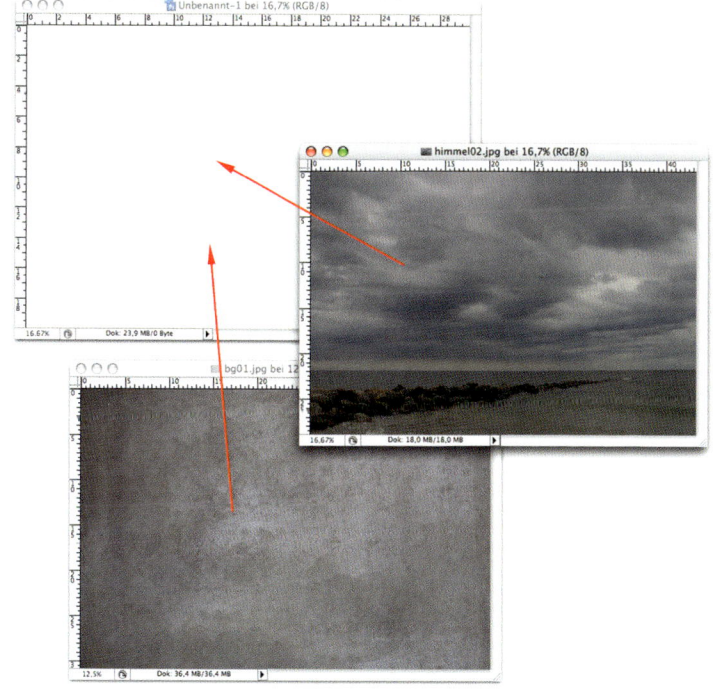

2

Öffnen Sie das Bild eines Himmels und das mit einer strukturierten Fläche. Die strukturierte Fläche wird in Ihrem Composing als Boden eingesetzt. Ziehen Sie mit dem Verschieben-Werkzeug ([V]) die Fotos in die neue Arbeitsfläche. Achten Sie darauf, dass die Ebene mit dem Boden über der Ebene des Himmels liegt. Richten Sie die Ebene des Himmels nun an der oberen Bildkante und die Ebene der strukturierten Fläche an der unteren aus. Damit die strukturierte Fläche sich in einen realistisch wirkenden Boden verwandelt, sollte diese zuerst transformiert werden. Wie das geht, haben Sie schon anhand des Beispiels mit dem karierten Fliesenboden gelernt. Es ist sinnvoll, alle Ebenen, die zu der Landschaft gehören, gleich in einer Ebenengruppe zu vereinen, damit Sie später mehr Ordnung und Übersicht in der *Ebenen*-Palette haben.

3

Die Kante der Horizontlinie sollte auf jeden Fall weich gestaltet werden, um einen vernünftigen Übergang zu erhalten.

Erstellen Sie auf der Ebene *boden* eine Ebenenmaske und machen Sie an der oberen Kante einen kurzen Maskierungsverlauf von oben nach unten, sodass die harte Kante der Ebene verschwindet.

Halten Sie beim Erstellen des Verlaufs die [Umschalt]-Taste gedrückt.

4

In unserem Beispiel soll eine abendliche Stimmung nachgebaut werden. Die Fläche des Bodens sollte deshalb von vorn nach hinten abgedunkelt werden. Über der Ebene *boden* erstellen Sie eine Einstellungsebene *Tonwertkorrektur* mit Schnittmaske.

Im Dialog *Tonwertkorrektur* bewegen Sie im Bereich *Tonwertspreizung* die linken und mittleren Regler nach rechts, sodass die Fläche des Bodens stark abgedunkelt wird. Im Bereich *Tonwertumfang* können Sie nun den rechten Regler nach links bewegen, damit die Kontraste verringert werden.

Erstellen Sie auf der Maske der Einstellungsebene einen Maskierungsverlauf, wie es mit dem Pfeil im Screenshot gezeigt wird.

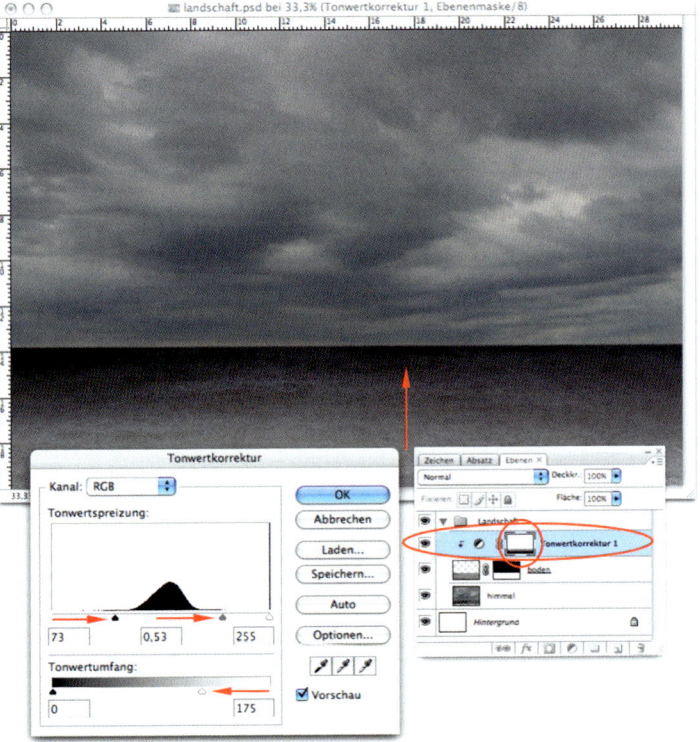

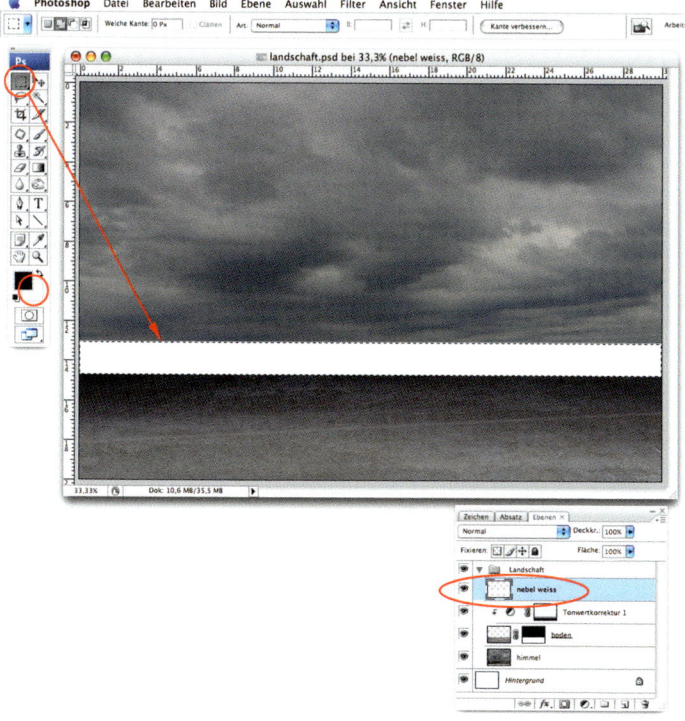

Die Horizontlinie, wenn sie wie in unserem Beispiel konstruiert ist, wirkt nicht so überzeugend. Deshalb werden von Photoshop-Spezialisten alle möglichen Tricks verwendet, um diese Unechtheit geschickt zu kaschieren. Eine der einfachsten und trotzdem elegantesten Methoden ist der Einsatz von künstlichem Nebel.

Erstellen Sie über den vorhandenen Ebenen eine neue leere Ebene und nennen Sie diese *nebel weiss*. Wählen Sie das Auswahlrechteck-Werkzeug ([M]) und erstellen Sie über der Horizontlinie einen Auswahlstreifen, sodass die Horizontlinie sich mitten in diesem Streifen befindet. Füllen Sie die Auswahl mit weißer Farbe und heben Sie anschließend die Auswahl mit [Strg]+[D] wieder auf.

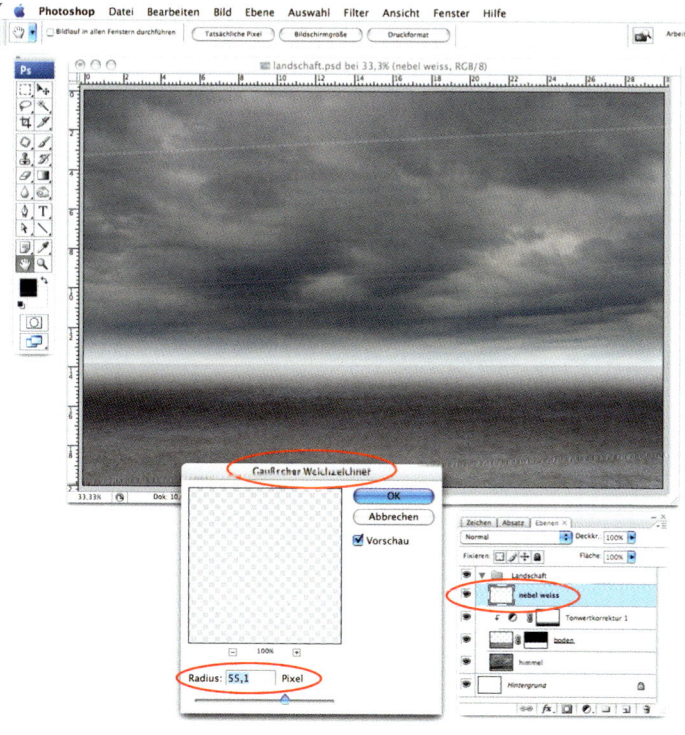

Der rechteckige weiße Streifen wird jetzt in den „Nebel" verwandelt. Wählen Sie *Filter/ Weichzeichnungsfilter/Gaußscher Weichzeichner*.

Wählen Sie im Dialogfenster *Gaußscher Weichzeichner* einen Wert von ca. 50–60 Pixel. Bei größeren Bildern wird sich der Wert erhöhen, bei kleineren verringern.

7

Wenn der Nebel für die Abendstimmung des Bildes zu hell wirkt, können Sie dem entgegenwirken, indem Sie einen dunklen Nebel als Ausgleich einsetzen.

Duplizieren Sie die Ebene *nebel weiss* und nennen Sie die Kopie *nebel grau*.

Mit Strg+I kehren Sie die Farbe der Ebene um; der weiße Nebel verwandelt sich in einen grauen.

Regulieren Sie die Deckkraft der Ebene, bis Sie ein optimales Resultat bekommen.

8

Verstärken Sie zusätzlich auch die Wirkung des Himmels. Erstellen Sie hierfür über der Ebene des Himmels eine Einstellungsebene *Tonwertkorrektur*. Im Dialogfenster *Tonwertkorrektur* bewegen Sie den mittleren Regler im Bereich *Tonwertspreizung* nach rechts, sodass die Ebene mit dem Himmel abgedunkelt wird.

Maskieren Sie danach den unteren Teil des Himmels, damit der Bereich über dem Horizont heller wird. Wenn Sie noch mehr Kontrast zwischen der oberen und der unteren Hälfte des Himmels erreichen wollen, können Sie eine weitere Einstellungsebene *Tonwertkorrektur* erstellen, mit der Sie den unteren Bereich des Himmels aufhellen.

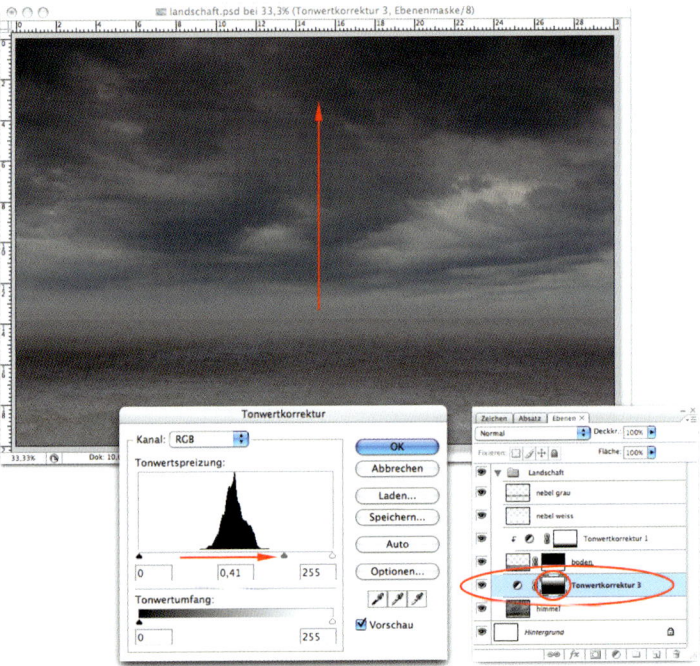

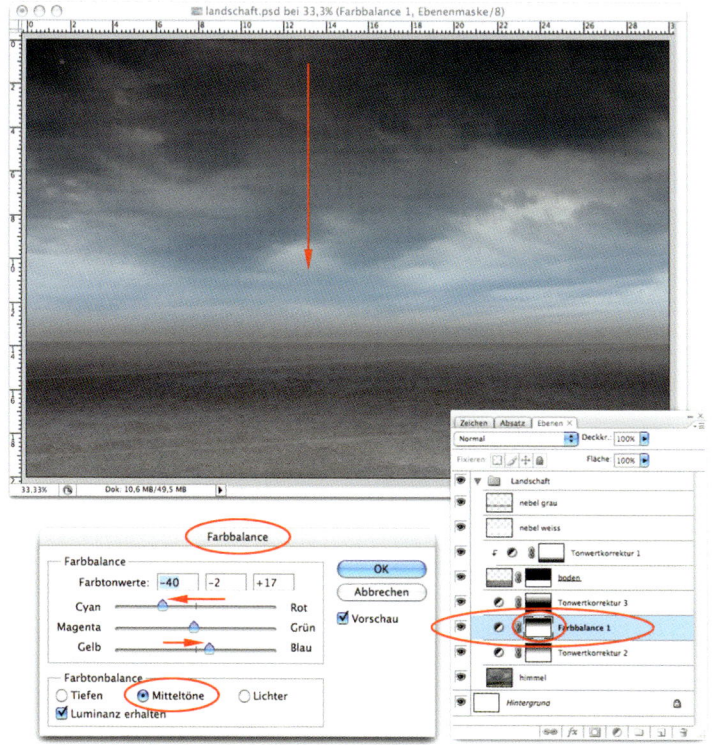

9

Eine interessante Wirkung erreichen Sie, wenn Sie den Himmel zusätzlich einfärben. Es ist sinnvoll, auch hier nur eine Teilfärbung zu wählen, zum Beispiel bei der unteren Hälfte des Himmels.

Erstellen Sie in der *Ebenen*-Palette die Einstellungsebene *Farbbalance* und verstärken Sie die Farbbereiche Cyan und Blau.

Maskieren Sie den Teil der Einstellungsebene dort, wo der Himmel keine Verfärbung bekommen soll. Verwenden Sie dazu einen Maskierungsverlauf.

Die fertige Landschaft kann dann für ein beliebiges Composing verwendet werden.

Durch den Einsatz des Nebels im Hintergrund wird der Blick des Betrachters vom Geschehen am Horizont abgelenkt und konzentriert sich voll auf das Hauptobjekt des Composings.

Damit die Weite der Landschaft deutlich wird, können Sie noch Folgendes machen. An einem anderen Beispiel (das Zusammensetzen des Bildes aus den Fotos des Himmels und der Struktur haben Sie schon gelernt) können Sie sehen, wie verschiedene Akzente gesetzt werden.

Am Horizont wird ein Foto mit der Skyline einer Großstadt platziert und so verkleinert, dass man den Eindruck hat, die Häuser befänden sich sehr weit weg. Die Ebenenfüllmethode für die Ebene mit den Häusern

wird auf *Weiches Licht* gesetzt und die Farbe der Ebene wird mithilfe der Einstellungsebene *Farbton/Sättigung* mit dem Regler *Sättigung* auf Schwarz-Weiß reduziert.

So wirken die Häuser sehr weit vom Betrachter entfernt. Der Kontrast zwischen den Elementen im Vordergrund der Komposition soll wesentlich stärker als der im Hintergrund sein. So wirkt die Komposition stark räumlich und zeigt viel Weite.

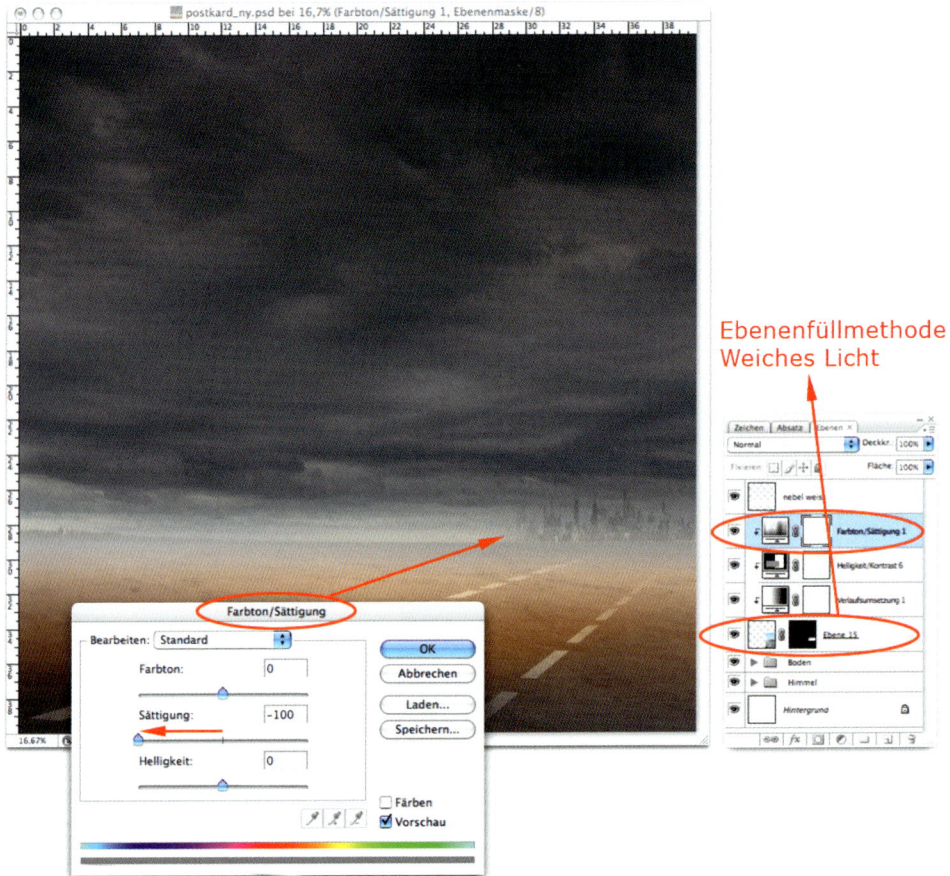

Foto: Olga Kaplun
Produktion: Kaplun & Kaplun GbR

Eine Stadtkulisse mit Häusern kreieren

Auf der Basis der Technik, die schon in vorherigen Workshops beschrieben wurde, können Sie auch eine Stadtkulisse mit Häusern „bauen". Die Häuser werden nicht freigestellt, aber Sie sollten schon darauf achten, dass die Hintergründe hinter den Häusern (Himmel) ziemlich gleich aussehen.

1

Wenn Sie die Arbeitsfläche erstellt haben und der Boden in dieser Fläche schon fertig gestaltet ist, können Sie durch das Verschieben der Fotos mit den Stadtlandschaften in die neue Arbeitsfläche beginnen.

Ziehen Sie die Fotos mit den Häusern mit dem Verschieben-Werkzeug (V) in das Bild der Bodenebene hinein und positionieren Sie die Ebenen über der Ebene oder Ebenengruppe des Bodens.

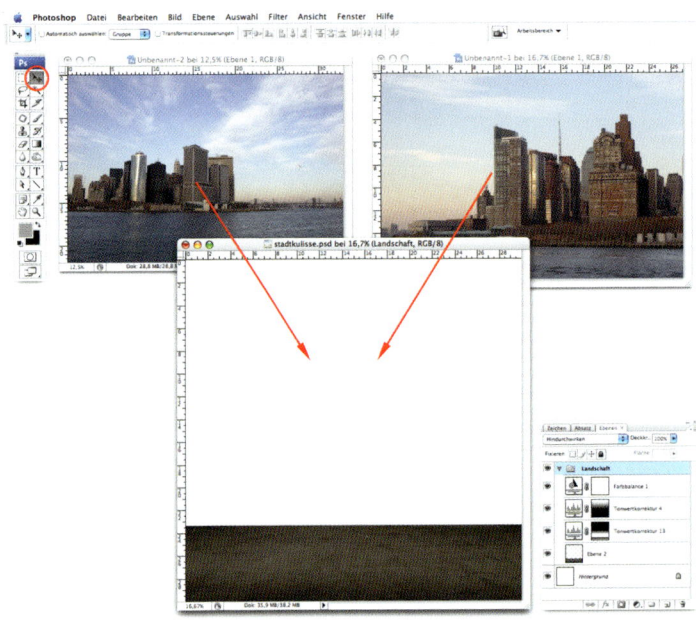

2

In unserem Beispiel werden die Häuser am Horizont stehen, deshalb ist es wichtig, dass diese perfekt ausgerichtet sind. Wenn Sie ganz genau die Horizontlinie der neuen Arbeitsfläche und der Bilder mit den Häusern übereinander platzieren möchten, können Sie die Deckkraft der Ebenen mit den Häusern vorerst reduzieren, damit Sie die darunterliegende Ebene des Bodens besser erkennen können. Verschieben Sie die Ebenen der Häuser so, dass die Horizontlinien ungefähr übereinanderliegen. Nehmen Sie dann die genaue Positionierung mithilfe der Pfeiltasten vor. Verwenden Sie dazu eine größere Ansicht.

Wenn Sie mit der Positionierung fertig sind, erhöhen Sie die Deckkraft der Ebenen mit den Häusern wieder auf 100 %.

3

Erstellen Sie auf den Ebenen der Häuser die Ebenenmasken. Mit den Maskierungs-verläufen machen Sie die Ebenenkanten un-sichtbar. Verwenden Sie dazu das Verlaufs-werkzeug ([G]) mit den Optionen linearer Verlauf, Vordergrund-Transparent, Vorder-grundfarbe Schwarz.

Die Übergänge können Sie noch mit dem Pinsel-Werkzeug ([B]) mit einer großen wei-chen Werkzeugspitze anpassen. Wenn der Übergang zwischen den beiden Stadtfotos fertig ist, können Sie über den beiden Ebe-nen eine Ebene mit einem passenden Him-melsfoto einfügen, am besten aufgenommen am gleichen Ort zur gleichen Zeit.

Passen Sie dann die Übergänge zu den anderen Bildern ebenfalls mit den Maskie-rungsverläufen an.

4

Der künstliche Nebel – wie im vorherigen Beispiel beschrieben – kann auch hier ein-gesetzt werden. Dieses Gestaltungsmittel gibt dem Bild gleich mehr Tiefe.

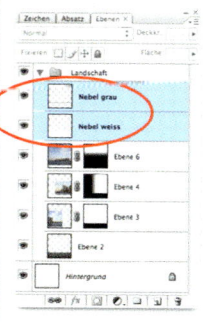

5

Wenn die Farben des Bodens und der Häuser auf dem Himmelhintergrund nicht ganz zueinander passen, hilft oft ein kleiner Eingriff in die Farbbalance.

Erstellen Sie über allen im Bild enthaltenen Ebenen eine Einstellungsebene *Farbbalance*. Verändern Sie leicht die Farbrichtung des Bildes im Bereich *Mitteltöne*.

In unserem Beispiel wurde eine wärmere Farbstimmung gewählt, deshalb wurden die Regler in Richtung *Rot* und *Gelb* verschoben. Sie können auch minimale Veränderungen im Bereich *Tiefen* durchführen.

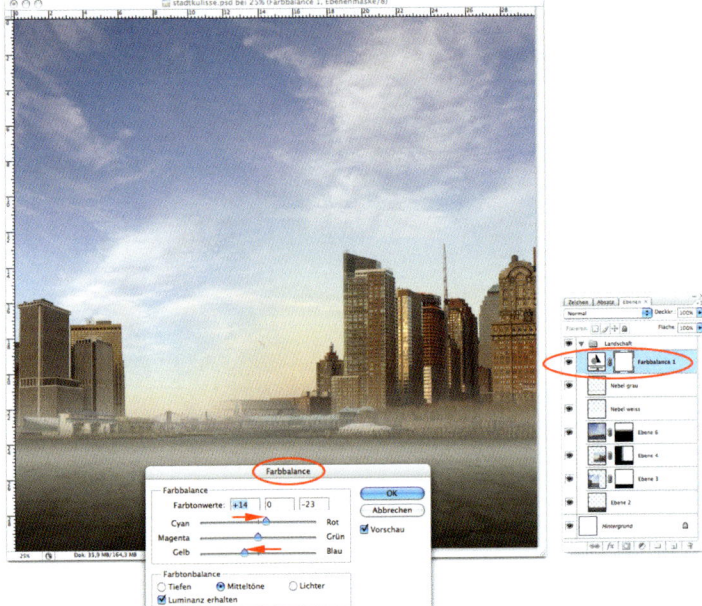

6

Noch mehr Tiefe können Sie dem Bild verleihen, wenn Sie den Himmel im oberen Teil des Bildes abdunkeln.

Erstellen Sie hierfür in der *Ebenen*-Palette über den Ebenen der Stadtkulisse und des Himmels eine Einstellungsebene *Tonwertkorrektur*. Verschieben Sie den mittleren und den linken Regler nach rechts, damit die darunterliegenden Pixelebenen dunkler werden. Erstellen Sie dann einen Maskierungsverlauf in die Richtung, die mit dem Pfeil in der Abbildung angezeigt wird. Nur der obere Teil des Himmels ist jetzt abgedunkelt.

Somit ist die Stadtkulisse fertig und kann für eine Collage wie auf der nächsten Seite verwendet werden.

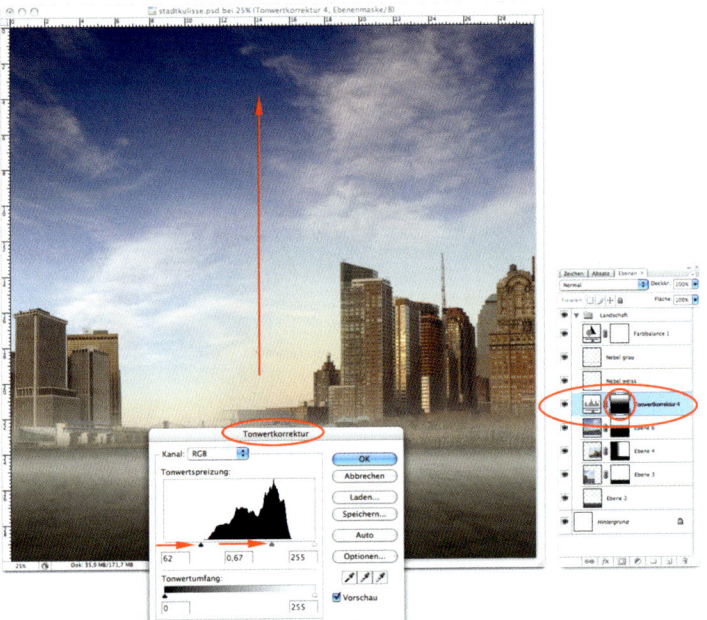

Fotografie, Produktion: Kaplun & Kaplun GbR

4.5 Ungewöhnliche Porträthintergründe in Sci-Fi-Manier

Beim Kreieren von Collagenhintergründen sind Ihrer Fantasie keine Grenzen gesetzt. Sie können alle möglichen Details in den Hintergründen verarbeiten, Hauptsache Sie wissen, zu welchem Thema Sie die „Kulisse" bauen wollen.

In unserem Beispiel werden die Details eines Flugzeugs zu einem wie Sci-Fi wirkenden Hintergrund verarbeitet. Die Auswahl der Ausgangsbilder ist nicht groß – auf die Zusammensetzung kommt es an.

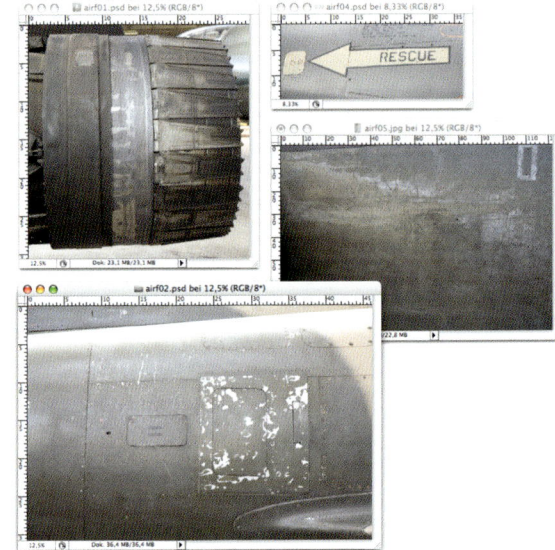

1

Stellen Sie zuerst die Details frei, die nicht komplett in den Hintergrund eingearbeitet werden sollen, zum Beispiel die Turbinen des Flugzeugs.

Verwenden Sie dazu entweder das Lasso-Werkzeug ([L]) oder das Zeichenstift-Werkzeug ([P]).

2

Setzen Sie in einer neuen Arbeitsfläche die freigestellten Bildelemente sowie das Bild des Hintergrunds (ist in der oberen Hälfte des Bildes zu sehen) zusammen.

Benennen Sie die Ebenen eindeutig, sodass Sie bei weiteren Arbeitsschritten mehr Übersicht in der *Ebenen*-Palette haben.

Die Arbeitsfläche in unserem Beispiel hat eine Größe von 30 x 30 cm bei einer Auflösung von 300 Pixel/Zoll.

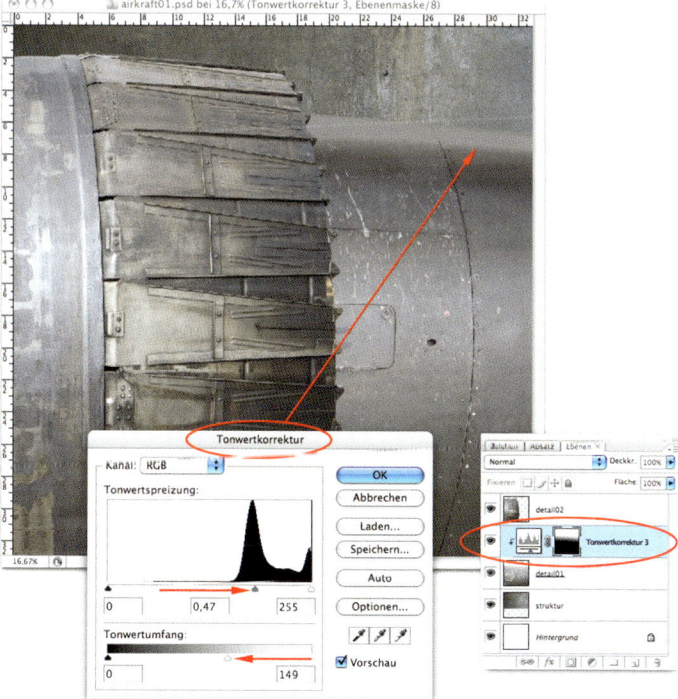

3

Es gibt bei einigen Details extrem überbelichtete Stellen, die auf einem dunkleren Hintergrund nicht so gut wirken. Diese sollten am besten gleich bearbeitet werden. Erstellen Sie über der Ebene mit den überbelichteten Bereichen eine Einstellungsebene *Tonwertkorrektur* mit der Schnittmaske. Konzentrieren Sie sich nur auf die überbelichtete Stelle und kompensieren Sie die Beleuchtung im Bereich *Tonwertspreizung* mithilfe des mittleren Reglers, indem Sie ihn nach rechts bewegen. Zusätzlich können Sie im Bereich *Tonwertumfang* den rechten Regler nach links bewegen, sodass die Kontraste etwas verringert werden. Maskieren Sie dann mit dem Verlaufswerkzeug die Stellen der Einstellungsebene, die nicht auf die darunterliegende Pixelebene wirken sollen.

4

Den strukturierten Hintergrund können Sie interessanter gestalten, wenn Sie gezielt einige Bereiche abdunkeln. Das können Sie ebenso mit einer Einstellungsebene *Tonwertkorrektur* lösen.

Erstellen Sie mithilfe des Verlaufswerkzeugs einige Maskierungsverläufe, sodass die obere und die rechte Kante des Hintergrunds dunkler werden, sowie einen Verlauf, der einen Schatten zwischen dem Gerät und dem strukturierten Hintergrund bildet.

5

Da die Kulisse, die wir gerade vorbereiten, für ein Porträt bestimmt ist, ist es sinnvoll, den unteren Bereich des Bildes etwas abzudunkeln. Sie können jede einzelne Ebene mithilfe von *Tonwertkorrektur*-Einstellungsebenen abdunkeln und dann einen Maskierungsverlauf erstellen, sodass von den Einstellungsebenen nur die unteren Bereiche des Bildes betroffen sind.

Natürlich können Sie auch auf alle Pixelebenen eine Einstellungsebene *Tonwertkorrektur* anwenden. Aber so haben Sie nicht so viel Spielraum wie bei einzelnen Einstellungsebenen mit den Schnittmasken. Benennen Sie die Einstellungsebenen entsprechend um, z. B. in *abdunklung*.

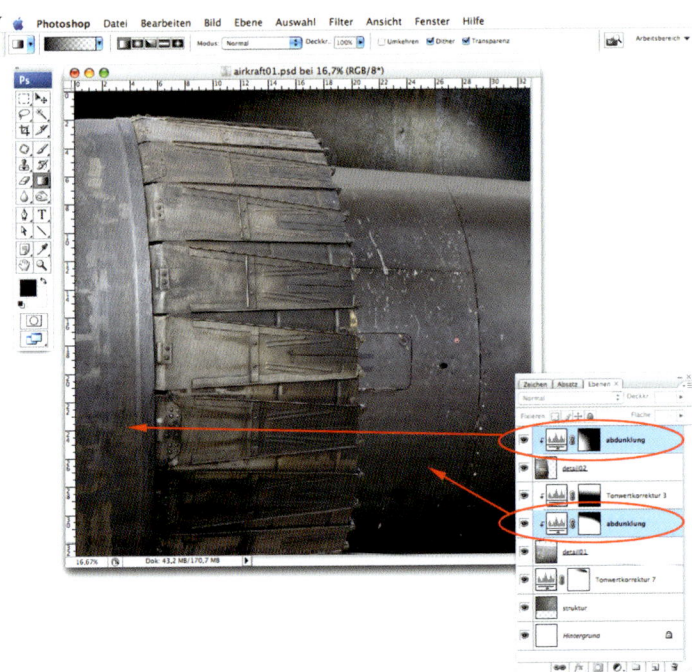

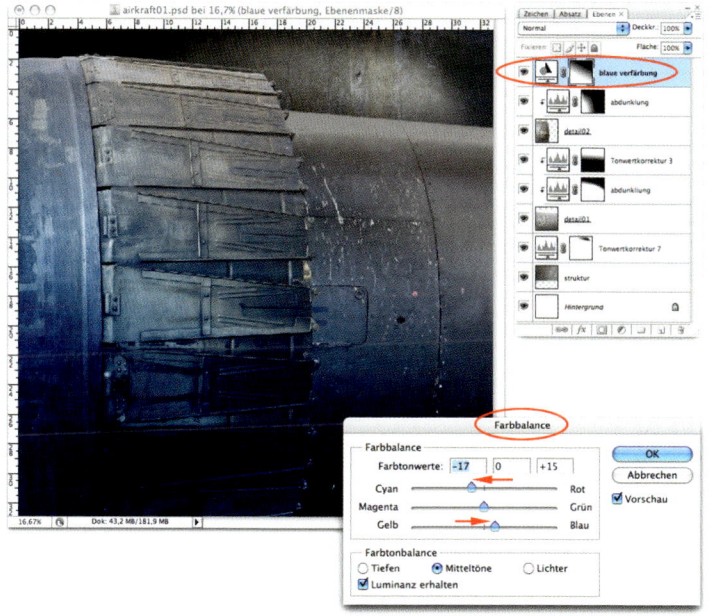

6

Bei Porträthintergründen werden oft die unregelmäßigen Verfärbungen des Hintergrunds verwendet. Sie können z. B. das Bild unten bläulich einfärben.

Verwenden Sie dazu eine Einstellungsebene *Farbbalance*, die Sie über allen in der *Ebenen*-Palette enthaltenen Ebenen platzieren.

Verstärken Sie im Dialogfeld die Werte für Cyan und Blau in den Bereichen *Mitteltöne* und *Tiefen*.

Maskieren Sie dann den oberen Bereich der Einstellungsebene, sodass die Farbe in der oberen Hälfte des Bildes unverändert bleibt.

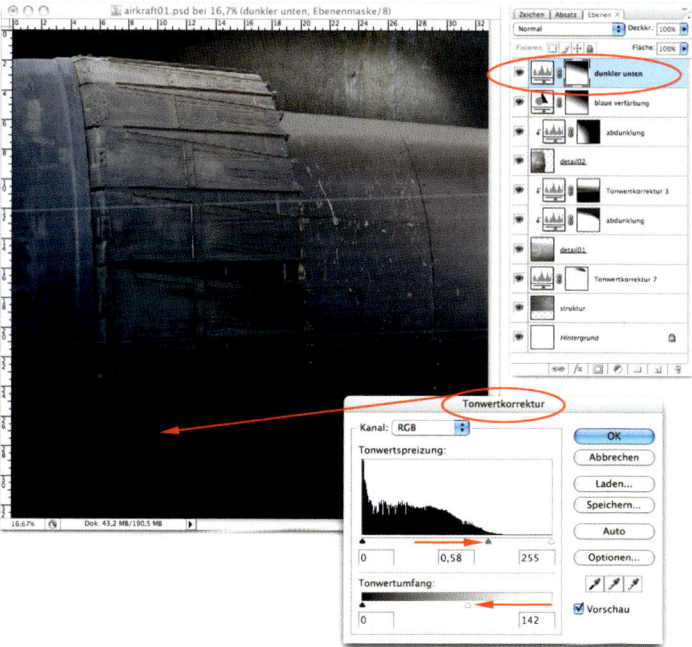

7

Die grelle blaue Verfärbung können Sie dezenter gestalten. Dazu gibt es zwei Möglichkeiten: Entweder Sie reduzieren die Deckkraft der Einstellungsebene *Farbbalance* auf ca. 70 %, oder Sie erstellen über der Einstellungsebene *Farbbalance* eine zusätzliche teilmaskierte Einstellungsebene *Tonwertkorrektur* und machen so den Bereich mit der blauen Verfärbung etwas dunkler.

8

An einigen Stellen können Sie im Bild zusätzliche Bildelemente wie Schriften oder Symbole integrieren. Verschieben Sie ein Bild mit einer Schrift/einem Symbol in die Arbeitsfläche.

Ändern Sie die Ebenenfüllmethode auf *Weiches Licht*, damit die Ebene transparent wird, und maskieren Sie die harten Kanten der Ebene mit dem Verlaufswerkzeug ([G]) oder mit dem Pinsel-Werkzeug ([B]). Beim Pinsel-Werkzeug verwenden Sie eine Pinselspitze mit sehr weichen Kanten.

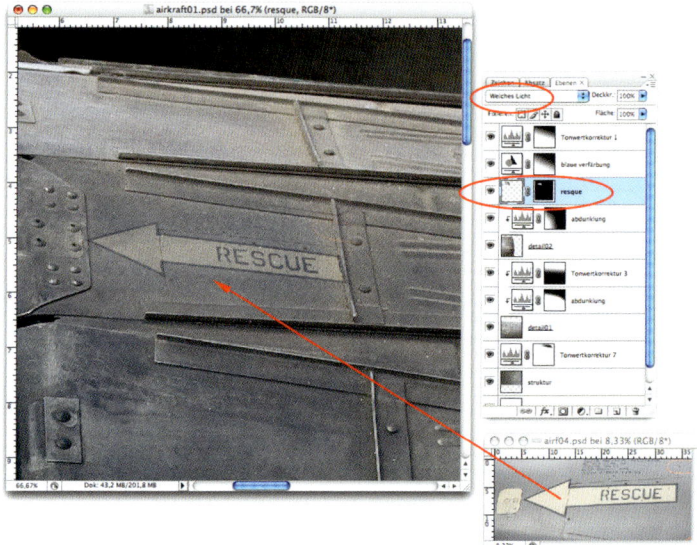

9

Bei Bedarf können Sie weitere Bereiche des Bildes abdunkeln. Ob das nötig ist oder nicht, sehen Sie erst, wenn das freigestellte Porträt auf dem neuen Hintergrund platziert ist.

Da Sie alle Korrekturen mithilfe der Einstellungsebenen durchgeführt haben, können Sie die Einstellungen aufrufen und jederzeit anpassen.

Auf der nächsten Seite sehen Sie eine Porträtcollage, die auf dem in diesem Workshop beschriebenen Hintergrund basiert. Wie Porträtcollagen erstellt und optimiert werden, erfahren Sie im nachfolgenden Kapitel.

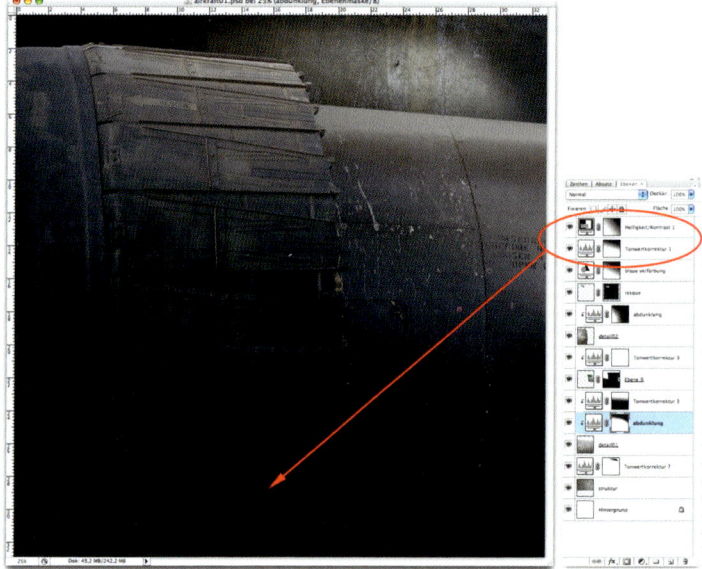

Model: Torsten Terhorst. Foto, Produktion: Kaplun & Kaplun GbR

Porträtcomposing

Seit Fotografen für sich mehr und mehr die Möglichkeiten der digitalen Bildbearbeitung und -verfremdung entdecken, tauchen in der Fotoszene zunehmend perfekt inszenierte Porträtcomposings auf. Diese bestechen durch präzise Ausführung, Originalität und einen gewissen Hauch von Leinwandgemälden. Lernen Sie in diesem Kapitel einige Techniken, die Sie für das Porträtcomposing verwenden können.

5.1 Porträtcollage mit Gemälde-Feeling

Im nächsten Beispiel werden Sie bereits erlernte Techniken, mit denen Sie Hintergründe kreieren können, mit den Methoden kombinieren, die aus einem Porträtfoto eine gemäldeartige Collage entstehen lassen.

Beleuchtung im Studio:
1. 60×60 Softbox von oben
2. 30×120 Striplight von links

Die Flasche wird als transparentes Objekt freigestellt und zur Dekoration in die Collage integriert.

Fotografierte Leinwand wird auf die fertige Komposition projiziert und sorgt für „gemälde-Feeling"

Die neue Kulisse für die Komposition wird aus strukturierten Hintergründen zusammengesetzt.

Einige Hintergründe werden zum überlagern verwendet

Auswahl der Hintergründe und Details für das Composing

Wie Sie in der Zeichnung links erkennen, ist die Auswahl der Bildelemente erstaunlich klein. Schließlich soll die Kulisse die abgebildete Person in einer Collage nicht „erschlagen".

Zur Auswahl der Strukturen für die Kulisse können Sie einfache Regeln befolgen. Die Strukturen sollten nicht zu grob, sondern eher moderat sein, sonst wirken sie zu dominant. Bei Bedarf können fein strukturierte Hintergrundbilder von anderen, die mehr Strukturen aufweisen, überlagert werden. Über das Arbeiten mit Strukturen wurde bereits ausführlich in Kapitel 4 berichtet. In unserem Beispiel wird der Raum für das Porträt aus den Hintergrundfotos dreidimensional gestaltet.

Die räumliche Wirkung erreichen Sie mithilfe der Einstellungsebenen, die teilweise maskiert sind. Außerdem wird die Kulisse mit Bildelementen „verfeinert", die Zeichen enthalten. Nachdem die Komposition fertig ist, wird diese noch mit einem zusätzlichen Hintergrundfoto „überzogen".

Über alle Ebenen, die im Bild enthalten sind, wird ein Foto von einer Leinwand gelegt und die Füllmethode für diese Ebene wird geändert. So erreichen Sie die Wirkung eines Gemäldes. Wie Sie vielleicht schon ahnen, kommt viel Arbeit auf Sie zu. Diese Arbeit lohnt sich – aus einem Porträtfoto schaffen Sie so ein wahres Kunstwerk. Viel Erfolg!

Porträtaufnahme aus dem Studio richtig freistellen

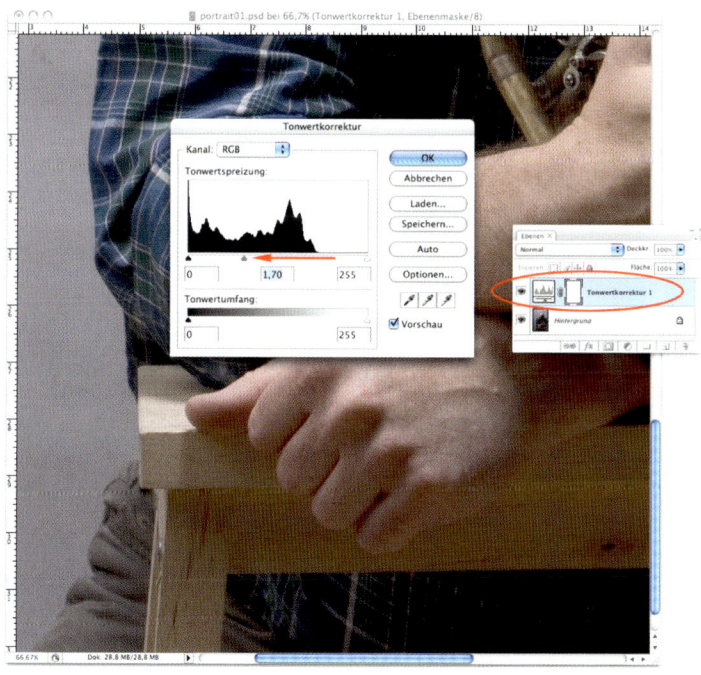

1

Wenn Sie im Studio aufgenommene Porträts freistellen möchten, geht das manchmal schnell und einfach, aber bei einigen Bildern tritt folgendes Problem auf: Sie können nicht überall die Kanten erkennen. In unserem Beispiel sind die Kanten speziell in Schattenbereichen nur schwer zu sehen. Für solche Situationen gibt es eine wirksame Hilfe. Erstellen Sie über der Ebene *Hintergrund* eine Einstellungsebene *Tonwertkorrektur*. Mithilfe dieser Einstellungsebene können Sie das Bild stark aufhellen. Und wenn die Freistellung erfolgreich durchgeführt wurde, können Sie die Einstellungsebene löschen. Im Dialogfenster *Tonwertkorrektur* bewegen Sie den mittleren Regler nach links, wie in der Abbildung gezeigt. Damit erreichen Sie, dass die Kanten in den Schattenbereichen gut sichtbar werden.

2

Stellen Sie die abgebildete Person mithilfe des Zeichenstift-Werkzeugs (P) frei. Verwenden Sie hierfür die Optionen *Pfade, Pfadbereich erweitern* und *Gummiband*.

Vergrößern Sie die Ansicht des Bildes auf 300 %. Die Bildansicht können Sie verschieben, indem Sie die (Leertaste) gedrückt halten – jedes Werkzeug verwandelt sich dabei in das Hand-Werkzeug (H).

Beim Loslassen der (Leertaste) kehren Sie zum Zeichenstift-Werkzeug (P) zurück.

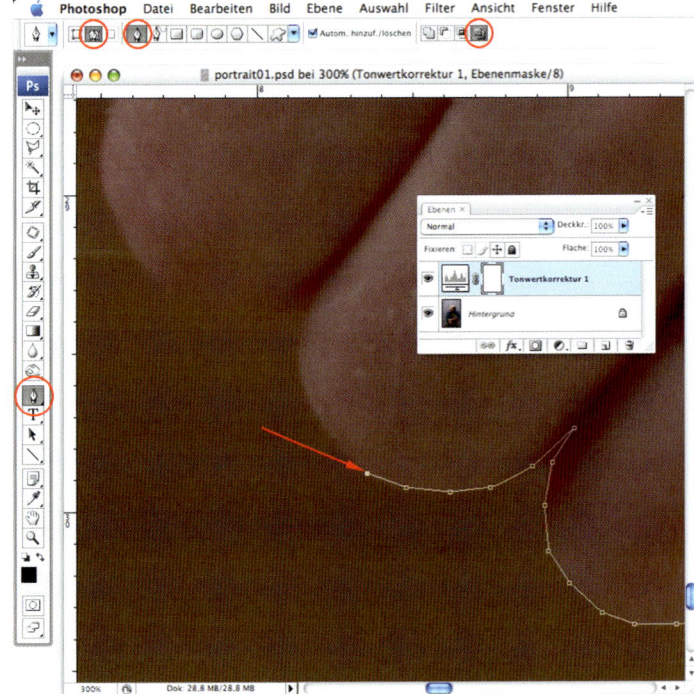

3

Die Bereiche mit Haaren (auch wenn die Haare kurz sind) können Sie großzügig auswählen, diese werden später bearbeitet. Wenn der Pfad um die Figur fertig ist, klicken Sie mit der rechten Maustaste in den Pfad und wählen im Kontextmenü *Auswahl erstellen*. Wählen Sie im Dialogfenster *Auswahl erstellen* einen Radius von 1 Pixel und bestätigen Sie Ihre Wahl. Mit (Strg)+(J) legen Sie den ausgewählten Bereich als Kopie auf einer neuen Ebene an. Kontrollieren Sie, wie sauber Sie die Figur freigestellt haben, indem Sie unter der Ebene mit der freigestellten Figur eine Füllebene *Volltonfarbe* mit einer Farbe einfügen, die einen starken Kontrast zu der abgebildeten Person darstellt, zum Beispiel Dunkelblau.

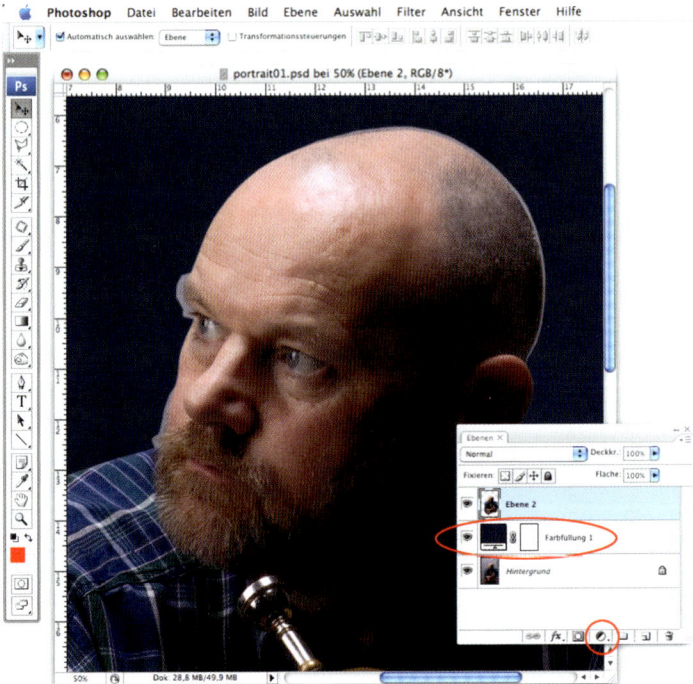

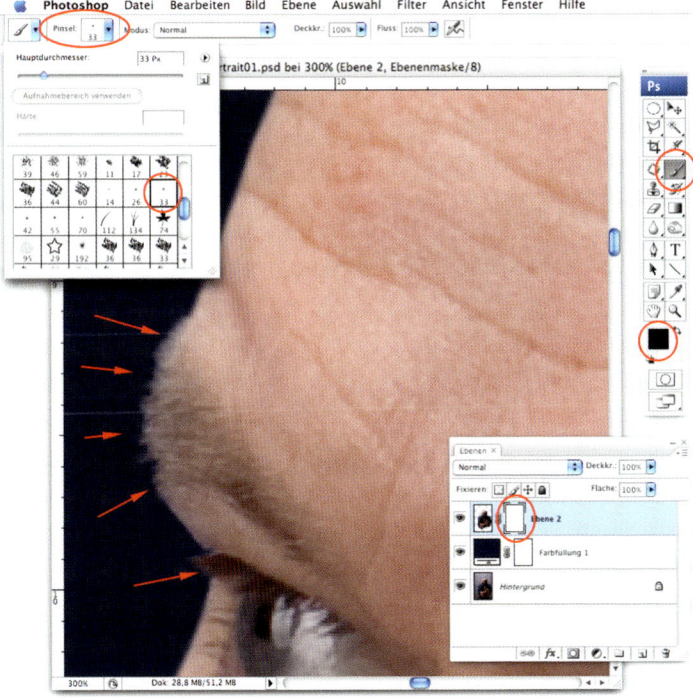

4

Bearbeiten Sie die Bereiche mit Haaren. Erstellen Sie auf der Ebene mit der freigestellten Figur eine Ebenenmaske. Wählen Sie das Pinsel-Werkzeug (B) mit der Werkzeugspitze *Stern* aus. Bearbeiten Sie nun die Bereiche der Haare so, wie das in dem Screenshot gezeigt wird. Arbeiten Sie mit dem Pinsel auf der Ebenenmaske mit schwarzer Vordergrundfarbe. Machen Sie die Pinselstriche von außen nach innen, sodass die Kante mit den Haaren realistisch freigestellt wird. Die Pinselgröße können Sie immer wieder verändern, damit keine Pinselmuster auf der Haarkante sichtbar sind. Benutzen Sie zum Verändern der Spitzengröße die Tasten (Ö) (Verkleinern) und (#) (Vergrößern). Wenn die Freistellung beendet ist, können Sie die Sauberkeit der Kante kontrollieren. Bei Bedarf können Sie die Stellen mit den Rändern mit dem Pinsel-Werkzeug (B) weiterbearbeiten und die Ränder maskieren.

Kulisse für das Porträtcomposing kreieren

1

Die Kulisse für ein Porträtcomposing sollte zuerst als ein Gerüst konstruiert werden. So können Sie genauer die Aufteilung der Flächen mit den Strukturen festlegen. Erstellen Sie zuerst eine neue Datei. In unserem Beispiel wurde eine Datei mit einer Größe von 30 x 30 cm und einer Auflösung von 300 Pixel/Zoll erstellt. Fügen Sie in der Datei eine neue leere Ebene ein. Auf dieser Ebene können Sie mit dem Linienzeichner-Werkzeug (U) erst einmal das Gerüst zeichnen.

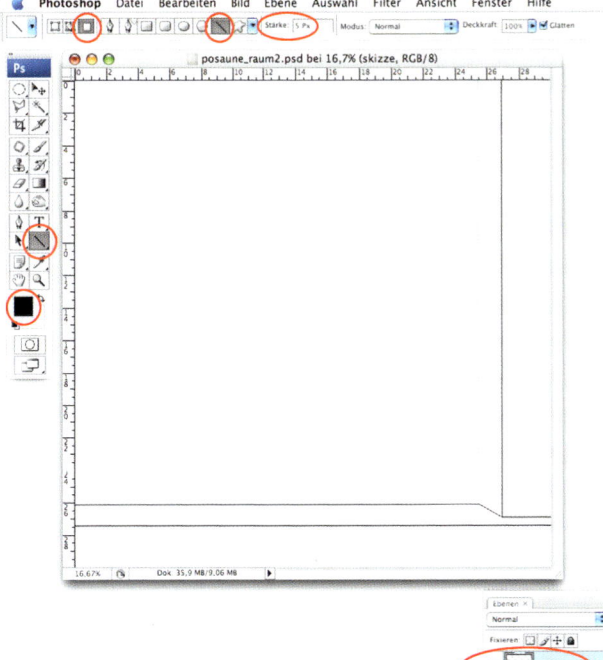

Verwenden Sie für das Linienzeichner-Werkzeug (U) folgende Optionen: *Pixel füllen*, *Stärke 3–5 Pixel*. Verwenden Sie zum Zeichnen die schwarze Farbe.

2

Wenn das Gerüst der Kulisse fertig ist, können Sie die freigestellte Figur der Person dort platzieren, um festzustellen, ob die Kulisse gut zu der freigestellten Figur passt.

Wenn das der Fall ist, können Sie die Ebene der Figur vorerst ausblenden, da Sie in den nächsten Schritten erst einmal die Strukturen für die Kulisse anpassen werden; die Figur würde bei der Anpassung nur stören.

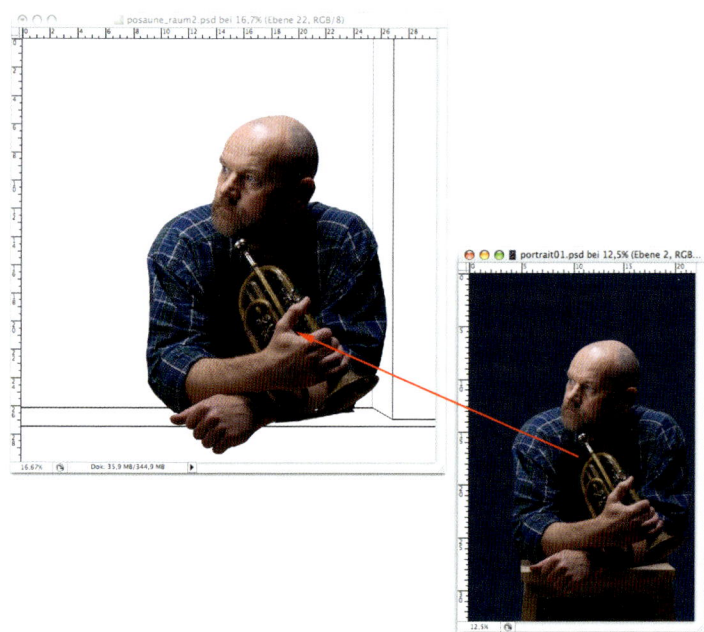

3

Bevor Sie die Strukturfotos in die Komposition einfließen lassen, ist es sinnvoll, eine Füllebene *Volltonfarbe* unter der Ebene des Gerüstes einzufügen.

Da die strukturierten Hintergründe meist dunkler sind als der weiße Hintergrund, ist es besser, wenn Sie vor einem mittelgrauen Hintergrund arbeiten.

Der mittelgraue Hintergrund ist weniger kontrastreich als der weiße, und die Anpassungen der Flächen bei einem schwachen Kontrast fallen Ihnen leichter.

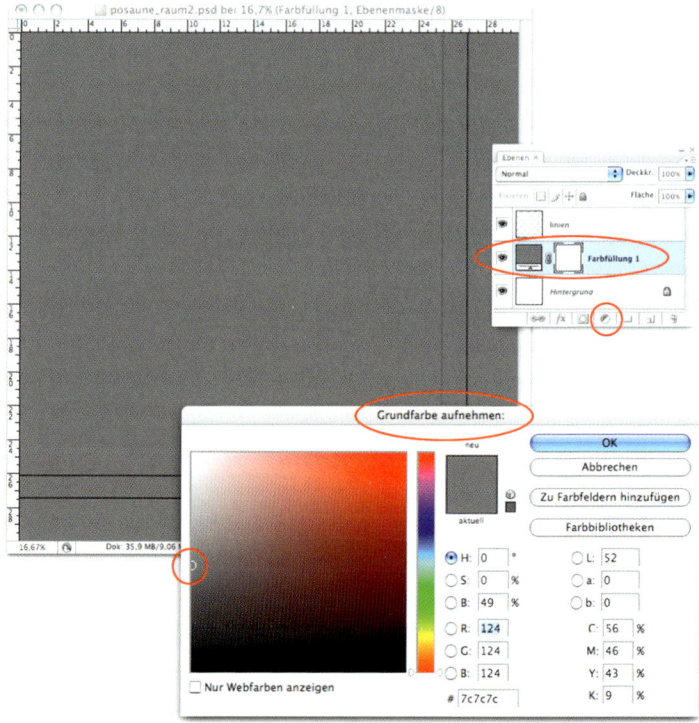

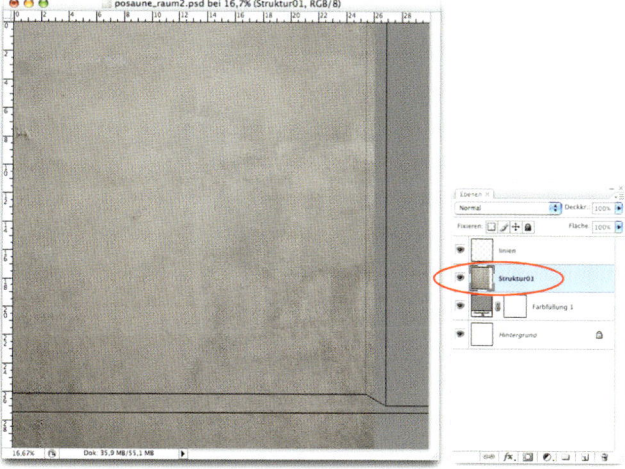

Alle strukturierten Flächen sollten in der Arbeitsfläche der Collage unter der Ebene des gezeichneten Gerüstes positioniert werden. Das Gerüst benötigen Sie lediglich, um die Strukturflächen korrekt aneinander auszurichten.

Verschieben Sie die erste strukturierte Fläche, die eine Wand im Hintergrund darstellen soll, in Ihr Bild. Verwenden Sie dazu ein Foto der Mauer mit schwachen Strukturen.

Bei Bedarf können Sie nun die Struktur der Wand mit einem zusätzlichen Foto, das eine stärker ausgeprägte Struktur aufweist, verstärken.

Verwenden Sie dazu die Ebenenfüllmethode *Ineinanderkopieren*.

Sehr gut wirken halb transparente Zeichen auf strukturierten Hintergründen. Öffnen Sie ein Foto mit einer Mauer, in dem alte, halb gelöschte Schriften zu erkennen sind.

Verschieben Sie dieses Foto in die Gestaltungsfläche über den zwei vorher eingefügten Ebenen mit den Strukturen. Ändern Sie die Ebenenfüllmethode auf *Weiches Licht*.

Wenn Sie mit der Gestaltung der Mauer im Hintergrund fertig sind, können Sie alle Ebenen, die dazu benötigt werden, in einer Ebenengruppe zusammenfügen. Diese Gruppe wurde in unserem Beispiel *Wand* genannt.

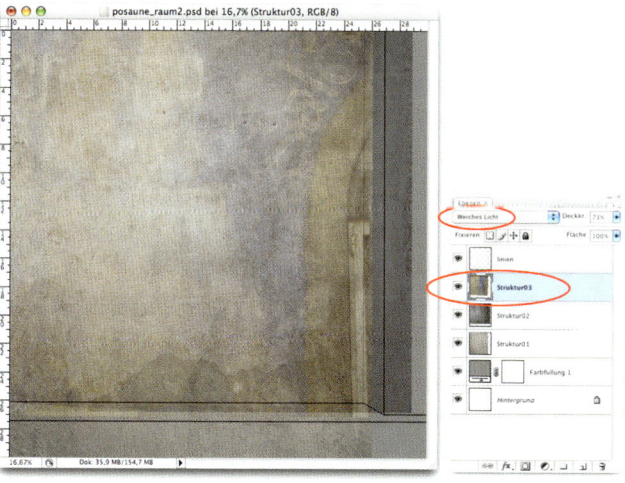

7

Fügen Sie nun in die Gestaltung eine weitere strukturierte Fläche ein und richten Sie diese an der gezeichneten unteren Kante aus, wie es in der Abbildung zu sehen ist.

Bei Bedarf kann eine weitere Ebene mit dem Strukturfoto eingefügt und durch die Änderung der Ebenenfüllmethode auf die erste projiziert werden.

Benutzen Sie dazu entweder die Ebenenfüllmethode *Weiches Licht* oder *Ineinanderkopieren*.

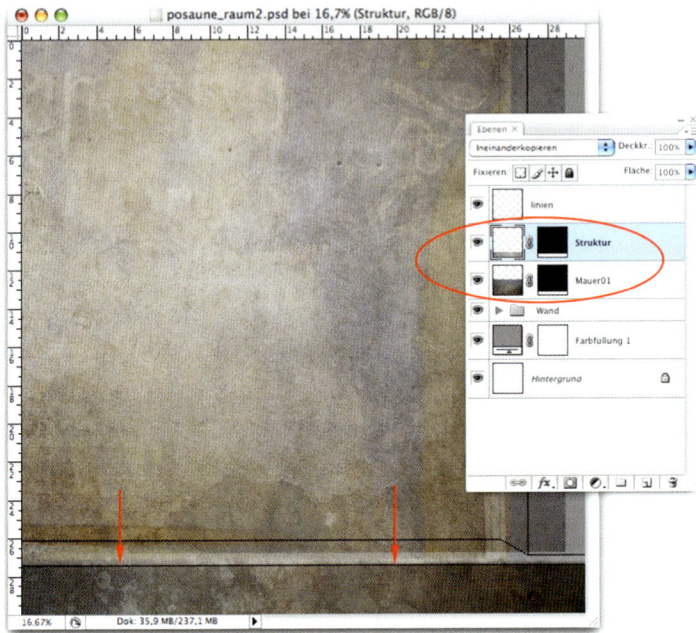

8

Eine weitere Ebene mit einer Struktur, *Ablage* genannt, sollte perspektivisch angepasst werden. Das bedeutet aber nicht, dass Sie die Transformation *Perspektivisch* verwenden sollten.

Aktivieren Sie mit (Strg)+(T) den Transformationsrahmen und verformen Sie die Fläche durch Ziehen an den mittleren Anfassern in entgegengesetzte Richtung (siehe Screenshot). Die Fläche sieht jetzt so aus, als ob sie von oben betrachtet würde.

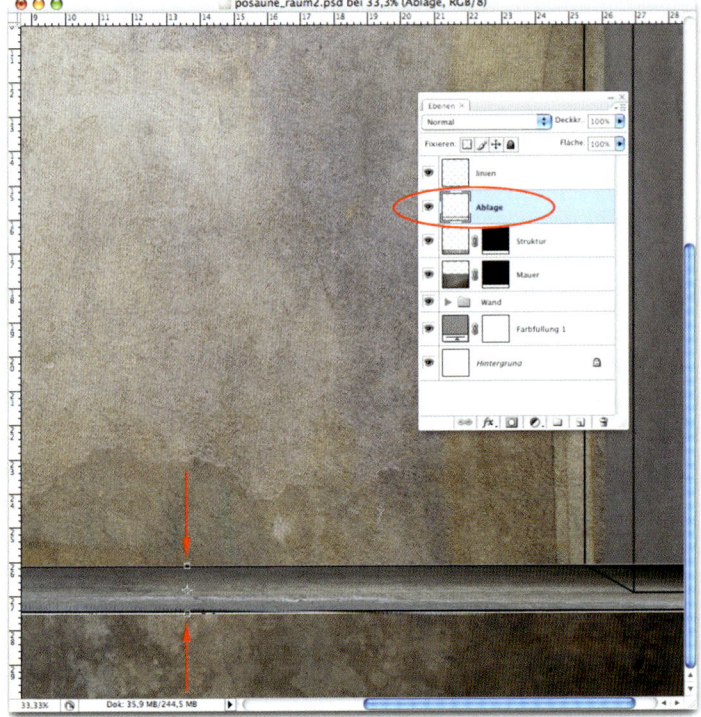

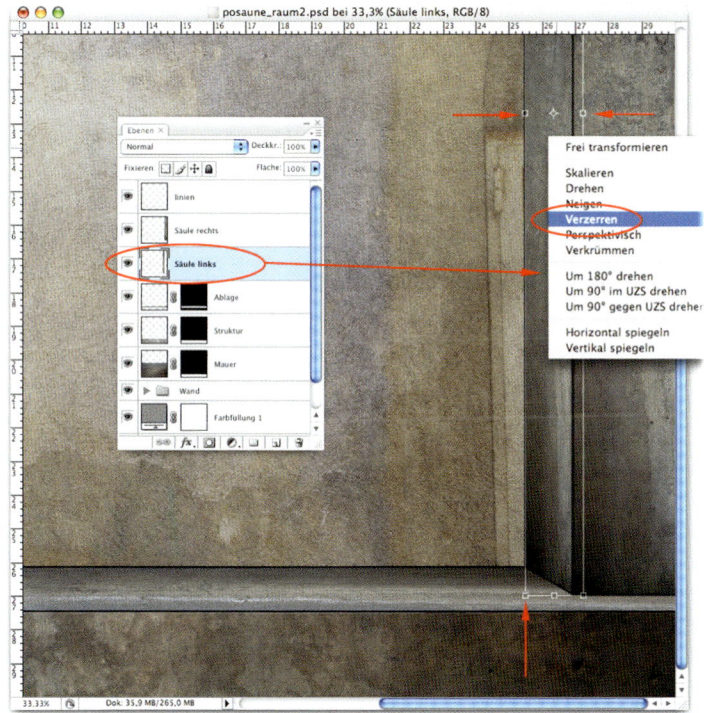

Die seitliche Fläche können Sie auf die gleiche Art bearbeiten wie gerade die Ablage. Hier sollten Sie aber auch die abgeschrägte Kante berücksichtigen.

Nachdem Sie durch [Strg]+[T] und Zusammenschieben der mittleren Anfasser die Fläche schmaler gemacht haben, klicken Sie mit der rechten Maustaste in den Transformationsrahmen und wählen die Option *Verzerren*.

Ziehen Sie am linken unteren Anfasser nach oben, wie es mit dem Pfeil angezeigt wird. Halten Sie dabei die [Umschalt]-Taste gedrückt. So vermeiden Sie, dass gerade Kanten schief werden.

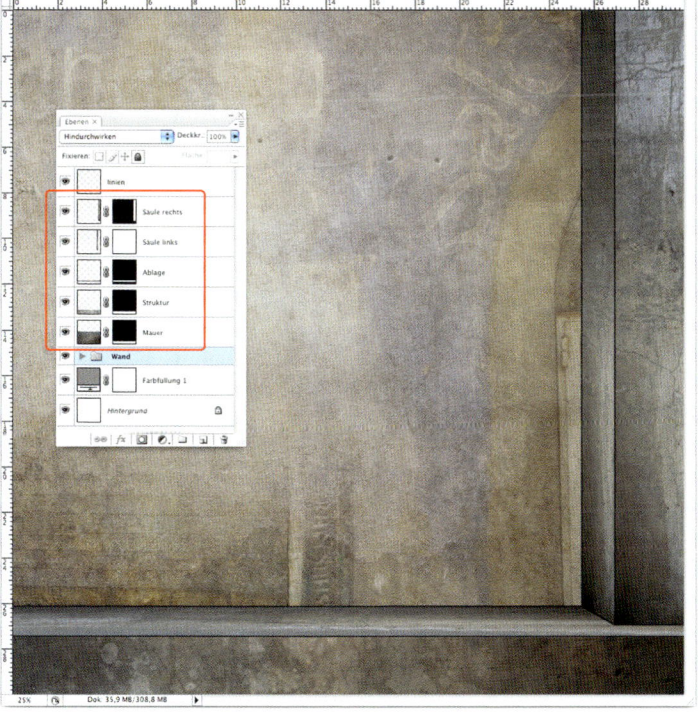

Wenn die Ebenen für die Säule und für die Ablage in der Gestaltungsfläche positioniert und angepasst sind, können Sie diese Ebenen genauso wie bei der Mauer in einer Ebenengruppe zusammenfügen.

Freigestellte Person in die konstruierte Kulisse einfügen, Licht anpassen

1

Fügen Sie oberhalb der Ebenen des konstruierten Raums (oder über der Ebenengruppe, falls Sie diese angelegt haben) die Ebene mit der freigestellten Person ein.

Es ist sinnvoll, für die Person ebenfalls gleich eine Ebenengruppe zu erstellen, damit Sie mehr Ordnung in Ihrer *Ebenen*-Palette haben.

Transformieren Sie die Ebene mit der Person, falls diese für die neue Kulisse zu groß oder zu klein sein sollte.

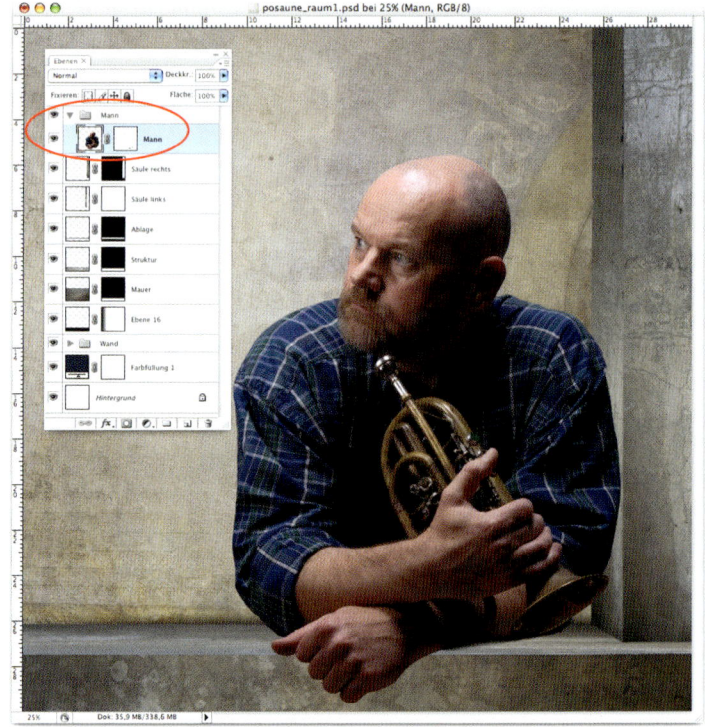

2

Beginnen Sie mit dem Konstruieren des Schattens. Am einfachsten ist es, wenn Sie die Auswahl der freigestellten Figur zum Erstellen des Schattens benutzen.

Zuerst sollte die Auswahl geladen werden. Halten Sie die [Strg]-Taste gedrückt und klicken Sie auf die Ebenenminiatur der Ebene der Person. Die Auswahl wird angezeigt.

Erstellen Sie nun unter der Ebene der Person eine neue leere Ebene und füllen Sie die Ebene der geladenen Auswahl mit schwarzer Farbe. Heben Sie die Auswahl anschließend mit [Strg]+[D] auf.

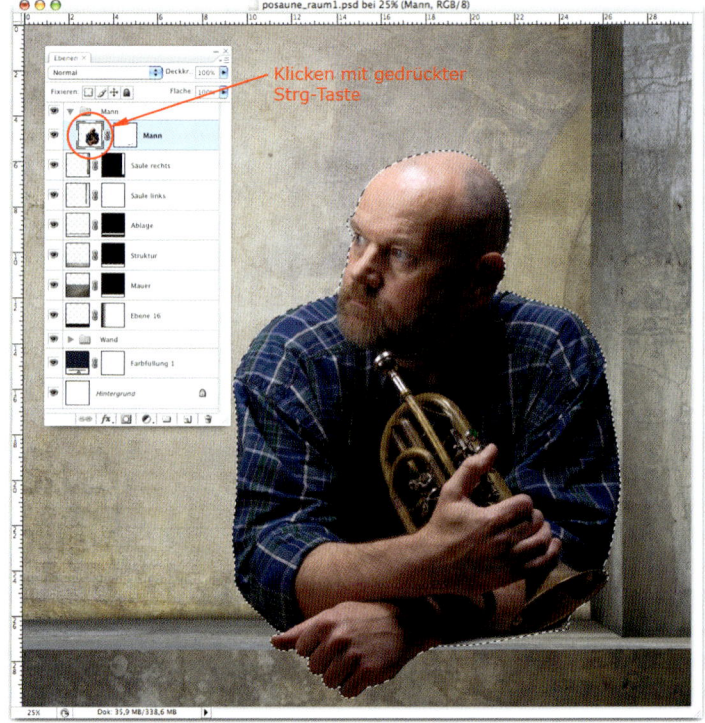

Klicken mit gedrückter Strg-Taste

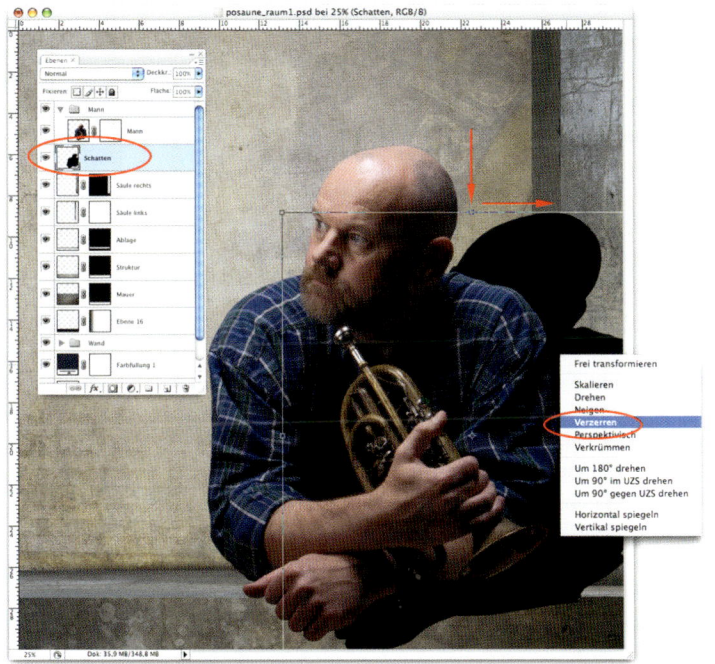

3

Die soeben erstellte schwarze Fläche können Sie in eine dem Lichteinfall entgegengesetzte Richtung transformieren.

Aktivieren Sie hierzu mit Strg+T den Transformationsrahmen, wählen Sie mit der rechten Maustaste die Option *Verzerren* und verformen Sie die schwarze Fläche so, wie es in der Abbildung zu erkennen ist.

Reduzieren Sie die Deckkraft der Ebene des Schattens auf ca. 70 %.

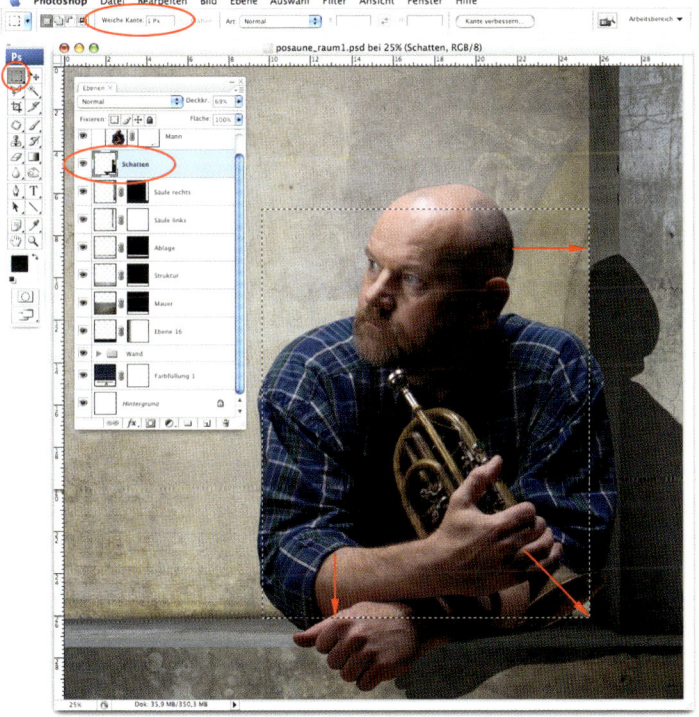

4

Das Licht fällt so auf die Person, dass der Schlagschatten nur unten rechts zu sehen ist und nicht auf der Mauer im Hintergrund.

Deshalb sollte die schwarze Fläche in diesem Bereich ausgeschnitten werden. Wählen Sie das Auswahlrechteck-Werkzeug ([M]) mit der Option *Weiche Kante 1 Px* und positionieren Sie das Rechteck so, dass Sie genau die linke Kante der Säule und die obere Kante der Ablage treffen.

Mit Strg+X schneiden Sie den ausgewählten Bereich auf der Ebene *Schatten* aus.

5

Unter den Händen und Unterarmen der Person können Sie zusätzliche Schatten – sogenannte Kernschatten – hinzufügen. Diese sind weicher als der Schlagschatten, den Sie gerade erstellt haben.

Erzeugen Sie in der *Ebenen*-Palette über der Ebene des Schlagschattens eine neue leere Ebene. Malen Sie auf dieser Ebene den Schatten mit dem Pinsel-Werkzeug (B).

Verwenden Sie dazu eine große weiche Pinselspitze (ca. 100–200 Pixel, Härte = 0). Die Intensität des Kernschattens können Sie anschließend mit dem Regler *Deckkraft* bestimmen.

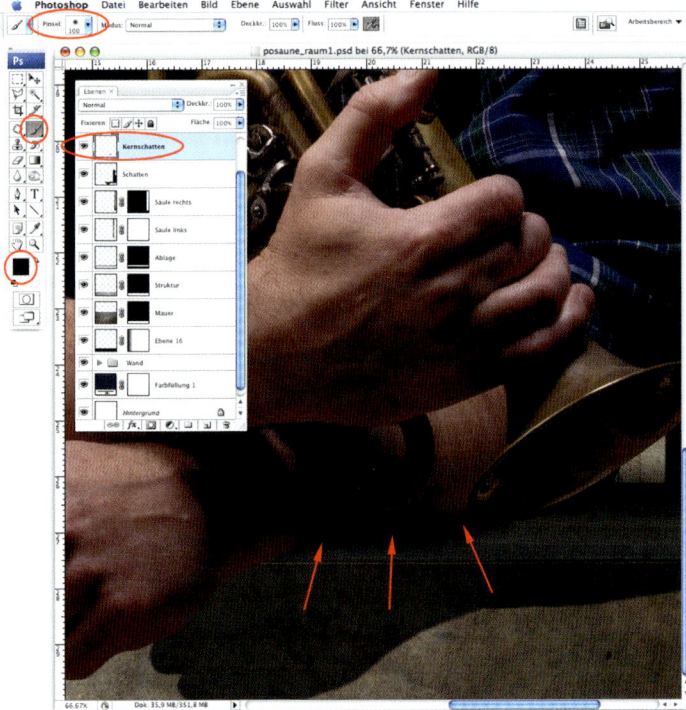

6

Nicht nur mit den schwarzen Formen auf einer neuen Ebene können Schatten erstellt werden. Sie können die Schattierungen genauso gut mithilfe von Einstellungsebenen erzeugen. Erstellen Sie hierzu eine neue Einstellungsebene *Tonwertkorrektur* unter der Ebene der Figur des Mannes. Bewegen Sie den mittleren Regler im Bereich *Tonwertspreizung* weit nach rechts, sodass darunterliegende Ebenen stark abgedunkelt werden. Füllen Sie die Maske der Einstellungsebene mit schwarzer Farbe, damit die Wirkung der Einstellungsebene vorübergehend nicht unsichtbar wird. Wählen Sie dann das Pinsel-Werkzeug (B) mit einer großen weichen Spitze und malen Sie den Schatten unter den Armen und an der Säule hinter dem Oberarm.

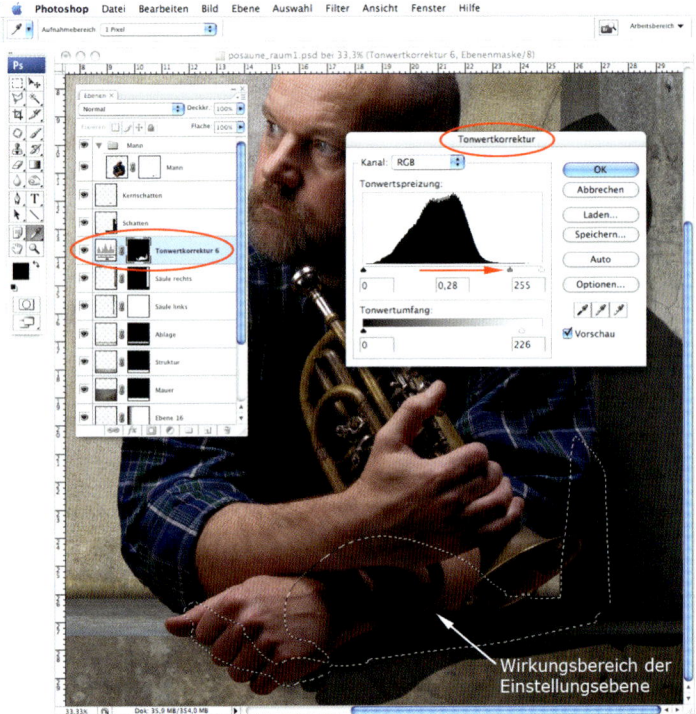

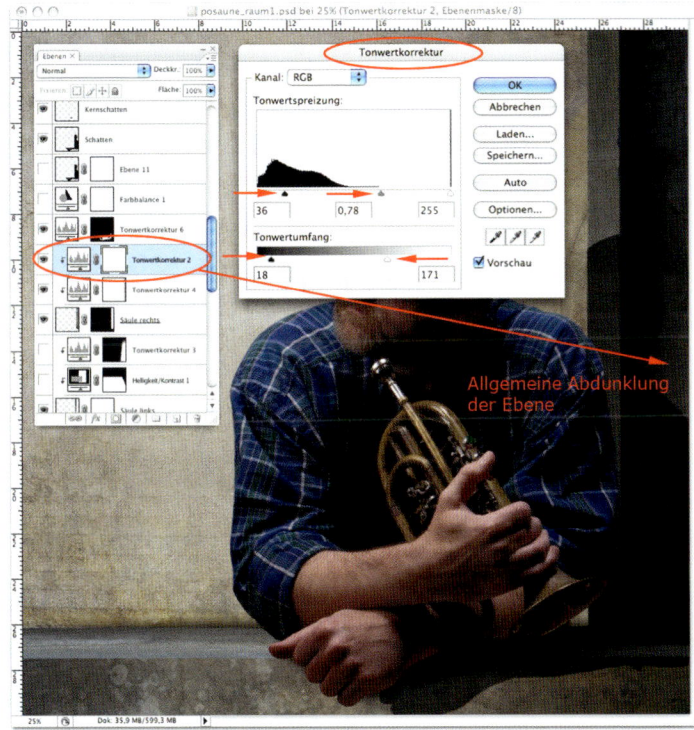

Entsprechend der erzeugten Schatten sollte auch der Hintergrund teilweise abgedunkelt werden.

Die Abdunklung erreichen Sie ebenfalls durch die Anwendung der *Tonwertkorrektur*-Einstellungsebenen mit Schnittmaske auf die entsprechende strukturierte Fläche.

Mithilfe von Maskierungsverläufen erreichen Sie angenehm wirkende Schattierungen.

Durch diese Bearbeitung wirkt die Kulisse räumlich, nahezu dreidimensional.

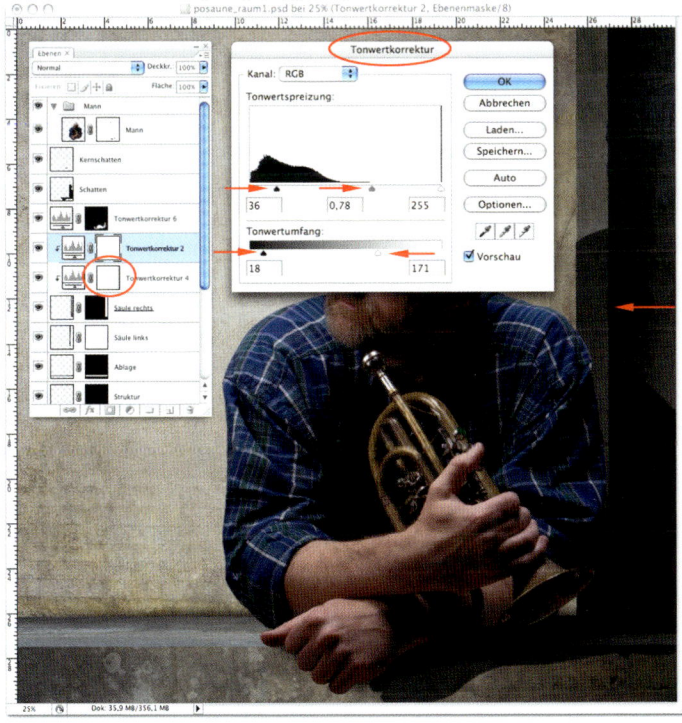

Falls die Kontraste der Strukturen an einigen Stellen zu intensiv sind, können Sie diese jederzeit reduzieren, indem Sie im Dialog *Tonwertkorrektur* im Bereich *Tonwertumfang* die schwarzen und weißen Regler Richtung Mitte bewegen.

Die Kontraste der entsprechenden Pixelebene werden dadurch abgeschwächt.

8

Die Pixelebene und die dazugehörigen Einstellungsebenen können wieder in Ebenengruppen zusammengefügt werden.

Benennen Sie die Ebenengruppen so, dass Sie sofort erkennen können, um welche Strukturfläche es geht, und Sie so bei Bedarf Einstellungen schnell verändern können.

So kommen einige Ebenengruppen zustande. Es ist natürlich schwierig, sich in den vielen Ebenen zurechtzufinden. Deshalb sollen die Ebenengruppen für mehr Übersicht sorgen.

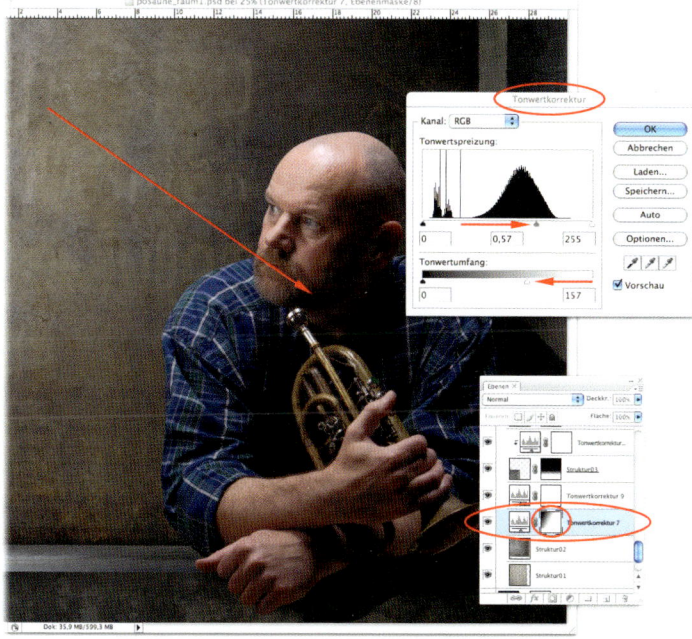

Nachdem die Konstruktion der Säule und der Ablage samt Einstellungsebenen und Ebenengruppen feststeht, können Sie die Wand im Hintergrund dem Rest des Bildes anpassen. Erstellen Sie über den Ebenen, die für die Gestaltung der Mauer verwendet wurden, eine Einstellungsebene *Tonwertkorrektur*. Bewegen Sie den mittleren Regler im Bereich *Tonwertspreizung* nach rechts, sodass die Pixelebenen stark abgedunkelt werden. Außerdem reduzieren Sie jetzt die Kontraste in den dunklen Bereichen. Bewegen Sie dazu den rechten (weißen) Regler im Bereich *Tonwertumfang* nach links und bestätigen Sie die Eingaben. Wählen Sie anschließend das Verlaufswerkzeug ([G]) und maskieren Sie die Einstellungsebene mit einem Verlauf in die Richtung, die mit dem Pfeil in dem Screenshot angezeigt wird.

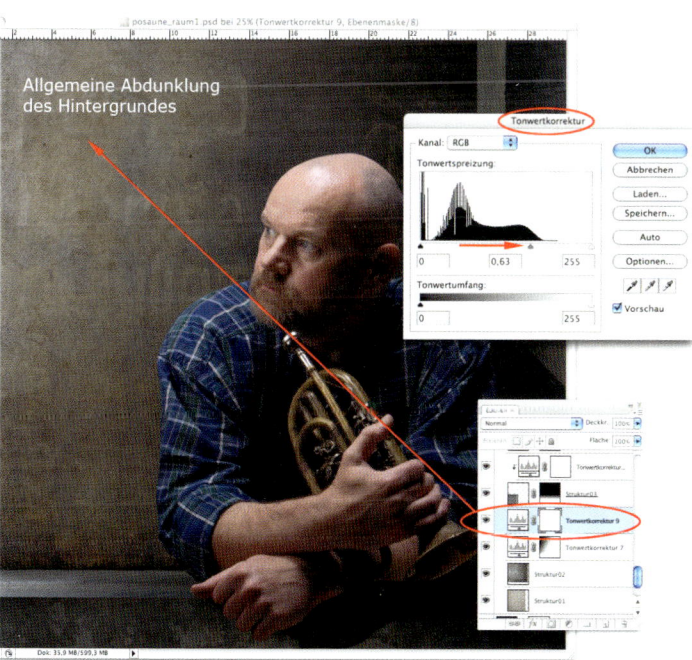

Falls erforderlich können Sie die allgemeine Helligkeit des Hintergrunds (Wand) mithilfe einer zusätzlichen Einstellungsebene weiter reduzieren. Hierfür kommen folgende Einstellungsebenen infrage: *Tonwertkorrektur, Helligkeit/Kontrast, Gradationskurven.*

Mehr Spannung durch Farbveränderung des Hintergrunds

Sie können die Wirkung des Bildes stark verändern, wenn Sie eine allgemeine Einfärbung des Hintergrunds durchführen. Warum sollten Sie das tun? Analysieren Sie das Bild. Der Hintergrund wurde aus Strukturen zusammengestellt, die eine warme Tönung haben – etwa wie Sandstein. Diese Tönung passt zwar zum Gesicht des Mannes, bildet aber einen starken Farbkontrast zu seinem blauen Hemd. Das ist der Punkt, warum Sie über die Umfärbung des Hintergrunds nachdenken sollten. Falls Sie schon mal in einer Gemäldegalerie waren, ist Ihnen bestimmt aufgefallen, dass alte Meister auf irgendeine unerklärliche Weise eine angenehm wirkende Farbharmonie in ihre Gemälde gezaubert haben. Zwar gab es damals noch kein Photoshop, aber die Künstler wussten, dass die Anpassung der Farbe des Raums an die Farbrichtung der Kleidung der porträtierten Personen eine entscheidende Rolle spielt. Sie werden nichts Neues erfinden und folgen nur den Techniken der alten Porträtmaler – nur mit anderen, modernen technischen Mitteln. Zum Einfärben des Hintergrunds benötigen Sie eine Einstellungsebene *Farbbalance*, die Sie über allen Ebenen, die für die Gestaltung des Raums zuständig sind, platzieren. Im Dialogfenster *Farbbalance* können Sie die Werte für *Cyan* und *Blau* verstärken, um dem Bild eine leichte bläuliche Tönung zu verleihen. Arbeiten Sie zuerst im Bereich *Mitteltöne*. Sollte das noch nicht ausreichen, versuchen Sie, die gleichen Farbrichtungen auch in den Bereichen *Tiefen* und *Lichter* zu verändern.

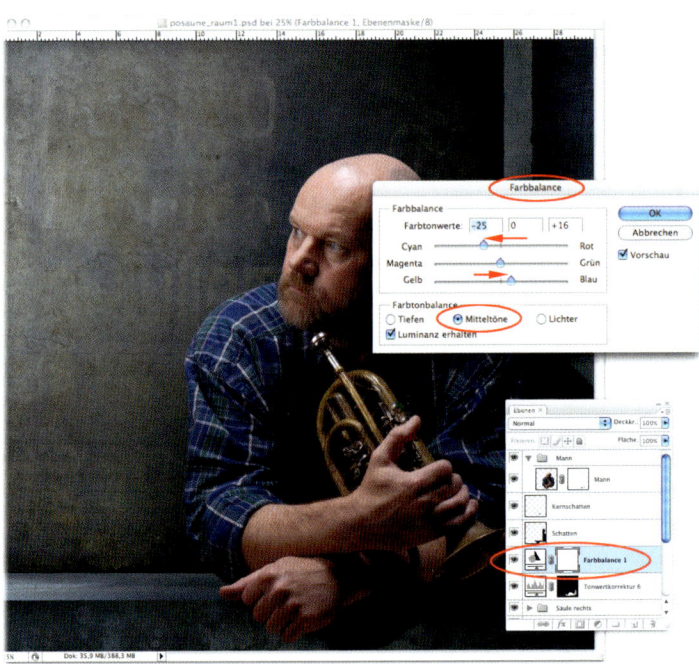

Tipps zum Verstärken der Aussage eines Porträts

1

Meist wird die Sättigung der Bilder, die aus der Kamera kommen, unterschätzt. Auch

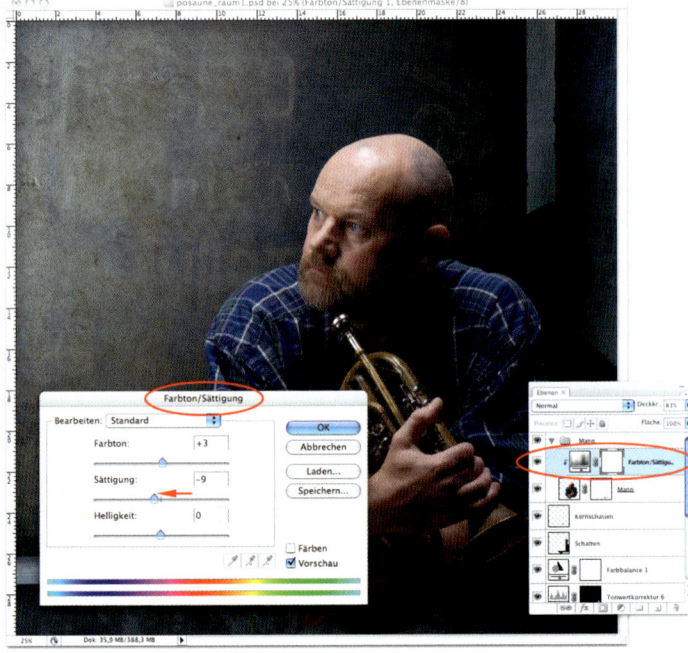

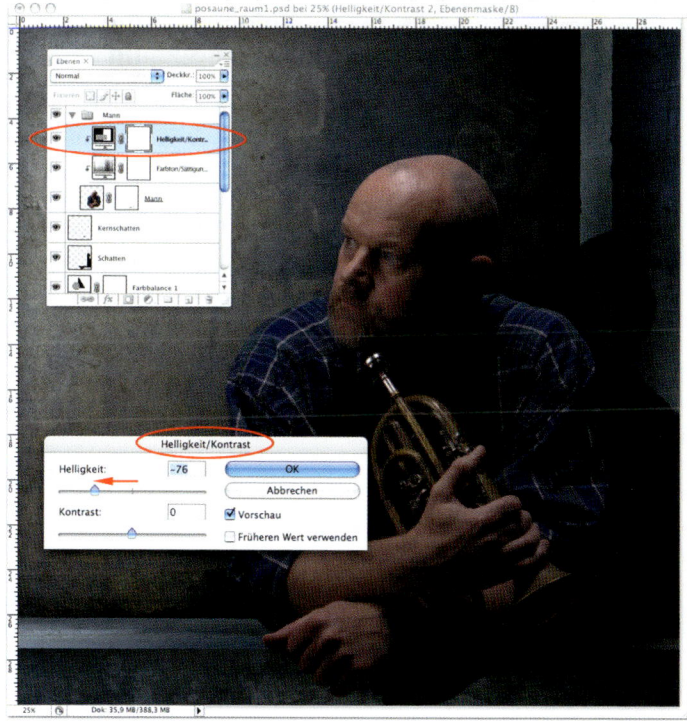

wenn Sie die Sättigung beim Entwickeln von RAW-Bildern selbst bestimmen können, ist es schwer, sofort die richtige Sättigung festzulegen. Reduzieren Sie daher die Sättigung des Porträts mithilfe der Einstellungsebene *Farbton/Sättigung* mit Schnittmaske.

2

Damit freigestellte Personen innerhalb eines Composings plastischer wirken, ist es ratsam, die Ränder der freigestellten Figur etwas abzudunkeln. Sie können das entweder „schmerzhaft" für die Pixel mit dem Nachbelichter-Werkzeug (O) erledigen oder Sie führen die Nachbelichtung mithilfe der maskierten Einstellungsebenen durch. Erstellen Sie über der Ebene des Mannes eine Einstellungsebene *Helligkeit/Kontrast* mit Schnittmaske. Im Dialogfenster *Helligkeit/Kontrast* reduzieren Sie nun den Regler *Helligkeit* stark, bis auf einen Wert von ca. –70. Der Wert für *Kontrast* kann zuerst einmal so bleiben.

3

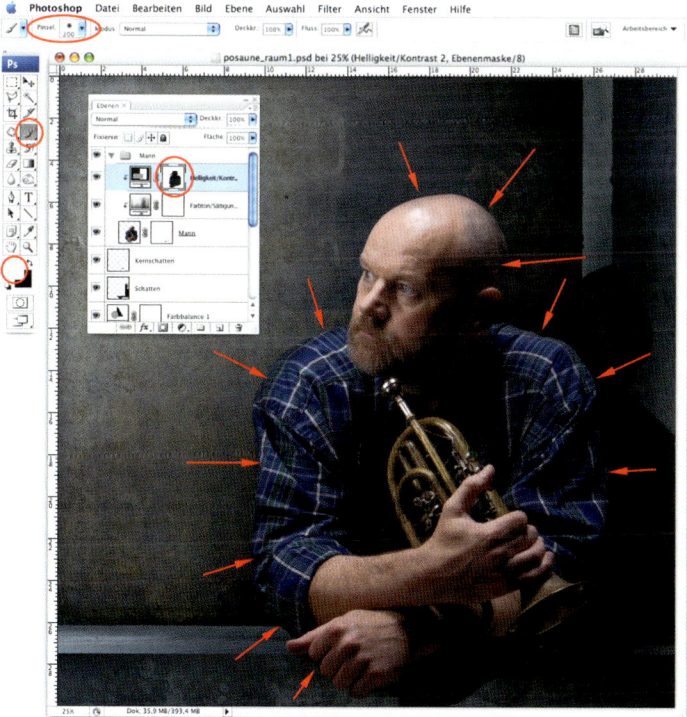

Füllen Sie jetzt die Maske der Einstellungsebene *Helligkeit/Kontrast* mit schwarzer Farbe, die Wirkung der Einstellungsebene wird dadurch aufgehoben. Wählen Sie das Pinsel-Werkzeug (B) mit einer großen (ca. 200 Pixel) und weichen Werkzeugspitze.

Bearbeiten Sie, wo es erforderlich ist, die Kanten der Ebene mit dem Pinsel und blenden Sie dort die Einstellungsebene *Helligkeit/Kontrast* wieder ein. Die Figur des Mannes wirkt nach dieser Bearbeitung nicht mehr wie „ausgeschnitten".

4

Um die plastische Wirkung noch mehr zu verdeutlichen, können Sie die Figur des Mannes rechts (im Schattenbereich) noch etwas abdunkeln.

Beachten Sie dabei die echten Schatten und verstärken Sie diese. Erstellen Sie über der Einstellungsebene *Helligkeit/Kontrast* eine weitere *Tonwertkorrektur*-Einstellungsebene mit Schnittmaske.

Mit dem mittleren Regler des Bereichs *Tonwertspreizung* dunkeln Sie jetzt die Figur ab, und durch Bewegen des weißen Reglers im Bereich *Tonwertumfang* nach links reduzieren Sie die Kontraste. Die weitere Vorgehensweise ist Ihnen schon vertraut. Maskieren Sie die Einstellungsebene zuerst komplett mit schwarzer Farbe und demaskieren Sie mit dem Pinsel und weißer Farbe die gezeigten Bereiche.

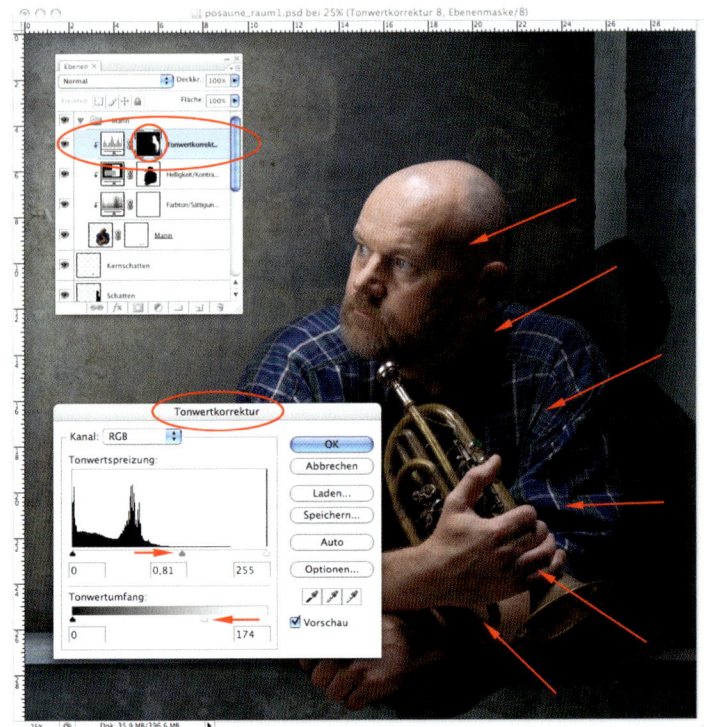

5

Im Gegensatz zur ganzen Figur können einige Details des Bildes in der Sättigung allerdings noch etwas verstärkt werden, zum Beispiel die Perlmuttknöpfe auf der Posaune. Erstellen Sie zuerst eine großzügige Auswahl der Knöpfe mit dem Lasso-Werkzeug ([L]) – damit reduzieren Sie schon mal die Fläche für die Wirkung der Einstellungsebene auf das Wesentliche.

Erstellen Sie dann eine neue Einstellungsebene *Farbton/Sättigung* mit Schnittmaske. Verstärken Sie die Sättigung der ausgewählten Bereiche (die Auswahl wird als Maske der Einstellungsebene übernommen). Da

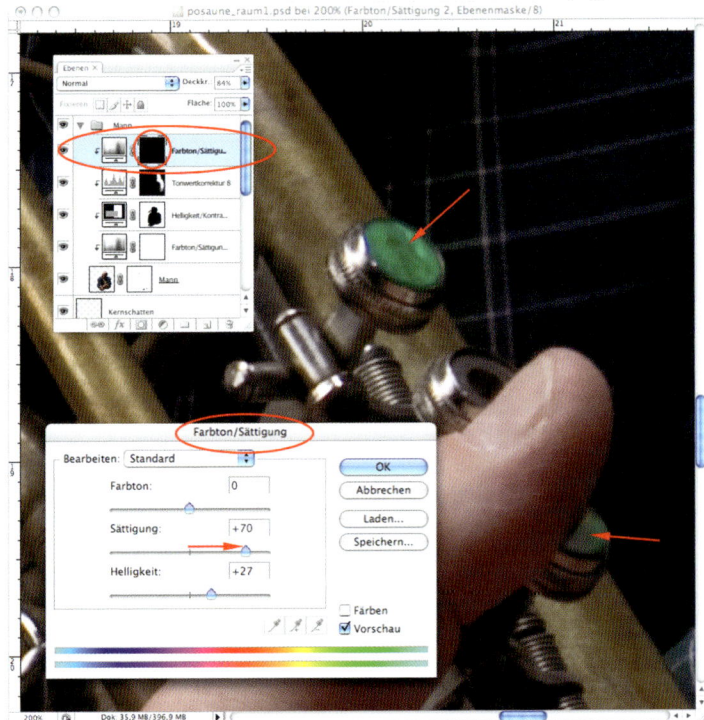

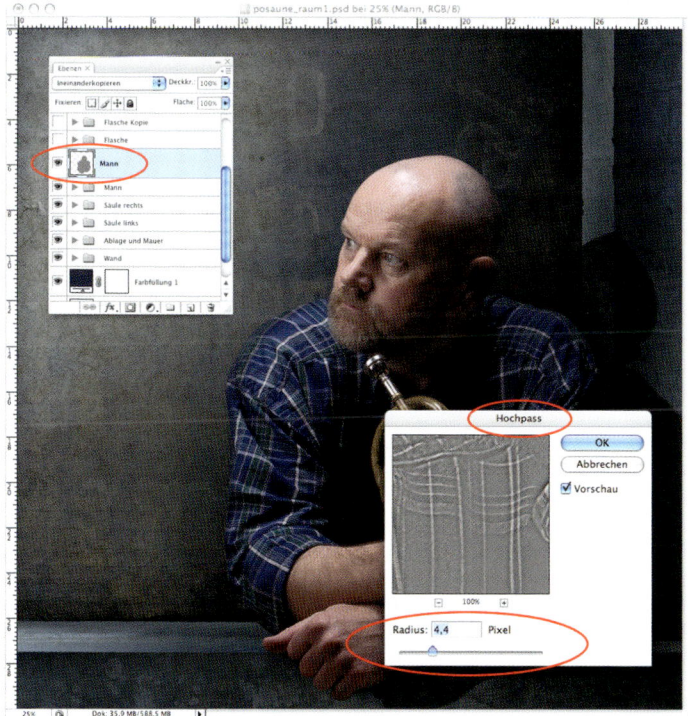

Sie die Knöpfe großzügig ausgewählt haben, sollten Sie die Maske mit einem kleinen Pinsel so anpassen, dass ausschließlich die Knöpfe von der Wirkung der Einstellungsebene betroffen sind.

6

Sinnvoll bei Porträtcollagen ist vor allem die Verstärkung der Schärfe der dargestellten Person. Zum Nachschärfen können Sie folgende Methode verwenden: Die Ebenengruppe *Mann* können Sie duplizieren. Anschließend reduzieren Sie die Kopie der Gruppe auf eine Ebene.

Klicken Sie mit der rechten Maustaste die Ebenengruppe an und wählen Sie *Gruppe zusammenfügen*. Auf der entstandenen Ebene können Sie *Filter/Sonstige Filter/Hochpass* anwenden.

Nehmen Sie einen Radius von ca. 4–5 Pixeln und ändern Sie die Ebenenfüllmethode für diese Ebene auf *Ineinanderkopieren*. Die Figur wird dadurch etwas schärfer dargestellt.

7

Sehr interessant wirken transparente Gegenstände wie Gläser, Flaschen und Vasen in Porträtcollagen.

Stellen Sie eine Flasche frei und integrieren Sie diese in die Collage. Wie transparente Gegenstände freigestellt werden, haben Sie bereits in Kapitel 3 erfahren.

8

Auch die freigestellte Flasche können Sie noch nachschärfen. Verwenden Sie dazu die gleiche Technik wie beim Nachschärfen der Figur des Mannes.

9

Zuletzt wird das Bild noch mit einer Struktur überzogen, die dem Betrachter ein gewisses Leinwand-Feeling vermittelt. Dazu benötigen Sie tatsächlich das Foto einer Leinwand.

Legen Sie die Ebene mit der fotografierten Struktur über alle in der *Ebenen*-Palette enthaltenen Ebenen und wechseln Sie die Ebenenfüllmethode für diese Ebene auf *Weiches Licht*. Sollte durch diese Ebene eine gelbliche Einfärbung des Bildes stattfinden, können Sie Folgendes dagegen unternehmen: Erstellen Sie über der Ebene mit der Leinwandstruktur eine Einstellungsebene *Schwarzweiß* mit Schnittmaske. Durch den Wegfall der Farbe bleibt nun lediglich die Struktur der Ebene erhalten, die auf die Collage projiziert werden soll.

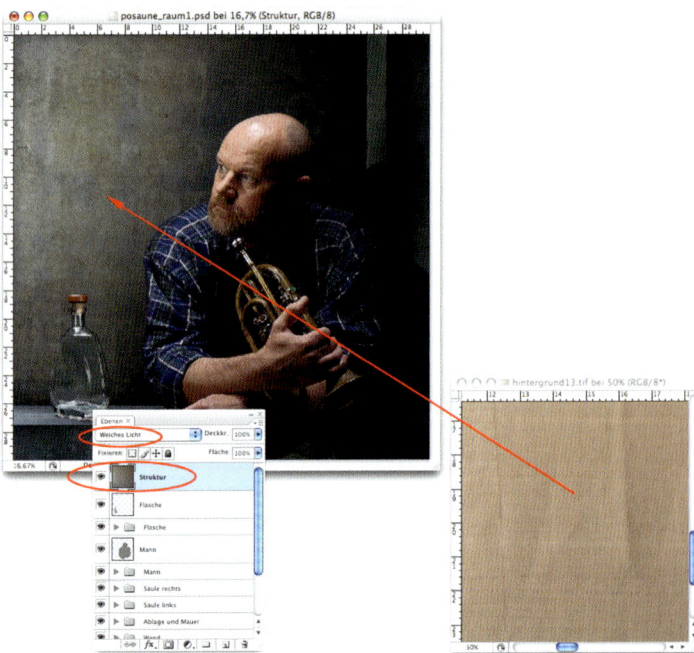

Fotografie, Produktion: Kaplun & Kaplun GbR

5.2 Ungewöhnliche Hintergründe für Porträts

Nicht nur Räume, Strukturhintergründe, Glasflächen und andere „begreifbare" Hintergründe können für ein Porträtcomposing verwendet werden. Probieren Sie einmal etwas absolut Neues aus – zum Beispiel Flüssigkeiten. Mit diesen können Sie eine ganz andere Art von Composing erreichen – und das ohne großen Aufwand.

Zuerst mehrere Aufnahmen von einem Wasserstrudel machen.

Die Ebenen mit den Fotos an eine Linie ausrichten

Die Fotos mit den Wassersäulen mit Hilfe von Einstellungsebenen zuerst entfärben dann andere, passende Farbe zuweisen.

Im Studio ein Foto vom Model machen

Freistellen...

... an den neuen Hintergrund anpassen

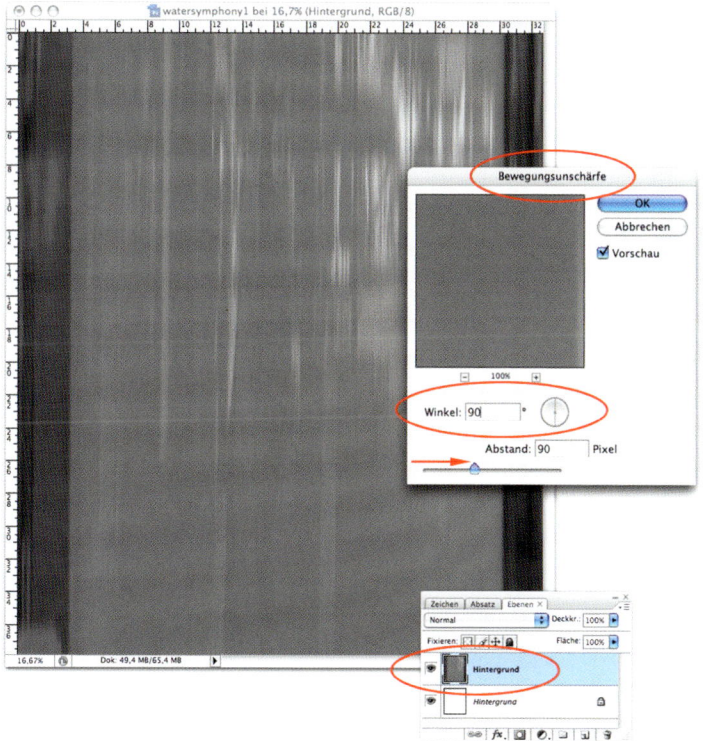

In unserem Beispiel wurden die Fotos des Wasserstrudels in einem zylinderförmigen Aquarium erstellt. Und so geht es weiter:

Den Hintergrund gestalten

1

Für den Basishintergrund wurde eine Glastür fotografiert. Das Bild wurde anschließend mit der Einstellung *Schwarzweiß* entfärbt und die Ebene mit *Filter/Weichzeichnungsfilter/Bewegungsunschärfe* bearbeitet. Im Dialogfenster *Bewegungsunschärfe* stellen Sie hierzu einen Winkel von 90° ein, damit die Weichzeichnung in vertikaler Richtung erfolgt.

Der Abstand sollte so gewählt werden, dass keine Originalstrukturen mehr erkennbar sind. Die Fläche sollte nach der Bearbeitung einem abstrakten Gemälde ähneln. In unserem Beispiel wurden für den Abstand 90 Pixel gewählt.

2

Wenn Sie bereits genau wissen, welche Farbrichtung Ihr Bild nehmen soll, können Sie diese gleich definieren. Hierfür erstellen Sie über dem Bild mit dem Hintergrund eine Einstellungsebene *Farbbalance*.

Bearbeiten Sie zuerst den Bereich *Mitteltöne*. In unserem Beispiel wurden Cyan und Blau verstärkt, um eine angenehme türkisfarbene Tönung zu erzielen. Im Bereich *Tiefen* wurden Cyan und Blau ebenfalls verstärkt.

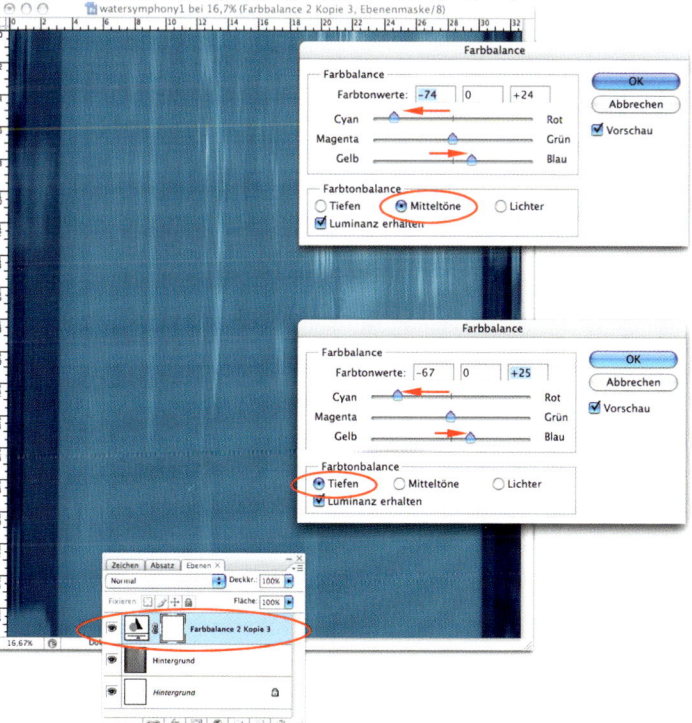

3

Die Beleuchtung des Hintergrunds können Sie bereits ohne das Model anpassen. Das können Sie in zwei Durchgängen machen.

Erstellen Sie zuerst die Füllebene *Volltonfarbe* über der Ebene *Farbbalance*. Wählen Sie im Farbwähler den Farbton, der ungefähr den Farbton des Hintergrunds trifft, ändern Sie die Ebenenfüllmethode auf *Multiplizieren* und maskieren Sie den oberen Teil der Einstellungsebene mit einem Verlauf. Die Richtung des Verlaufs ist in der Abbildung mit dem Pfeil kenntlich gemacht.

Durch diese Veränderung ist die Farbe im unteren Teil des Bildes intensiver und etwas dunkler.

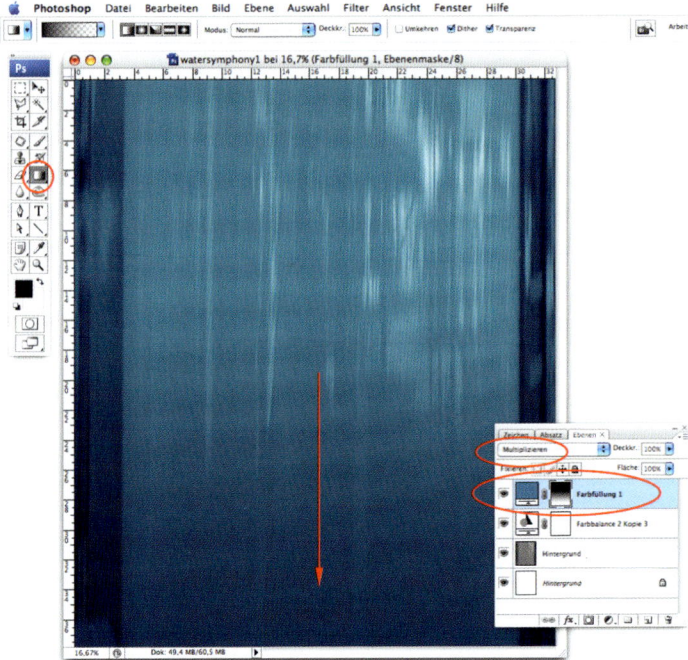

Im zweiten Durchgang dunkeln Sie den unteren Teil des Bildes zusätzlich ab. Verwenden Sie dazu die Einstellungsebene *Tonwertkorrektur* oder *Helligkeit/Kontrast*.

Die Maskierung können Sie entweder von der Füllebene *Volltonfarbe* kopieren oder neu erstellen.

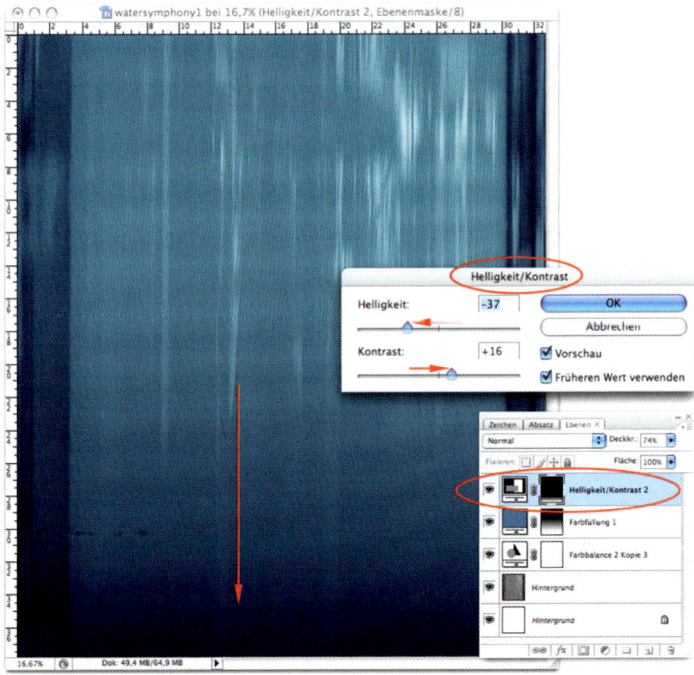

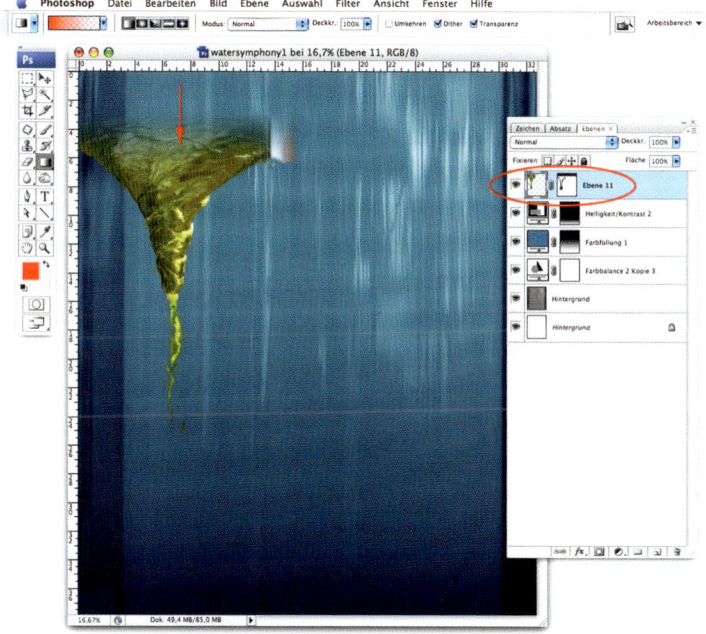

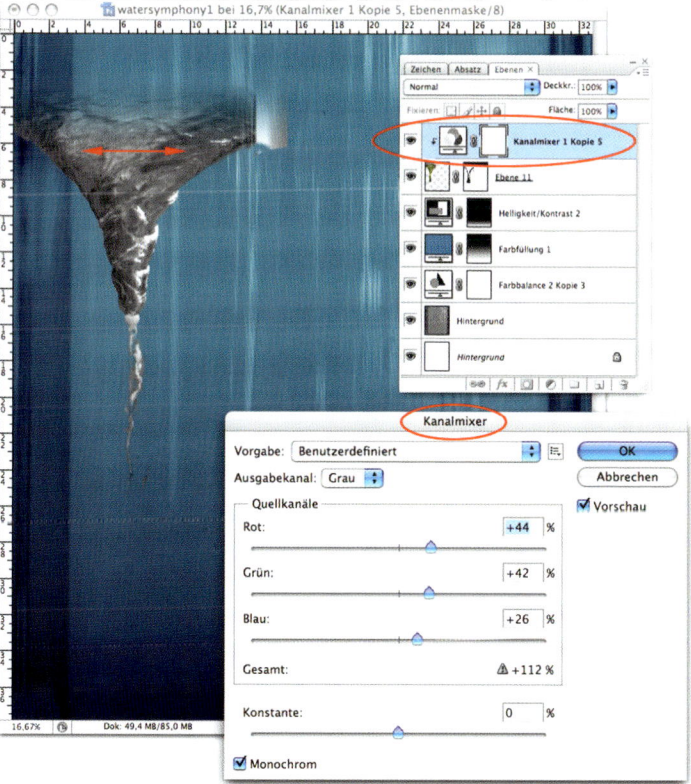

Stellen Sie die Strudel so gut wie möglich frei. Verwenden Sie zum groben Freistellen das Zeichenstift-Werkzeug ([P]).

Feine Details wie die Luftbläschen können Sie auf der Ebenenmaske mit dem Pinsel-Werkzeug ([B]) und passender Werkzeugspitze bearbeiten.

Platzieren Sie den ersten freigestellten Wasserstrudel in der Gestaltungsfläche ungefähr so, wie das in der Abbildung zu sehen ist. Die Kanten können Sie noch mit Maskierungsverläufen glätten.

5

Die Ebene mit dem Strudel sollte zuerst entfärbt werden. Der Grund ist einfach: Wenn Sie die grünlich eingefärbte Ebene mit der Einstellungsebene *Farbbalance* umfärben, würde die grüne Verfärbung stören und Sie träfen nicht den Farbton, der zum Hintergrund passen würde.

Zum Entfärben können Sie entweder die Einstellungsebene *Schwarzweiß* verwenden oder – wenn Sie nicht Photoshop CS3, sondern eine ältere Version haben – Sie können genauso gut mit dem Kanalmixer arbeiten. Im Dialogfenster *Kanalmixer* aktivieren Sie die Option *Monochrom*. Durch die In-Bild-Korrektur können Sie die Helligkeit der Ebene regulieren. Bei älteren Photoshop-Versionen geht das leider nicht, aber mit den Reglern funktioniert es ganz gut. Versuchen Sie, die Helligkeit so einzustellen, dass alle Strukturen gut erkennbar sind und die Ebene nicht zu dunkel ist.

6

Über der Einstellungsebene *Kanalmixer* (oder *Schwarzweiß*, je nachdem, was Sie verwendet haben) erstellen Sie eine Einstellungsebene *Farbbalance* mit Schnittmaske.

Passen Sie im Bereich *Mitteltöne* die Farbrichtung so an, dass diese gut zum Hintergrund passt. Wenn Ihnen das nicht sofort gelingt, können Sie einen Trick anwenden:

Duplizieren Sie die Einstellungsebene *Farbbalance*, die Sie zum Einfärben des Hintergrunds verwendet haben, platzieren Sie die Kopie über der Ebene mit dem Strudel und erstellen Sie mit [Strg]+[Alt]+[G] eine Schnittmaske. Führen Sie dann im Dialog *Farbbalance* die notwendigen Farbanpassungen durch.

Die Ebene des Strudels und die dazugehörigen Einstellungsebenen können Sie wieder in einer Ebenengruppe zusammenfügen.

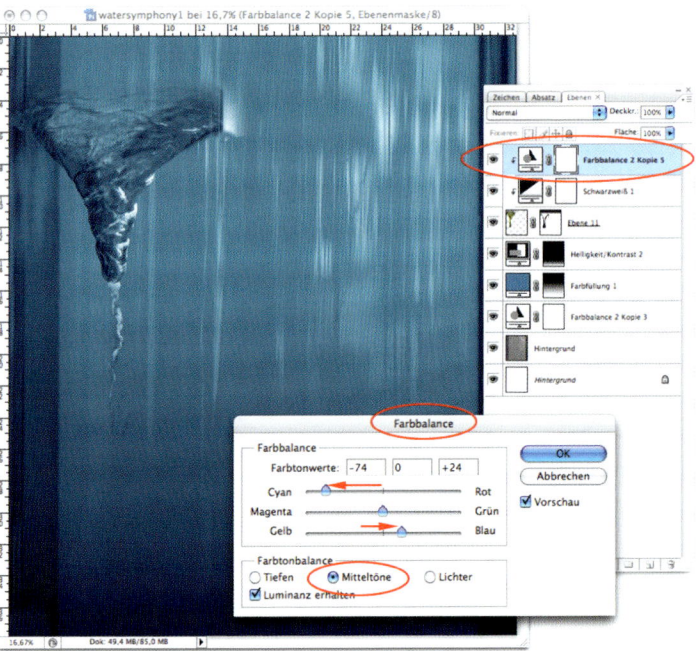

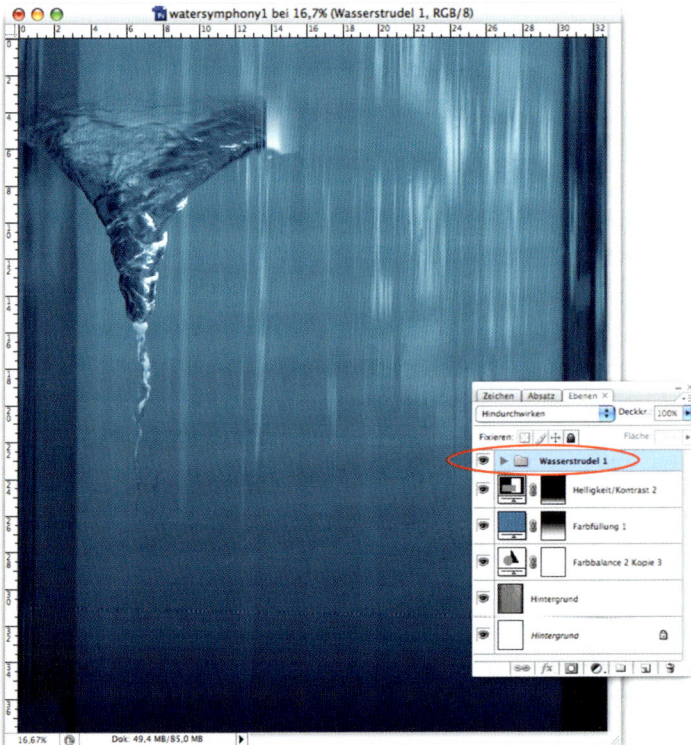

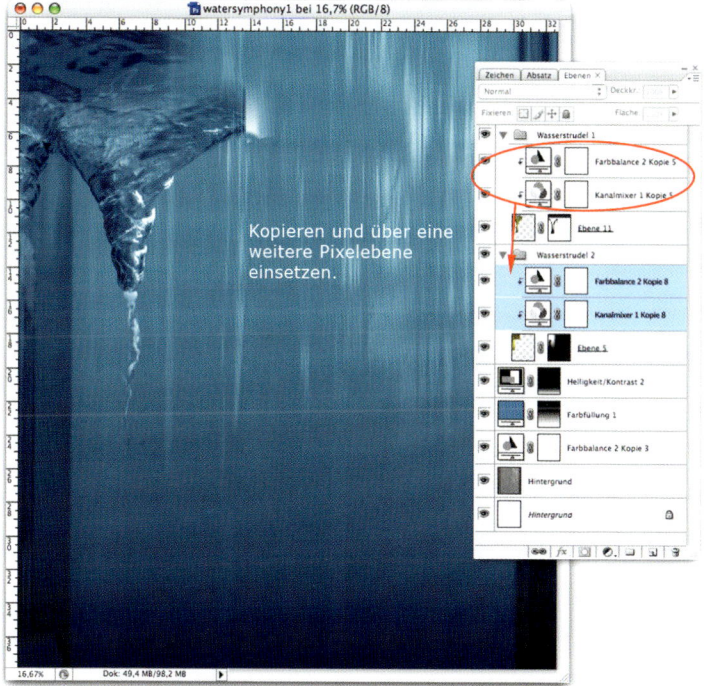

Kopieren und über eine weitere Pixelebene einsetzen.

Fügen Sie der Gestaltung eine weitere Ebene des freigestellten Wasserstrudels hinzu. Am besten erstellen Sie für den nächsten Wasserstrudel ebenfalls wieder eine Ebenengruppe.

Duplizieren Sie die Einstellungsebene aus der Gruppe des ersten Strudels und fügen Sie die Kopien der zweiten Gruppe hinzu.

Die Schnittmasken gehen dadurch zwar verloren, aber diese können Sie mit der Tastenkombination Strg+Alt+G schnell wiederherstellen.

Bei Bedarf können Sie die Korrekturen der einzelnen Einstellungsebenen erneut durchführen.

Genauso verfahren Sie mit den anderen freigestellten Wasserstrudeln. Für jeden Strudel erstellen Sie eine Ebenengruppe und die Einstellungsebenen kopieren Sie dahin.

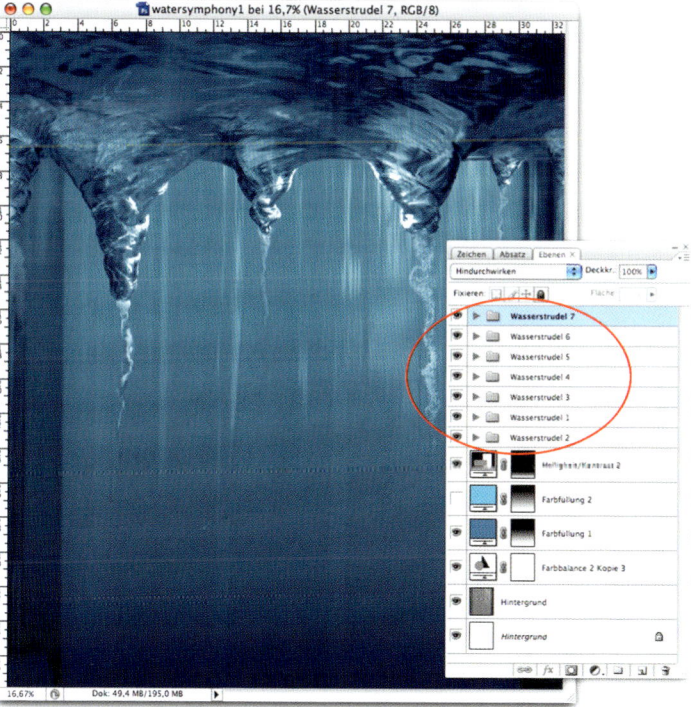

Porträt in die neue Umgebung übertragen

1

Stellen Sie das im Studio fotografierte Model frei. Verwenden Sie dazu die Technik, die im Abschnitt 3.7 beschrieben wurde.

Verschieben Sie alle Ebenen, die bei der Freistellung entstanden sind, in die Gestaltungsfläche Ihrer Collage.

Passen Sie die Größe und den Winkel der Ebenen des Models mit Strg+T entsprechend an.

Das Model sollte in der Gestaltungsfläche ungefähr wie in der Abbildung positioniert werden.

Model: Akira Sun (www.akira-sun.com)

Freistellen durch die Verwendung der geänderten Ebenenfüllmethode

2

Die obere Ebene des freigestellten Models sollte in Bezug auf die Helligkeit dem Hintergrund angepasst werden.

Die Komposition wirkt freundlicher und leuchtender, wenn die Haut des Models etwas heller ist.

Erstellen Sie dafür über der oberen Ebene des Models eine Einstellungsebene *Tonwertkorrektur* mit Schnittmaske.

Bewegen Sie den mittleren Regler nach links, bis Sie die gewünschte Helligkeit der Haut erreicht haben.

3

Außerdem sollte eine selektive Farbanpassung durchgeführt werden. Damit der Eindruck entsteht, dass das Model sich in einer bläulichen Umgebung befindet, können Sie die obere Ebene des Models von unten her leicht bläulich einfärben.

Erstellen Sie eine Einstellungsebene *Farbbalance* mit Schnittmaske. Verstärken Sie die Werte für Cyan und Blau im Bereich *Mitteltöne*.

Damit das Gesicht nicht bläulich eingefärbt wird, maskieren Sie den oberen Teil der Einstellungsebene.

4

Auch die Ebenen mit dem freigestellten Model sowie die dazugehörigen Ebenen können Sie in einer Ebenengruppe vereinigen.

5

Damit die Gestaltung mehr Tiefe bekommt, können Sie den oberen Bereich des Bildes leicht abdunkeln. Verwenden Sie dazu die Einstellungsebene *Tonwertkorrektur*.

Im Dialogfenster *Tonwertkorrektur* bewegen Sie den mittleren Regler nach rechts, sodass das Bild wesentlich dunkler wird.

Maskieren Sie die Einstellungsebene danach mit einem Verlauf, sodass nur der obere Teil des Bildes dunkler wird.

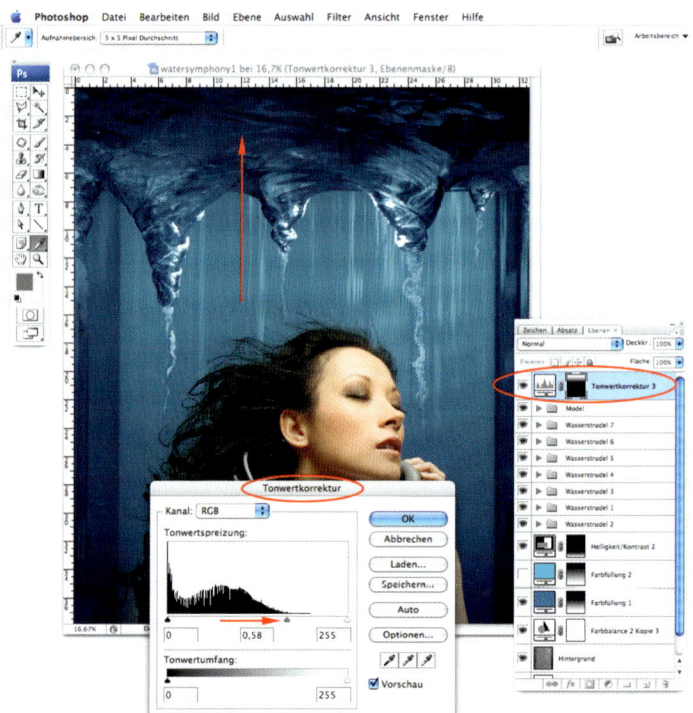

Nachschärfen des Bildes zum Drucken

1

Wenn Sie mit der Gestaltung fertig sind und das Bild ausdrucken möchten, können Sie Folgendes tun: Erstellen Sie zuerst eine Ebene, in der alle Ebenen der Collage auf eine Ebene reduziert sind.

Das können Sie mit der Tastenkombination [Strg]+[Alt]+[Umschalt]+[E] machen. Die Ebene mit der Kopie des Bildes erscheint in der *Ebenen*-Palette oben.

2

Die so entstandene Ebene wird nachgeschärft. Es ist sinnvoll, vorher die Ebene in ein Smart Objekt zu konvertieren, damit Sie die Filtereinstellungen jederzeit verändern bzw. korrigieren können.

Klicken Sie hierzu mit der rechten Maustaste auf die Ebene und wählen Sie die Option *In Smart Objekt konvertieren*.

3

Zum Nachschärfen können Sie jetzt einen Scharfzeichnungsfilter Ihrer Wahl verwenden. Oder Sie wählen das Nachschärfen mit dem Hochpass-Filter und geänderter Ebenenfüllmethode.

In diesem Fall wählen Sie *Filter/Sonstige Filter/Hochpass* und stellen im Dialogfenster *Hochpass* einen Radius von vorerst 3 Pixeln ein. (Da Sie den Hochpass-Filter als Smartfilter verwenden, können Sie den Radius jederzeit vergrößern oder verkleinern.)

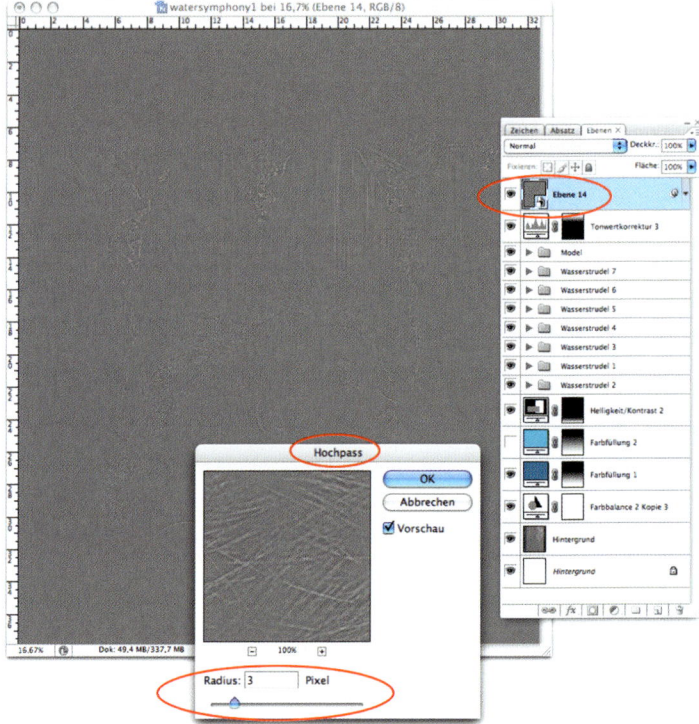

4

Ändern Sie anschließend die Ebenenfüllmethode für die Ebene mit dem Hochpass-Filter auf *Ineinanderkopieren*.

Vergrößern Sie die Ansicht des Bildes auf 100 % und kontrollieren Sie die Schärfe. Wenn Sie mit der Schärfe zufrieden sind, können Sie das Bild in Druck geben.

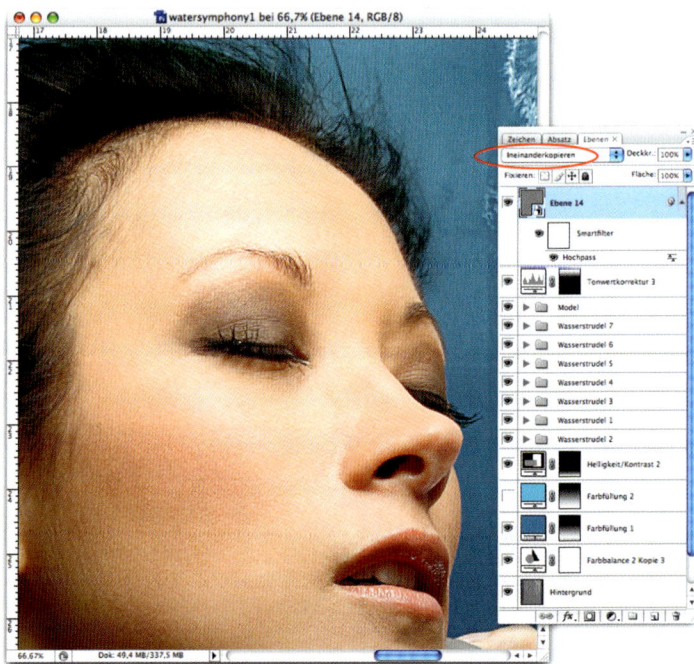

Foto, Produktion: Kaplun & Kaplun GbR, Model: Akira Sun (www.akira-sun.com)

6

Landschafts- und Architekturcomposings

Diese Art von Composings bedeutet nicht automatisch künstlich generierte 3-D-Kulissen. Sie können mit Erfolg Kompositionen anhand eines Fotos gestalten. Ein paar Zusatzelemente, etwas Anpassung der Farbe und des Lichts – oft lassen sich mit wenigen Mitteln beeindruckende Collagen erstellen. Lernen Sie in diesem Kapitel, wie Sie durch den gezielten Einsatz von Einstellungsebenen, Masken und Standard-Photoshop-Werkzeugen interessante Outdoor-Kompositionen kreieren.

6.1 Eine surreale Komposition in einer idealen Landschaft

Wenn Sie einmal in der Sandwüste waren, waren Sie bestimmt schwer beeindruckt von der monotonen und gleichzeitig faszinierenden Stimmung. Die Landschaft hat etwas Unwirkliches, fast Fremdartiges. Genau das benötigen Sie für ein Surrealcomposing. Das Schöne dabei ist: Sie müssen nicht viel verändern. Machen Sie ein passendes Foto, und mit der Gestaltung kann begonnen werden.

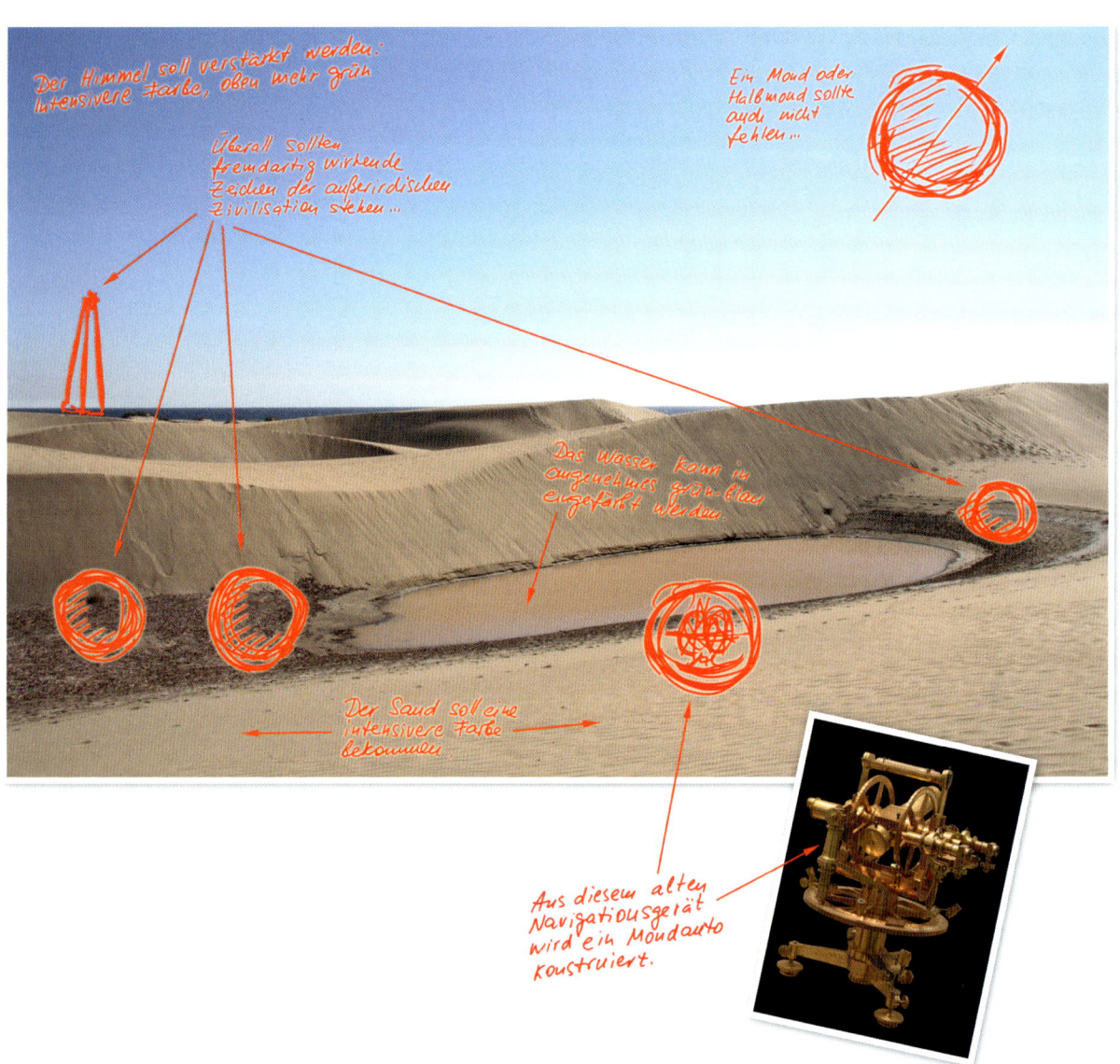

Skizzieren Sie zuerst Ihre Gedanken, vielleicht können Sie noch den einen oder anderen Gegenstand in die Gestaltung integrieren. In unserem Beispiel wird ein altes Navigationsgerät in ein Mond- oder Marsmobil verwandelt. Sie werden staunen, wie einfach das geht.

Farben und Licht der Landschaft anpassen

1

Die Wüstenlandschaft wurde auf Gran Canaria aufgenommen. Im Grunde ist dies keine Wüste, sondern lediglich eine Dünenlandschaft. Das spielt für das Vorhaben indessen keine Rolle.

Auf dem Foto mit der Skizze haben Sie gesehen, dass die Aufnahme ziemlich blass aussieht – das sollte erst einmal geändert werden. Optimieren Sie daher zuerst die Sandfläche. Dazu benötigen Sie eine genaue Auswahl des Sandes.

Erstellen Sie diese Auswahl mit dem Lasso-Werkzeug ([L]) und der Option *Der Auswahl hinzufügen*. Die Auswahl werden Sie als Maske bei der Einstellungsebene *Tonwertkorrektur* brauchen. Im Dialogfenster *Tonwertkorrektur* verstärken Sie die Kontraste der Sandfläche, indem Sie den linken Regler nach rechts, den rechten nach links und den mittleren leicht nach rechts bewegen. Der Himmel bleibt wegen der Maskierung unverändert.

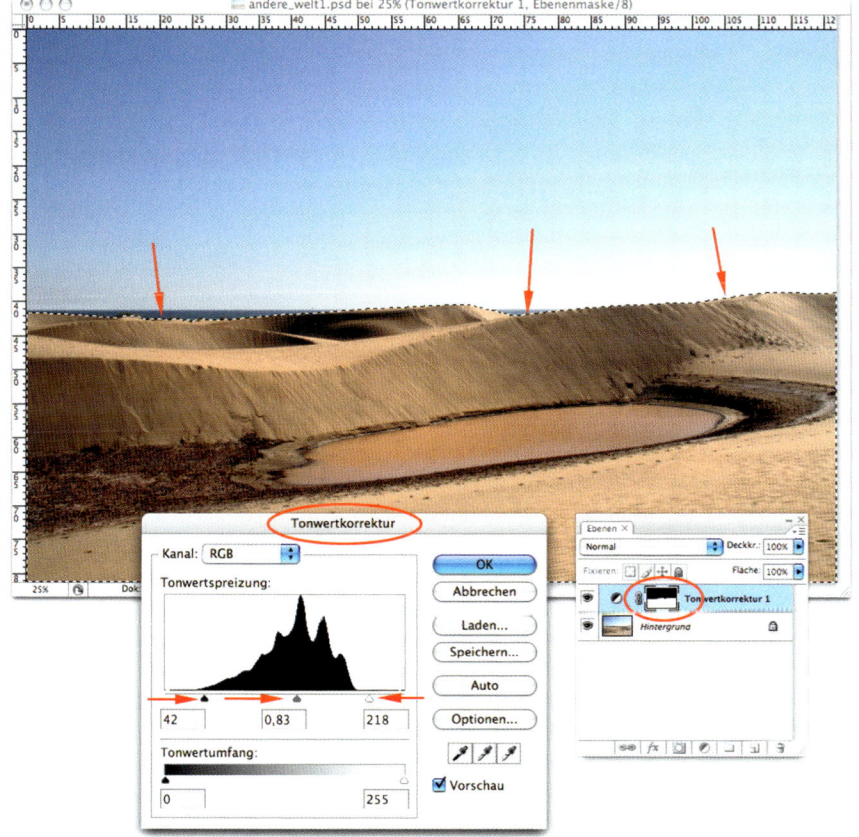

2

Die gleiche Maske können Sie nutzen, um die Farbe des Sandes kräftiger zu gestalten.

Halten Sie die [Strg]-Taste gedrückt und klicken Sie auf die Maske der Einstellungsebene *Tonwertkorrektur*, die als Auswahl geladen wird.

Erstellen Sie jetzt die Einstellungsebene *Farbton/Sättigung* und verstärken Sie im entsprechenden Dialog die Sättigung auf ca. +20 bis +25.

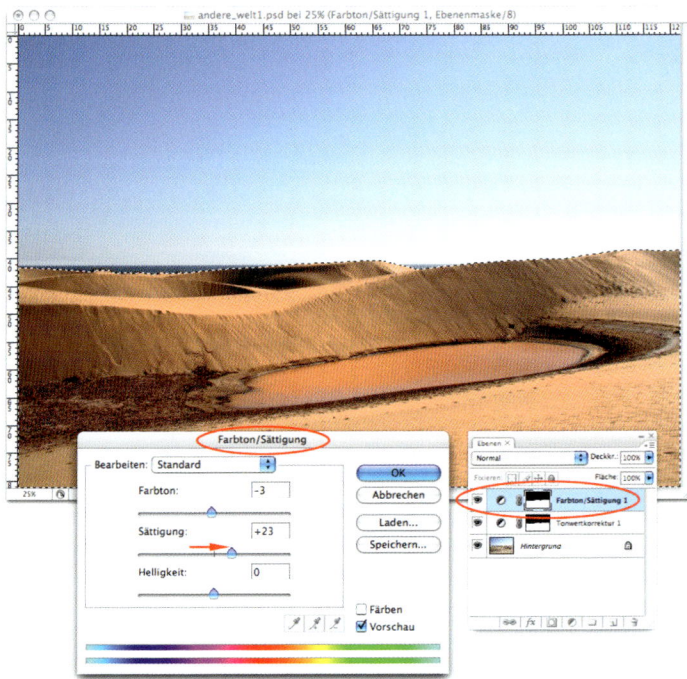

3

Die Wasserfläche mitten in der Wüste hat eine unspektakuläre braune Farbe – auch ein Fall für die Farbkorrektur. Wählen Sie die Wasserfläche mit dem Lasso-Werkzeug ([L]) aus.

Die Wasserfläche sollte bläulich eingefärbt werden. Damit keine Farbverfremdungen auftreten, wird die Fläche zuerst entfärbt. Wählen Sie die Einstellungsebene *Schwarzweiß* und passen Sie die Helligkeit der Wasserfläche mit der In-Bild-Korrektur an.

Wenn Sie die Pipette auf der Wasserfläche nach links bewegen, wird diese dunkler und nach rechts heller. Die schwarz-weiße Fläche kann jetzt problemlos in jeden beliebigen Farbton umgefärbt werden.

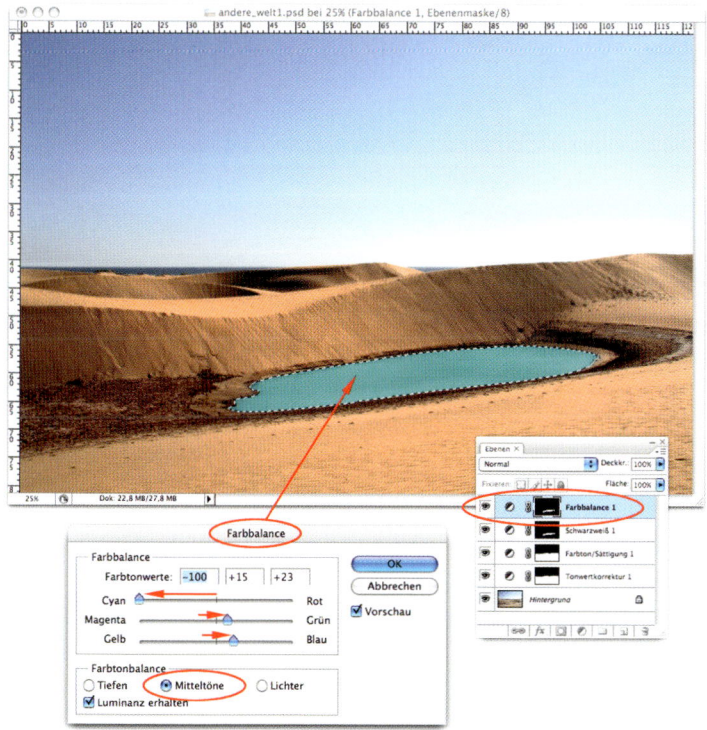

4

Laden Sie die Maske der Einstellungsebene als Auswahl. Erstellen Sie eine weitere Einstellungsebene *Farbbalance*.

Im Dialog *Farbbalance* im Bereich *Mitteltöne* verstärken Sie die Werte für Cyan und Blau, wie es in der Abbildung zu erkennen ist.

5

Die Farbe des Himmels können Sie ebenfalls verfremden. Dazu können Sie einen Farbverlauf verwenden. Erstellen Sie ganz oben in der *Ebenen*-Palette eine leere Ebene. Wählen Sie eine Vordergrundfarbe, die ähnlich wie die Farbe der Wasserfläche ist, nur dunkler.

Wählen Sie das Verlaufswerkzeug ([G]) mit den Optionen: Linearer Verlauf, Vordergrund-Transparent. Ziehen Sie auf der neuen Ebene einen Verlauf wie in dem Screenshot gezeigt. Halten Sie beim Ziehen des Verlaufs die [Umschalt]-Taste gedrückt, damit der Verlauf nicht schief wird. Ändern Sie dann die Ebenenfüllmethode auf *Multiplizieren*.

Schon der erste Vergleich zeigt starke Farb-veränderungen. Die unwirkliche Gegend wirkt jetzt noch fremdartiger.

6

Wenn Sie die Anpassung der Landschaft be-endet haben, können Sie alle Ebenen, die Sie bereits erstellt haben, in einer Ebenen-gruppe zusammenfügen. Auch später ent-standene Ebenen sollten Sie thematisch in Ebenengruppen zusammenfügen.

Neue Elemente in die Gestaltung einfügen

1

Beginnen Sie mit der Gestaltung des Mondes im Himmel.

Wählen Sie zunächst das Auswahl-Ellipse-Werkzeug ([M]) und nehmen Sie bei gedrückter [Umschalt]-Taste eine runde Auswahl vor (s. Screenshot).

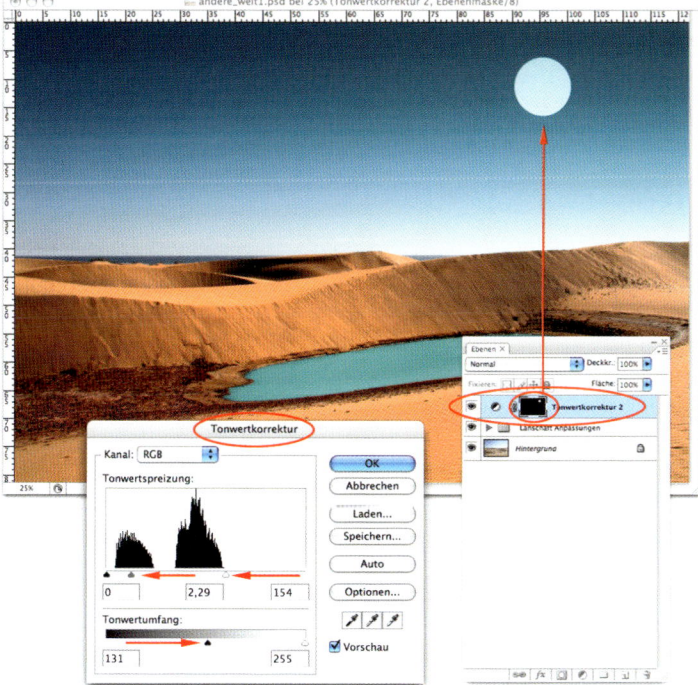

2

Erstellen Sie in der *Ebenen*-Palette über der Gruppe mit der Landschaftsgestaltung eine Einstellungsebene *Tonwertkorrektur*.

Im Dialog *Tonwertkorrektur* im Bereich *Tonwertspreizung* bewegen Sie die mittleren und rechten Regler nach links, sodass der Kreis auf dem Bild deutlich heller als der Himmel wird.

Zusätzlich können Sie im Bereich *Tonwertumfang* den linken Regler stark nach rechts verschieben, damit die Kontraste verringert werden.

3

Verwandeln Sie nun den Kreis in einen Planeten. Das ist viel einfacher, als Sie denken. Wählen Sie das Pinsel-Werkzeug (B) mit einer Größe von ca. 200–250 Pixeln und Härte = 0.

Bemalen Sie den inneren Teil des Kreises auf der Maske der Einstellungsebene mit schwarzer Farbe, wie es in dem Beispielbild zu sehen ist.

Links oben sollte die Kontur des Kreises kaum noch sichtbar sein, dafür unten rechts umso mehr.

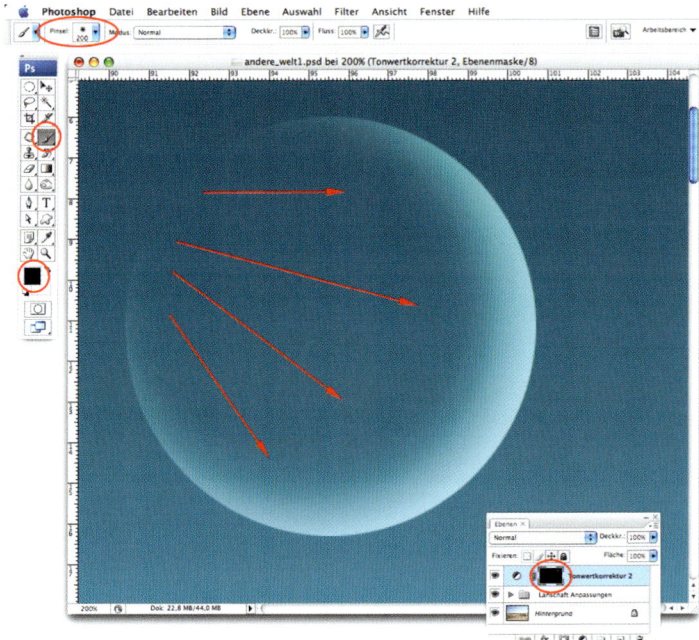

4

Damit der „Mond" realistisch aussieht und nicht zu scharfe Kanten hat, können Sie die Maske der Einstellungsebene *Tonwertkorrektur* mit dem Gaußschen Weichzeichner bearbeiten.

Wählen Sie im Dialog *Gaußscher Weichzeichner* einen Wert von ca. 1,5 bis 2 Pixeln.

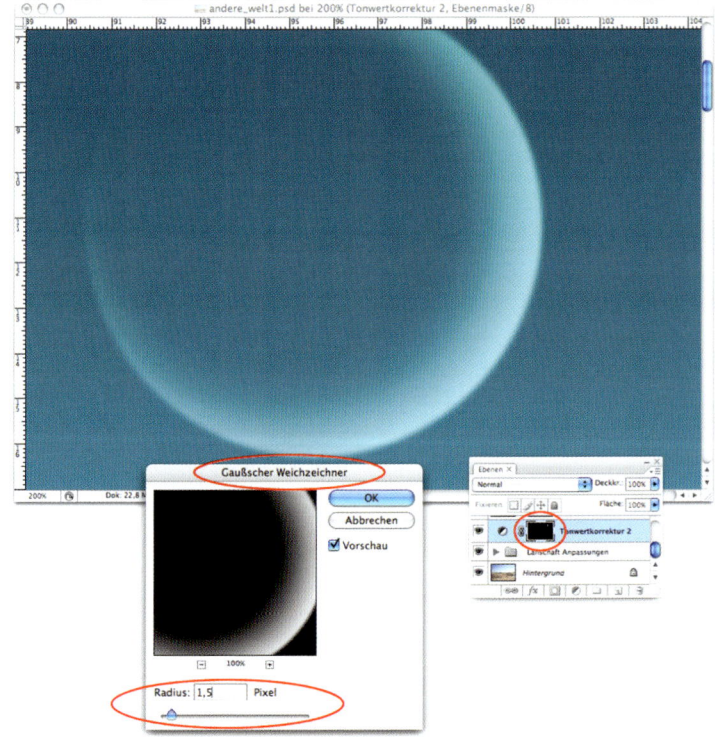

5

Jetzt können Sie in die Gestaltung fremde Gegenstände einfügen. Öffnen Sie das Bild mit dem Navigationsgerät, dessen Freistellung bereits erfolgte, und in dem der Navigator schon auf einer separaten Ebene liegt.

Ziehen Sie die Ebene mit dem freigestellten Gerät in Ihre Gestaltungsfläche der Wüste, aktivieren Sie mit ⌨Strg+⌨T den Transformationsrahmen und passen Sie die Größe des Objekts der Gestaltung an.

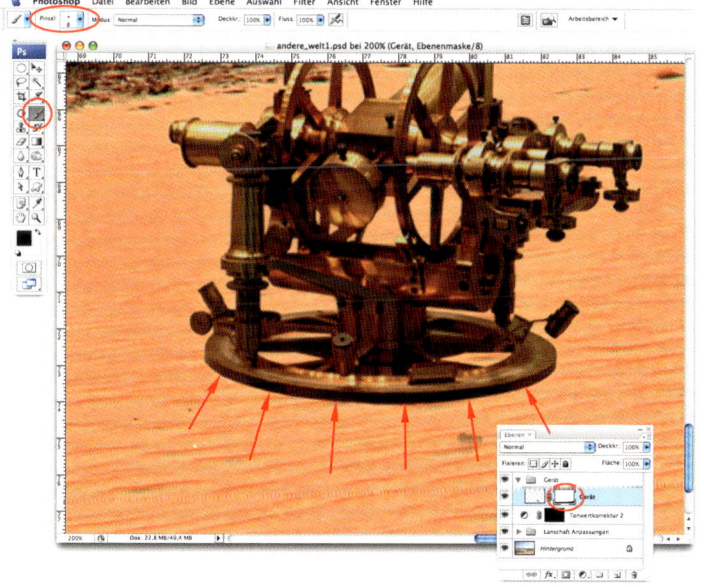

6

Hierbei ist es sinnvoll, die Ebene des Navigationsgerätes in einer separaten Ebenengruppe zu platzieren, damit alle dazugehörigen Ebenen dort auch erstellt werden können.

Erzeugen Sie auf der Ebene des Gerätes eine Ebenenmaske. Maskieren Sie den Fuß des Gerätes – schließlich sollte das „Fahrzeug" nicht im Sand stecken bleiben, sondern über dem Sand schweben.

Die Maskierung machen Sie mit einem kleinen weichen Pinsel von ca. 5–8 Pixeln und Härte = 0.

7

Das Navigationsgerät mutiert langsam zu einem richtigen Fahrzeug. Damit feine Geräte auf dem fremden Planeten nicht korrodieren, ist es sinnvoll, diese mit einer runden Glaskuppel abzudecken.

Die Glaskuppel können Sie mit der gleichen Technik gestalten, mit der Sie auch den Mond erstellt haben. Wählen Sie zuerst das Auswahl-Ellipse-Werkzeug ([M]) und erstellen Sie einen Kreis, der in seiner Größe zum Sockel des Gerätes passt.

Erstellen Sie dann eine neue Einstellungsebene *Tonwertkorrektur*, mit der Sie die Helligkeit stark erhöhen. Sie können fast die gleichen Einstellungen wie beim Mond verwenden.

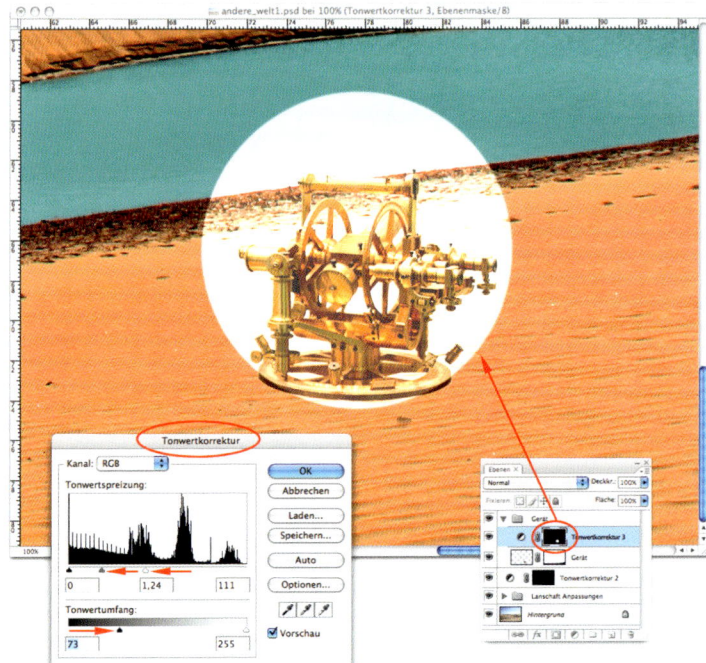

8

Maskieren Sie den Kreis so, dass nur ein feiner, kaum sichtbarer Rand übrig bleibt – die Glaskuppel. Verwenden Sie dazu das Pinsel-Werkzeug ([B]) mit einer Größe von ca. 200–300 Pixeln und Härte = 0.

Im unteren Bereich, in dem die Glaskuppel auf dem Sockel des Gerätes sitzt, verwenden Sie zum Maskieren einen kleinen Pinsel von ca. 5–8 Pixeln und einer Kantenschärfe von ebenfalls 0.

Falls Sie zu viel „wegmaskiert" haben, können Sie die Wirkung der Einstellungsebene an den gewünschten Stellen wiederherstellen, indem Sie die ausgeblendeten Bereiche wieder mit weißer Farbe bearbeiten.

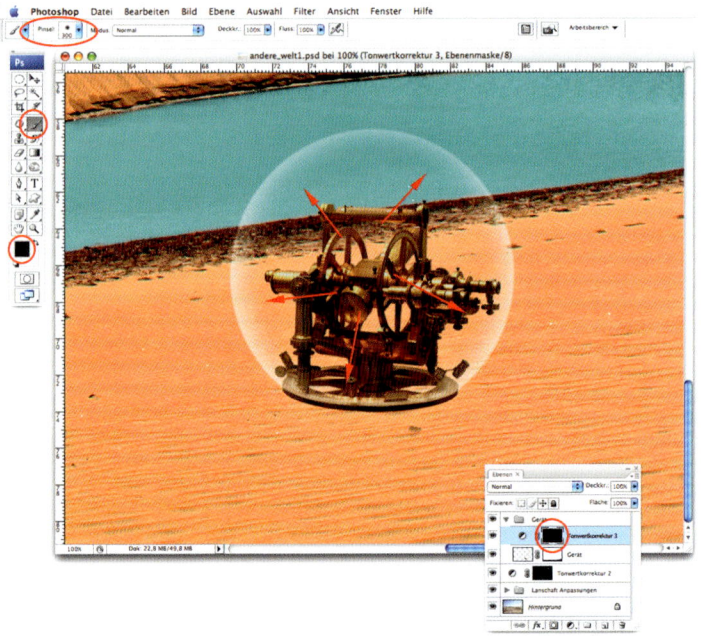

Erstellen Sie unter der Ebene des Gerätes eine neue leere Ebene. Diese brauchen Sie für den Schatten. Den Schatten gestalten Sie am schnellsten mit dem Pinsel-Werkzeug ([B]).

Wählen Sie dazu eine passende Pinselgröße (ca. 130 in unserem Beispiel). Reduzieren Sie die Deckkraft des Werkzeugs auf ca. 25–30 % und malen Sie unter dem Gerät einen Schatten.

Tipp: Am effizientesten erstellen Sie den Schatten auf mehreren Ebenen, z. B. Schlagschatten, Kernschatten etc.

Alle Ebenen, die zu dem Mondfahrzeug gehören, können zu einer Gruppe zusammengefügt werden.

10

Beginnen Sie nun mit dem Bau der „Wohn-
häuser" der Außerirdischen – wahrscheinlich sind die Häuser auf anderen Planeten
rund und haben keine Fenster.

Wie auch immer, wählen Sie das Auswahl-
Ellipse-Werkzeug ([M]) und ziehen Sie bei
gedrückter [Umschalt]-Taste einen Kreis wie
auf dem Beispielbild.

Erstellen Sie eine neue leere Ebene und wie
bei allen Objekten eine neue Ebenengruppe.

Füllen Sie die Auswahl auf der neu erstellten
Ebene mit weißer Farbe und heben Sie anschließend die Auswahl mit [Strg]+[D] auf.

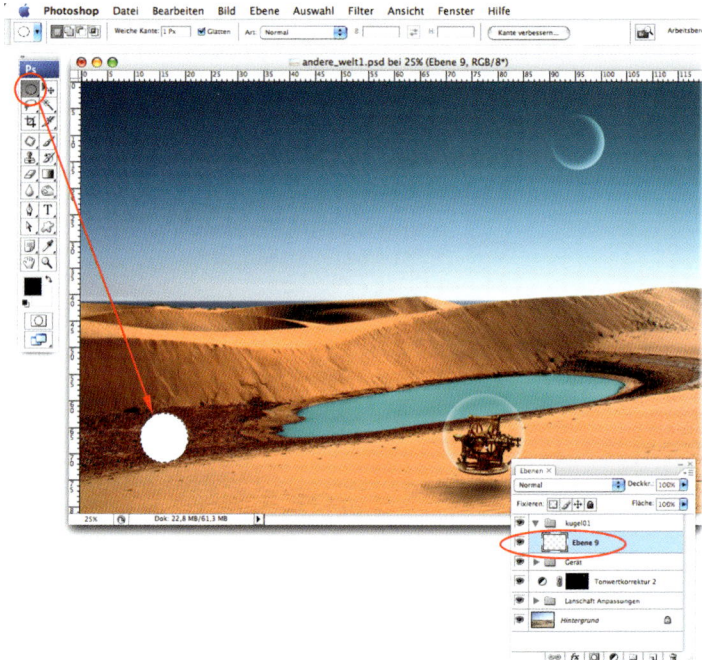

11

Um deutlich zu machen, dass die Sphäre
(noch sieht der Kreis nicht danach aus, aber
das wird in den nächsten Schritten passieren) auf dem Boden steht, sollte unten eine
unregelmäßige Kante gestaltet werden.

Wählen Sie hierfür das Radiergummi-Werkzeug ([E]) mit einer mittelgroßen Werkzeugspitze von ca. 15 – 20 Pixeln und Härte = 0
und bearbeiten Sie den unteren Bereich der
Form passend zur Bodenbeschaffenheit.

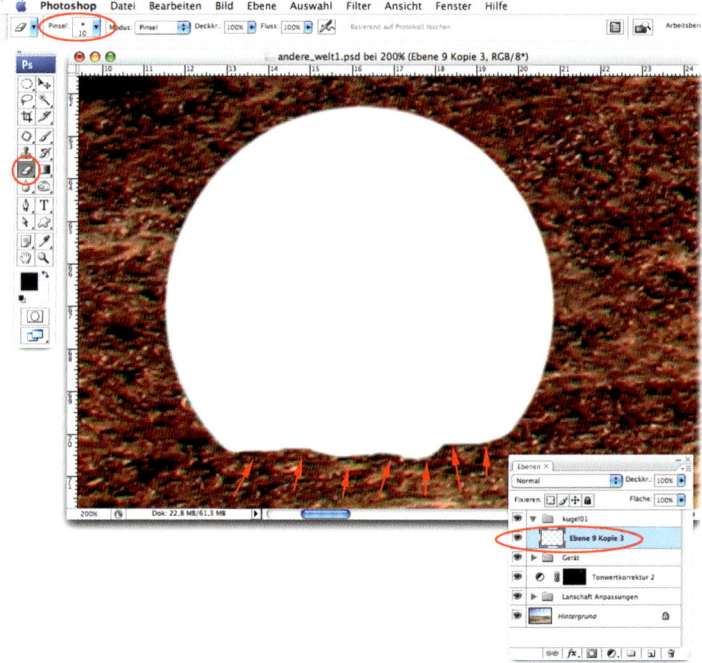

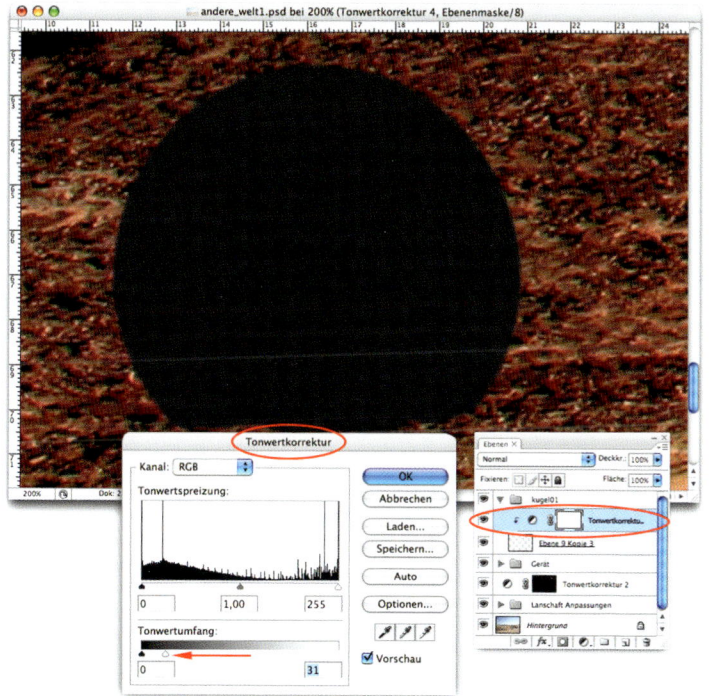

12

Jetzt können Sie den Kreis in eine Sphäre verwandeln. Das kann auf unterschiedliche Arten erfolgen.

Eine Möglichkeit ist die maskierte Einstellungsebene. Erstellen Sie über der Ebene mit der weißen Form eine Einstellungsebene *Tonwertkorrektur* mit Schnittmaske.

Im Dialogfenster *Tonwertkorrektur* im Bereich *Tonwertumfang* bewegen Sie den weißen Regler nach links, bis die weiße Form fast schwarz wird. Bestätigen Sie mit *OK*.

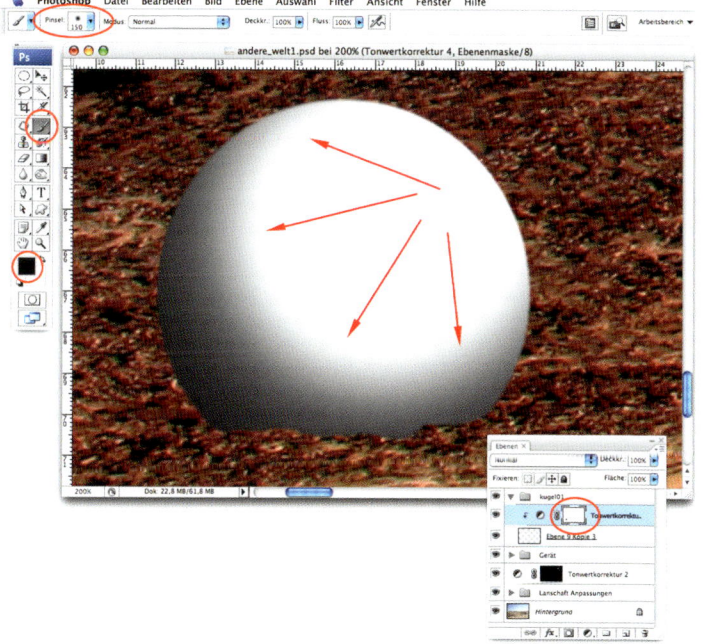

13

Wählen Sie das Pinsel-Werkzeug ([B]) mit einer großen Spitze von ca. 200–300 Pixeln und Härte = 0 und maskieren Sie die Einstellungsebene *Tonwertkorrektur* so, wie es in dem Beispielbild gezeigt wird.

Es sollte der Eindruck entstehen, dass das Licht von oben rechts auf die Sphäre fällt. Je weicher die Pinselkanten, umso mehr entsteht die Illusion, dass das Licht diffus ist.

14

Ähnlich wie beim „Mondmobil" erstellen Sie unter der Sphäre eine neue leere Ebene, auf der Sie den Schatten malen werden. Berücksichtigen Sie den Lichteinfall.

Da in unserem Beispiel das Licht von oben rechts einfällt, sollte der Schatten links der Sphäre gezeichnet werden. Dabei gilt es auch, den Schatten am besten auf mehreren Ebenen zu malen.

Wie Sie in der Skizze am Anfang des Workshops gesehen haben, sind mehrere solcher Sphären in der Gestaltung geplant. Sie können diese auf die gleiche Art wie beschrieben kreieren.

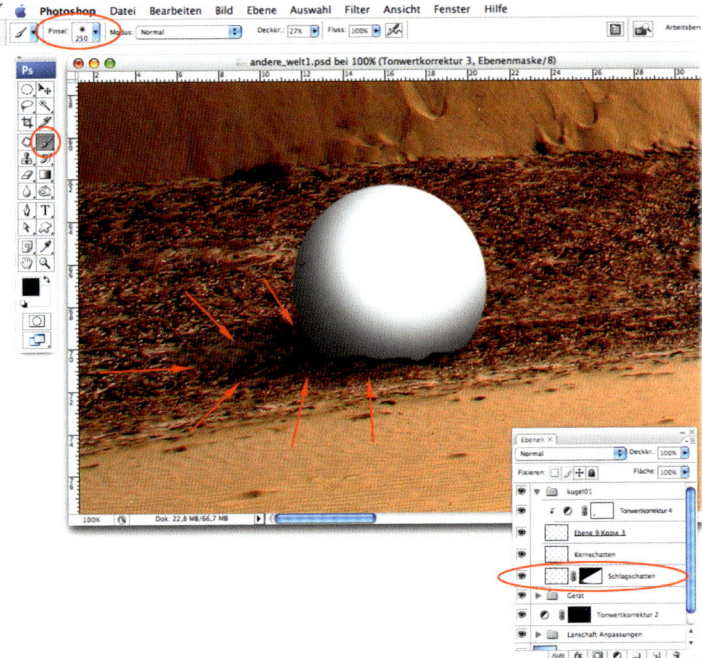

15

An der Grenze zwischen Sand und Wasser wird ein Obelisk errichtet. Wenn Sie nicht über das Foto eines Obelisken verfügen, können Sie ihn aus den mit Pixeln gefüllten Flächen erstellen.

Wählen Sie dazu das Polygon-Lasso-Werkzeug (L) mit der Option *Weiche Kante* 1 Pixel und zeichnen Sie eine Form wie in dem Screenshot.

Erstellen Sie eine neue Ebene (in einer neuen Ebenengruppe) und füllen Sie die Auswahl mit weißer Farbe. Heben Sie anschließend die Auswahl auf.

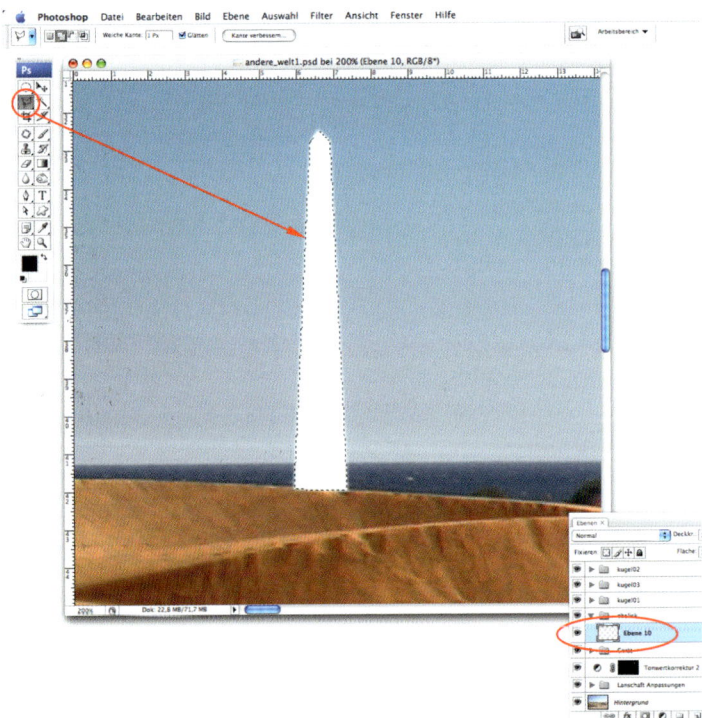

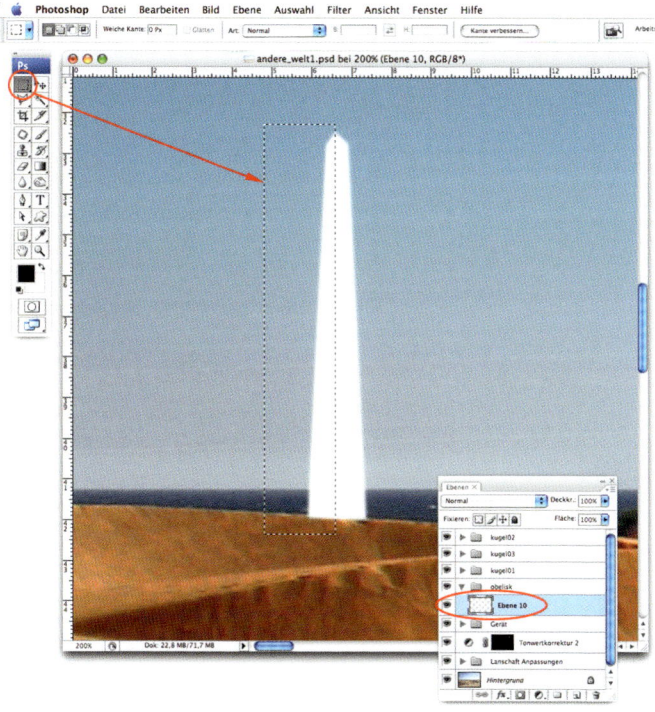

16

Noch ist der Obelisk zweidimensional, das werden Sie aber gleich ändern.

Wählen Sie dazu das Auswahlrechteck-Werkzeug ([M]) mit der Option *Weiche Kante* 1 Pixel und zeichnen Sie ein Auswahlrechteck so, dass die linke Kante auf der Breite der Spitze liegt.

Der Obelisk sollte in der Höhe komplett ausgewählt sein.

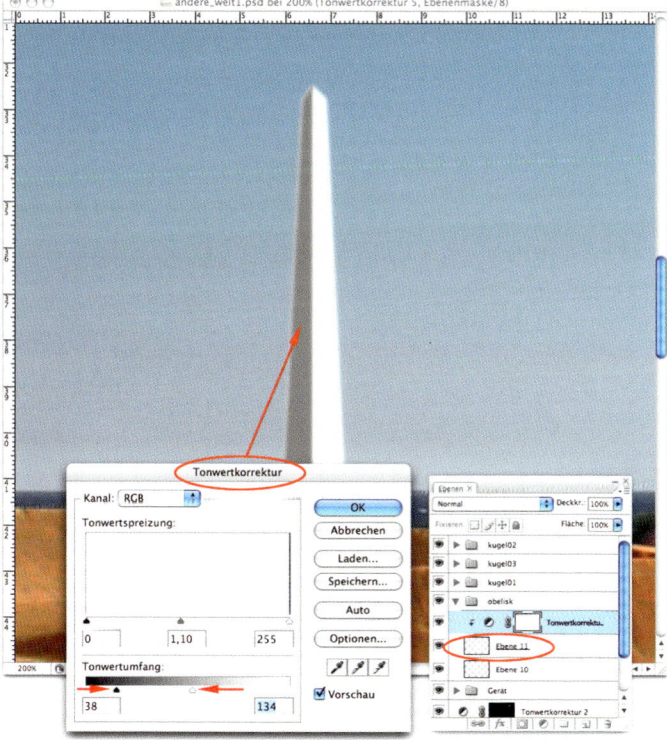

17

Erstellen Sie über der Ebene mit dem Obelisken eine Einstellungsebene *Tonwertkorrektur* mit Schnittmaske.

Die Maske wird von der rechteckigen Auswahl übernommen. Im Dialog *Tonwertkorrektur* im Bereich *Tonwertumfang* bewegen Sie die weißen und schwarzen Regler in Richtung Mitte, bis die gewünschte Schattierung erreicht ist.

Fotografie, Produktion: Kaplun & Kaplun GbR

6.2 Architekturcomposing mit generierten Licht- und Farbeffekten

Auch wenn es unglaublich klingt, Sie können ein spektakuläres Composing aus nur einem Foto erstellen – die Licht- und Farbeffekte bei einer Architekturaufnahme generieren Sie hierbei durch den gekonnten Einsatz der Füll- und Einstellungsebenen. In unserem Beispiel kommen zwar noch einige Bildelemente zum Einsatz, aber auch ohne diese wäre die Komposition schon spektakulär genug. Dieser Workshop richtet sich an fortgeschrittene Photoshop-Nutzer.

Einsatzbereiche definieren, Teile des Bildes separat bearbeiten

Anpassung des Himmels

1

Damit Sie die Bildteile getrennt voneinander bearbeiten können, ist es sinnvoll, eine Separierung des Bildteils mit dem Gebäude durchzuführen. Zwar wäre es ohne Weiteres möglich, die Einstellungsebenen und richtig erstellte Masken zu verwenden, aber die Trennung des Gebäudes vom restlichen Hintergrund wird Ihre Arbeit in weiteren Schritten erleichtern.

Erstellen Sie daher eine genaue Auswahl des Gebäudes mithilfe des Zeichenstift-Werkzeugs ([P]) oder mit dem Polygon-Lasso-Werkzeug ([L]). Legen Sie das freigestellte Gebäude mit dem Tastenbefehl [Strg]+[J] auf eine neue Ebene.

2

Beginnen Sie mit dem Bearbeiten des Himmelhintergrunds. Erstellen Sie über der Hintergrundebene eine Einstellungsebene *Tonwertkorrektur*.

Im Bereich *Tonwertspreizung* des Dialogfensters *Tonwertkorrektur* bewegen Sie den mittleren und rechten Regler nach links, bis der Himmel abgedunkelt wird und die Wolkenformationen bessere Kontraste bekommen.

Zum weiteren Verstärken des Kontrasts bewegen Sie den rechten Regler leicht nach links.

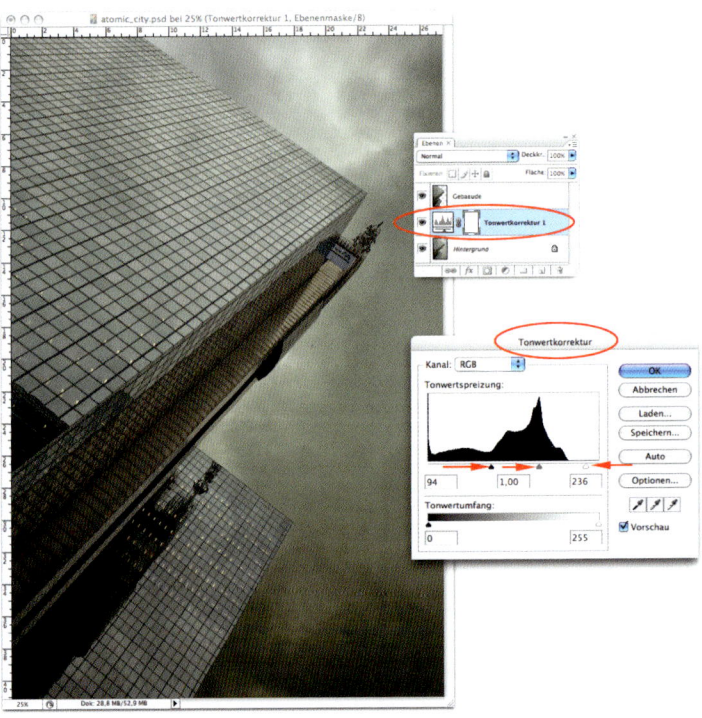

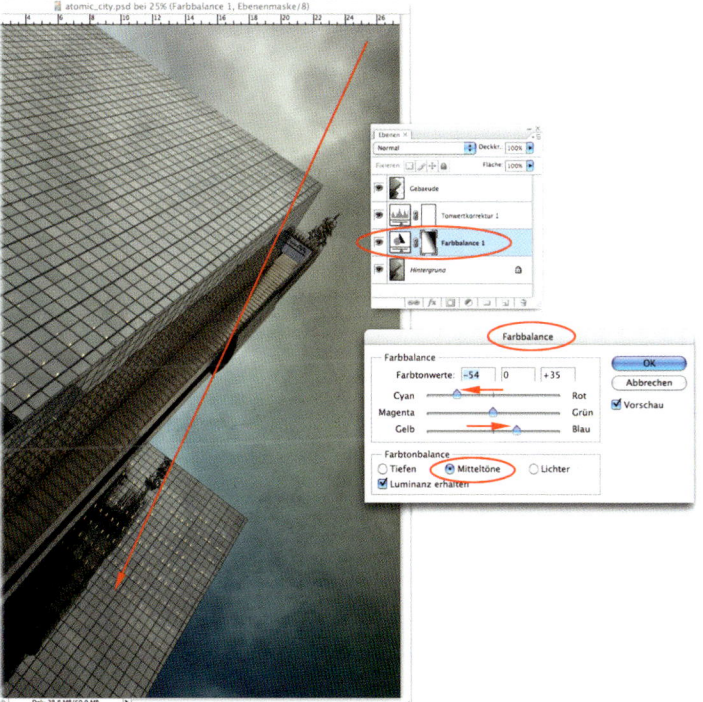

3

Führen Sie eine selektive Farbanpassung des Himmels durch. Der untere Teil des Himmels soll bläulich und der obere rötlich eingefärbt werden.

Erstellen Sie unter der in der *Ebenen*-Palette enthaltenen Einstellungsebene *Tonwertkorrektur* eine weitere Einstellungsebene *Farbbalance*. Im Bereich *Mitteltöne* des Dialogs *Farbbalance* verstärken Sie die Werte für Cyan und Blau. Wählen Sie für Cyan ca. –50 und für Blau ca. +35.

Bestätigen Sie mit *OK*. Maskieren Sie mit dem Verlaufswerkzeug die Einstellungsebene *Farbbalance*, wie es mit dem Pfeil in dem Screenshot hervorgehoben ist.

4

Eine weitere Einstellungsebene *Farbbalance* mit umgekehrter Maskierung sorgt dafür, dass der obere Teil des Himmels rötlich eingefärbt wird.

Die Werte im Dialog *Farbbalance* (*Mitteltöne*) wurden wie folgt gewählt: Rot ca. +80, Gelb ca. –30.

5

Damit die Farben des Himmels besser zur Geltung kommen, wird die Einstellungsebene *Farbton/Sättigung* verwendet. Diese erstellen Sie über der Ebene *Tonwertkorrektur*, mit der Sie die Kontraste des Himmels verstärkt haben.

Verstärken Sie im Dialog *Farbton/Sättigung* den Wert für die Sättigung von ca. +20 bis +25. Bei höheren Werten besteht die Gefahr, dass das Bildrauschen zunimmt.

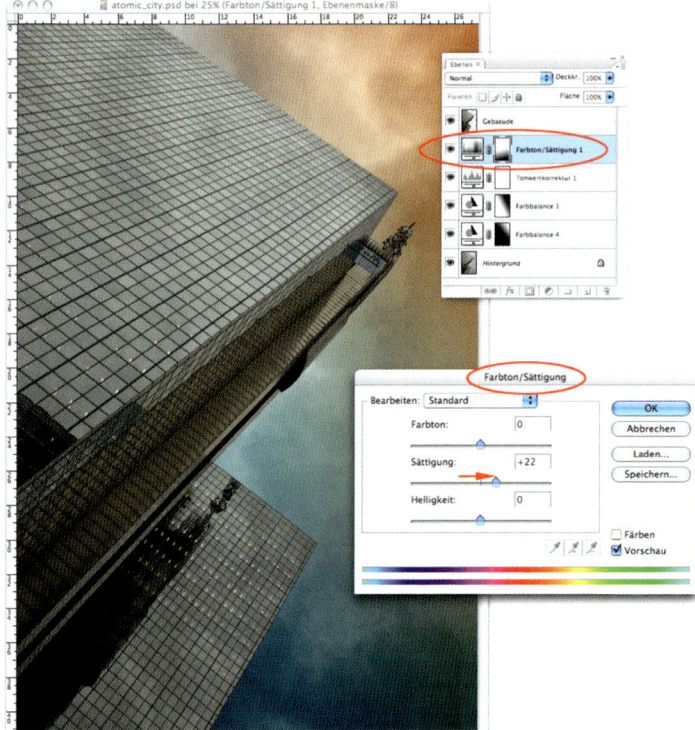

6

Das Bild wirkt tiefer, wenn Sie die diagonalen Ecken abdunkeln. So entsteht der Eindruck, dass das Licht von oben kommt. Erstellen Sie über den vorhandenen Ebenen eine Einstellungsebene *Helligkeit/Kontrast* und reduzieren Sie die Helligkeit auf ca. –90. Füllen Sie die Maske der Einstellungsebene *Helligkeit/Kontrast* mit schwarzer Farbe. Die Wirkung der Ebene wird vorübergehend aufgehoben. Wählen Sie das Verlaufswerkzeug ([G]) mit den Optionen linearer Verlauf, Vordergrund-Transparent, Vordergrundfarbe Weiß. Erstellen Sie zwei Maskierungsverläufe von unten rechts nach oben links und von oben links nach unten rechts, sodass die Wirkung der Einstellungsebene in den Ecken wiederhergestellt wird.

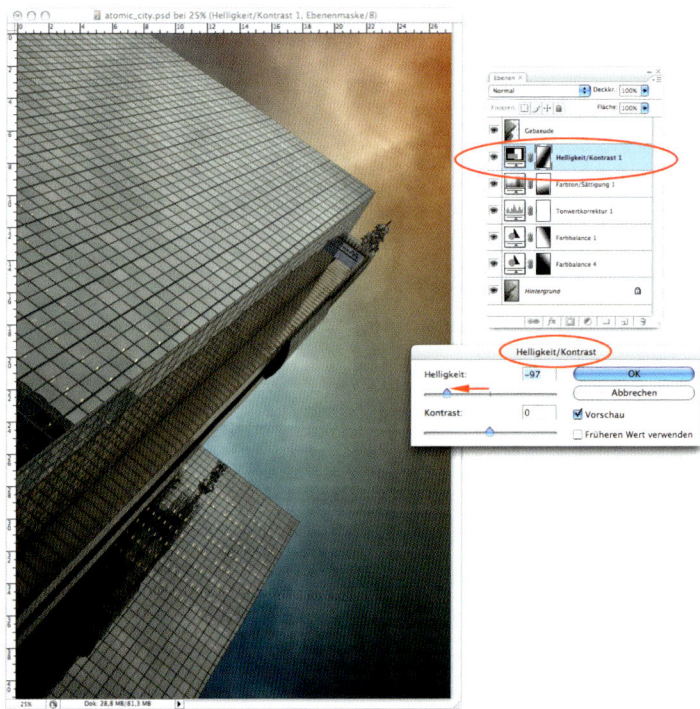

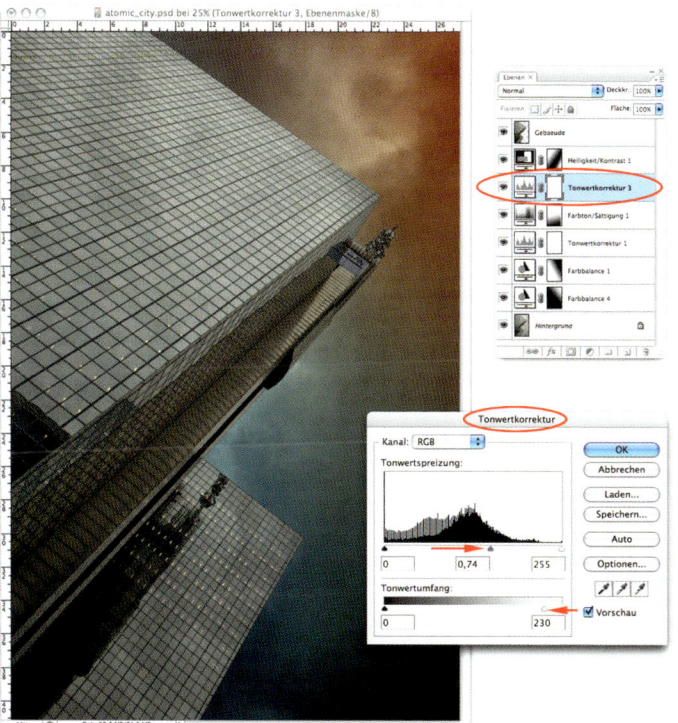

Da Sie in den nächsten Schritten einige „Lichtquellen" generieren werden, ist es sinnvoll, den Himmel anschließend komplett etwas dunkler zu gestalten. Verwenden Sie dazu die Einstellungsebene *Tonwertkorrektur*, indem Sie im Bereich *Tonwertspreizung* den mittleren Regler leicht nach links verschieben und den rechten Regler im Bereich *Tonwertumfang* leicht nach rechts. Mit dem Bearbeiten des Himmels sind Sie vorerst fertig und können alle Einstellungsebenen, die zum Himmel gehören, in einer Ebenengruppe zusammenfügen.

Farben und Beleuchtung des Gebäudes anpassen

Jetzt werden einige Anpassungen der Farbe am Gebäude durchgeführt. Das Prinzip ist dabei immer dasselbe: Die Einstellungsebene für die Korrektur der Farbe oder Helligkeit wird passend maskiert. Da Sie das Gebäude bereits freigestellt haben, werden die Einstellungsebenen mit Schnittmasken ausgestattet.

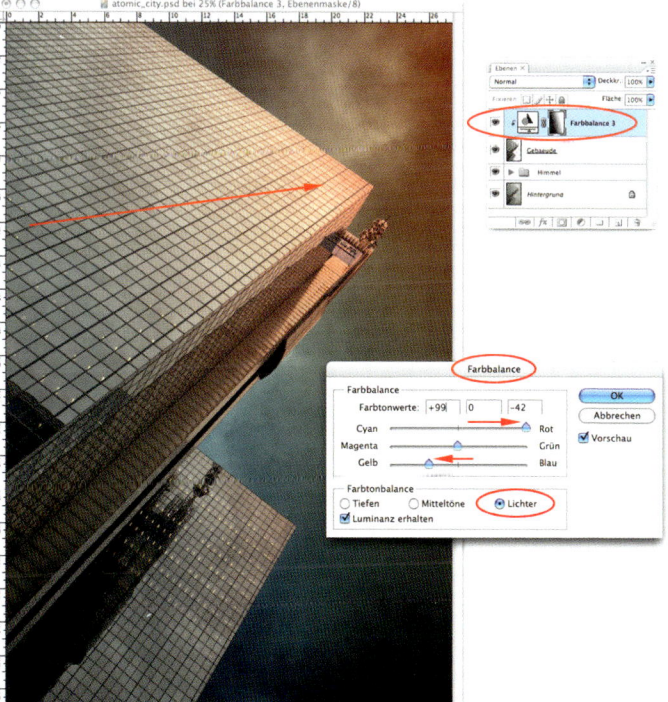

1

Erstellen Sie über der Ebene des Gebäudes eine Einstellungsebene *Farbbalance* mit Schnittmaske. Wählen Sie den Bereich *Lichter* und verstärken Sie Rot auf ca. +100 und Gelb auf ca. –40 bis –50. Durch das Arbeiten im Bereich *Lichter* werden die Farben entsprechend leuchtender. Maskieren Sie die Einstellungsebene mit dem Verlaufswerkzeug ([G]), wie es mit dem Pfeil gezeigt wird. Nur die Ecke des Hauses sollte eingefärbt werden.

2

Der untere Bereich des Gebäudes sollte passend zum Himmel eingefärbt werden.

Verwenden Sie hierfür eine weitere Einstellungsebene *Farbbalance* und verstärken Sie im Bereich *Tiefen* den Wert für Cyan auf ca. −40 und den für Blau auf ca. +30.

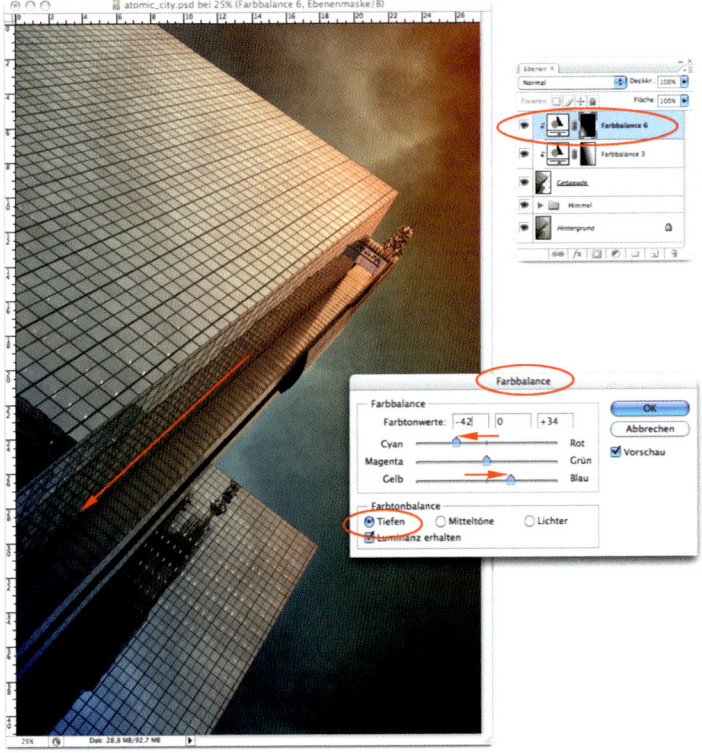

Schalten Sie danach zu den Bereichen *Mitteltöne* und *Lichter* und führen Sie in diesen Bereichen die Anpassungen durch, wie es in den Screenshots des Dialogfeldes dargestellt ist.

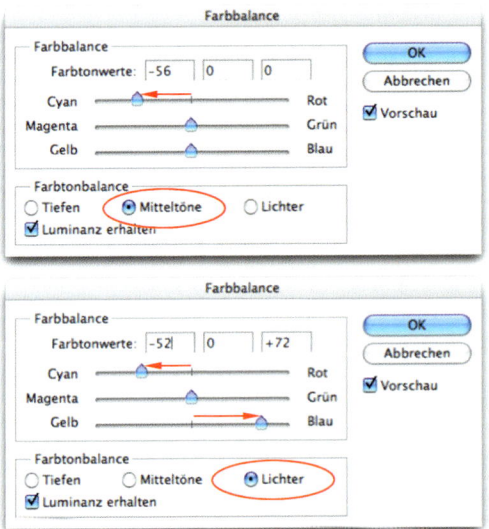

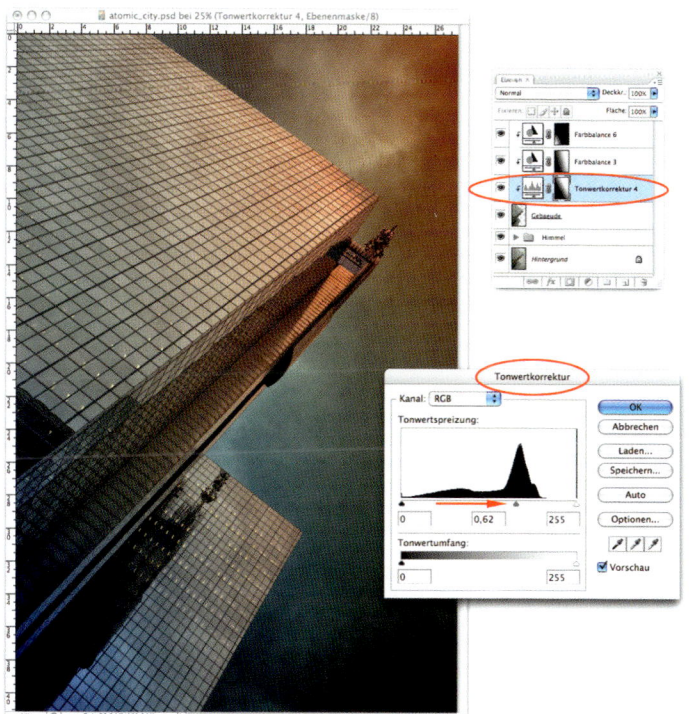

3

Die obere Kante des Gebäudes, die Sie vorher rötlich eingefärbt haben, können Sie jetzt harmonisch an die Helligkeit des Himmels im oberen Bereich des Bildes anpassen.

Verwenden Sie dazu die Einstellungsebene *Tonwertkorrektur*, die im unteren linken Bereich, in dem das Gebäude bläulich eingefärbt ist, mit einem Verlauf maskiert ist.

Die Abdunklung erfolgt im Dialogfenster *Tonwertkorrektur* im Bereich *Tonwertspreizung* mit dem Bewegen des mittleren Reglers nach rechts.

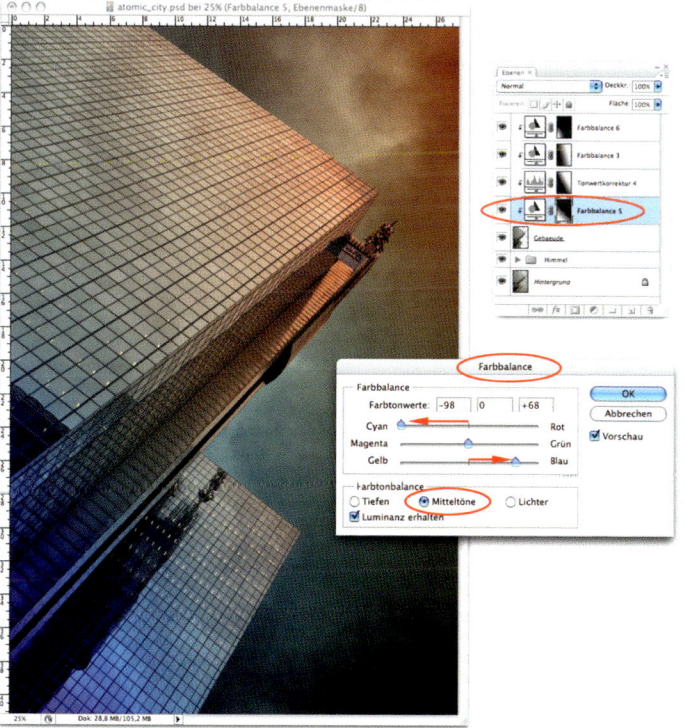

4

Wenn Sie die Glasfassade des Hauses auf „Hochglanz" polieren möchten, können Sie eine weitere Einstellungsebene (Schnittmaske) *Farbbalance* erstellen und die Werte für Cyan und Blau in allen drei Bereichen (*Tiefen*, *Mitteltöne*, *Lichter*) verstärken.

5

Eine weitere Einfärbung der Fassade kann durch Verstärkung der Werte für Grün im Bereich *Mitteltöne* erfolgen.

Versuchen Sie, die Verfärbungen so zu gestalten, dass diese zwar auffällig, aber nicht übertrieben wirken.

Die grüne Tönung der Glasfassade wird mit mehreren linearen Verläufen aus verschiedenen Richtungen in Schach gehalten.

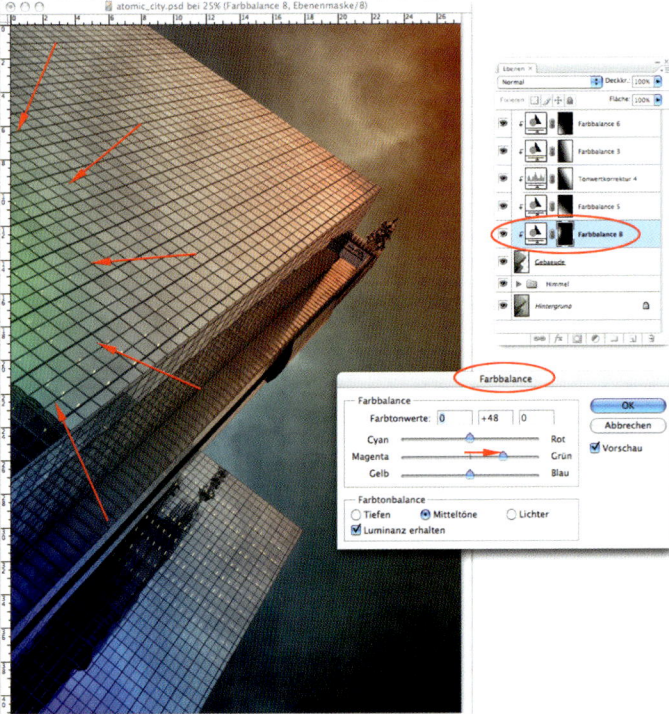

6

Ein leichtes Aufhellen der Fassade mit einer Einstellungsebene *Tonwertkorrektur*, maskiert im unteren linken Bereich, rundet die Farb- und Lichtanpassung des Hauses ab.

Bewegen Sie die Ebene des Gebäudes und alle dazugehörigen Einstellungsebenen in eine Ebenengruppe.

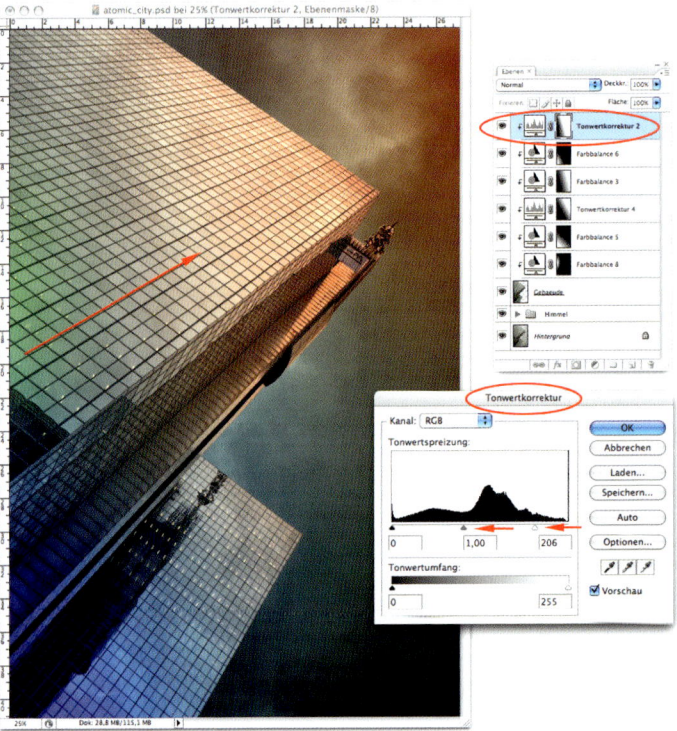

Details aus anderen Bildern in die Gestaltung integrieren

Eine freigestellte Laterne einbauen

Nachdem die Kulisse der Collage vorbereitet ist, können Sie einige weitere Elemente einfügen. Eine antik anmutende Laterne kann einen guten Kontrast zum futuristisch wirkenden Wolkenkratzer darstellen.

1

Stellen Sie die Laterne zuerst mit dem Zeichenstift-Werkzeug (P) oder mit dem Lasso-Werkzeug (L) frei. Machen Sie eine Freistellung der kompletten Laterne und noch eine weitere nur mit dem Metallgerüst, bei der die Glasflächen ausgeschnitten sind. Legen Sie die freigestellten Objekte auf einzelnen Ebenen ab. Verschieben Sie beide freigestellten Ebenen anschließend in die Gestaltungsfläche Ihrer Collage.

2

Die Ebene mit dem Metallgerüst sollte über der Ebene mit der komplett freigestellten Laterne liegen. Die Ebene mit der kompletten Laterne können Sie umbenennen in *Laterne halbtransparent*.

Erzeugen Sie auf dieser Ebene eine Ebenenmaske und maskieren Sie den Laternenmast. Reduzieren Sie die Deckkraft der Ebene auf ca. 20–30 %, sodass die Glasfläche der Laterne halbtransparent wirkt.

3

Das Metallgestell der Laterne soll an den Rändern abgedunkelt werden. Erstellen Sie daher über der Ebene des Gestells eine Einstellungsebene *Helligkeit/Kontrast* mit Schnittmaske.

Wählen Sie einen Wert für die Helligkeit von ca. – 100. Füllen Sie jetzt die Maske der Einstellungsebene mit schwarzer Farbe, damit die Ebene vorläufig außer Kraft gesetzt ist.

Anschließend wählen Sie das Pinsel-Werkzeug ([B]) mit einer Größe von ca. 70 – 100 Pixeln und Härte = 0. Mit weißer Farbe bearbeiten Sie auf der Maske die Kanten der Laterne, damit sie dunkler werden.

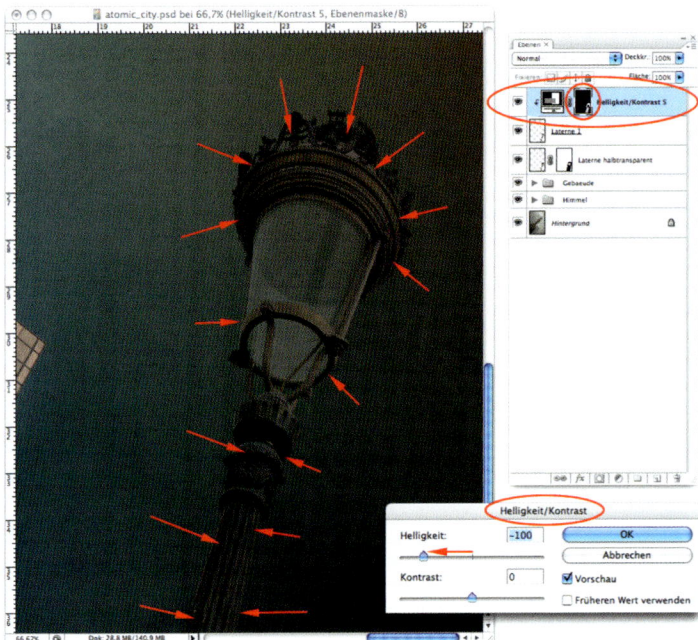

4

Damit die Laterne richtig in die neue Umgebung „integriert" aussieht, sollte eine Farbanpassung des Metallgestells vorgenommen werden.

Das können Sie mit der Einstellungsebene *Farbbalance* (Schnittmaske) erledigen. Verstärken Sie im Bereich *Mitteltöne* die Werte für Rot (ca. +35) und Gelb (–45), damit die Farbe des Metalls wärmer wird.

Die zur Laterne gehörenden Ebenen und Einstellungsebenen können in einer Ebenengruppe zusammengefügt werden.

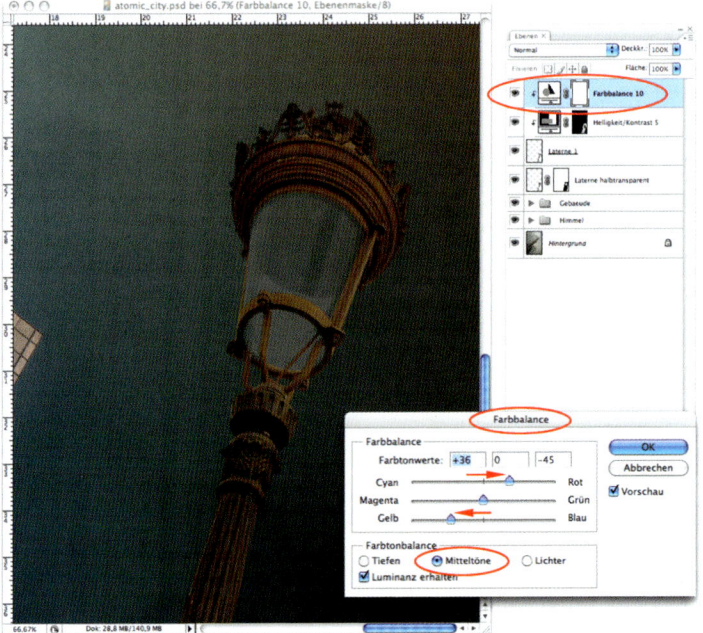

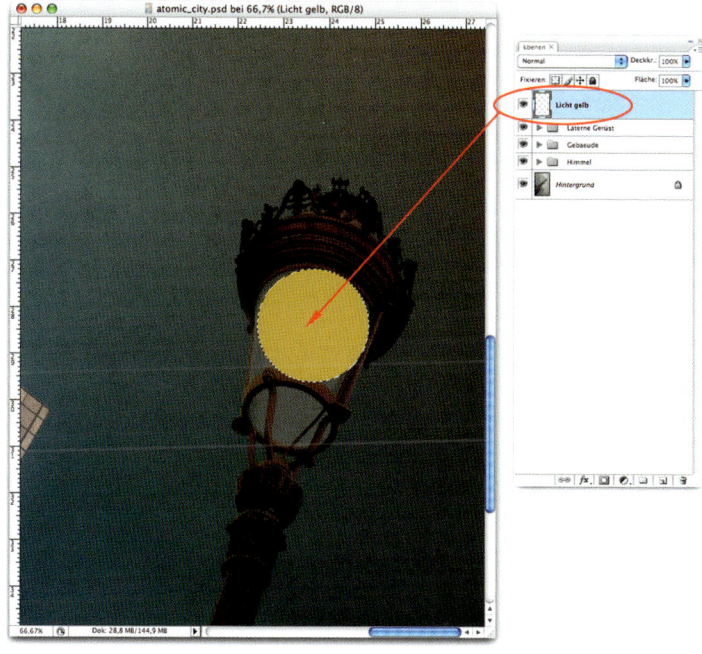

Licht einer Glühlampe einfügen

1

Damit die Laterne zum Leben „erweckt" wird, sollte eine Lichtquelle simuliert werden. Nichts ist einfacher als das. Mit gezielt eingesetzten, weichgezeichneten und mit entsprechenden Farben gefüllten Flächen können Sie das Licht schnell „einschalten".

Erstellen Sie in der *Ebenen*-Palette über der Ebenengruppe mit den Laternenteilen eine neue leere Ebene, die Sie *Licht gelb* nennen können.

Wählen Sie anschließend das Auswahl-Ellipse-Werkzeug ([M]) und zeichnen Sie mit gedrückter [Umschalt]-Taste einen Kreis ungefähr so, wie es in dem Screenshot gezeigt wird.

Füllen Sie die Auswahl auf der Ebene mit einer gelben Farbe und heben Sie die Auswahl anschließend mit [Strg]+[D] auf.

2

Die gezeichnete kreisförmige Fläche können Sie mit *Filter/Weichzeichnungsfilter/Gaußscher Weichzeichner* bearbeiten.

Nehmen Sie für die Weichzeichnung einen Radius von ca. 50–60 Pixeln, da die Farbfläche stark diffus wirken soll.

3

Nur die gelbe weichgezeichnete Fläche reicht zum Simulieren der Lichtquelle nicht aus. Erstellen Sie über der Ebene mit der gelben Fläche eine neue leere Ebene, die Sie *Licht weiss* nennen können.

Erstellen Sie wieder eine Kreisauswahl – diesmal aber viel kleiner, ungefähr in 30 % der Größe des gelben Kreises – und füllen Sie diese auf der aktuellen Ebene mit weißer Farbe.

Heben Sie danach die Auswahl mit Strg+D auf und verwenden Sie zum Weichzeichnen wieder den Gaußschen Weichzeichner – diesmal mit einem kleineren Radius von ca. 30 Pixeln. (Die Angaben über den Radius des Gaußschen Weichzeichners sind von der Größe des Bildes abhängig und beziehen sich auf die Größe des Beispielbildes.)

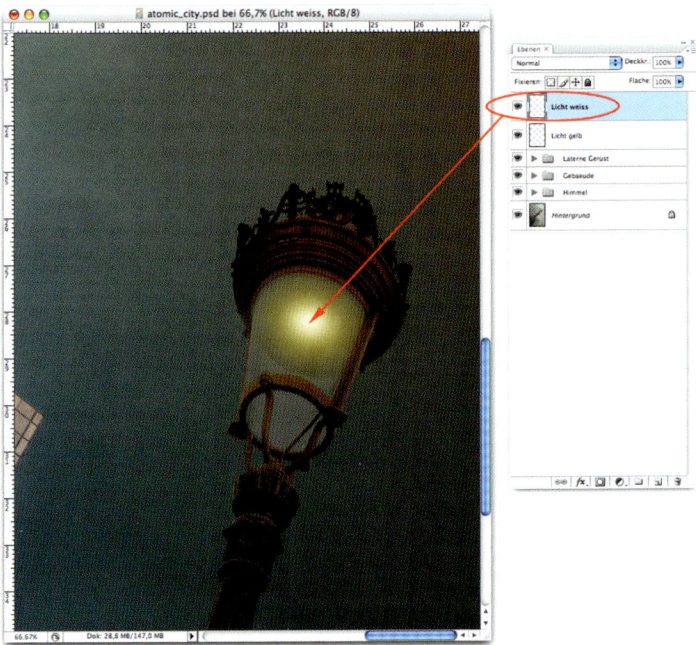

4

Unter der Gruppe der Ebenen der Laterne sollte auch eine neue leere Ebene erstellt werden, auf der ebenfalls eine sehr stark weichgezeichnete gelbfarbene Fläche entstehen soll. Diese soll die Farbe des Himmels um die Laterne leicht gelb einfärben.

Die Deckkraft dieser Ebene sollte dabei auf ca. 30–40 % reduziert werden, da die Intensität nicht so hoch wie bei den vorderen Lichtebenen sein sollte.

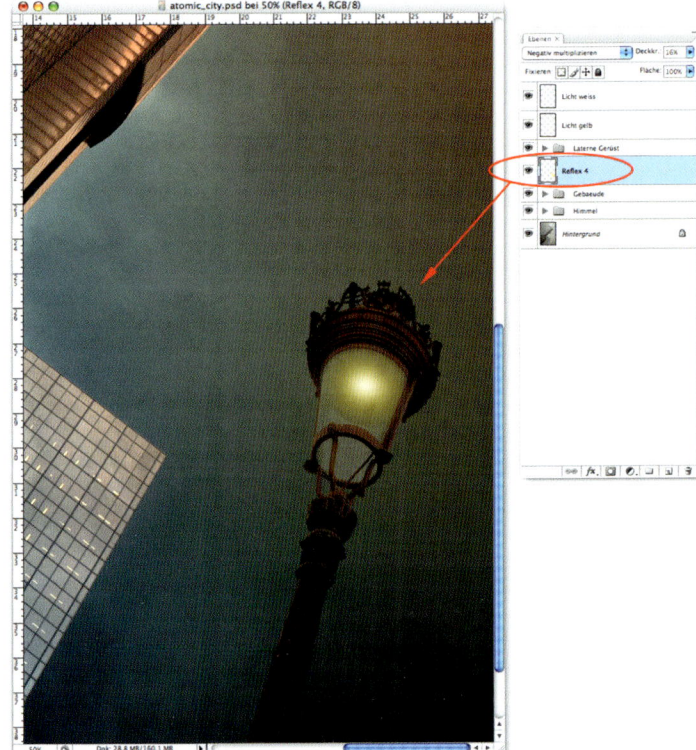

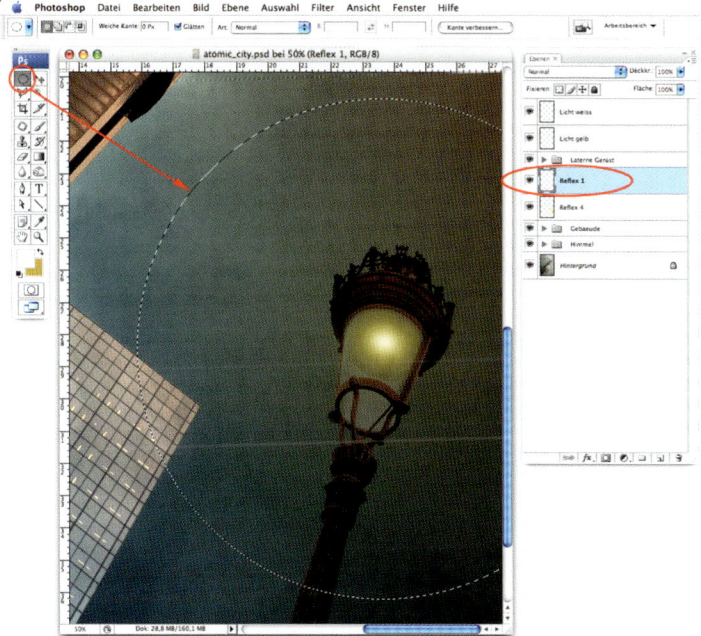

5

Wenn Sie die leuchtenden Laternen in der Abendstunde einmal genauer beobachtet haben, haben Sie sicherlich festgestellt, dass sich um die Lichtquelle selbst oft leuchtende Kreise bilden, die zwar sehr schwach sind, aber wenn Sie diese in der Collage nachbauen, gehen Sie einen Schritt näher an eine realistische Darstellung heran.

Am besten erstellen Sie mehrere Kreise in verschiedenen Größen. Erstellen Sie eine neue Ebene und zeichnen Sie auf dieser Ebene einen großen Kreis mit dem Auswahl-Ellipse-Werkzeug ([M]).

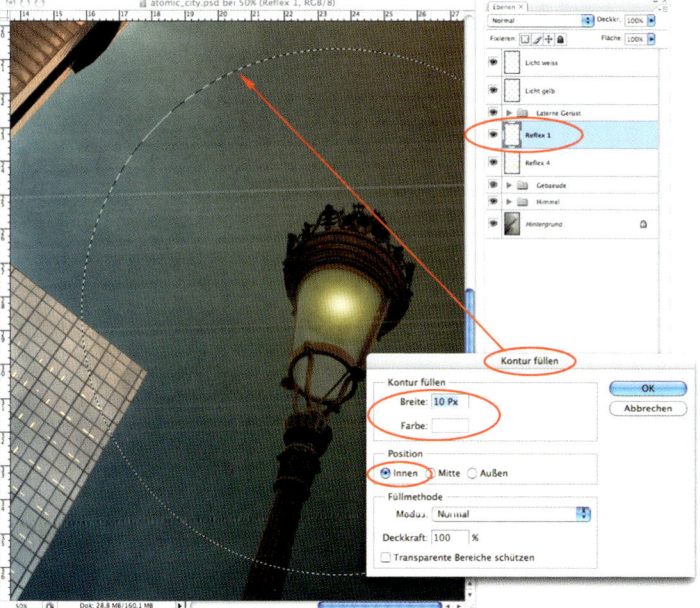

6

Wählen Sie dann Bearbeiten/Kontur füllen. Im Dialog Kontur füllen definieren Sie die Konturbreite mit ca. 10 Pixeln, die Farbe Weiß und die Position Innen. Bestätigen Sie mit OK.

7

Heben Sie die Auswahl auf und wählen Sie *Filter/Weichzeichnungsfilter/Gaußscher Weichzeichner.*

Im folgenden Dialog stellen Sie einen Radius von ca. 30 Pixeln ein, sodass die erstellte Kontur sehr diffus wirkt.

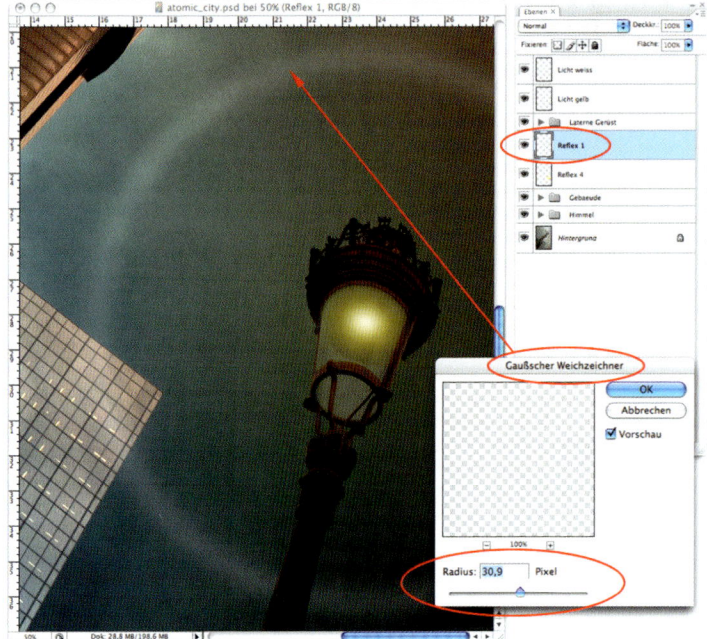

8

Auf die gleiche Art können Sie auf mehreren Ebenen solche leuchtenden Kreise erstellen. Verwenden Sie für jede Ebene unterschiedliche Konturenstärken und unterschiedliche Radien für die Weichzeichnung.

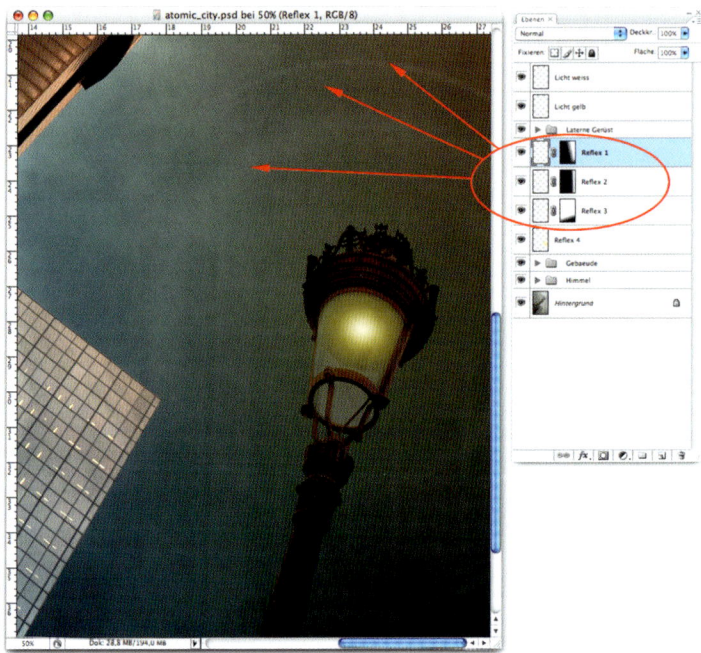

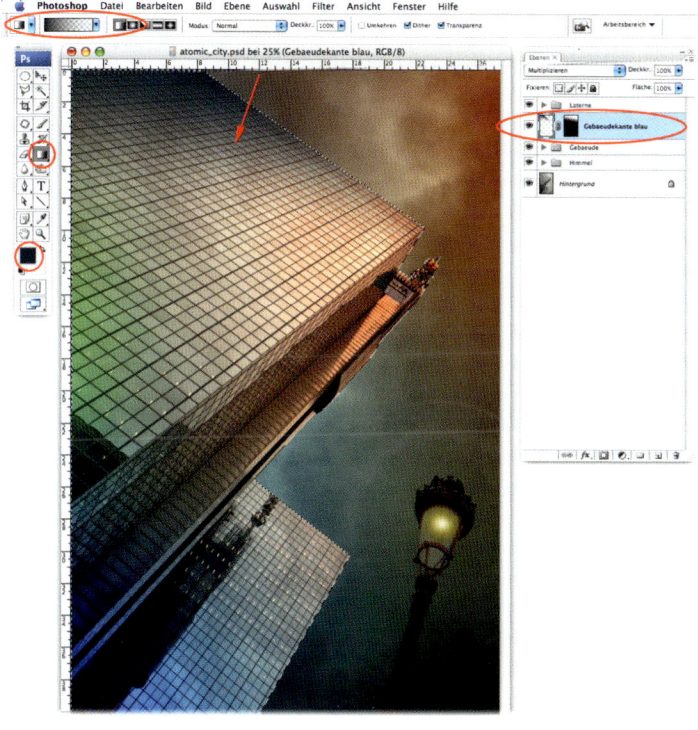

Zusätzliche Kontraste zwischen den Flächen

Um die Kontraste des Gebäudes zu verstärken, können Sie die Kanten leicht mit zusätzlichen Farbflächen verstärken.

Laden Sie hierzu die Auswahl der Ebene des Gebäudes, indem Sie auf die Ebenenminiatur bei gedrückter Strg-Taste klicken. Erstellen Sie über der Ebenengruppe des Gebäudes eine neue Ebene.

Wählen Sie als Vordergrundfarbe Dunkelblau und erstellen Sie einen Verlauf, wie es in der Abbildung zu sehen ist.

Die Optionen für das Verlaufswerkzeug (G) sind: linearer Verlauf, Vordergrund-Transparent.

Falls der Verlauf die Gebäudekante zu stark abdunkelt, können Sie die entstandene Fläche teilweise wieder maskieren und bei Bedarf die Deckkraft zusätzlich reduzieren.

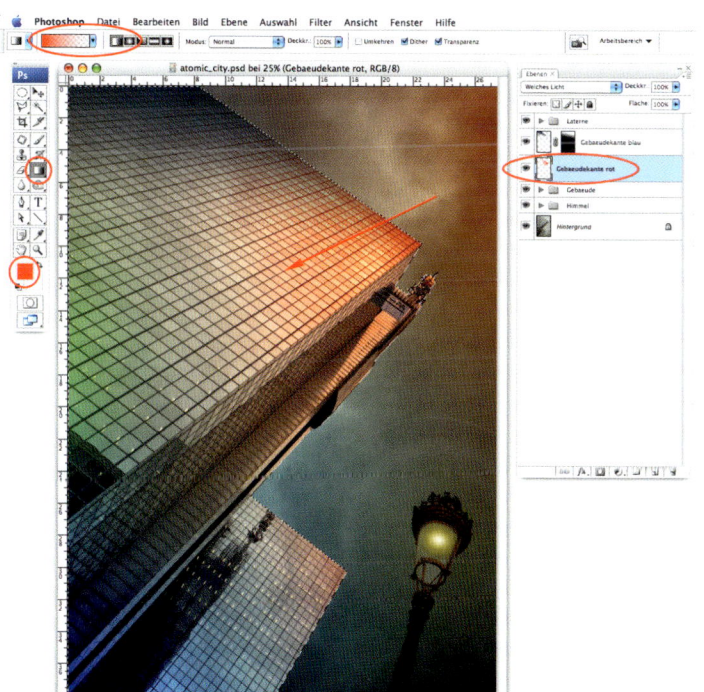

Das Gleiche passiert mit der nächsten Gebäudekante, nur dass Sie zum Verstärken Rot als Vordergrundfarbe wählen.

Damit die Ebenen mit den Farbflächen durchsichtig werden, wobei die Farbtönung erhalten bleibt, können Sie die Ebenenfüllmethoden dieser Ebenen auf Weiches Licht setzen.

Künstliche Lichter und Strahlen erstellen

Nicht immer sollen Lampen oder Laternen in eine Gestaltung integriert werden, um eine Lichtquelle darzustellen. Oft werden einfach gekonnt zusammengesetzte Farbflächen erstellt, die den Eindruck vermitteln, dass an irgendeiner Stelle im Bild eine Lampe brennt. Die Technik ist denkbar einfach, aber sehr effektiv.

Signallichter erstellen

1

An einer Stelle am Gebäude werden zwei Lampen gezeichnet. Diese sind in der Regel rot. Wie Sie bestimmt schon vermuten, reicht es wahrscheinlich nicht aus, nur rote Flächen zu erstellen – aber mit diesen sollten Sie trotzdem beginnen.

Wählen Sie das Pinsel-Werkzeug ([B]) mit einer weichen Spitze und einer Größe von ca. 20 Pixeln. Erstellen Sie eine neue leere Ebene über der Ebene des Gebäudes und malen Sie zwei Flächen, die von der Form ungefähr so aussehen wie auf dem Beispielbild.

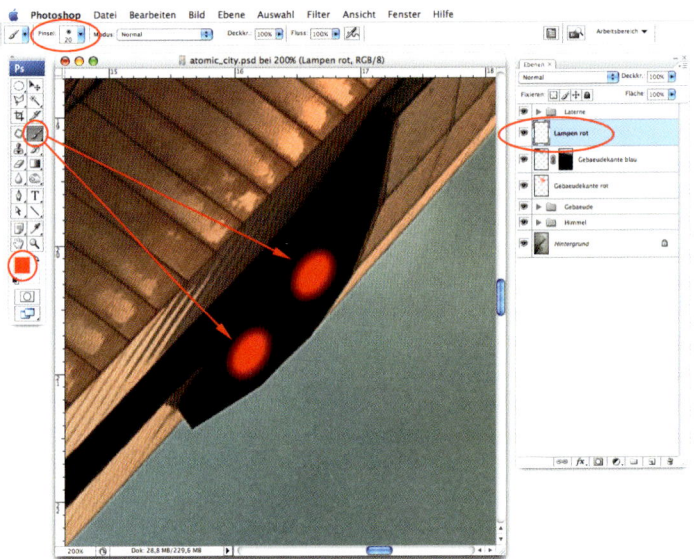

2

Damit die Lampen authentisch wirken, sollten sie in der Mitte eine hellere Farbe haben. In der Regel werden hellere Farben gelb dargestellt.

Erstellen Sie daher eine weitere leere Ebene und wählen Sie als Vordergrundfarbe Gelb. Malen Sie über den roten Flächen gelbe, aber etwas kleinere Flächen.

Falls die gelbe Farbe zu intensiv wirkt, können Sie die Deckkraft der gelben Ebene reduzieren.

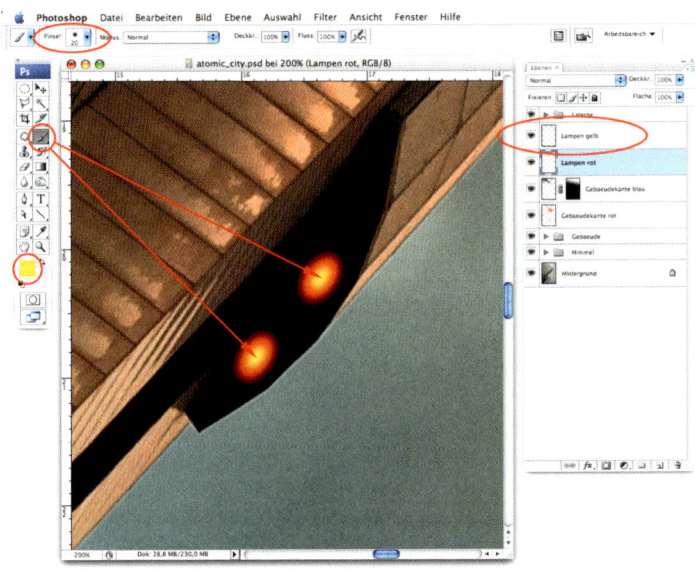

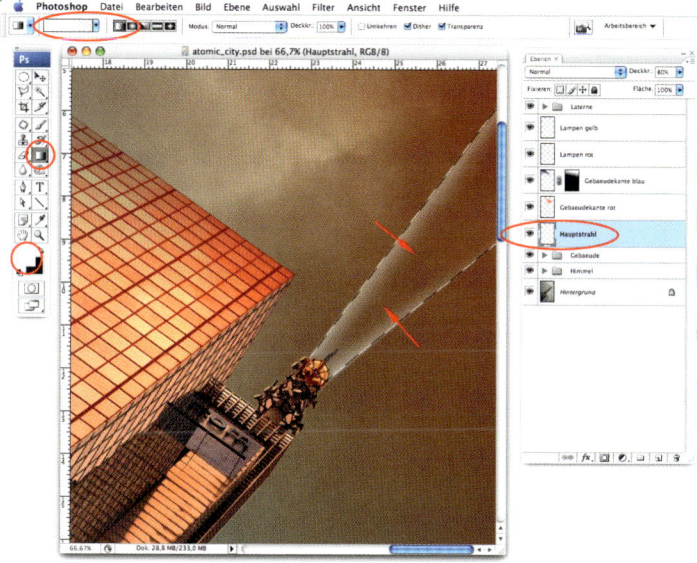

Lichtstrahlen erstellen

1

Die Geräte auf dem Dach des Gebäudes haben wahrscheinlich eine andere Funktion als die leistungsfähiger Strahler, wahrscheinlich sind es eher Antennen. Damit diese an Aussagekraft gewinnen, können sie aber zu Strahlern „umgebaut" werden, die den Himmel ausleuchten.

Erstellen Sie hierfür eine neue leere Ebene und wählen Sie das Polygon-Lasso-Werkzeug ([L]). Für das Polygon-Lasso verwenden Sie eine *Weiche Kante* von 1 Pixel. Wechseln Sie zum Verlaufswerkzeug ([G]) mit den Optionen linearer Verlauf, Farbe Weiß, Vordergrund-Transparent. Erstellen Sie zwei Verläufe, wie es mit den Pfeilen in der Abbildung angezeigt wird. Heben Sie die Auswahl auf. Duplizieren Sie die Ebene mit dem erstellten Lichtstrahl.

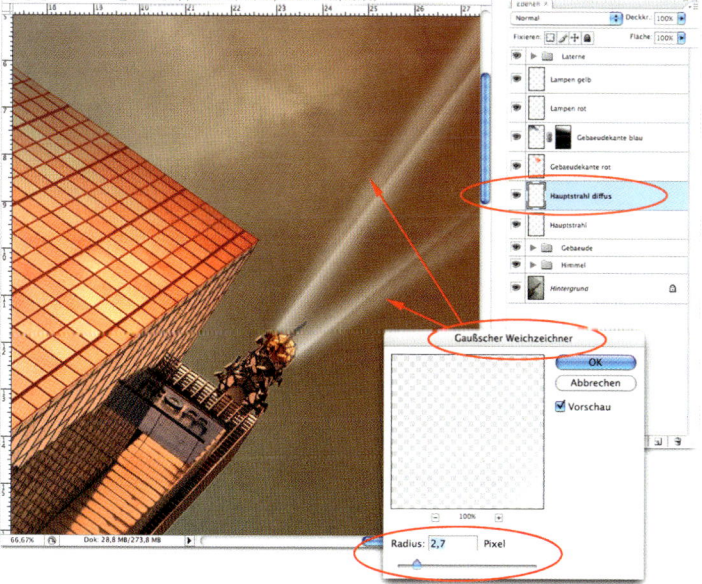

2

Die Kopie des Lichtstrahls können Sie nun transformieren. Aktivieren Sie den Transformationsrahmen mit [Strg]+[T], klicken Sie dann mit der rechten Maustaste in den Transformationsrahmen und wählen Sie die Option *Verzerren*.

Den kopierten Lichtstrahl können Sie nach hinten breiter machen, so wie in dem Beispielbild. Wählen Sie dann für diese Ebene *Filter/Weichzeichnungsfilter/Gaußscher Weichzeichner*. Wählen Sie im folgenden Dialog einen Radius von ca. 3–6 Pixeln. Der äußere Strahl wird weicher.

3

Damit glaubwürdig gezeigt werden kann, dass die Lichtstrahlen aus einem Strahler kommen, sollte zusätzlich noch die Lichtquelle erstellt werden.

Das können Sie wie im Abschnitt „Signallichter erstellen" machen.

Dazu benötigen Sie zwei zusätzliche Ebenen, einmal mit roter und einmal mit gelber Fläche, die Sie mit dem Pinsel-Werkzeug ([B]) erstellen.

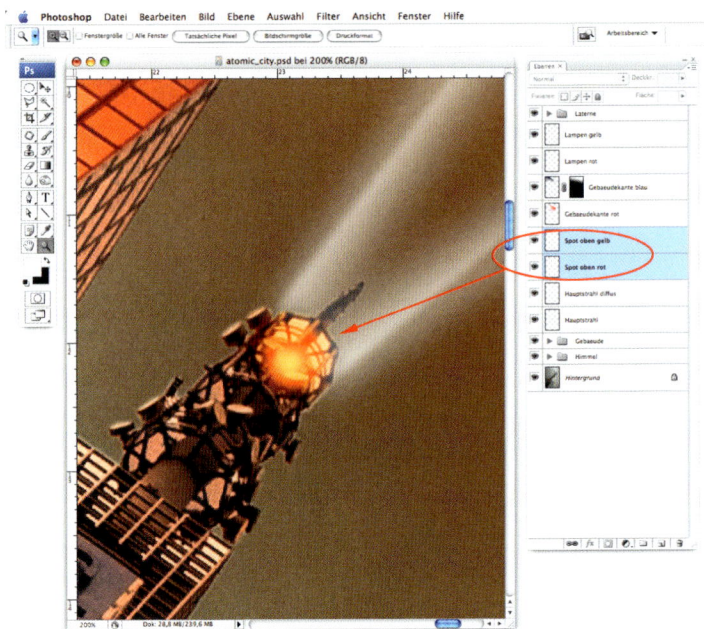

4

Eine weitere Form, die den Lichtstrahl realistischer erscheinen lässt, erstellen Sie direkt über dem Strahler.

Erzeugen Sie in der *Ebenen*-Palette zuerst eine neue Ebene. Wählen Sie dann das Polygon-Lasso-Werkzeug ([L]).

Erstellen Sie anschließend eine Form, wie es in dem Beispielbild zu sehen ist. Achten Sie darauf, dass eine *Weiche Kante* mit 1 Pixel gewählt ist.

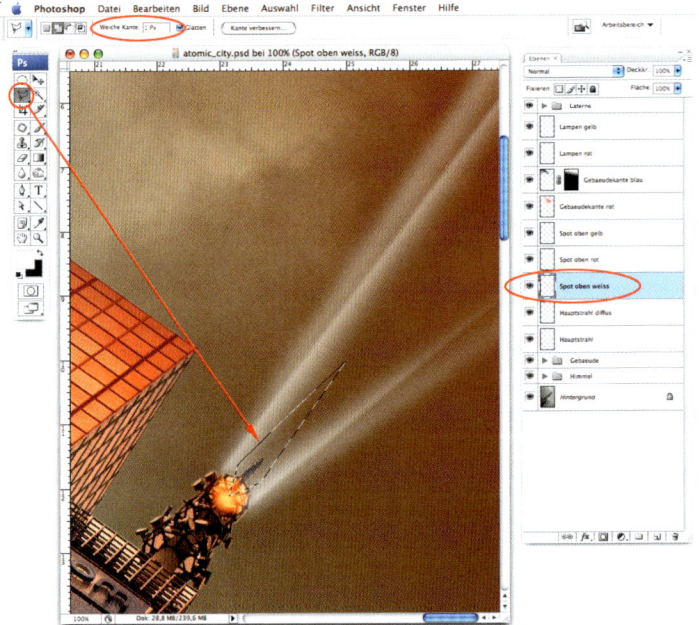

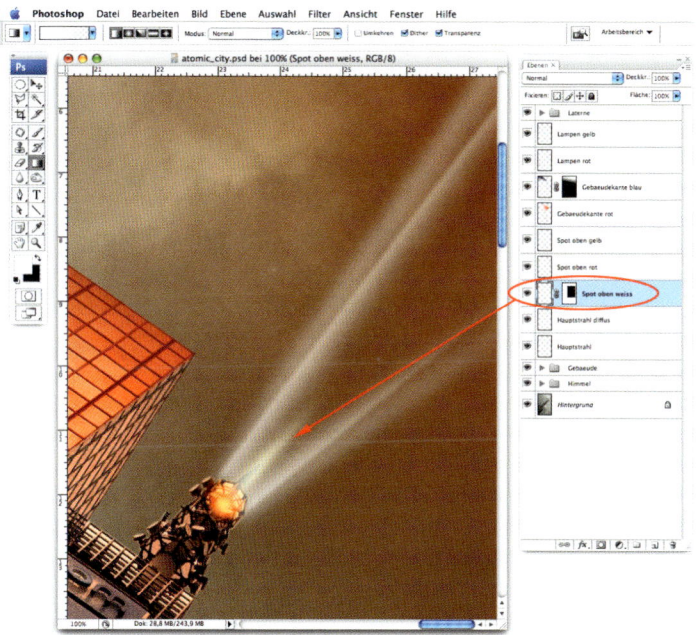

5

Füllen Sie die gezeichnete Form auf der neu erstellten Ebene mit einer hellgelben Farbe. Heben Sie die Auswahl auf.

Wenn die Form zu dem Lichtstrahl passt, kann sie so bleiben, wenn nicht, können Sie diese noch mit dem Filter *Bewegungs- unschärfe* bearbeiten.

Richten Sie die Bewegung so aus, dass diese zum Lichtstrahl passt.

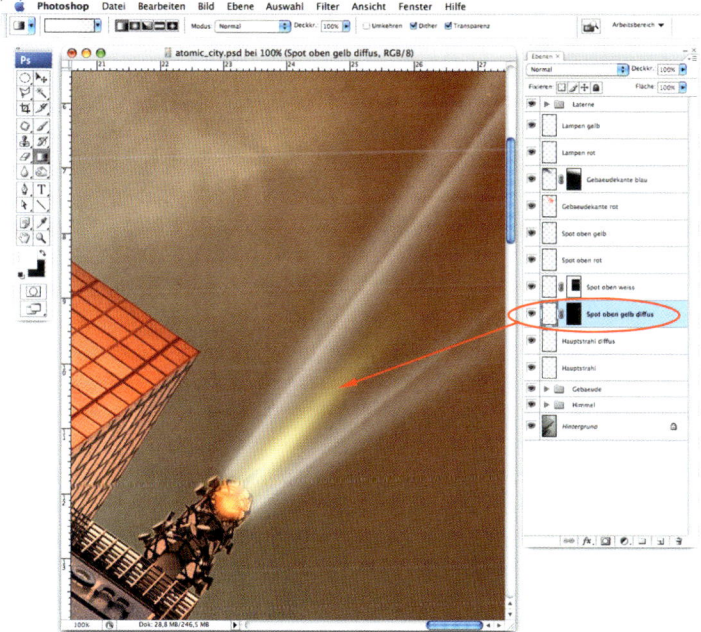

Zusätzlich kann noch eine gelbe Form erstellt werden. Somit ist die Konstruktion des Lichtstrahls abgeschlossen.

6

Erstellen Sie auf dem Himmel noch einige Linien, die Laserstrahlen darstellen sollen.

Erzeugen Sie für jeden Lichtstrahl eine neue Ebene und zeichnen Sie die Laserstrahlen mit dem Linienzeichner-Werkzeug ([U]), wählen Sie für das Linienzeichner-Werkzeug die Option *Mit Pixel füllen*.

Damit die gezeichneten Linien wirklich wie Strahlen wirken, ändern Sie anschließend die Ebenenfüllmethode auf *Negativ multiplizieren*.

Die Bereiche, in denen die Strahlen am Gebäude ankommen, können Sie mit dem Verlaufswerkzeug ([G]) maskieren, sonst wirken die Strahlen abgehackt.

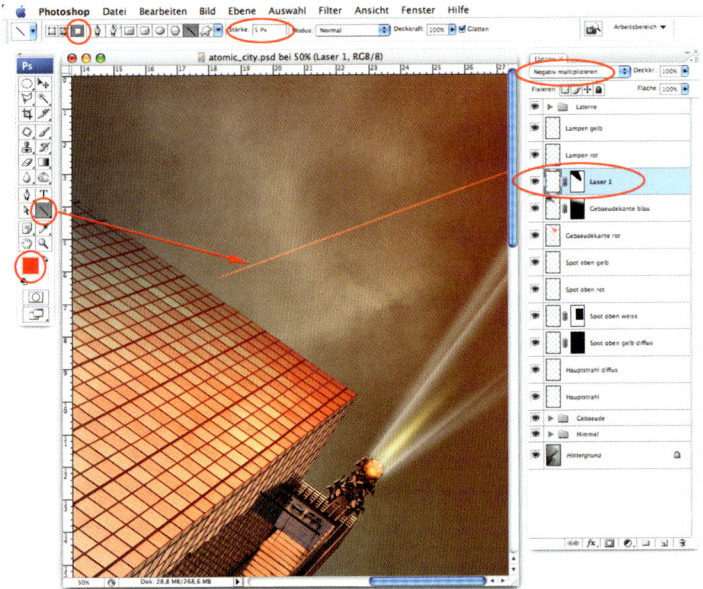

Auf diese Weise können problemlos mehrere Laserstrahlen im Bild platziert werden. Fügen Sie die erstellten Ebenen mit den Laserstrahlen in einer Gruppe zusammen.

Eingefügte Elemente aus anderen Bildern verfremden

Wie Sie bereits in der Skizze am Anfang des Workshops gesehen haben, wird noch eine Dachkuppel in die Gestaltung integriert, die in ein Himmelsobjekt (ein UFO) verwandelt wird.

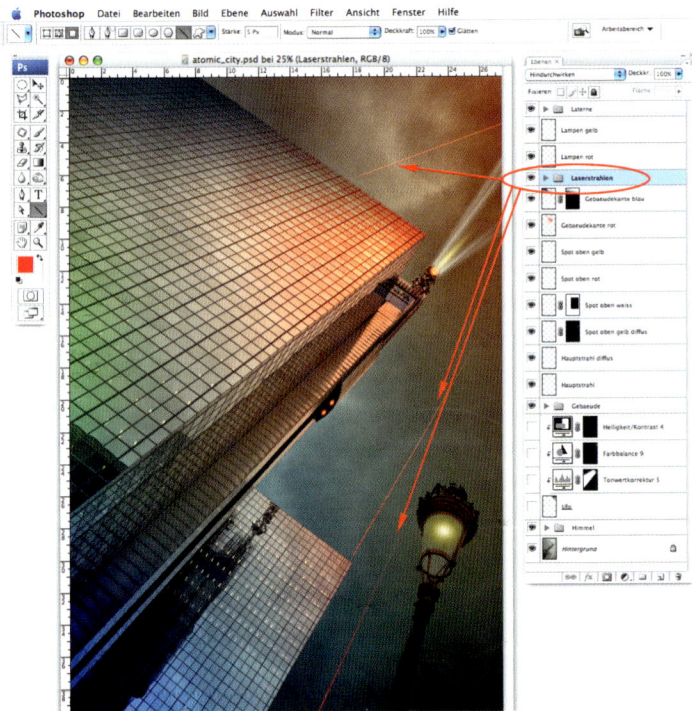

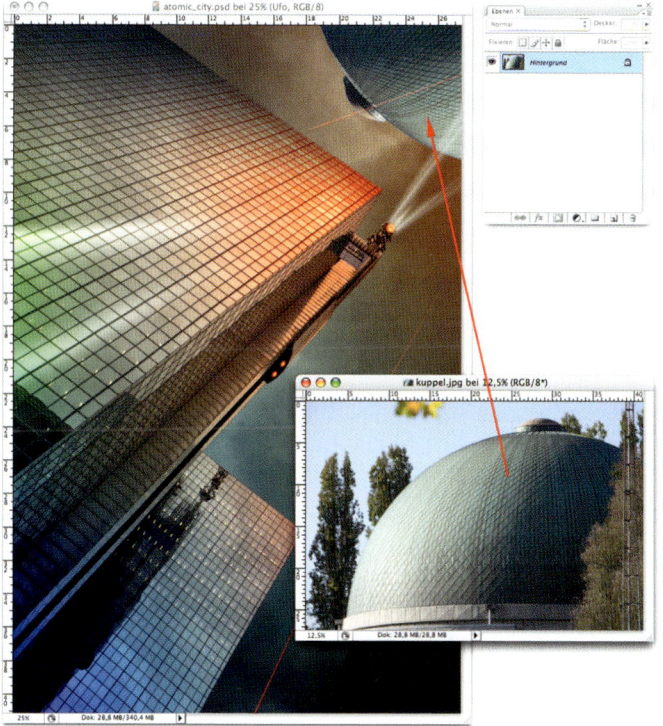

1

Stellen Sie die Kuppel auf dem Bild mit dem Zeichenstift-Werkzeug (P) frei, verschieben Sie das freigestellte Objekt in die Collage und transformieren Sie es wie in dem Beispielbild. Die freigestellte Kuppel wurde etwas verkleinert und gedreht.

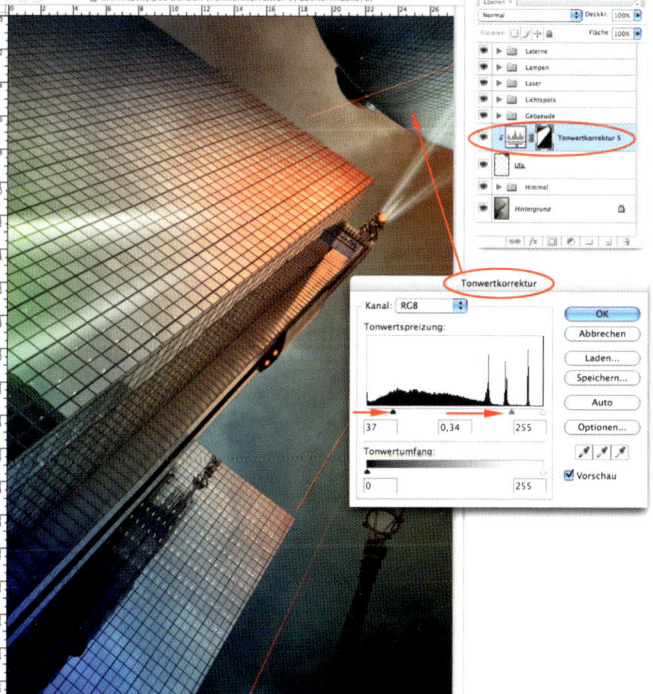

2

Über der Ebene mit der Kuppel erstellen Sie eine Einstellungsebene *Tonwertkorrektur* mit Schnittmaske.

Einige Bereiche der Kuppel sollten aufgehellt und mit stärkerem Kontrast ausgestattet werden. Bewegen Sie den mittleren und linken Regler nach rechts, bis die Kuppel aufgehellt ist, und bestätigen Sie dies.

Maskieren Sie dann die seitlichen Teile der Kuppel, sodass nur die Mitte des Objekts hell bleibt.

Damit erreichen Sie nicht nur bessere Kontraste auf der Kuppel, sondern auch die Form der Sphäre wird mehr betont.

3

Damit die Kuppel ein bisschen wie von einem anderen Stern wirkt, sollten ein paar Dachplatten in leuchtende Flächen verwandelt werden.

Wie das gemacht wird, ahnen Sie bereits. Erstellen Sie über der Ebene mit der Kuppel eine Einstellungsebene *Farbbalance* mit Schnittmaske. Verstärken Sie die Bereiche für Cyan und Blau unter *Mitteltöne* (beide Werte bis fast 100) und bis ca. 50 unter *Lichter*.

Bestätigen Sie mit OK und füllen Sie dann die Ebenenmaske dieser Einstellungsebene mit schwarzer Farbe. Die Wirkung der Einstellungsebene wird vorübergehend aufgehoben.

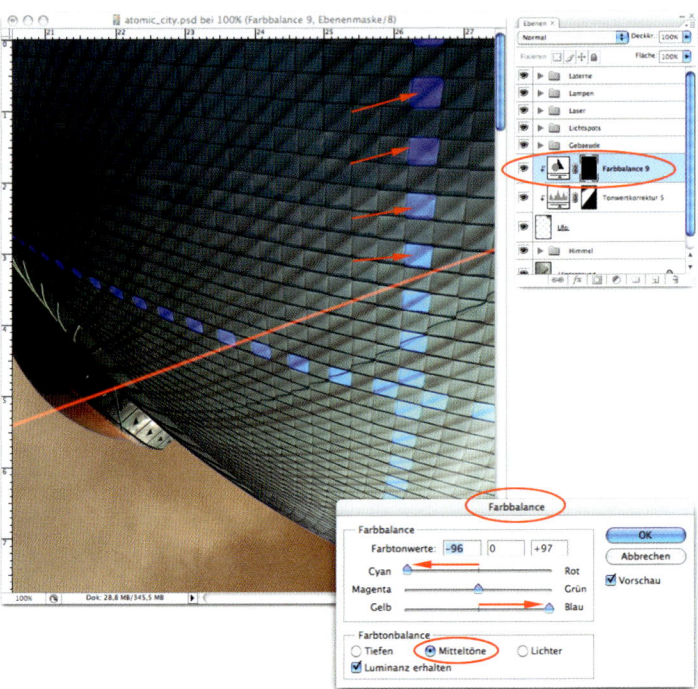

Wählen Sie dann das Pinsel-Werkzeug ([B]) mit einer Spitzengröße von ca. 10–15 Pixeln und malen Sie auf der Maske mit weißer Farbe die Flächen aus, die die Leuchtplatten darstellen sollen.

Sollten die Platten etwas heller werden, können Sie Folgendes machen: Laden Sie die Maske der Einstellungsebene *Farbbalance*. Erstellen Sie über oder unter der Einstellungsebene *Farbbalance* eine Einstellungsebene *Helligkeit/Kontrast*.

Wählen Sie die Werte für *Helligkeit/Kontrast* so, dass die Platten eine leuchtende blaue Farbe bekommen.

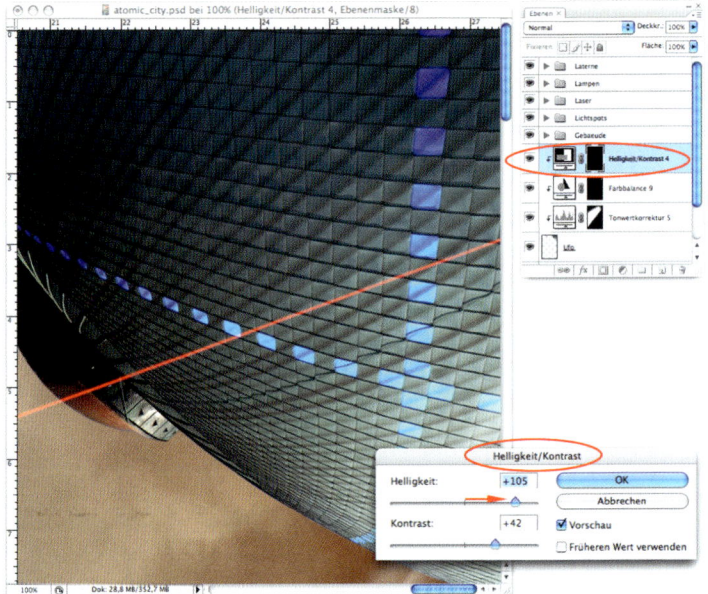

Stilllebencomposing

Wie in der Malerei ist auch im Bereich Bildcomposing das Thema Stillleben von großer Bedeutung. Nicht nur die dekorativen Composings, die wie klassisch gemalte Ölbilder aussehen, sondern auch die aus verschiedenen Gegenständen zusammengesetzten Arrangements für die Werbung fallen unter den Begriff Stillleben. Dieser kommt vom französischen „nature morte" (oder vom englischen „still life") und bedeutet eine künstlerische Darstellung lebloser Gegenstände. Die Vertreter der klassischen Malerei zeigten in ihren Werken kunstvolle Arrangements aus Blumen, Früchten, Fisch, Wild, Musikinstrumenten, Geschirr etc. In diesem Kapitel erfahren Sie, wie Sie eine klassische Stilllebencollage erstellen, und sehen ein Beispiel für eine witzige Werbevorlage.

7.1   Klassisches Stillleben in einer 3-D-Kulisse

In den folgenden Abschnitten lernen Sie das klassische „nature morte" kennen. Von der Idee bis hin zur Auswahl passender Bilder setzen Sie einzelne Gegenstände und Strukturen zu einem Kunstwerk zusammen.

Von der Idee bis zur Auswahl der Details

Sie waren bestimmt schon mal in einem Museum. Dem Thema Stillleben sind nicht selten mehrere Räume gewidmet, und wenn Sie sich diese Kunstwerke anschau-

en, finden Sie schnell die Merkmale heraus, die für diese Art der Malerei typisch sind.

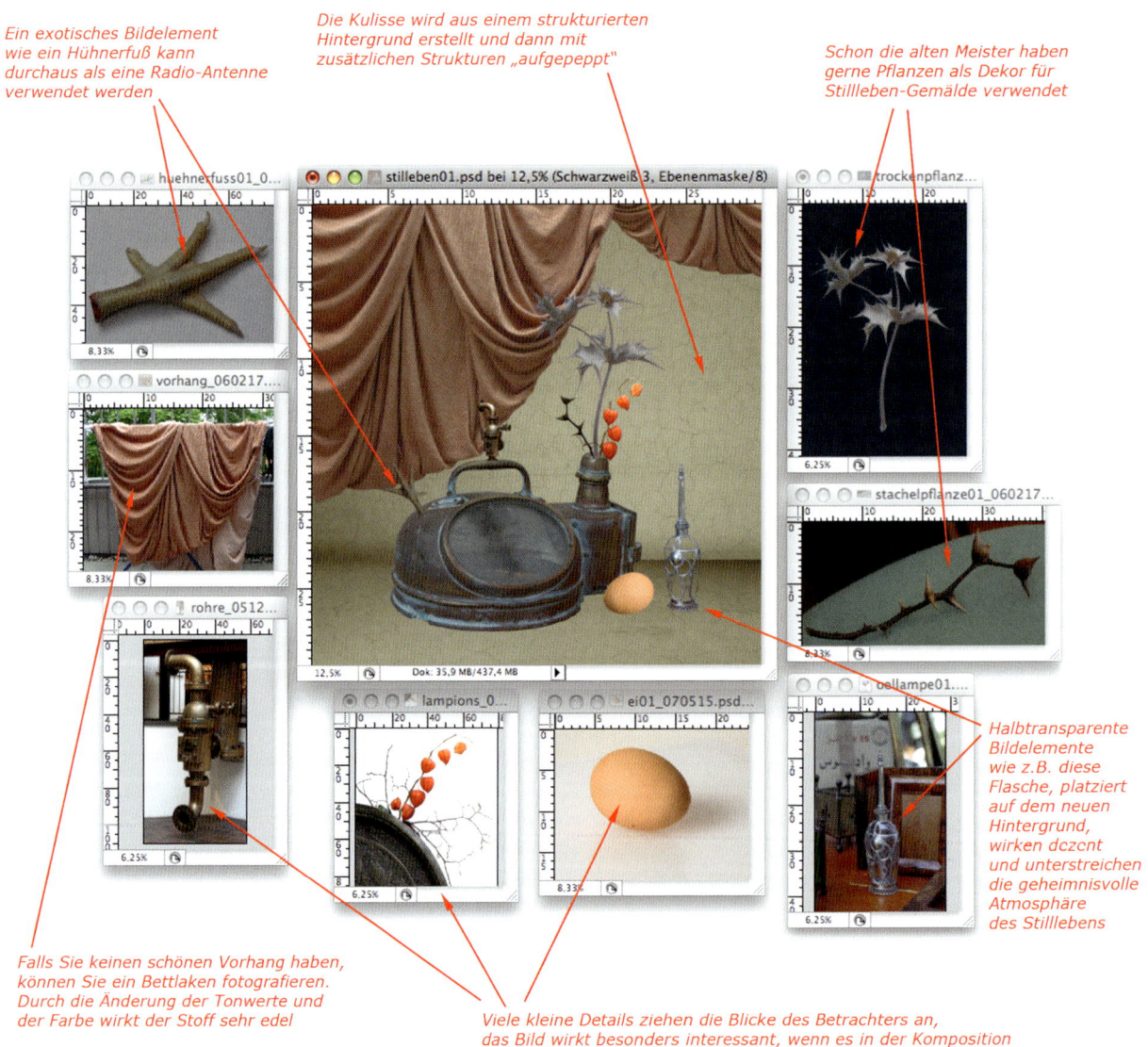

Ein exotisches Bildelement wie ein Hühnerfuß kann durchaus als eine Radio-Antenne verwendet werden

Die Kulisse wird aus einem strukturierten Hintergrund erstellt und dann mit zusätzlichen Strukturen „aufgepeppt"

Schon die alten Meister haben gerne Pflanzen als Dekor für Stillleben-Gemälde verwendet

Halbtransparente Bildelemente wie z.B. diese Flasche, platziert auf dem neuen Hintergrund, wirken dezent und unterstreichen die geheimnisvolle Atmosphäre des Stilllebens

Falls Sie keinen schönen Vorhang haben, können Sie ein Bettlaken fotografieren. Durch die Änderung der Tonwerte und der Farbe wirkt der Stoff sehr edel

Viele kleine Details ziehen die Blicke des Betrachters an, das Bild wirkt besonders interessant, wenn es in der Komposition viel zu entdecken gibt, auch auf den zweiten Blick

Die Gegenstände des Gemäldes befinden sich in einer auf den ersten Blick willkürlich zusammengesetzten Gruppe. Bei näherem Betrachten stellen Sie fest, dass dem Arrangement ein System zugrunde liegt und die Platzierung der Elemente dieses Bildes überhaupt nicht zufällig gewählt wurde.

Die einzelnen Elemente befinden sich in einem Gleichgewicht, der Aufbau unterliegt den Regeln des Goldenen Schnitts – die ästhetischen Parameter, die eine Komposition harmonisch und ausgewogen erscheinen lassen.

Die Gruppe der Utensilien besteht aus Hauptdetails und Nebenelementen, die den Blick des Betrachters nicht ablenken, sondern lediglich die Bedeutung des zentralen Elements unterstreichen. Viele Details lassen den Betrachter lange durch das Kunstwerk wandern und immer neue Details und Zusammenhänge entdecken.

Die Gruppe der Gegenstände wird meist von den Dekorationselementen wie Vorhängen, Strukturen etc. umrahmt, um die Komposition harmonisch abzurunden. Die Lichtführung in einem Stillleben ist plastisch, und das Licht gibt seine Hauptleistung in der Mitte des Bildes ab und wird zu den Rändern hin immer schwächer.

Genau nach diesen Prinzipien wird unsere Komposition aufgebaut. Natürlich wollen wir nicht ein klassisches Gemälde eins zu eins nachbauen, sondern in den klassischen Aufbau auch eigene Ideen einbringen und vielleicht thematisch ein klassisches Stillleben von modernen Elementen beeinflussen lassen.

Wie Sie auf der Skizze mit den Fotos sehen, wird unser Stillebencomposing sowohl aus traditionellen (Pflanzen, Vorhänge, Ei, alte Öllampe) als auch aus technischen Details (Taucherlampe, Maschinenelement)

zusammengesetzt. Natürlich darf auch ein skurriles Bildelement wie ein Hühnerfuß nicht fehlen.

Sie könnten jetzt fragen: „Ja, wunderbar, aber wo kann man solche Dinge finden und fotografieren?" Ganz einfach: Wenn Sie im Urlaub, im Museum, auf einem Flohmarkt sind, gehen Sie mit offenen Augen durch die Welt, fotografieren Sie ungewöhnliche Objekte. Diese können Sie bestimmt irgendwann einmal für ein Stillleben oder für andere Bildkompositionen gebrauchen.

Archivieren Sie die Bilder systematisch, sortiert nach Themen. Wenn Sie die Objekte freistellen, speichern Sie diese in einem Ordner auf der Festplatte. Ihre Sammlung wird wachsen und irgendwann kommt der Zeitpunkt, an dem Sie nur freigestellte Objekte in eine neu konstruierte Kulisse verschieben werden – schnell ist die Ausgangssituation für ein Composing geschaffen. Mit ein paar geübten Griffen passen Sie dann noch die Farben und das Licht an – fertig ist ein neues Kunstwerk.

In unserem Beispiel sind wir aber von einem echten Kunstwerk noch viele Schritte entfernt. Die Aufgabe lautet, aus den ausgewählten Elementen ein Bild mit dem Titel „Stillleben mit einem Radio" zu kreieren.

Das Gehäuse des Radios können Sie aus einer alten Taucherlampe kreieren, die Bedienelemente werden pflanzliche Elemente und die Antenne ein Hühnerfuß sein. Diese Aufgabe richtet sich an die Photoshop-Nutzer, die mit dem Programm schon vertraut sind und für die Begriffe wie Ebenen, Masken, Einstellungsebenen keine Fremdwörter sind.

Wenn Sie die vorherigen Kapitel aufmerksam durchgelesen und die Beispiele fleißig nachgemacht haben, werden Sie bei dieser Aufgabe auch alles schaffen. Viel Erfolg!

Vorbereitung der Bildelemente des Composings, Tipps zur Archivierung

Wie bereits erwähnt wurde, ist es von Vorteil, wenn Sie die freigestellten Objekte in einem Ordner als PSD-Dateien mit Ebenen speichern. So lassen sich diese schnell finden.

Benennen Sie die Bilder eindeutig, zum Beispiel *Kanne*, *Schuh*, *Radio*, *Teller*, *Tasse* und geben Sie der Datei einen Zusatz mit dem Datum, wann Sie das Bild freigestellt haben. Ein Dateiname könnte dann so aussehen: *kanne_080523.psd.*

Um die Dateien schneller finden zu können, verwenden Sie Stichwörter – diese können Sie entweder in Adobe Bridge oder in Photoshop Lightroom zuweisen.

Die Stichwörter werden von beiden Programmen unterstützt. Den Ordner mit den freigestellten Bildern können Sie thematisch untergliedern. Als Unterordner können Sie z. B. die Themen *Menschen*, *Pflanzen*, *Geschirr*, *Transparentes*, *Technisches* etc. anlegen.

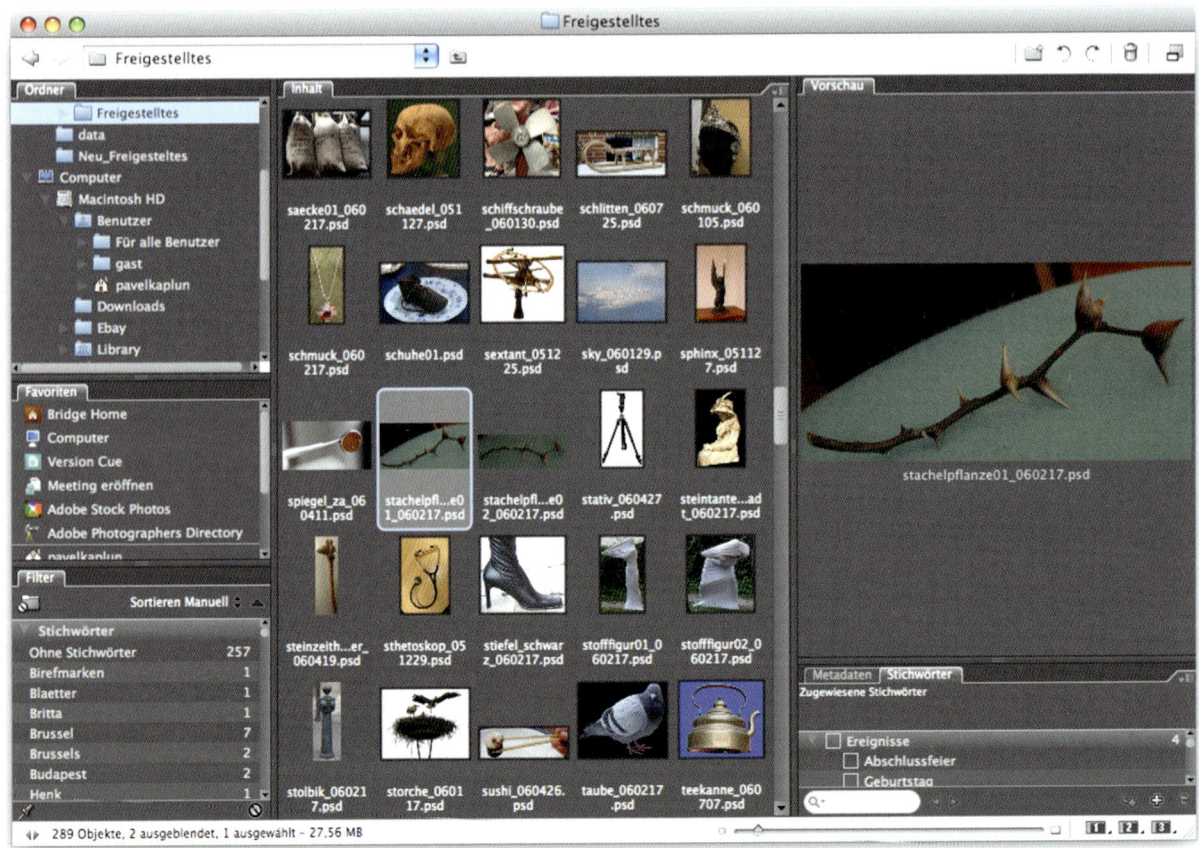

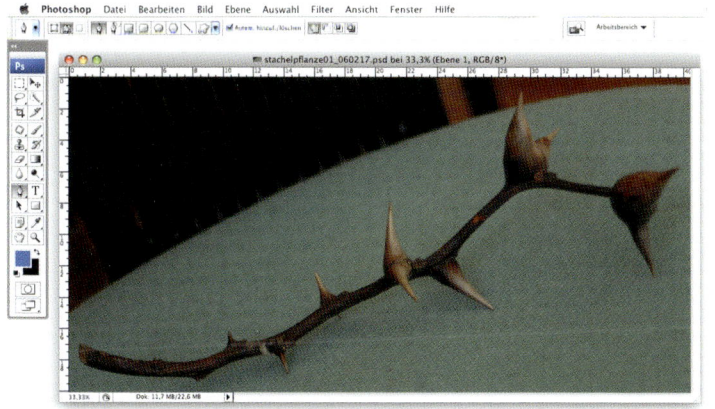

Optimierung der freigestellten Elemente

Das klassische Freistellungswerkzeug für viele Bildelemente ist das Zeichenstift-Werkzeug ([P]). Mit diesem Werkzeug stellen Sie auch die Details frei, die sich auf einem unruhigen Hintergrund befinden. Die Grenze zwischen dem Objekt und dem Hintergrund definieren Sie selbst.

Die Optionen für das Zeichenstift-Werkzeug ([P]) sind: *Pfade, Pfadbereich erweitern, Gummiband.*

1

Beim Erstellen des Auswahlpfads nehmen Sie eine Bildansicht von ca. 300 %. So können Sie die Kante zwischen dem Objekt und dem Hintergrund mit hoher Präzision treffen. Sobald der Pfad rund um das Objekt fertig ist, klicken Sie mit der rechten Maustaste in den Pfad und wählen im Kontextmenü die Option *Auswahl erstellen.*

Im Dialog *Auswahl erstellen* wählen Sie einen Radius von ca. 0,5–1 Pixel – so definieren Sie gleich die weiche Auswahlkante für das Objekt. Mehr über die Freistellung mit dem Zeichenstift-Werkzeug ([P]) finden Sie in Kapitel 3.

2

Wenn das freigestellte Objekt sich bereits auf der neuen Ebene befindet, können Sie überprüfen, ob die Objektkanten keine Reste des Hintergrunds aufweisen – das sind hellere oder dunklere Ränder, die nicht schön aussehen. Kontrollieren Sie das am besten bei einer Ansicht von 100 % und auf einem unifarbenen Hintergrund. (Fügen Sie zwischen der Ebene *Hintergrund* und der Ebene mit dem freigestellten Objekt eine Füllebene *Volltonfarbe* hinzu.)

Wenn die Ränder nur an einigen Stellen zu sehen sind, ist es ratsam, diese zu maskieren. Erstellen Sie auf der Ebene mit dem Objekt eine Ebenenmaske. Mit kleinem Pinsel und weicher Kante (Härte = 0) bemalen Sie die Ränder der Maske mit der schwarzen Vordergrundfarbe, bis die Kanten nicht mehr zu erkennen sind.

Bei Stellen, an denen das Objekt etwas unscharf abgebildet ist (Abnahme der Schärfe beim Fotografieren mit offener Blende), können Sie die Kanten mit dem etwas größeren Pinsel bearbeiten. So wird die unscharfe Kante berücksichtigt und das freigestellte Objekt sieht sehr natürlich aus.

Fotografierte Pflanzenelemente optimieren und effektiv freistellen

Wenn Sie Pflanzenelemente für Ihre Composings verwenden möchten, ist es wichtig, diese bereits im Vorfeld so zu fotografieren, dass Sie sich nicht zu lange mit der Freistellung feiner Details beschäftigen müssen.

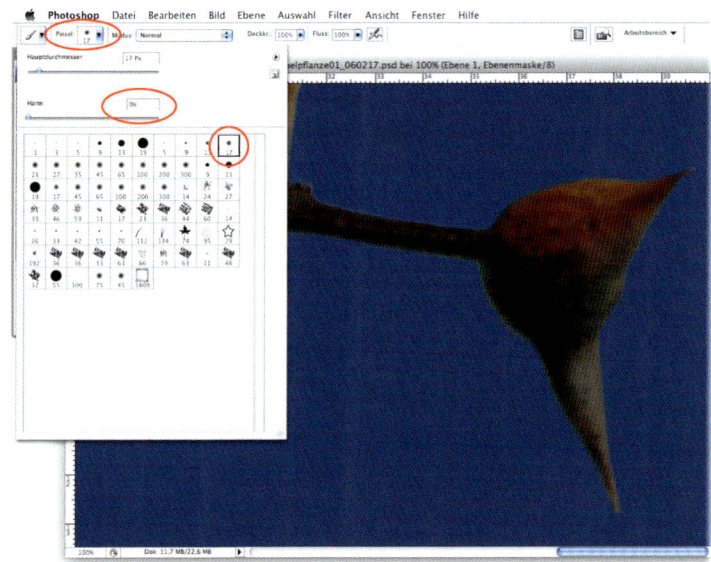

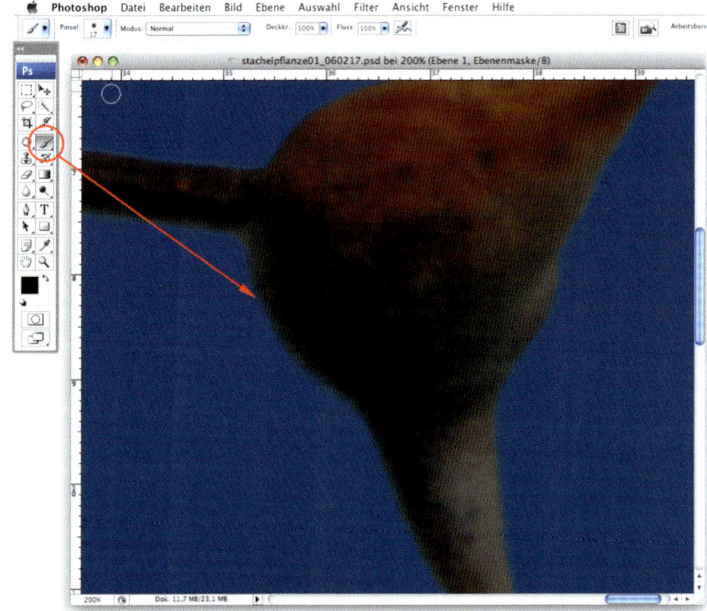

Stellen Sie sich vor, eine Pflanze wie die in der nächsten Abbildung mithilfe des Zeichenstift-Werkzeugs freizustellen. Diese Arbeit wird sicherlich ein bis zwei Stunden in Anspruch nehmen.

Wenn Sie die Pflanze mit nach Hause nehmen möchten, fotografieren Sie diese vor einem unifarbenen, kontrastreichen Hintergrund. Auch wenn Sie keine Studiohintergründe besitzen, können Sie die Pflanze auf eine Fläche legen, die einen starken Kontrast zu der Pflanze aufweist.

Fotografieren Sie am besten im RAW-Format. So können Sie die Anpassungen der Tonwerte, ohne die Pixel zu zerstören, durchführen.

Für ein Composing ist es wichtig, dass die Elemente keine starken Schatten aufweisen. So können Sie später mithilfe von Einstellungsebenen die Lichtführung selbst in die Hand nehmen.

Beim Entwickeln von RAW-Bildern können Sie die Pflanze kontrastarm entwickeln, indem Sie die Werte für *Reparatur* und *Fülllicht* entsprechend erhöhen. Damit vermeiden Sie starke Schatten, oder Sie retten damit die Strukturen in den dunklen Breichen. Sollte die Pflanze dadurch zu flau wirken, können Sie mit einer Erhöhung des Kontrastes diesem Effekt entgegensteuern. Nach diesen Korrekturen können Sie das Bild öffnen.

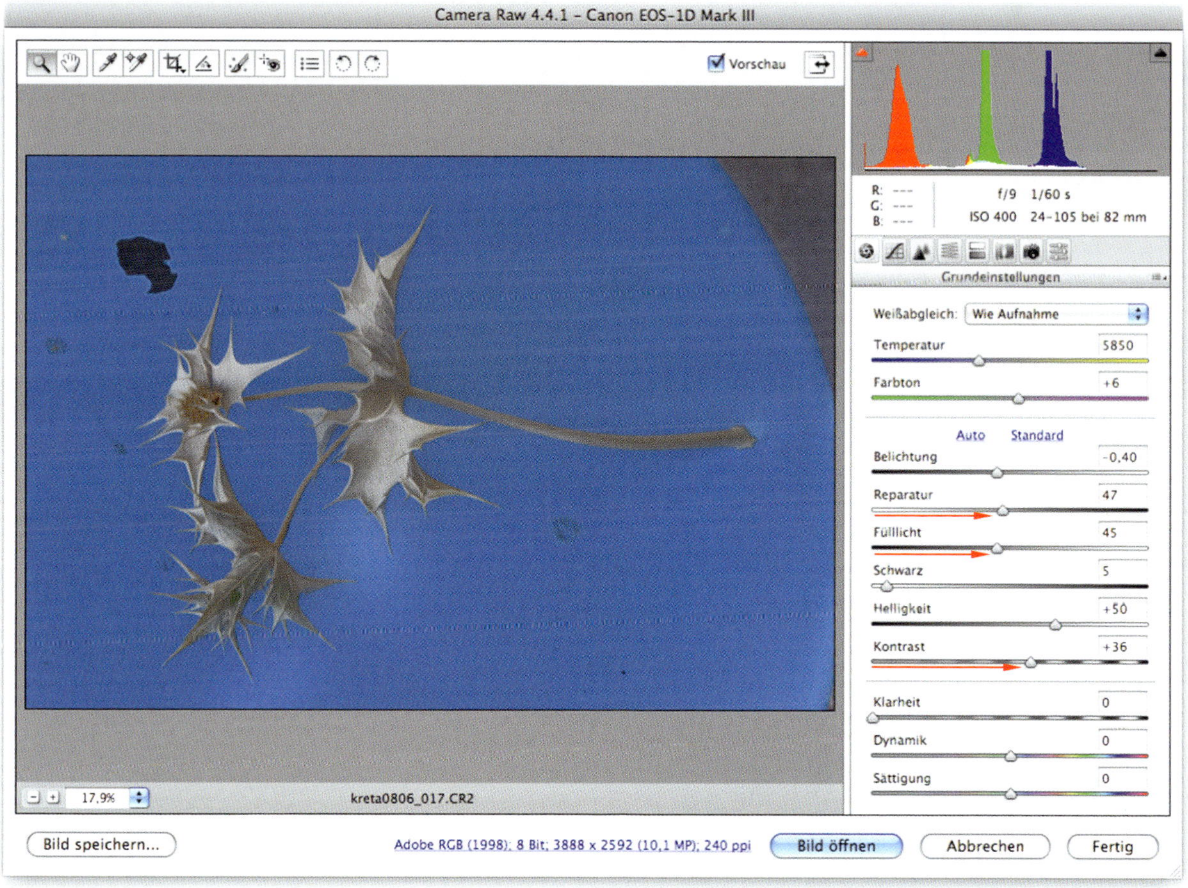

2

Wenn Sie die Pflanze auf einem Hintergrund aufgenommen haben, der einige Flecken oder andere Fehler aufweist, können Sie diese entfernen. Verwenden Sie dazu das Ausbessern-Werkzeug (⌨J⌨) mit der Option *Quelle*.

Wählen Sie den Fleck aus und ziehen Sie die Auswahl auf die fehlerfreie Stelle. Die Fläche mit dem Fleck wird durch die Pixel der fehlerfreien Stelle ersetzt.

Die Kanten werden automatisch angepasst. Erledigen Sie damit alle, auch die kleinen Flecken.

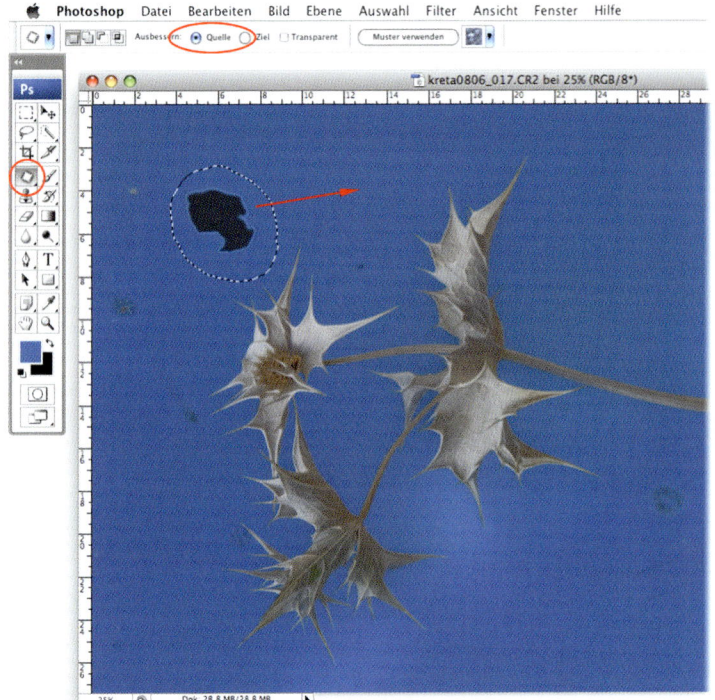

3

Ist der Hintergrund des Bildes fehlerfrei, können Sie mit der eigentlichen Freistellung beginnen. Wählen Sie *Auswahl/Farbbereich auswählen*.

Wenn der Dialog sich geöffnet hat, verwandelt sich der Mauszeiger in eine Pipette. Klicken Sie mit der Pipette auf den Hintergrund.

Erhöhen Sie im Dialogfenster die *Toleranz*, sodass auf dem Vorschaubild die Pflanze als schwarze Fläche deutlich zu sehen ist. Bestätigen Sie mit *OK*. Die Auswahl des Hintergrunds wird im Bild geladen.

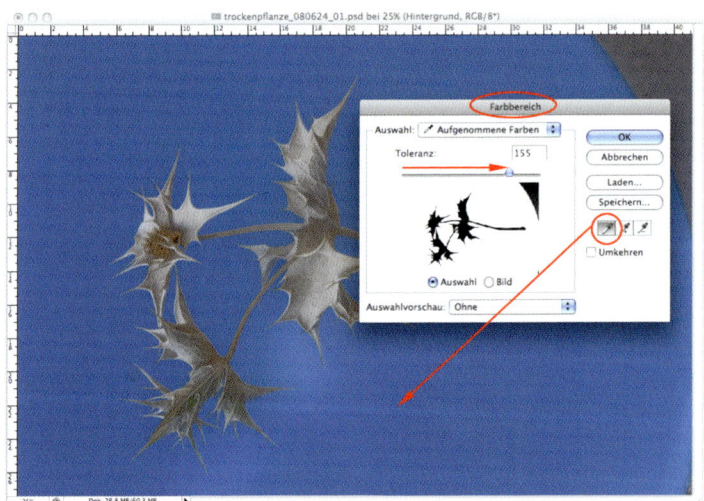

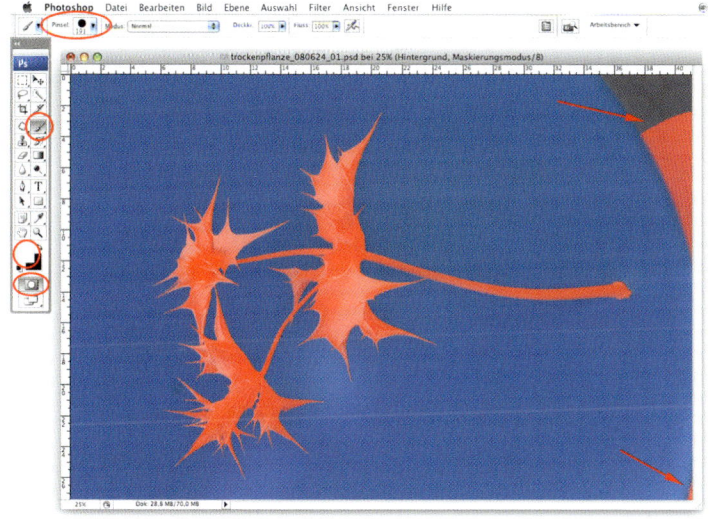

Falls einige Stellen des Hintergrunds eine andere Farbe hatten, können Sie die mit ausgewählten Bereiche entfernen.

Starten Sie den Maskierungsmodus entweder durch Klicken auf das entsprechende Symbol unten in der Werkzeugleiste oder mit der Taste ⃞Q.

Wählen Sie das Pinsel-Werkzeug (⃞B) mit einer großen harten Spitze (ca. 200 Pixel, Härte = 100) und bemalen Sie die rot markierten Stellen mit weißer Farbe. Diese werden dann ausgeblendet. Jetzt ist nur die Pflanze rot markiert.

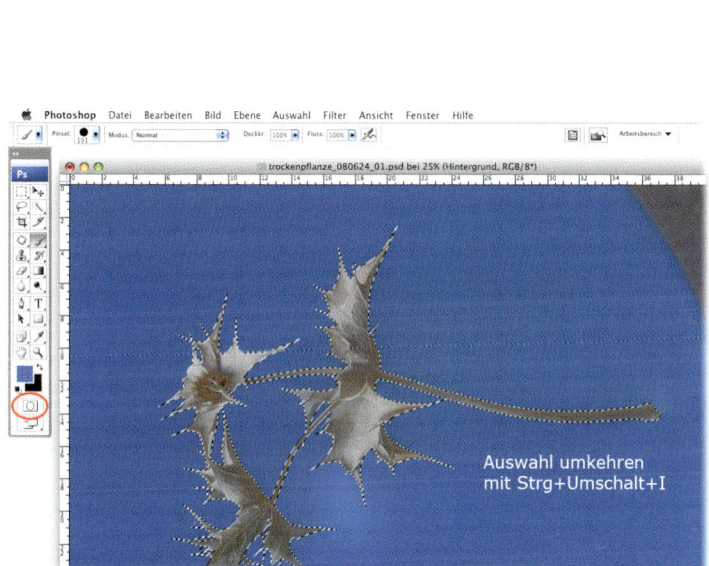

Auswahl umkehren mit Strg+Umschalt+I

Klicken Sie auf das Symbol *Im Standardmodus bearbeiten* oder drücken Sie erneut die Taste ⃞Q.

Die Auswahl des Hintergrunds, abzüglich der im vorigen Schritt entfernten Flächen, wird angezeigt.

Durch ⃞Strg+⃞Umschalt+⃞I können Sie die Auswahl umkehren. Jetzt ist nicht mehr der Hintergrund, sondern die Pflanze ausgewählt.

6

Damit die Auswahl perfekt wird, ist es sinnvoll, die Option *Kante verbessern* zu verwenden. Wenn Sie einmal auf das Auswahlrechteck-Werkzeug ([M]) klicken, wird das
Symbol *Kante verbessern* in der Optionslis-
te angezeigt.

Wählen Sie im Dialogfenster *Kante verbessern* den für Ihre Zwecke passenden Hintergrund (in unserem Beispiel ist Schwarz die
optimale Wahl).

Falls noch Reste vom Originalhintergrund
an den Rändern des freigestellten Objekts
zu sehen sind, können Sie diese eliminieren,
indem Sie den Regler *Verkleinern/Erweitern*
nach links verschieben.

Die Resultate können Sie im Bild live verfolgen. Sie können mit den zur Verfügung
stehenden Reglern die Kante sehr gut optimieren.

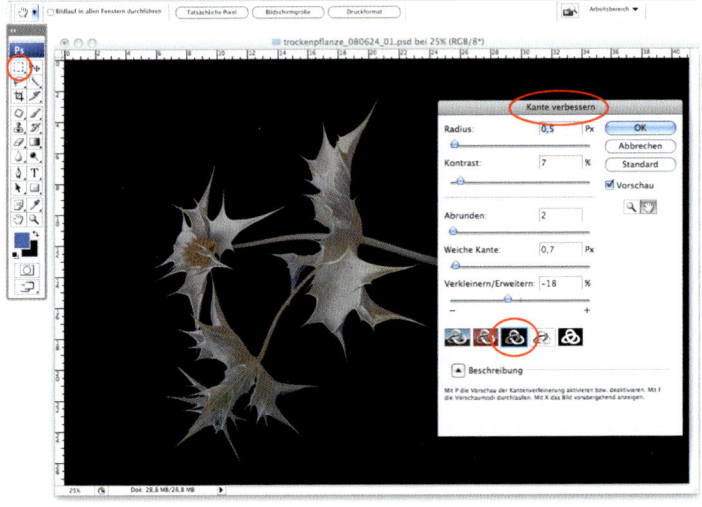

7

Nach dem Ausbessern der Kante können
Sie zwischen der Hintergrundebene und der
Ebene mit dem freigestellten Objekt eine
Füllebene *Volltonfarbe* einfügen.

Wählen Sie im Dialogfenster *Grundfarbe
aufnehmen* eine Farbe mit starkem Kontrast
zum freigestellten Objekt.

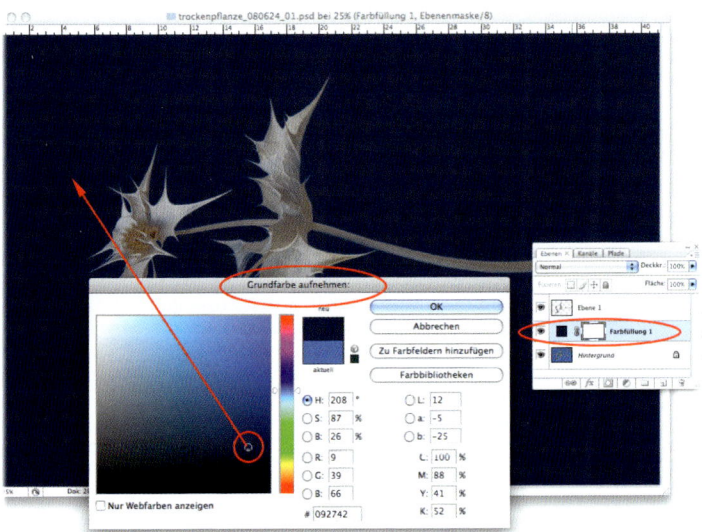

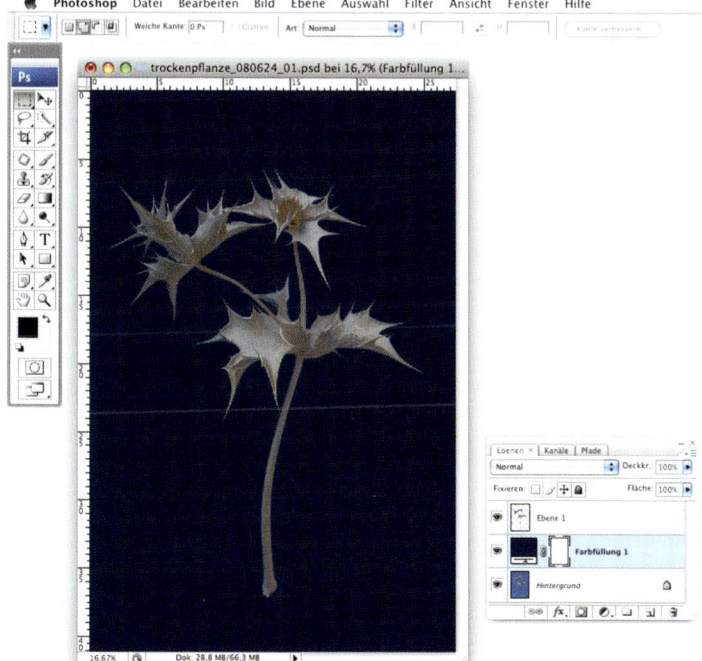

Mit *Bild/Arbeitsfläche drehen/90° gegen UZS* drehen Sie das Bild in die richtige Position.

Beim Freistellen mithilfe der Option *Farbbereich auswählen* kommt es häufig vor, dass einige Teile des freigestellten Objekts halbtransparent werden.

Das erkennen Sie besonders gut auf dem soeben erstellten farbigen Hintergrund (Füllebene *Volltonfarbe*). Besonders an den feinen Details der Pflanze ist eine blaue Verfärbung sichtbar.

Das ist nichts anderes als der Hintergrund, der durch die halbtransparenten Stellen zu sehen ist. Die Halbtransparenz können Sie schnell korrigieren.

8

Klicken Sie die Ebene mit dem freigestellten Objekt an und erstellen Sie von dieser Ebene mit Strg+J zwei Kopien.

Markieren Sie alle drei Kopien der Ebene und reduzieren Sie diese mit Strg+E auf eine Ebene. Die halbtransparenten Stellen sind jetzt dicht.

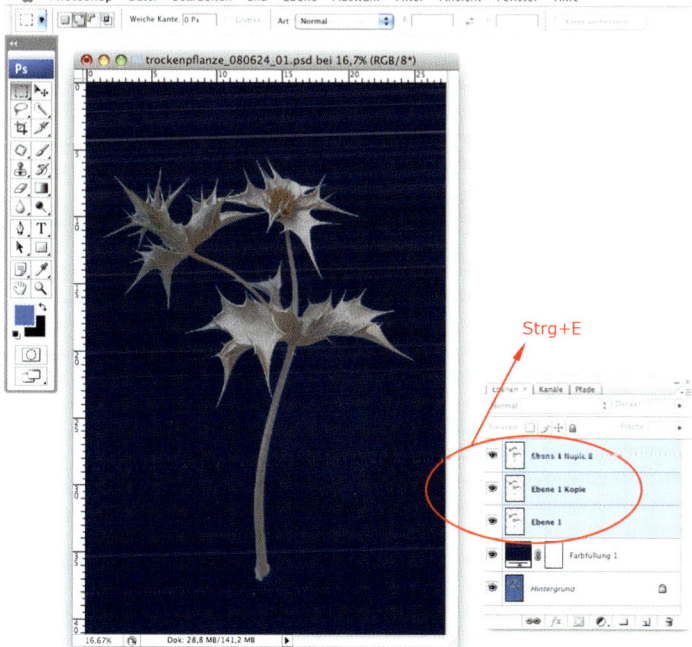

Strg+E

9

Durch die Verstärkung der Deckkraft der Ebene kann es passieren, dass vorher nicht sichtbare Flecken auf der Ebene zur Geltung kommen.

Diese Flecken wurden beim Freistellen mit ausgewählt, waren aber durch die vorherige Halbtransparenz kaum wahrnehmbar. Jetzt sind diese deutlich zu sehen.

Am einfachsten säubern Sie diese Stellen mit dem Radiergummi-Werkzeug ([E]).

Die freigestellte Pflanze ist somit fertig und kann im PSD-Format gespeichert werden.

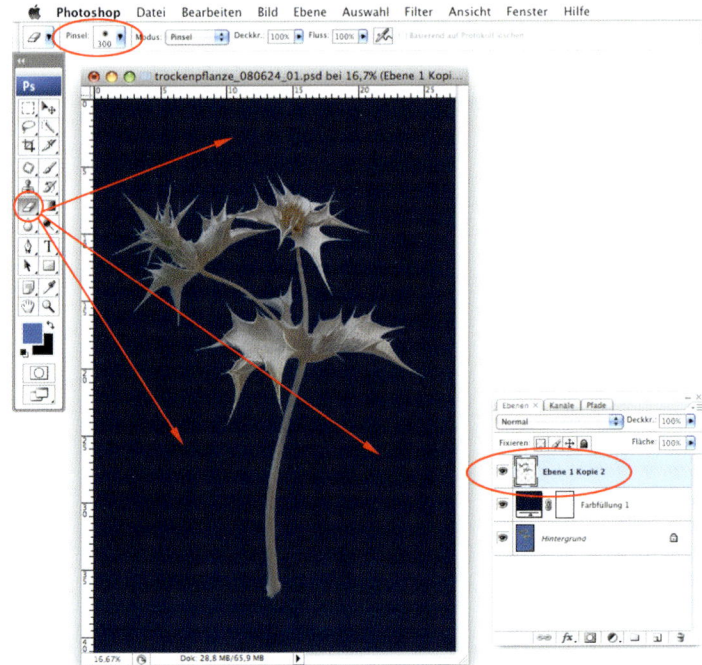

Die Kulisse für das Composing mit wenigen Handgriffen gestalten

1

Es ist für Sie bestimmt schon kein Geheimnis mehr, dass die Composings auf einem „leeren" Blatt Papier – einer neuen Arbeitsfläche – zusammengebaut werden.

Für unser Stillleben verwenden wir eine neue Arbeitsfläche mit einer Größe von 30 x 30 cm.

Die Auflösung sollte für einen qualitativ hochwertigen Druck mindestens 300 Pixel/Zoll betragen.

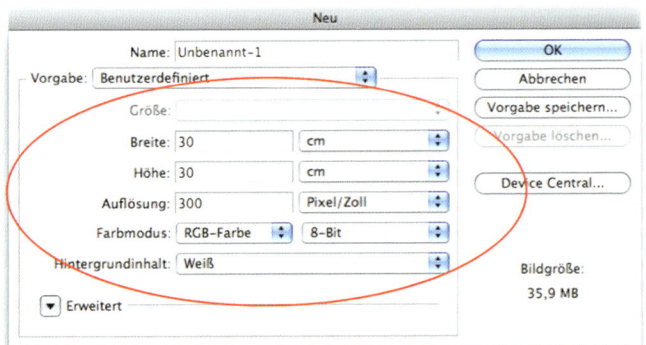

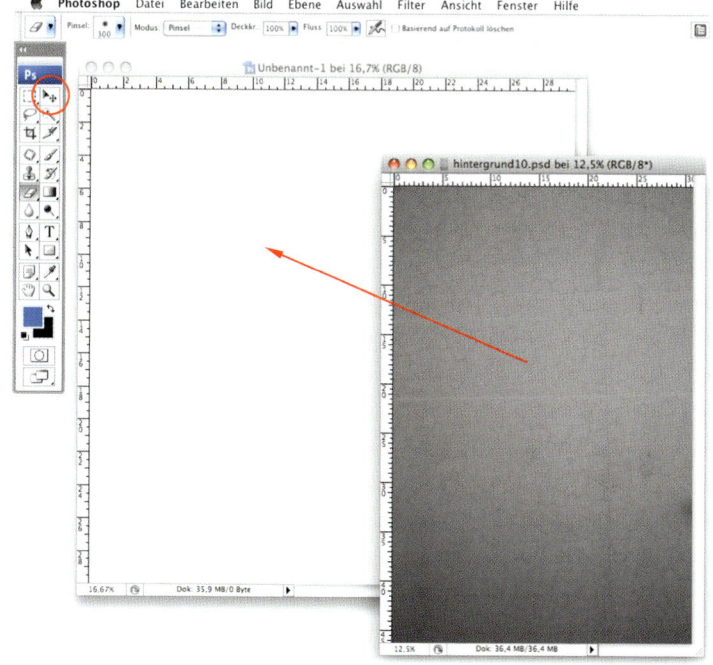

2

Öffnen Sie das Bild mit einem passenden strukturierten Hintergrund. Welches Foto als Hintergrund geeignet ist, haben Sie schon im Abschnitt 4.2 erfahren.

Beim Hineinziehen des strukturierten Bildes in die neue Arbeitsfläche mit dem Verschieben-Werkzeug ([V]) halten Sie die [Umschalt]-Taste gedrückt. So wird die neue Ebene genau mittig im Bild platziert.

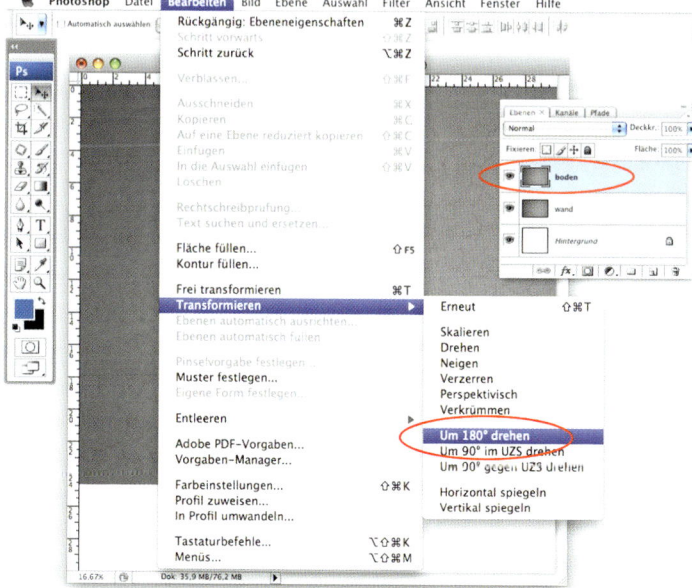

3

Duplizieren Sie die Ebene der Struktur mit [Strg]+[J]. Diese eine Struktur verwenden Sie zum Gestalten der Wand und des Bodens.

Benennen Sie die obere Strukturebene *boden*, die darunterliegende *wand*. Damit niemand auf die Idee kommen kann, dass es sich um ein und dieselbe Strukturfläche handelt, hilft Ihnen ein kleiner Trick.

Drehen Sie die Ebene *boden* um 180° – so wird die Ähnlichkeit zumindest auf den ersten Blick nicht zu sehen sein.

4

Wie Sie bereits gelernt haben, wird der Boden in einer dreidimensionalen Kulisse mit *Bearbeiten/Transformieren/Perspektivisch* in die passende Form gebracht.

Ziehen Sie dabei die unteren Anfasser des Transformationsrahmens nach außen hin aus der Bildfläche, bis Sie die gewünschte perspektivische Wirkung erreicht haben, und bestätigen Sie dann die Transformation.

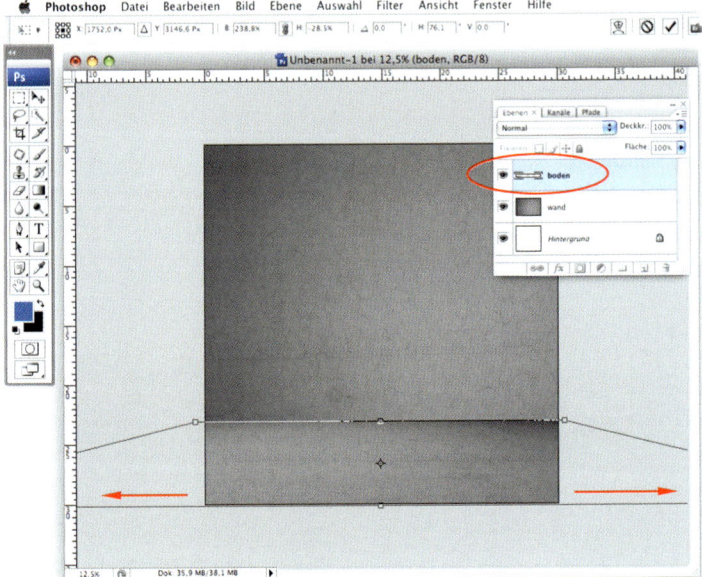

5

Damit die Grenze zwischen Wand und Boden deutlicher wird, erstellen Sie zwischen den Ebenen *wand* und *boden* eine Einstellungsebene *Tonwertkorrektur*.

Bewegen Sie den mittleren Regler im Bereich *Tonwertspreizung* nach rechts, damit die Ebene *wand* etwas abgedunkelt wird.

Erstellen Sie danach einen Maskierungsverlauf von oben nach unten, sodass die Einstellungsebene nur auf einen Streifen über der Kante zwischen Wand und Boden wirkt. Wie das genau geht, wurde in Kapitel 4 beschrieben.

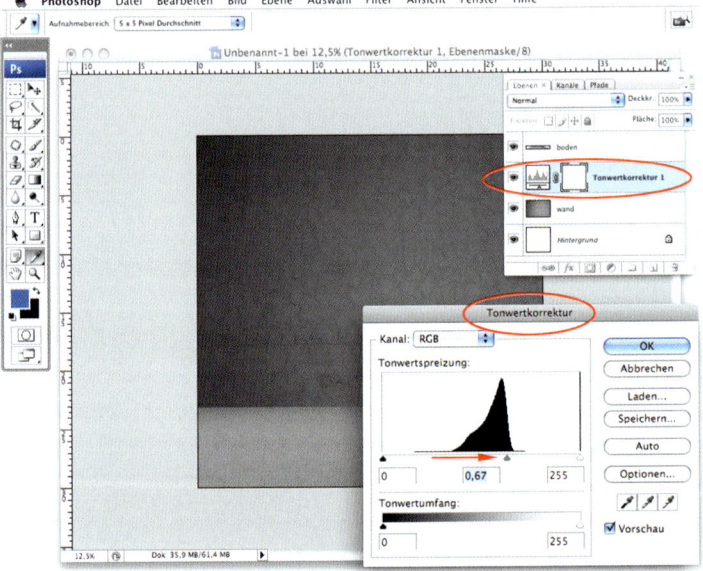

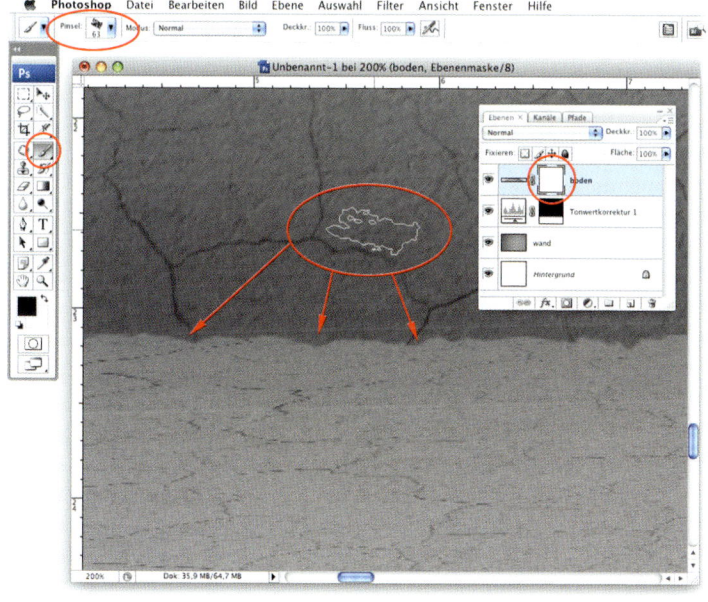

Damit der Übergang zwischen dem Boden und der Wand nicht zu glatt und „steril" wirkt, können Sie diesen durch die Anwendung eines Maskierungsverlaufs mit einer weichen Kante versehen. Oder Sie gestalten die Kante als eine ungerade Linie – das würde sehr gut zu der Steinstruktur passen. Erstellen Sie auf der Ebene *boden* eine Maske. Nehmen Sie das Pinsel-Werkzeug ([B]) mit einer Spitze aus der Reihe *Kreide* mit einer Größe von ca. 60–70 Pixeln und bearbeiten Sie die Kante mit der schwarzen Farbe ungefähr so, wie es in dem Screenshot demonstriert ist. Verwenden Sie dazu eine vergrößerte Ansicht von ca. 200–300 %.

Die Vorbereitung der Kulisse ist in der ersten Phase fertig und Sie können mit der Platzierung der einzelnen Bildelemente des Composings beginnen. Weitere Anpassungen der Bildelemente der Kulisse folgen im späteren Verlauf der Zusammenstellung.

Platzierung der Bildelemente und Anpassung der Kulisse

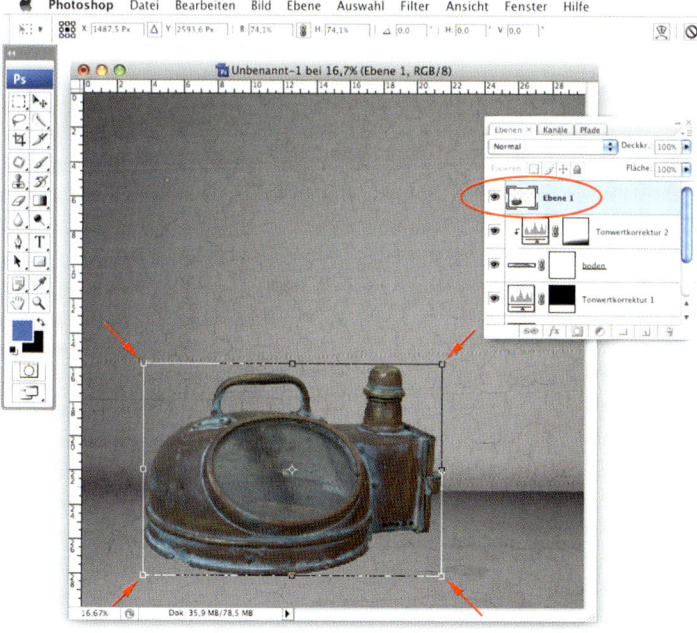

Ziehen Sie das erste freigestellte Hauptbildelement – in unserem Beispiel ist das die alte Taucherlampe – in die neue Arbeitsfläche und aktivieren Sie mit [Strg]+[T] den Transformationsrahmen, mit dem Sie die Lampe auf die richtige Größe bringen. Halten Sie dabei die [Umschalt]-Taste gedrückt, damit die Proportionen nicht verloren gehen.

2

Bereits nachdem Sie das erste Bildelement eingefügt haben, können Sie sich Gedanken um die allgemeine Farbrichtung des Composings machen.

Unser Hauptelement ist eine alte Lampe aus Kupfer, die eine gelbrote Farbe mit einigen grünen Flecken hat. Das bedeutet, dass eine passende Umgebung für diese Lampe ein in warmen Tönen gehaltener Raum wäre.

Erstellen Sie zu diesem Zweck über den Ebenen, die für den Raum zuständig sind, eine neue Einstellungsebene *Farbbalance* und verstärken Sie in den Bereichen *Mitteltöne* und *Tiefen* die Werte für Gelb und Rot. Der Raum bekommt damit eine Tönung, die gut zu der Lampe passt.

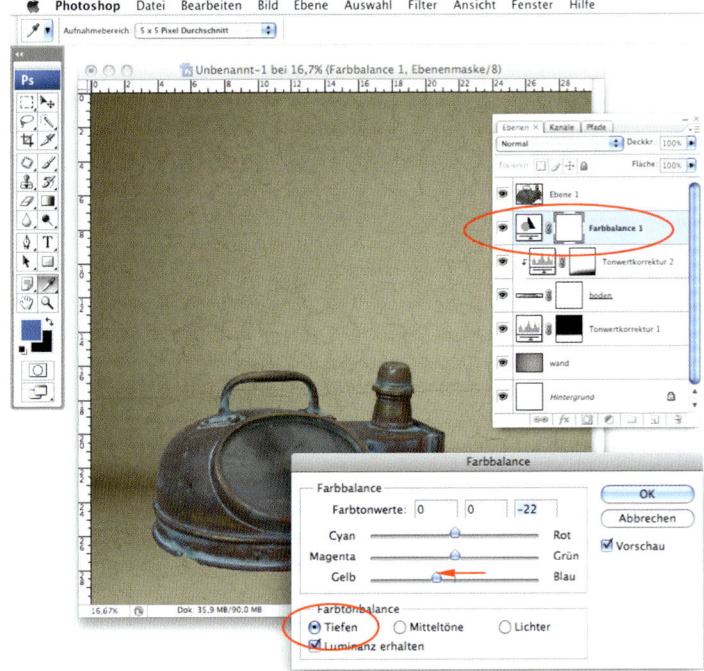

3

Bringen Sie nun weitere Bildelemente ins Spiel und fügen Sie dem Bild andere freigestellte Objekte hinzu.

Schmücken Sie die Kulisse beispielsweise mit einem Vorhang. Sie werden sehen, die Farbrichtung des Bildes stimmt, da andere Bildelemente auch passende Farbtöne aufweisen.

Damit der Raum etwas interessanter wirkt, ist es häufig sinnvoll, die strukturierten Flächen mit weiteren Strukturbildern zu überlagern. Öffnen Sie hierzu weitere Strukturfotos und ziehen Sie diese in das Bild hinein. Platzieren Sie diese jeweils über den Ebenen mit dem Fußboden und der Wand.

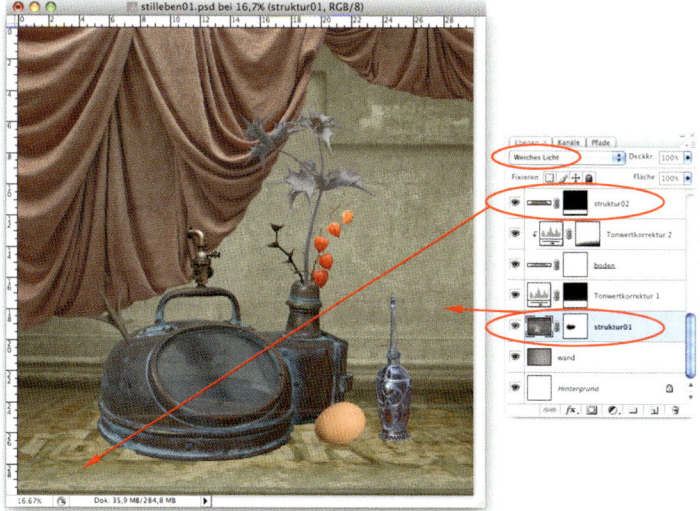

Um wirklich schöne Überlagerungseffekte zu erreichen, ändern Sie die Ebenenfüllmethoden der neu eingefügten Ebenen mit den starken Strukturen auf *Weiches Licht*.

Die Strukturen werden sanft auf die vorhandene Raumkonstruktion übertragen und der Raum wirkt jetzt viel interessanter. Eventuell noch zu erkennende harte Kanten der eingefügten Bilder können Sie mit Maskierungsverläufen „absoften".

Jetzt können Sie dem Raum einige maskierte Einstellungen verpassen, die Ihre Gestaltung tiefer erscheinen lassen.

4

Zuerst sollte die Kante zwischen dem Boden und der Wand weich abgedunkelt werden. Am einfachsten geht das mit einer Einstellungsebene *Helligkeit/Kontrast*, die Sie unter der Einstellungsebene *Farbbalance* platzieren, mit der Sie vorher den Raum gelbrot eingefärbt haben.

Im Dialog *Helligkeit/Kontrast* bewegen Sie den Regler *Helligkeit* stark nach links und den Regler *Kontrast* leicht nach rechts. Der Raum sollte dadurch stark abgedunkelt werden.

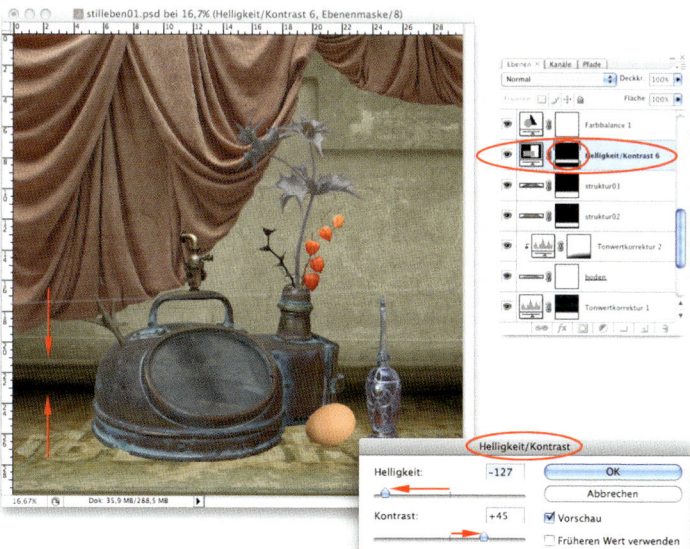

Erstellen Sie dann die Maskierungsverläufe so, wie es in der Abbildung mit den Pfeilen gezeigt wird. Die Einstellungsebene *Helligkeit/Kontrast* soll dadurch nur auf einem schmalen Streifen – genau über der Kante zwischen Wand und Boden – wirken.

5

Fügen Sie eine weitere Einstellungsebene *Tonwertkorrektur* hinzu. Diese sollte den ganzen Raum etwas dunkler machen.

Bewegen Sie dazu den mittleren Regler im Bereich *Tonwertspreizung* nach rechts und den rechten Regler im Bereich *Tonwertumfang* nach links, wie es in dem Screenshot dargestellt ist.

Der Raum bekommt eine leichte Abdunklung. Falls Ihnen später die Abdunklung zu stark erscheint, können Sie das Dialogfenster *Tonwertkorrektur* wieder aufrufen und die eingegebenen Werte entsprechend korrigieren.

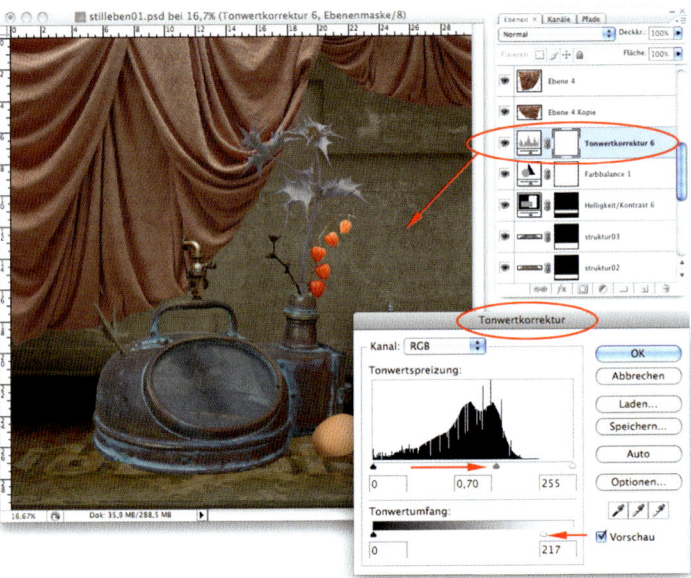

6

Für eine stärkere Tönung können Sie entweder die vorhandene Einstellungsebene *Farbbalance* benutzen oder noch eine zusätzliche Einstellungsebene *Farbbalance* hinzufügen.

Haben Sie keine Angst vor den Einstellungsebenen, diese helfen Ihnen sehr effektiv.

Und wenn Sie die Ebenenstruktur richtig anlegen, korrekt beschriften und Ebenengruppen bilden, wird es für Sie kein Problem sein, in den zahlreichen Pixel- und Einstellungsebenen zu navigieren.

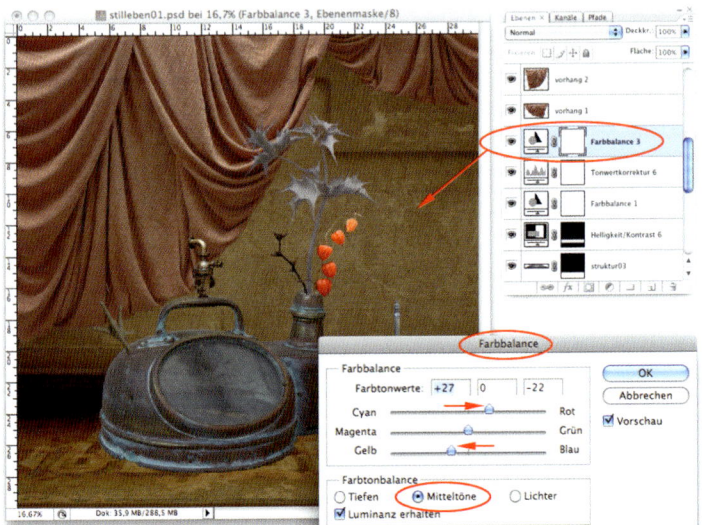

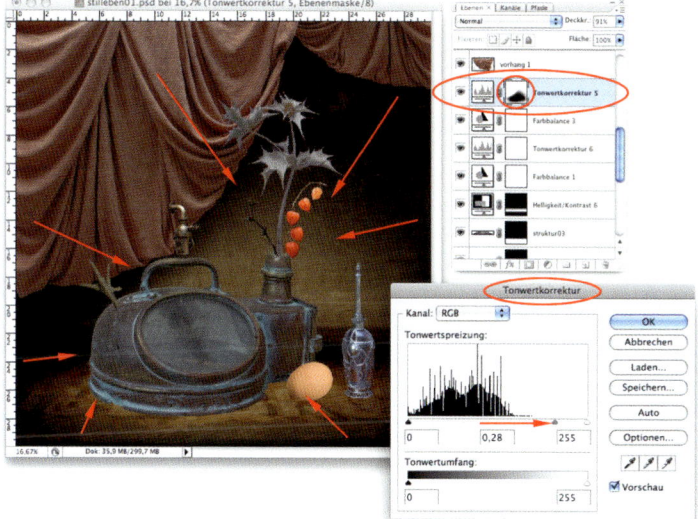

7

Zuletzt das Allerwichtigste beim Gestalten des Raums eines Stilllebens: die Vignettierung. Erst durch die Vignettierung bekommt der Raum eine perfekte Tiefe und rückt die Gegenstände ins rechte Licht. Erstellen Sie eine weitere Einstellungsebene *Tonwertkorrektur* und dunkeln Sie den Raum durch Verschieben des mittleren Reglers nach rechts stark ab.

Definieren Sie die Vordergrundfarbe Weiß und die Hintergrundfarbe Schwarz. Mit Strg+ Entf füllen Sie die Maske der Einstellungsebene *Tonwertkorrektur* mit Schwarz. Die Wirkung wird vorübergehend aufgehoben. Mit Maskierungsverläufen (Vordergrund-Transparent, Vordergrundfarbe Weiß) – erstellt wie in dem Screenshot gezeigt – lassen Sie die Einstellungsebene an den Kanten des Bildes wirken.

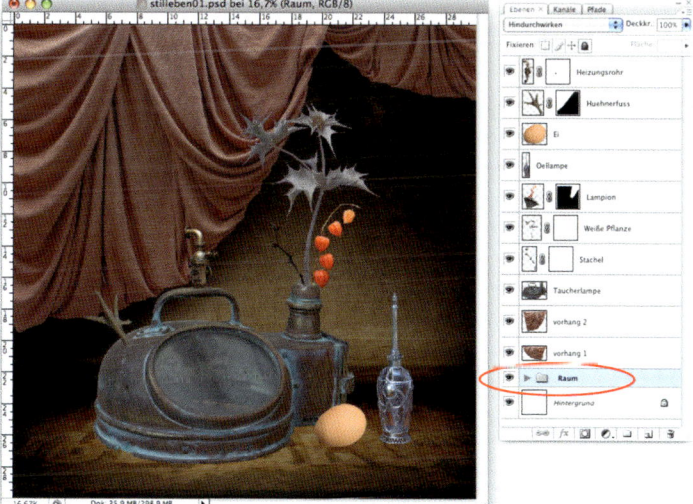

8

Die Grundgestaltung des Composings ist somit fertig. Die Bildelemente sind auf der Arbeitsfläche platziert, der Raum ist komplett fertig. Alle Ebenen, die zu der Gestaltung der Kulisse gehören, können Sie jetzt in einer Ebenengruppe zusammenfügen.

Markieren Sie alle entsprechenden Ebenen bei gedrückter Umschalt-Taste und ziehen Sie alle Ebenen auf das Symbol *Ebenengruppe*. Die Ebenen befinden sich in der *Ebenen*-Palette in einem Ordner, den Sie in *Raum* umbenennen können.

Jetzt können Sie sich mit den Details des Composings beschäftigen.

Details des Composings aneinander anpassen und perfektionieren

1

Zuerst ein kleiner Trick. Sie haben in Ihrer Gestaltung ein Bildelement, in dem Sie eine kleine Öffnung simulieren möchten. In unserem Beispiel wird die Spitze der Taucherlampe als Vase dienen, daher soll hierin eine Öffnung für die Pflanzen kreiert werden. Nichts ist einfacher als die Gestaltung einer Öffnung mithilfe einer Einstellungsebene. Erstellen Sie über der Ebene mit der Taucherlampe eine neue Einstellungsebene *Helligkeit/Kontrast* mit Schnittmaske. (Sie können auch die Tonwertkorrektur oder Gradationskurven verwenden.) Im Dialogfenster *Helligkeit/Kontrast* wird die darunterliegende Ebene zuerst komplett abgedunkelt (s. Reglerposition in dem Screenshot). Dann wird die Ebenenmaske der Einstellungsebene mit schwarzer Farbe gefüllt und die Öffnung der Vase mit einem kleinen Pinsel (ca. 5 Pixel) freihand gemalt. Diese Aufgabe braucht ein bisschen Übung, aber wenn Sie ein Grafiktablett verwenden, werden Sie ziemlich schnell erfolgreich arbeiten.

2

Bei den Objekten, die in ein Stilllebencomposing integriert werden sollen, ist es sehr wichtig, dass die Kanten zu der neuen Umgebung (unser konstruierter Raum) passen und nicht zu hell sind. Die Kanten können Sie mithilfe der Einstellungsebenen abdunkeln. Das Rezept ist nicht neu: Zuerst eine Einstellungsebene (z. B. *Helligkeit/Kontrast*) mit Schnittmaske erstellen, das Objekt stark

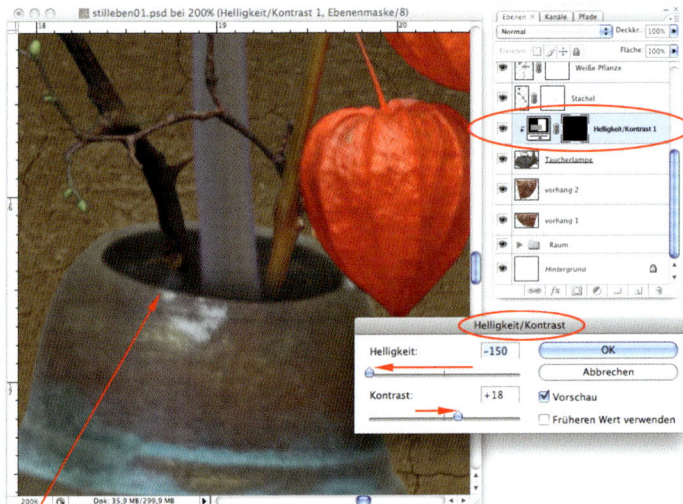

Die Maske der Einstellungsebene *Helligkeit/Kontrast* wird zuerst mit schwarzer Farbe gefüllt.
Die Öffnung wird mit einer kleiner Pinselspitze mit weißer Farbe auf der Ebenenmaske gemalt

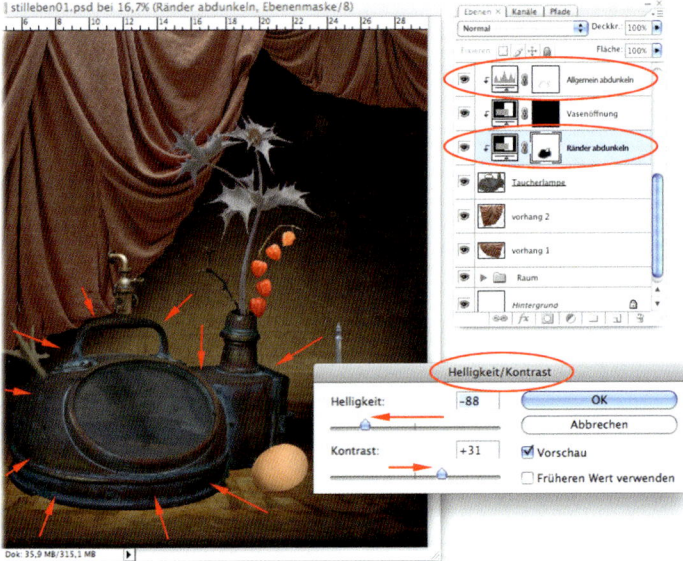

abdunkeln, die Einstellungsebene durch Füllen der Maske mit schwarzer Farbe vorübergehend deaktivieren und dann die Ränder mit einem großen weichen Pinsel (ca. 100 Pixel, Härte = 0) mit weißer Farbe auf der Maske bearbeiten. So werden die Ränder abgedunkelt und das Objekt passt perfekt in die neue Kulisse. Verwenden Sie bei Bedarf noch eine maskierte Einstellungsebene, um die Abdunklung zu verstärken.

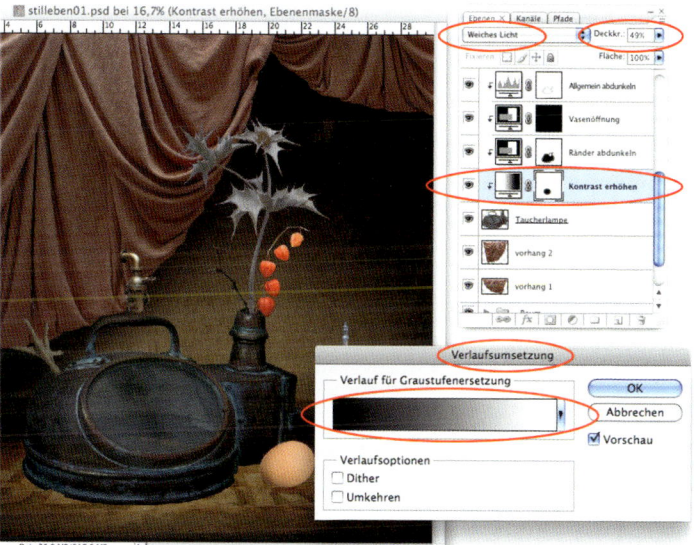

3

Intensivieren Sie die Farbe der Taucherlampe mithilfe der Einstellungsebene *Farbbalance* mit Schnittmaske und verstärken Sie im Bereich *Mitteltöne* die Werte für Rot und Gelb. Alternativ können Sie die Einstellungsebene *Farbton/Sättigung* verwenden und die Sättigung erhöhen.

4

Damit die Struktur eines Objekts besser zur Geltung kommt, können Sie einen simplen, aber effektiven Trick anwenden. Erstellen Sie über der Ebene mit der Taucherlampe eine Einstellungsebene *Verlaufsumsetzung*.

Wählen Sie im Dialogfenster im Bereich *Verlauf für Graustufenersetzung* die Option *Schwarz zu Weiß*. Bestätigen Sie dies. Das Objekt wird vorübergehend entfärbt. Ändern Sie die Ebenenfüllmethode für diese Einstellungsebene auf *Weiches Licht*. Die Kontraste der Ebene werden deutlich erhöht. Leider geht dabei auch die Helligkeit ein wenig verloren. Deshalb ist es ratsam, die Deckkraft der Einstellungsebene *Verlaufsumsetzung* auf ca. 30–50 % zu reduzieren.

Schatten unter den Objekten erzeugen

1

Ein perfekter Schatten gehört wie bei jedem Composing auch bei einem Stillleben zum guten Ton. Ein Schatten besteht aus mehreren Teilen.

Der erste wäre der sogenannte Kernschatten – das ist der dunkle Rand unter dem Objekt, das auf einer Fläche steht. Den Kernschatten erzeugen Sie am einfachsten wie folgt:

Laden Sie die Auswahl des Objekts (*Auswahl/Auswahl laden*). Erstellen Sie unter der Ebene des Objekts eine neue leere Ebene und füllen Sie diese Ebene mit schwarzer Farbe.

Heben Sie nun die Auswahl mit Strg+D auf. Bearbeiten Sie die Form mit *Filter/ Weichzeichnungsfilter/Gaußscher Weichzeichner*. Wählen Sie im Dialogfenster einen Radius von ca. 3–5 Pixeln. Der Schatten soll nur unter dem Boden der Taucherlampe zu sehen sein. Deshalb sollte der obere Teil der Ebene mit dem Schatten auf der Ebenenmaske mit einem Verlauf ausgeblendet werden.

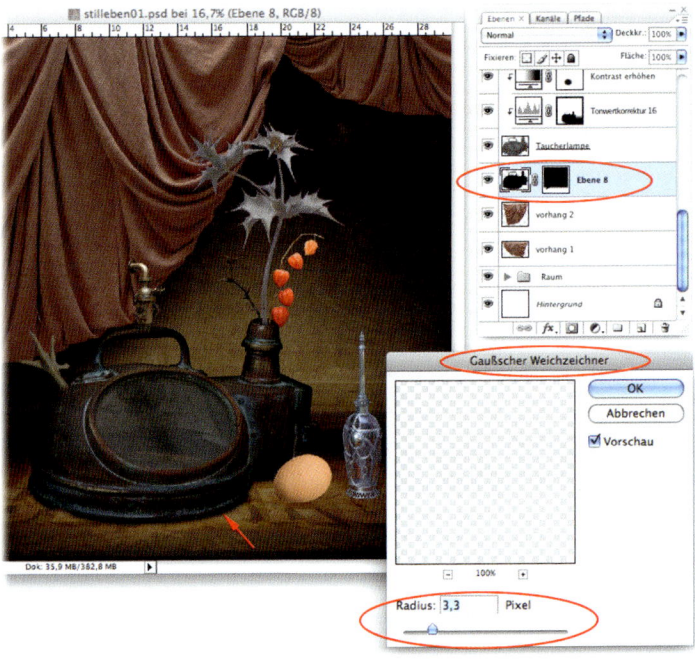

2

Auch ein weicher, diffuser Schatten gehört zum Pflichtprogramm eines Composings. Erstellen Sie eine weitere leere Ebene unter der Ebene der Taucherlampe.

Wählen Sie das Pinsel-Werkzeug (B) mit einer größeren weichen Spitze (ca. 400 Pixel, Härte = 0). Stellen Sie für den Pinsel eine geringe Deckkraft (ca. 20–25 %) ein und zeichnen Sie unter der Taucherlampe einen weichen Schatten. Wie bei jeder Gestaltung wird es vielleicht eine Weile dauern, bis Sie Schatten perfekt malen können, aber die Technik ist denkbar einfach und mit ein bisschen Übung und Fleiß kommen Sie bald zu guten Ergebnissen.

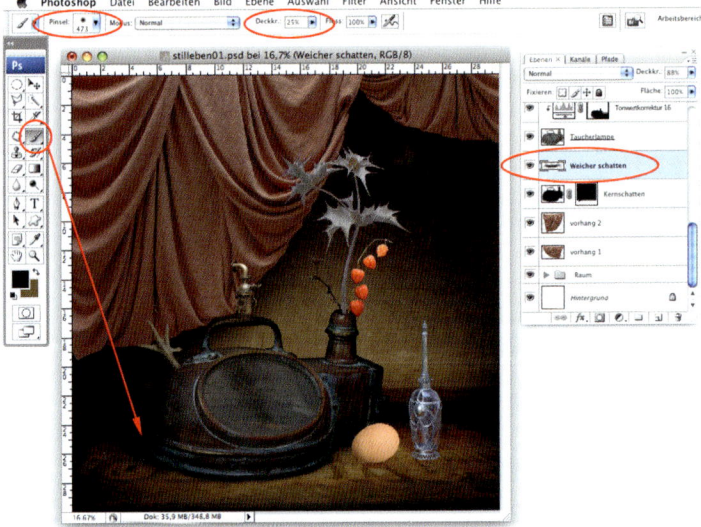

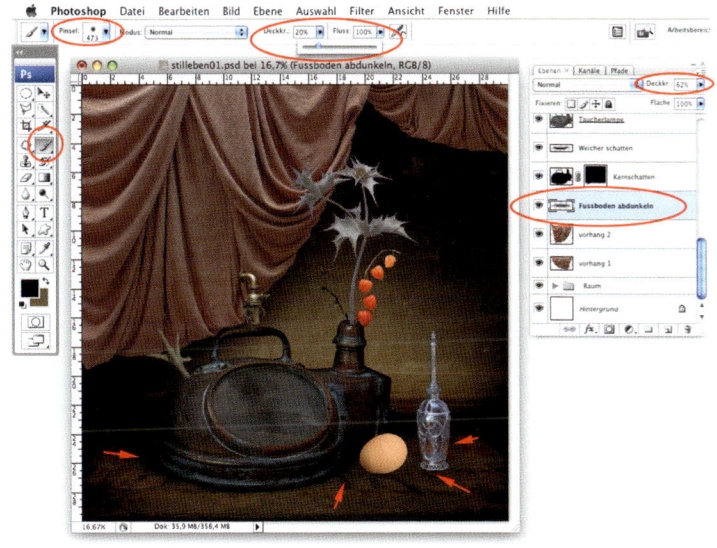

Auch unter den anderen Objekten sollte der Fußboden etwas abgedunkelt werden. Sie können hier genauso verfahren wie beim Erstellen des Schattens unter der Taucherlampe. Achten Sie darauf, dass die Schatten in die richtige Richtung verlaufen.

Objektteile umfärben

In unserer Gestaltung soll die Taucherlampe zu einem Radio umfunktioniert werden. Das Glas der Lampe „verwandeln" wir daher in ein modernes, berührungsempfindliches Display.

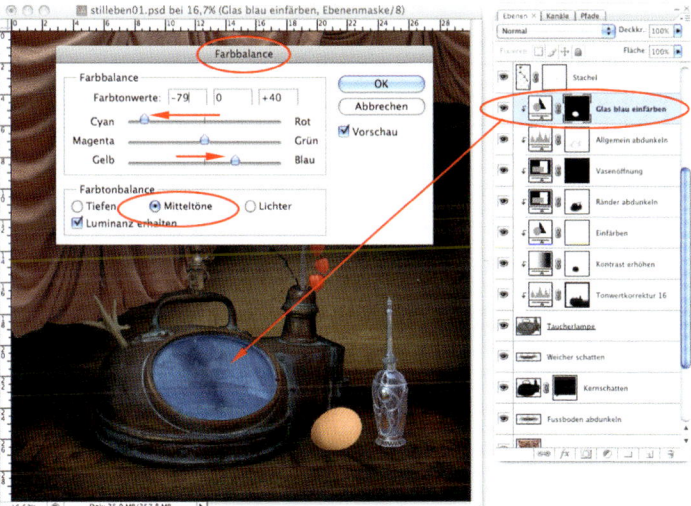

1

Eine selektive Umfärbung können Sie an Objekten schon mit einer groben Eingrenzung der Fläche durchführen. Wählen Sie hierzu das Lasso-Werkzeug ([L]) und erstellen Sie eine grobe, großzügige Auswahl des Glases der Lampe. Halten Sie dann die [Alt]-Taste gedrückt und erstellen Sie über allen zur Lampe gehörenden Einstellungsebenen eine Einstellungsebene *Farbbalance* (mit Schnittmaske). Verstärken Sie jetzt im Bereich *Mitteltöne* die Werte für Cyan und Blau. Das Glas im vorher mit dem Lasso-Werkzeug ([L]) ausgewählten Bereich wird entsprechend eingefärbt. Da die Auswahl vorher nicht ganz genau erstellt wurde, sollten Sie die Maske der Einstellungsebene mit dem Pinsel-Werkzeug ([B]) und schwarzer Farbe korrigieren, sodass nur die Scheibe der Taucherlampe blau eingefärbt ist. Bei der Korrektur der Maske ist es sinnvoll, die Ansicht auf ca. 200–300 % zu vergrößern, damit Sie die Kante besser treffen können. Benennen Sie diese Einstellungsebene *Glas blau einfärben*.

2

Die Glasscheibe wirkt besser, wenn Sie einen Lichtverlauf einbauen. Dazu können Sie die bereits erstellte Maske von der Ebene *Farbbalance* (*Glas blau einfärben*) aus dem vorherigen Schritt verwenden. Klicken Sie mit gedrückter ⌈Strg⌉-Taste auf die Maske der Einstellungsebene *Farbbalance*. Die Maske wird als Auswahl geladen. Erstellen Sie jetzt eine neue Einstellungsebene *Tonwertkorrektur* mit Schnittmaske und bewegen Sie im Dialogfenster *Tonwertkorrektur* die mittleren und linken Regler des Bereichs *Tonwertspreizung* nach rechts, wie es in der Abbildung zu sehen ist. Die Glasscheibe wird dunkler. Wählen Sie nun das Pinsel-Werkzeug (⌈B⌉) mit einer großen Werkzeugspitze (ca. 200 Pixel, Härte = 0) und maskieren Sie den mittleren Bereich mit einer schnellen Bewegung von oben nach unten quer durch die Scheibe – wie es mit den Pfeilen auf dem Bild angezeigt wird. Der Bereich wird heller, und das sieht schon nach einer Spiegelung aus. Benennen Sie die Einstellungsebene *Glas abdunkeln*.

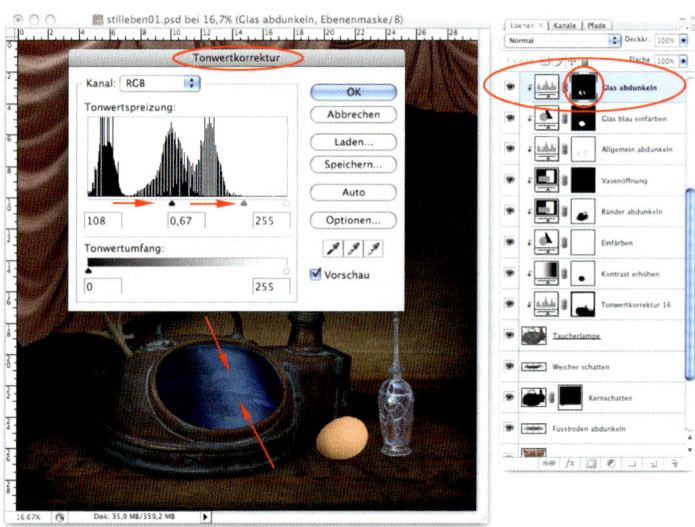

3

Jetzt können Sie der Glasscheibe noch einen scharfen hellen Lichtreflex verpassen. Laden Sie hierzu zuerst die Maske von der Einstellungsebene *Farbbalance* (*Glas blau einfärben*) und erstellen Sie über der Ebene *Tonwertkorrektur* (*Glas abdunkeln*) eine weitere Einstellungsebene *Tonwertkorrektur* mit

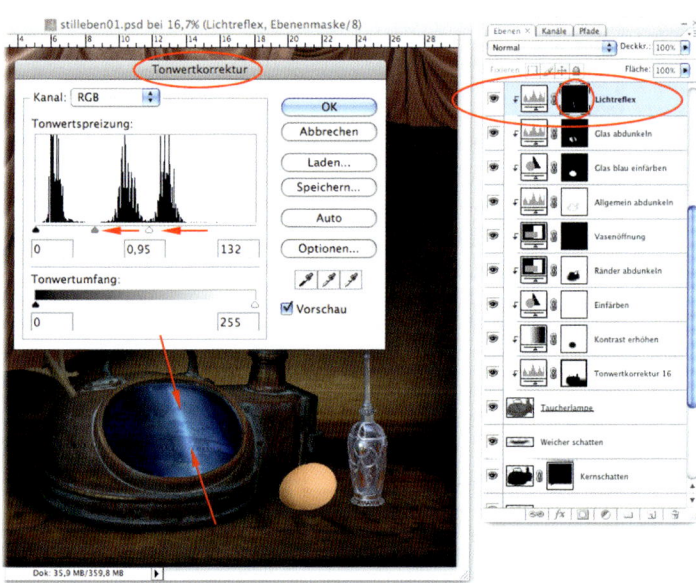

Schnittmaske. Bewegen Sie den mittleren und den rechten Regler im Bereich *Tonwertspreizung* nach links, sodass die Scheibe stark aufgehellt wird. Maskieren Sie die Ebene so, dass nur ein schmaler heller Streifen übrig bleibt.

Diese Maskierung können Sie entweder mit dem Verlaufswerkzeug ([G]) oder mit dem Pinsel-Werkzeug ([B]) durchführen.

Textelemente und Zeichen einfügen

1

In die Glasscheibe können Sie jetzt die Bedienelemente des Radios einbauen. Dazu gibt es eine große Hilfe: Alle Symbole, die man an einem Radiorekorder, MP3-Player oder sonstigen Aufzeichnungsgeräten finden kann, gibt es in der Schriftart Windings.

Aktivieren Sie das Text-Werkzeug ([T]). Geben Sie folgende Zeichen ein: 973548q – die Zeichen werden angezeigt und Sie brauchen nur die Reihenfolge zu ändern.

2

Anschließend kann der Text der Oberfläche der Glasscheibe perspektivisch angepasst werden.

Wenn Sie den Text noch editieren möchten, haben Sie allerdings nur eingeschränkte Transformationsmöglichkeiten.

Falls Sie mit dem Text (Zeichen) fertig sind, können Sie die Textebene in eine Pixelebene umwandeln.

Wählen Sie dazu *Ebene/Rastern/Text*. Textkorrekturen können Sie zwar nicht mehr durchführen, aber die Ebene wird jetzt zur Pixelebene und Sie können die Zeichen transformieren, wie Sie möchten.

Wählen Sie *Bearbeiten/Transformieren/Verzerren*. Passen Sie die Zeichen so an, dass diese die gleiche Neigung und die gleiche Perspektive haben wie die Glasscheibe.

3

Erstellen Sie weitere Zeichen auf der Scheibe. Sie können zum Beispiel asiatische Schriftsysteme verwenden. (Wichtig ist nur, dass Sie ungefähr wissen, was Sie schreiben. Es kann passieren, dass einige Betrachter Ihres Bildes diese Sprache verstehen. Falls Sie etwas Unsinniges geschrieben haben, wird das den Allgemeineindruck Ihres Bildes ein wenig trüben.)

Auch das Eigene-Form-Werkzeug ([U]) bietet sich zum Gestalten der grafischen Oberfläche eines Gerätes sehr gut an. Wenn Sie fertig sind, können Sie die Textebene genauso rastern wie bereits beschrieben und die Perspektive der Glasscheibe anpassen.

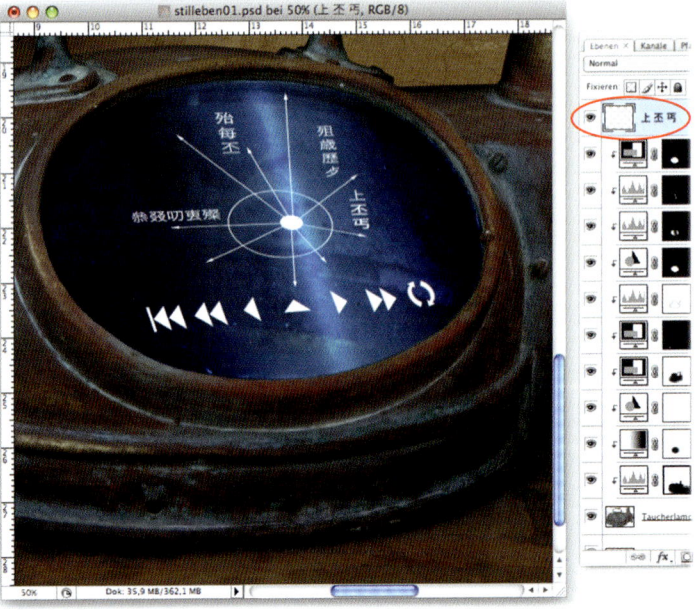

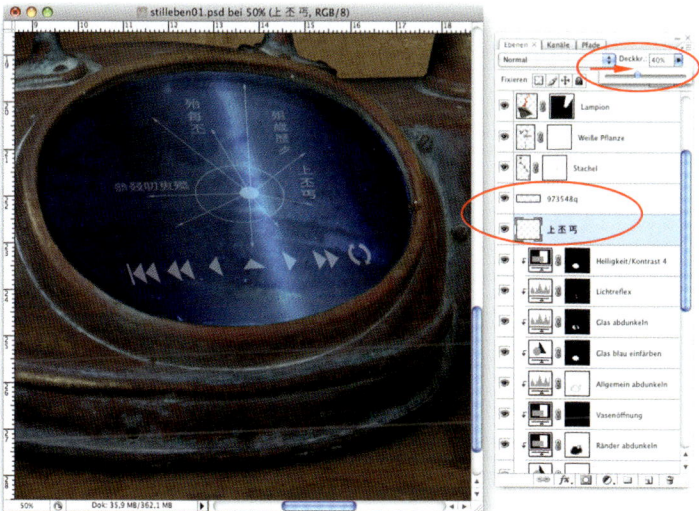

4

Damit die erstellten Zeichen dezent wirken, können Sie die Deckkraft der Ebenen der Zeichen auf ca. 40–50 % reduzieren.

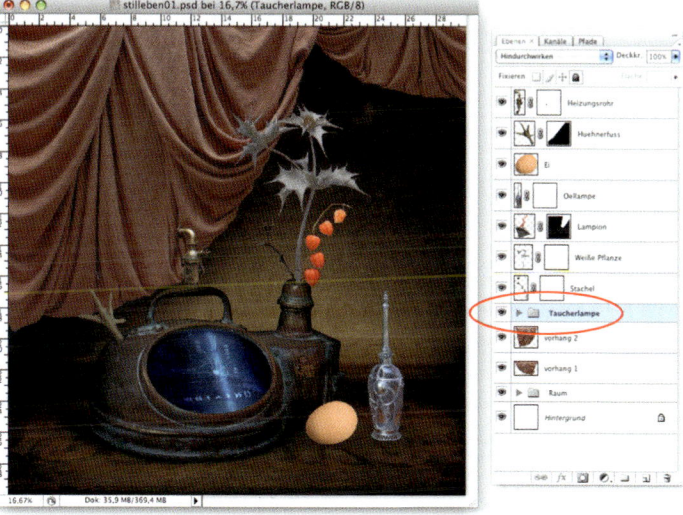

5

Die Umgestaltung der Taucherlampe zu einem Radio ist somit fertig und Sie können alle Ebenen, die zum Gerät gehören, in einer Ebenengruppe zusammenfassen.

Worauf Sie bei der Anpassung der Objekte achten sollten

Das Hauptobjekt des Composings ist fertig und weitere Details können angepasst werden. Bei unserem Radio wurde noch ein Aufsatz – eine „Projektionseinheit" – eingebaut, die den Namen des Senders an die Wand projizieren sollte.

Da diese im Original einem ganz anderen Gerät gehörte, ist es wichtig, dass die Zusammenfügung beider Geräte so verläuft, dass der Betrachter nicht den Eindruck gewinnt, die Geräte würden einfach lieblos zusammengesetzt.

Beim Anpassen des Aufsatzes sollten Sie beachten, dass die Farbe genau zur Farbe der Taucherlampe passt. Das können Sie wunderbar mit der Einstellungsebene *Farbbalance* erledigen.

Die Kanten des Aufsatzes können Sie mithilfe der maskierten Einstellungsebene *Tonwertkorrektur* durchführen. Wie das geht, haben Sie schon am Beispiel der Taucherlampe gelernt.

Im Aufsatz befindet sich eine weitere Glasscheibe, die Sie auch passend zu der Glasscheibe der Taucherlampe blau einfärben können.

Wie Sie in dem Screenshot sehen, waren zum Anpassen der Details einige Einstellungsebenen erforderlich.

Die Ebenen des Vorhangs wurden auch mithilfe der Einstellungsebenen *Tonwertkorrektur* und *Farbbalance* bearbeitet, damit diese eine tiefrote, edle Farbe erhalten.

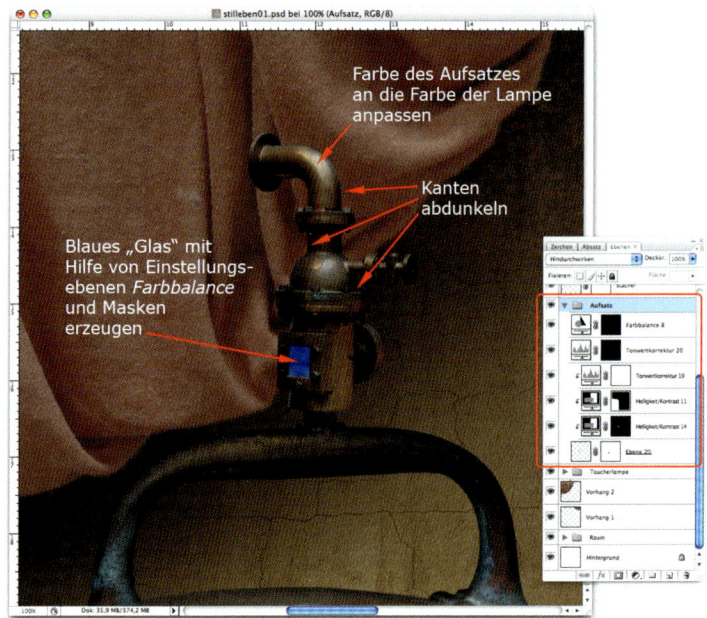

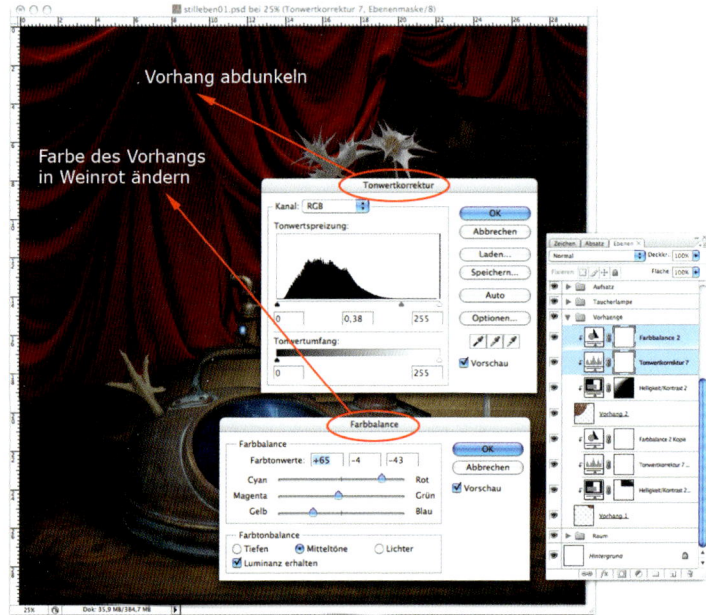

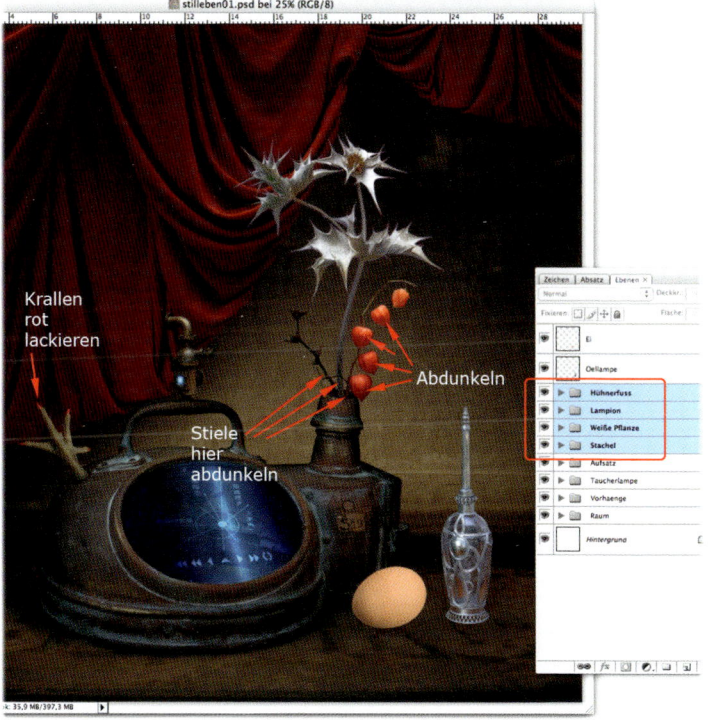

Krallen
rot
lackieren

Abdunkeln

Stiele
hier
abdunkeln

Die Beschreibung aller Anpassungen, die an jedem Detail durchgeführt wurden, würde den Rahmen dieses Buches sprengen.

Die Technik wurde im Abschnitt über die Taucherlampe sehr ausführlich beschrieben. Im nebenstehenden Screenshot sehen Sie die Korrekturen, die mit Ihnen bekannten Techniken durchgeführt werden sollten, damit die Objekte passend zur Kulisse und zueinander aussehen.

Wie Sie sehen, sind alle Pixel- und Einstellungsebenen in jedem Objekt zugeordneten Ebenengruppen untergebracht, was das Navigieren zwischen den Ebenen erleichtert sowie Übersicht und Ordnung schafft.

Transparente Gegenstände effektvoll ins Stillleben integrieren

Es ist überdies sinnvoll, etwas über die Integration transparenter oder halbtransparenter Gegenstände in ein Composing zu erwähnen.

Zwar haben Sie bereits einiges über die Freistellung transparenter Objekte im Abschnitt 3.4 kennengelernt, hier folgen aber noch einige wertvolle Tipps.

1

In unser Composing wird eine alte Öllampe integriert. Wenn Sie diese freigestellt und in die Gestaltungsfläche der Komposition übertragen haben, duplizieren Sie die Ebene mit der Öllampe zweimal ([Strg]+[J]).

2

Die obere Ebene mit der Öllampe lassen Sie eingeblendet, die darunterliegenden blenden Sie vorerst aus.

Erstellen Sie für die obere Ebene der Öllampe eine Ebenenmaske. Maskieren Sie alle Bereiche, in denen Glasflächen zu sehen sind.

Das können Sie am besten mit einem kleinen Pinsel (Härte = 0, Radius ca. 5–7 Pixel) machen. Vergrößern Sie die Ansicht stark, auf ca. 200–300 %, damit Sie die feinen Kanten besser bearbeiten können.

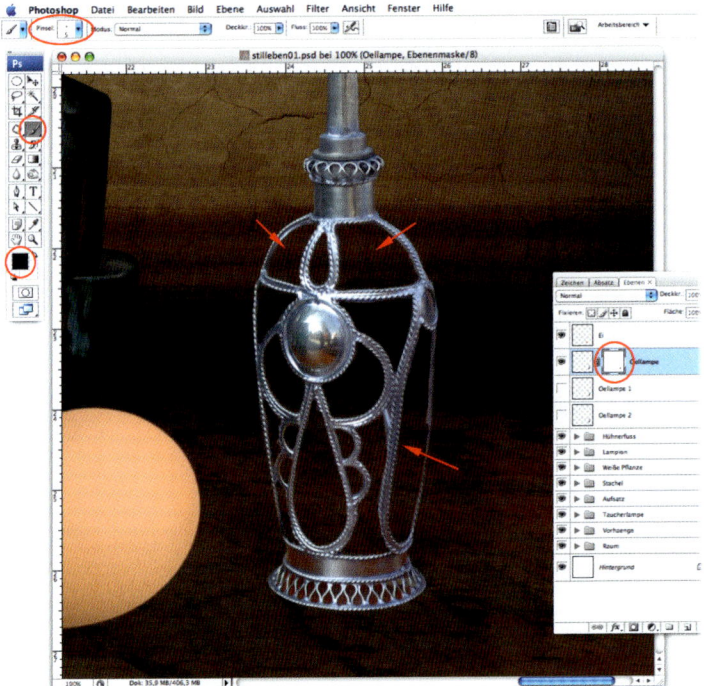

3

Aktivieren Sie jetzt die unter der bearbeiteten Ebene liegende Kopie und ändern Sie die Ebenenfüllmethode für diese Ebene auf *Ineinanderkopieren*. Die Glasflächen sehen jetzt dunkel aus.

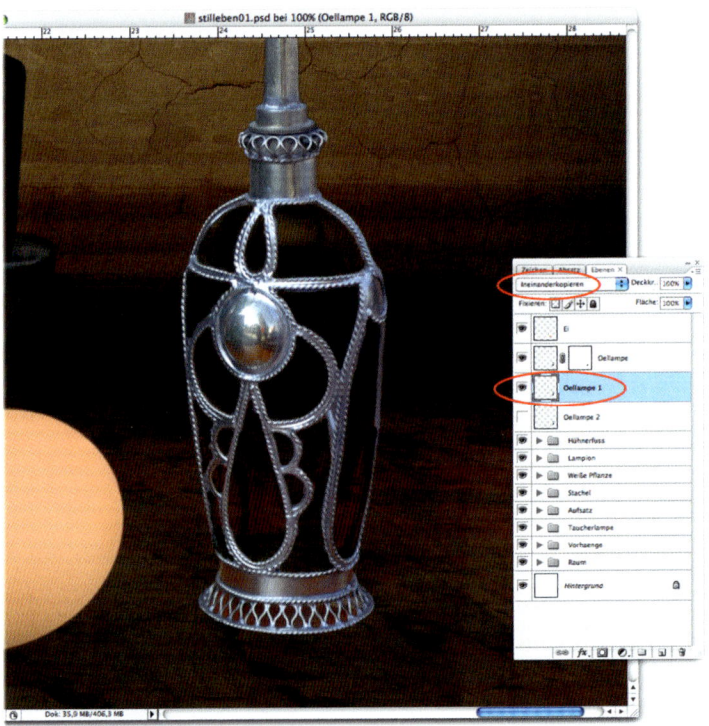

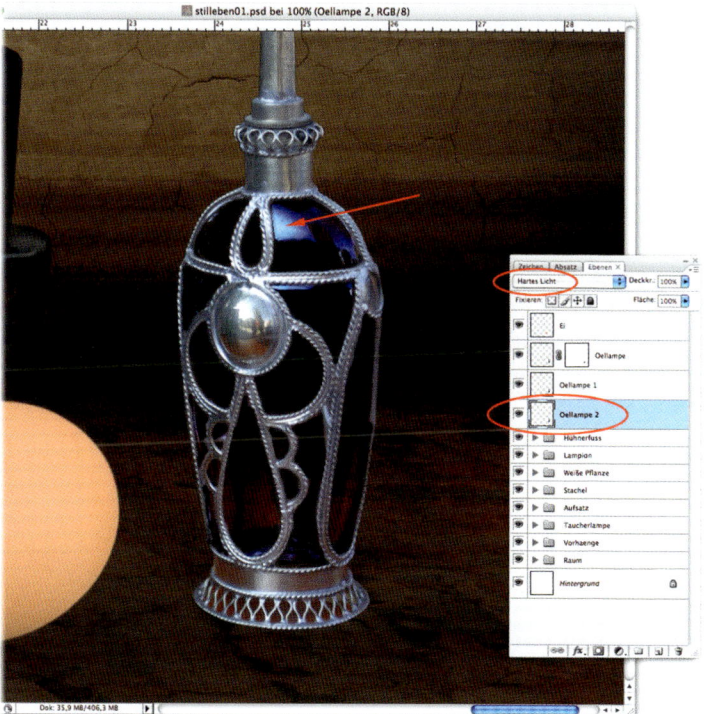

4

Aktivieren Sie die unterste Ebene der Öllampe und ändern Sie für diese die Ebenenfüllmethode auf *Hartes Licht*.

Die Glasflächen der Flasche sehen jetzt so aus, als ob sie aus dunklem Glas hergestellt wurden, in der Glasoberfläche sind angenehm wirkende bläuliche Lichtreflexe zu erkennen.

Außerdem entsteht beim Betrachter der Eindruck, dass die Flasche mit Flüssigkeit gefüllt ist.

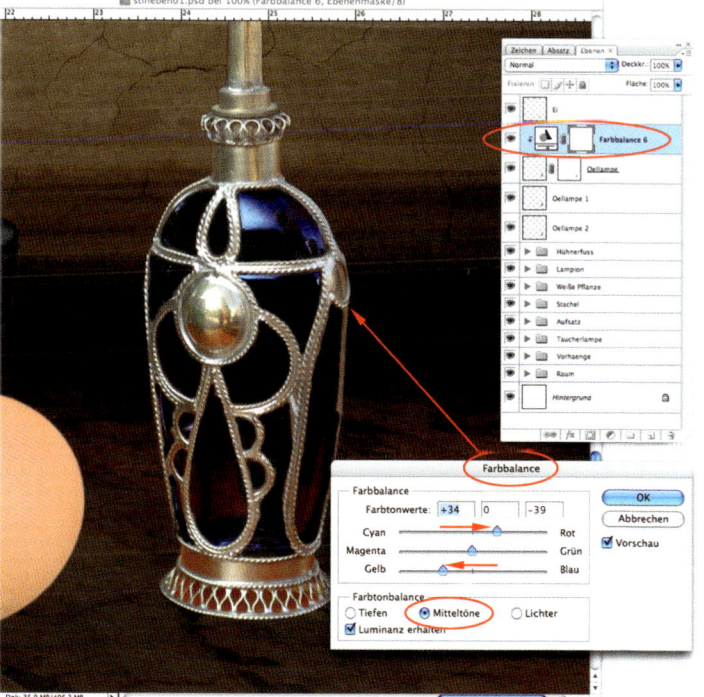

5

Die Metalleinfassung der Flasche können Sie ebenfalls noch etwas bearbeiten. Zur Farbrichtung der Gestaltung würde eine goldfarbene Einfassung besser passen als die Einfassung aus weißem Metall. Kein Problem: Aktivieren Sie in der *Ebenen*-Palette die obere Ebene der Ölflasche.

Halten Sie die [Alt]-Taste gedrückt (für die Schnittmaske) und wählen Sie die Einstellungsebene *Farbbalance*.

Verstärken Sie im Bereich *Mitteltöne* die Werte für Rot und Gelb. Das Gerüst bekommt eine angenehme gelbrote Tönung. Aus Silber machen Sie damit Gold.

Wenn die Oberfläche des Gerüstes zu hell für die Gestaltung ist, können Sie diese noch etwas abdunkeln.

Erstellen Sie hierzu eine weitere Einstellungsebene *Tonwertkorrektur* mit Schnittmaske. Im Dialogfenster *Tonwertkorrektur* bewegen Sie den mittleren und den linken Regler im Bereich *Tonwertspreizung* nach rechts, damit die Fläche dunkler wird. Außerdem bewegen Sie den rechten Regler im Bereich *Tonwertumfang* nach links, damit die Kontraste in der Metalloberfläche reduziert werden. Somit werden starke, überstrahlt wirkende Lichtreflexe abgeschwächt.

Objekte mit Strukturen überlagern

Sehr interessant wirken Objekte, die mit fremden Strukturen überzogen wurden. In unserem Composing wird das Ei so behandelt, da ein „nur" fotografiertes Hühnerei in einer kunstvollen Inszenierung ziemlich langweilig wirkt.

1

Bevor Sie mit den Überlagerungen beginnen, sollten einige Anpassungen vorgenommen werden. Sinnvoll ist bei solchen Objekten eine komplette Entfärbung. Diese können Sie schnell und effektiv mit der Einstellungsebene (mit Schnittmaske) *Schwarzweiß* machen. Danach kann das Ei in alle möglichen Farben umgefärbt werden.

Die Umfärbung erfolgt mit der Einstellungsebene *Farbbalance*. Außerdem können Sie mithilfe von maskierten Einstellungsebenen

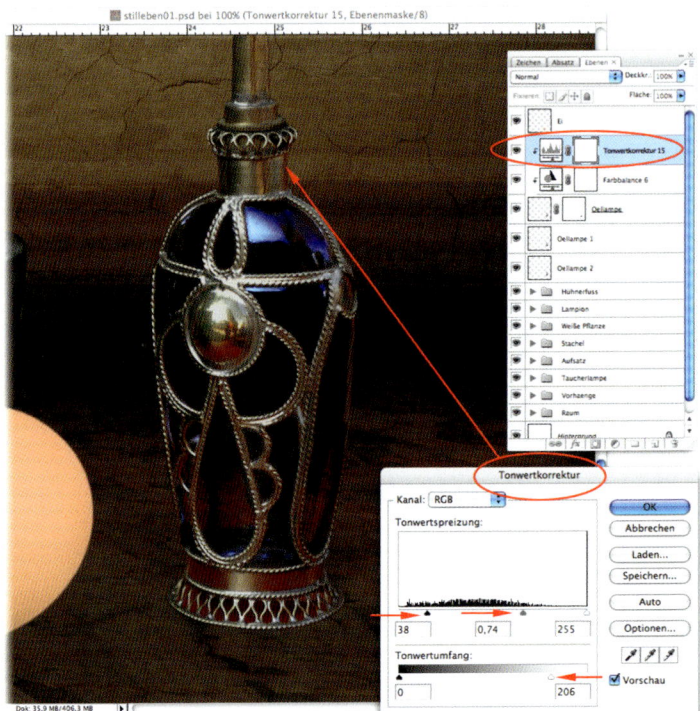

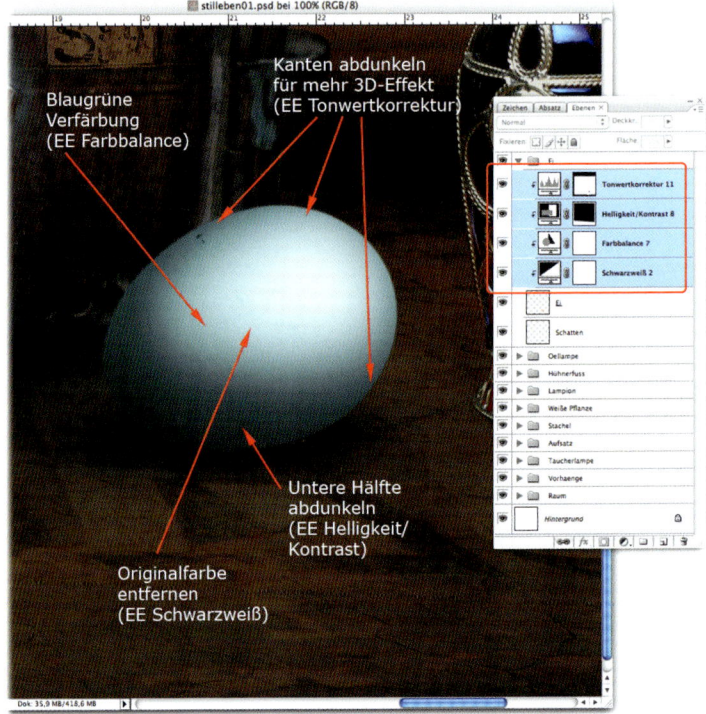

Tonwertkorrektur die passenden Schattierungen erstellen, sodass das Objekt lichttechnisch voll in die neue Umgebung integriert wird.

2

Öffnen Sie jetzt das Bild einer Struktur und ziehen Sie dieses in die Gestaltungsfläche Ihrer Collage. Legen Sie die Ebene der Struktur über die Ebene des Eies. Erstellen Sie auf der Ebene der Struktur eine Ebenenmaske und maskieren Sie die Bereiche, die außerhalb des Eies liegen. Ändern Sie danach die Ebenenfüllmethode für die Strukturebene auf *Weiches Licht*. Die Strukturen werden dadurch auf die Eioberfläche projiziert und das Ei erscheint im Steinzeit-Look.

Lichtstrahlen und Lichtkegel in eine Komposition integrieren

Die Komposition wäre unvollendet, wenn aus dem Einsatz auf der Taucherlampe kein Lichtstrahl käme, mit dem der Name des Senders auf die Wand projiziert werden könnte.

1

Beginnen Sie mit der Gestaltung eines Lichtkreises auf dem Vorhang. Wählen Sie das Auswahl-Ellipse-Werkzeug ([M]) mit der Option *Weiche Kante* mit 1 – 2 Pixeln. Ziehen Sie eine elliptische Auswahl ungefähr so, wie es in der Abbildung zu sehen ist. Diese Auswahl wird die Maskierung für eine Einstellungsebene sein.

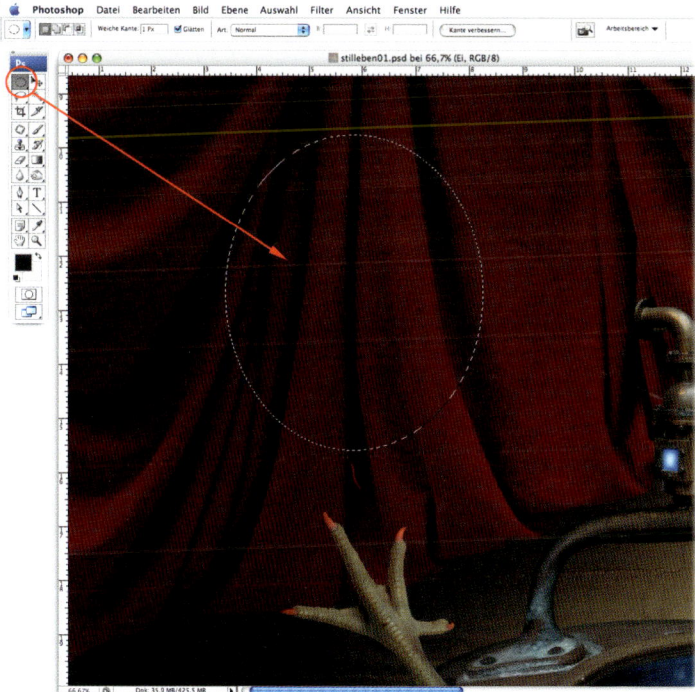

2

Über allen Gruppen und Ebenen in der *Ebe-nen*-Palette erstellen Sie eine neue Einstellungsebene *Tonwertkorrektur*.

Wie Sie auf der Ebenenminiatur sehen, wird die elliptische Auswahl gleich als Maske übernommen.

Bewegen Sie im Dialogfenster *Tonwert-korrektur* den mittleren Regler im Bereich *Tonwertspreizung* nach links, bis die kreisförmige Fläche die gewünschte Helligkeit bekommt, und bestätigen Sie diese Eingabe.

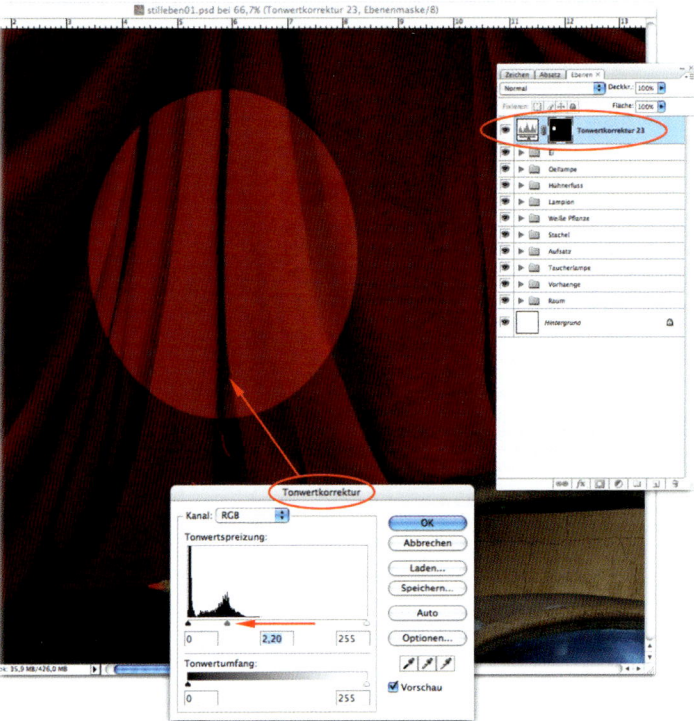

3

Jetzt wird der Lichtstrahl kreiert. Wählen Sie hierzu das Polygon-Lasso-Werkzeug ([L]). Wählen Sie für *Weiche Kante* 1–2 Pixel. Erstellen Sie damit eine Form, die die Form eines Lichtstrahls nachahmen soll, der aus dem Aufsatz eine kreisförmige Fläche auf den Vorhang projiziert.

Erzeugen Sie nun oben in der *Ebenen*-Palette eine neue leere Ebene und wählen Sie das Verlaufswerkzeug ([G]) mit den Optionen linearer Verlauf, Vordergrund-Transparent, Vordergrundfarbe Weiß. Ziehen Sie zwei Verläufe, wie sie mit den Pfeilen in dem Screenshot angezeigt sind.

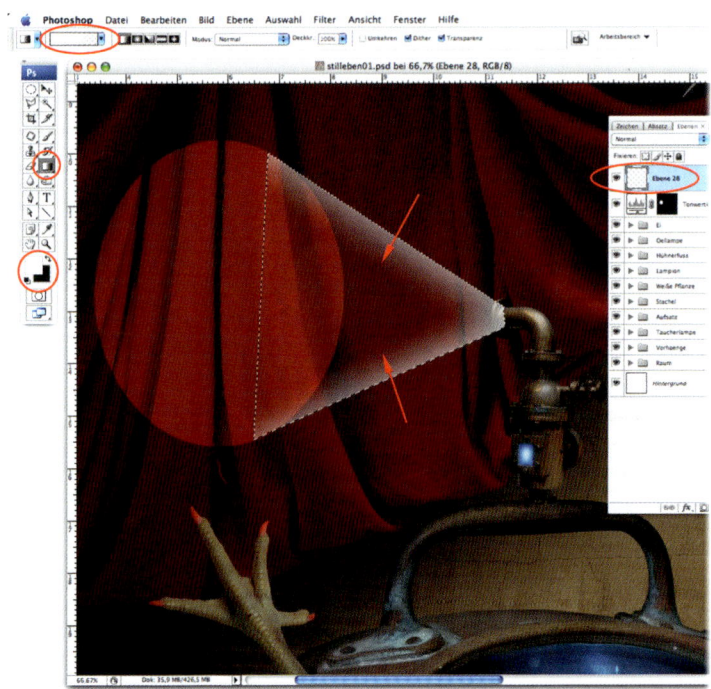

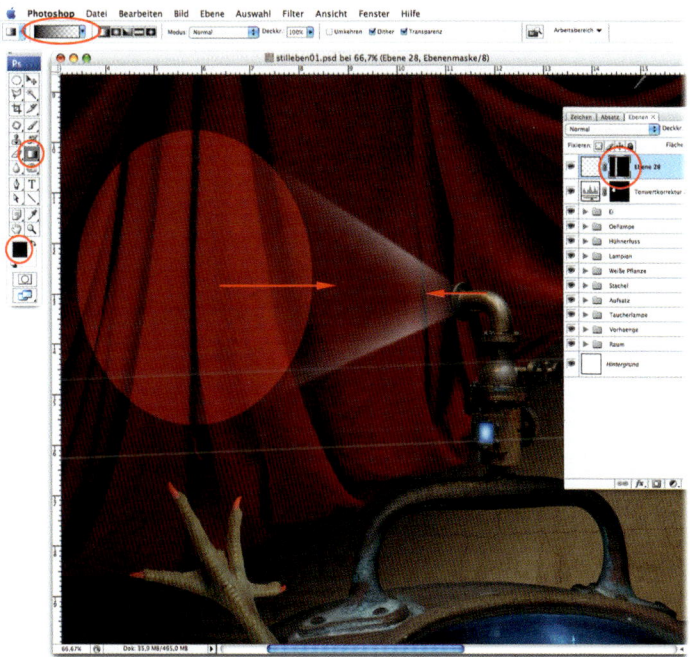

Heben Sie die Auswahl mit ⌘+D auf und erstellen Sie auf der Ebene eine Maske. Mit dem Verlaufswerkzeug (G) (diesmal ist es die Vordergrundfarbe Schwarz) maskieren Sie den Lichtstrahl von links und von rechts. Der Maskierungsverlauf von links sollte dabei etwas länger als der von rechts sein.

5

Jetzt müssen Sie nur den Namen des Senders in den Lichtkreis schreiben. Verwenden Sie dazu das Text-Werkzeug (T) mit der Schrift Ihrer Wahl und weißer Farbe.

Damit Sie den Text beliebig transformieren können, sollte er zuerst gerastet werden. Wie das geht, haben Sie schon in dem Abschnitt erfahren, in dem die Bedienoberfläche des Radios gestaltet wurde.

Die Deckkraft der Ebene mit dem Text können Sie reduzieren, damit unter dem projizierten Namen des Senders noch der Vorhang zu sehen ist.

Wie Sie sehen, ist eine Stilllebencollage keine Aufgabe für Anfänger. Ein sicherer Umgang mit Ebenen, Ebenenmasken und Ebenenfüllmethoden ist in jedem Schritt dieser Gestaltung erforderlich.

Der Fleiß lohnt sich allemal. Am Ende haben Sie eine sauber ausgeführte Gestaltung, bei der alle Kriterien erfüllt sind: richtige Lichtführung, passende Schatten und harmonische Abstimmung der Farben zwischen den Elementen des Composings. Viel Erfolg!

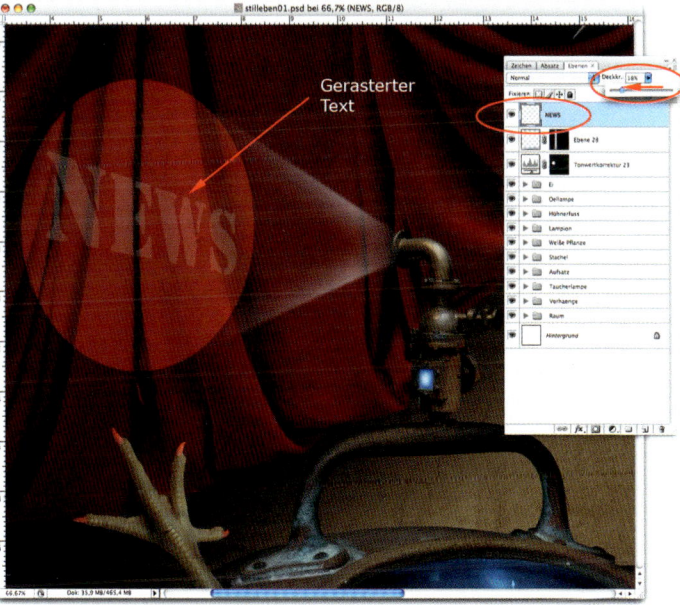

Gerasterter Text

Fotografie, Produktion: Kaplun & Kaplun GbR

7.2 Stillleben im Stil der Werbebotschaften

Sie haben im vorherigen Abschnitt gelernt, wie Sie ein klassisches Stilllebencomposing im Stil der „alten Meister" erstellen. Heutzutage werden Stilllebencomposings gern auch für Werbezwecke inszeniert. Um vom Produkt nicht zu stark abzulenken, reduzieren die Werbemacher die Gestaltung auf das Wesentliche und setzen stark auf Originalität, Wiedererkennung und Einprägsamkeit.

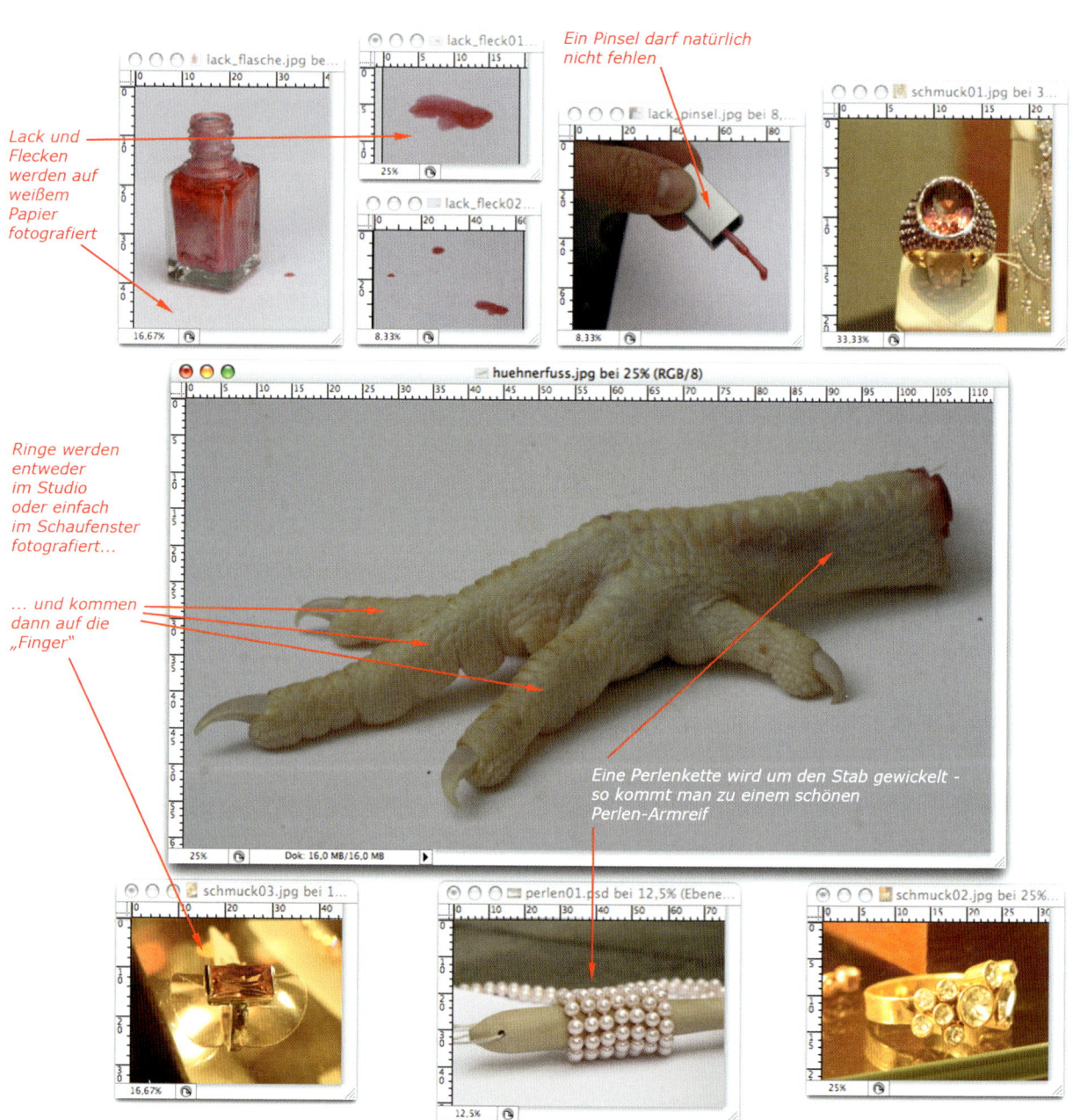

Lack und Flecken werden auf weißem Papier fotografiert

Ein Pinsel darf natürlich nicht fehlen

Ringe werden entweder im Studio oder einfach im Schaufenster fotografiert...

... und kommen dann auf die „Finger"

Eine Perlenkette wird um den Stab gewickelt - so kommt man zu einem schönen Perlen-Armreif

Wenn wir uns schon mit Hühnerfüßen beschäftigen (im letzten Beispiel die Antenne des Radios), können wir auch im nächsten Beispiel ein derartiges „Objekt" ins Spiel bringen. Gestalten Sie eine Bildvorlage für originelle Schmuckwerbung. Das Bild wurde bereits mit dem Titel „Alte Diva" in zahlreichen Fotoforen erfolgreich veröffentlicht.

1

Da die Gestaltung auf einem weißen Hintergrund erfolgt, wird Ihnen viel Freistellungsarbeit erspart bleiben. Das Originalfoto vom Hühnerfuß wurde ohne Beleuchtung auf einem weißen Blatt Papier gemacht. Das bedeutet, dass Sie den vorhandenen Hintergrund bereits verwenden können, ohne dass die Schatten verloren gehen – diese können Sie für Ihre Collage im Originalzustand benutzen.

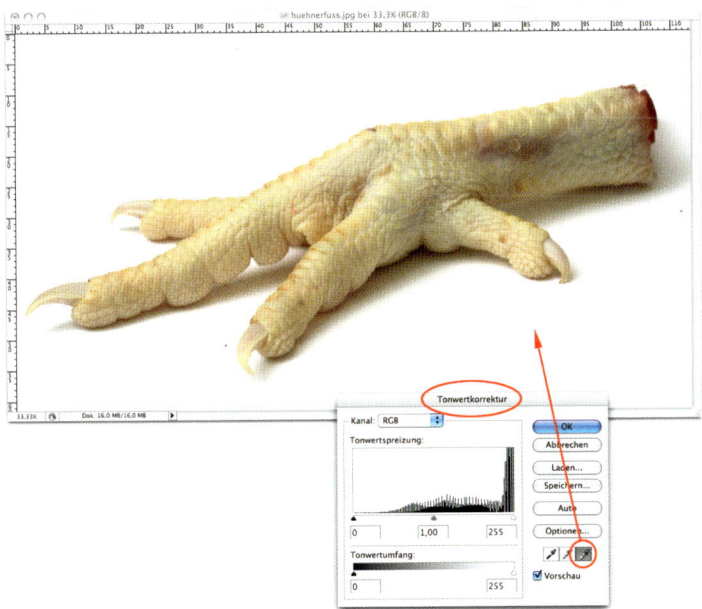

Bei dem weißen Hintergrund ist die Anpassung der Tonwerte ein Kinderspiel. Wählen Sie *Bild/Anpassungen/Tonwertkorrektur*.

Im Dialogfenster *Tonwertkorrektur* wählen Sie die weiße Pipette und klicken mit ihr auf eine der hellsten Stellen des weißen Papierhintergrunds.

Die Tonwerte des Bildes werden optimiert und das Foto kann so in die Gestaltung übernommen werden. Sie müssen nur noch eine kleine Korrektur machen.

2

Auch beim Fotografieren auf weißem Papierhintergrund kann es vorkommen, dass im Bild Flecken, Staub oder einfach Sensorflecken zu sehen sind. Sie können diese effektiv entfernen.

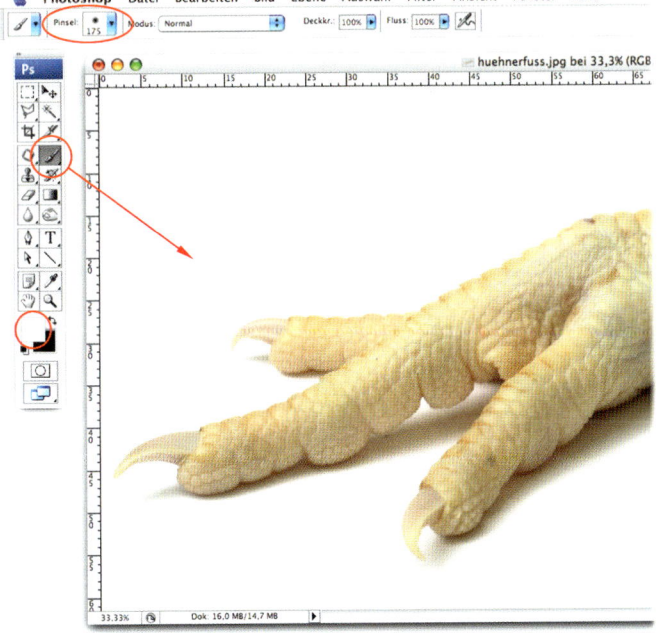

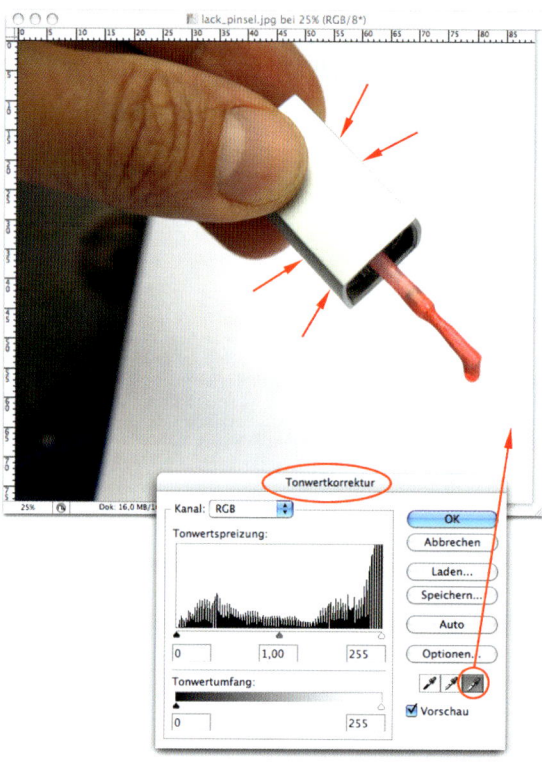

Wählen Sie das Pinsel-Werkzeug (⎡B⎤) mit einer großen Spitze, ca. 150–200 Pixel.

Zeichnen Sie mit weißer Farbe die Stellen, an denen die Flecken zu sehen sind. Versuchen Sie, die Schatten nicht zu übermalen – diese benötigen Sie für Ihre Gestaltung.

3

Auch bei anderen Details, die auf dem weißen Hintergrund fotografiert wurden, können Sie die Korrekturen mit der weißen Pipette der Tonwertkorrektur durchführen.

Einige Details können Sie selbstverständlich auch freistellen – entweder mit dem Zeichenstift-Werkzeug (⎡P⎤) oder mit dem Polygon-Lasso-Werkzeug (⎡L⎤).

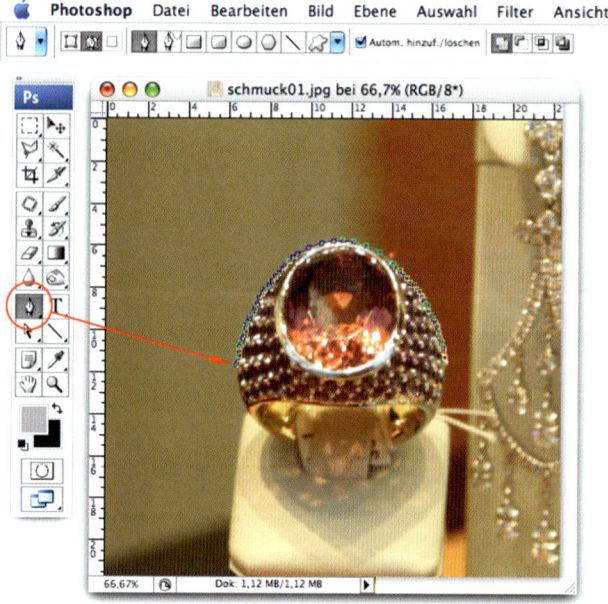

4

Details wie zum Beispiel die Ringe, fotografiert im Schaufenster, können Sie freistellen.

Achten Sie hier auf eine besonders saubere Freistellung. Verwenden Sie zum Freistellen das Zeichenstift-Werkzeug (⎡P⎤) und eine starke Vergrößerung der Ansicht auf ca. 300 %.

5

Erstellen Sie eine neue Arbeitsfläche in einer Größe von z. B. 30 x 40 cm. Wählen Sie *Datei/Neu* und definieren Sie im Dialog zuerst den Hintergrundinhalt Weiß, danach eine Auflösung von 300 Pixel/Zoll und dann eine Breite von 30 cm und eine Höhe von 40 cm. Das Bild des Hühnerfußes, das Sie in den Schritten 1 und 2 optimiert haben, verschieben Sie in die neue Arbeitsfläche. Da der abgehackte Hühnerfuß wenig ästhetisch aussieht, können Sie ihn optisch verlängern.

Erstellen Sie mit dem Auswahlrechteck-Werkzeug (M) eine Auswahl vom rechten Teil des Fußes, machen Sie davon eine Kopie mit Strg+J und verschieben Sie die entstandene Ebene mit der Kopie nach rechts, so-dass das Ende überdeckt wird und der Eindruck ent-steht, dass der Fuß von rechts nach links in die Bild-fläche kommt. Passen Sie die Übergänge mithilfe der Masken an.

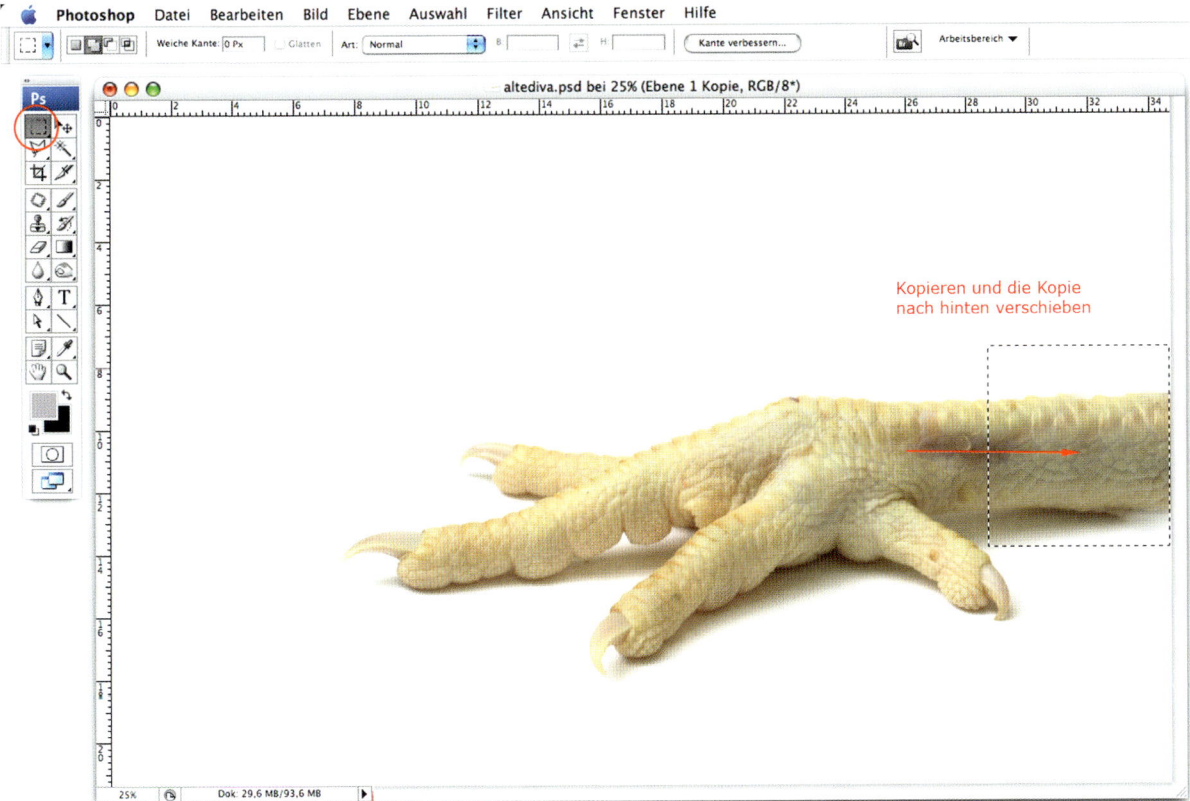

Kopieren und die Kopie nach hinten verschieben

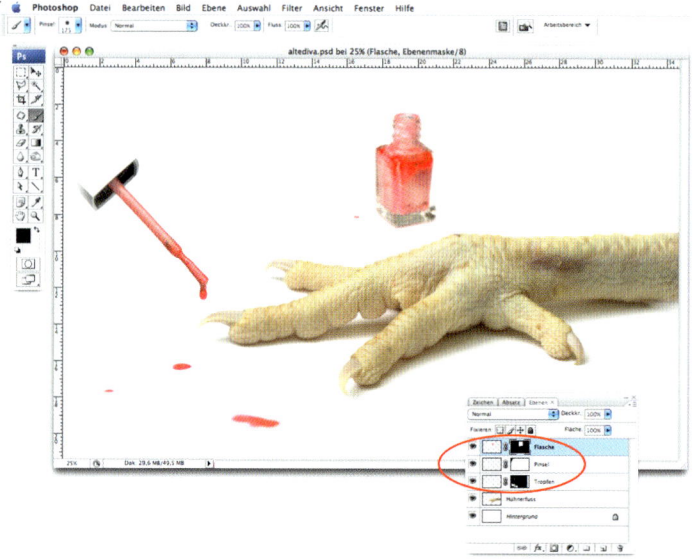

6

Fügen Sie in die Gestaltungsfläche weitere Elemente ein. Achten Sie dabei auf die Perspektive und Schärfentiefe.

Es ist sinnvoll, die Flasche, die sich hinter dem Fuß befindet, mit dem Gaußschen Weichzeichner etwas unscharf zu machen.

Die Stellen der Ebenen, an denen eventuell noch fremde Details zu sehen sind, können Sie maskieren.

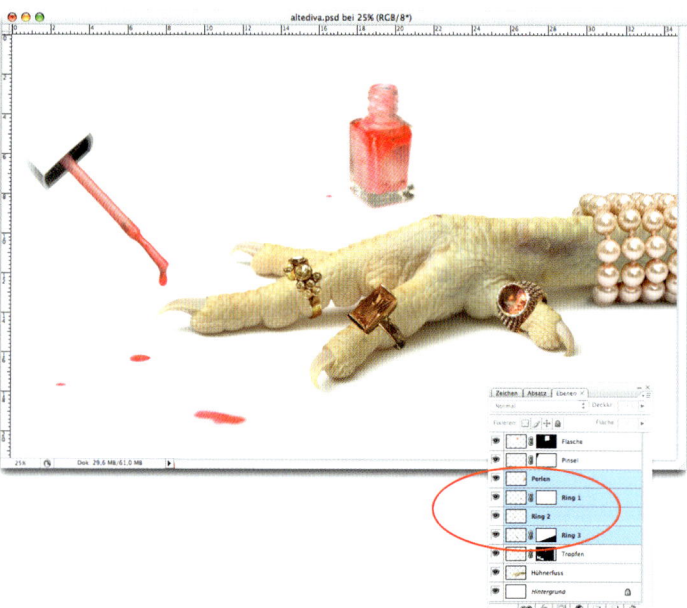

7

Wenn Sie die Ringe mit dem Zeichenstift-Werkzeug freigestellt haben, können Sie diese als freigestellte Objekte über die Finger legen. Erstellen Sie auf den Ebenen mit den Ringen Ebenenmasken.

Mit dem Pinsel-Werkzeug (B), einer kleinen Werkzeugspitze (ca. 5–7 Pixel) und schwarzer Farbe passen Sie die Form der Ringe so an, dass der Eindruck entsteht, dass sie auf den Fingern sitzen.

8

Unter den Ebenen der Ringe erstellen Sie eine entsprechende Anzahl von neuen leeren Ebenen und nennen diese Ebenen *Schatten Ring 1* bis *3*.

Wählen Sie das Pinsel-Werkzeug (B) mit einer Größe von ca. 30–40 Pixeln und zeichnen Sie unter jedem Ring auf der entsprechenden Ebene einen Schatten.

Die Deckkraft der jeweiligen Schattenebene passen Sie individuell an.

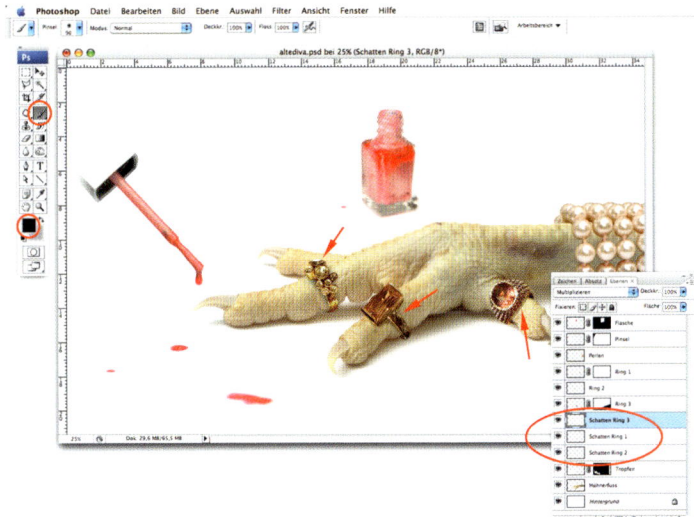

9

Auch für den Schatten des Armreifs erstellen Sie eine neue Ebene.

Die Form des Schattens können Sie entweder mit dem Pinsel erstellen oder Sie laden die Auswahl der Ebene mit dem Armreif und füllen die Ebene *Armreif Schatten* mit schwarzer Farbe. Heben Sie dann die Auswahl mit (Strg)+(D) auf und zeichnen Sie den Schatten weich.

Verwenden Sie dazu den Gaußschen Weichzeichner. Bei Bedarf können Sie die Form des Schattens mithilfe der Maskierungen anpassen.

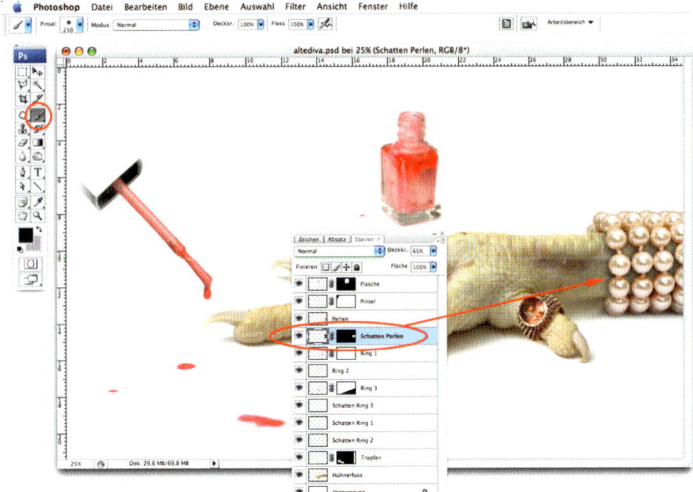

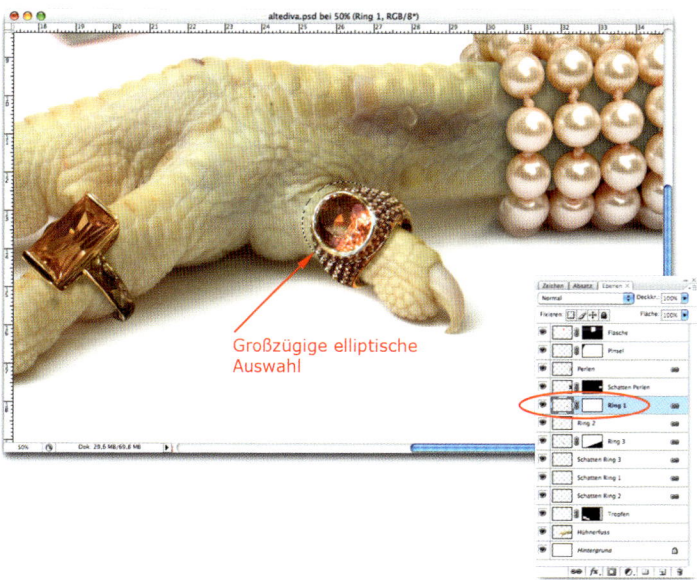

Großzügige elliptische Auswahl

10

Bringen Sie die Ebenen mit den Ringen auf Hochglanz. Beginnen Sie mit dem ersten Ring.

Hier können Sie dem Stein eine intensivere Farbe und mehr Glanz geben. Wählen Sie in der *Ebenen*-Palette die Ebene mit dem entsprechenden Ring und erstellen Sie mit dem Auswahl-Ellipse-Werkzeug ([M]) eine großzügige Auswahl rund um den Stein.

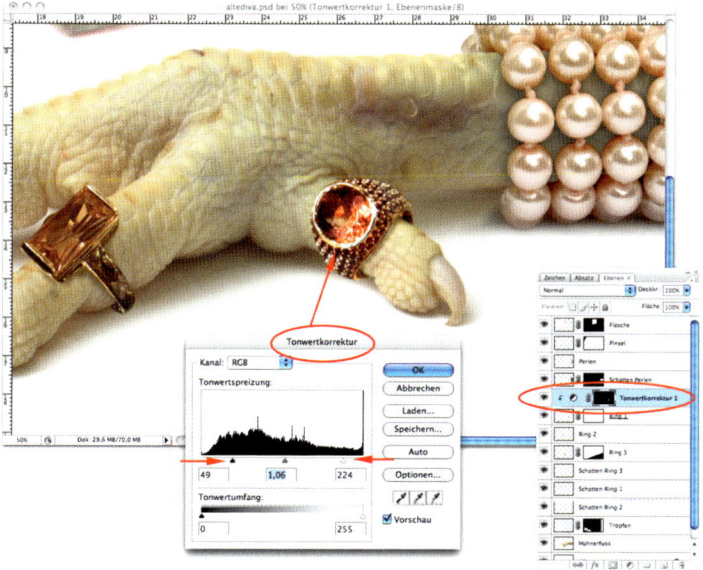

Halten Sie die [Alt]-Taste gedrückt und wählen Sie in der *Ebenen*-Palette eine Einstellungsebene *Tonwertkorrektur*.

Im Dialogfenster *Neue Ebene* aktivieren Sie die Option *Schnittmaske aus vorheriger Ebene erstellen*.

Im Dialog *Tonwertkorrektur* bewegen Sie im Bereich *Tonwertspreizung* den linken Regler nach rechts und den rechten nach links, wie es mit den Pfeilen im Screenshot gezeigt wird. Der Edelstein bekommt eine intensivere Farbe und mehr Glanz.

Da die Auswahl mit dem Auswahl-Ellipse-Werkzeug (M) ziemlich grob war, kann es passieren, dass sich auch das Metall rund um den Edelstein in der Farbe verändert hat.

Diese Stellen können Sie auf der Maske der Einstellungsebene *Tonwertkorrektur* mit dem Pinsel-Werkzeug (B) und schwarzer Farbe wieder ausblenden.

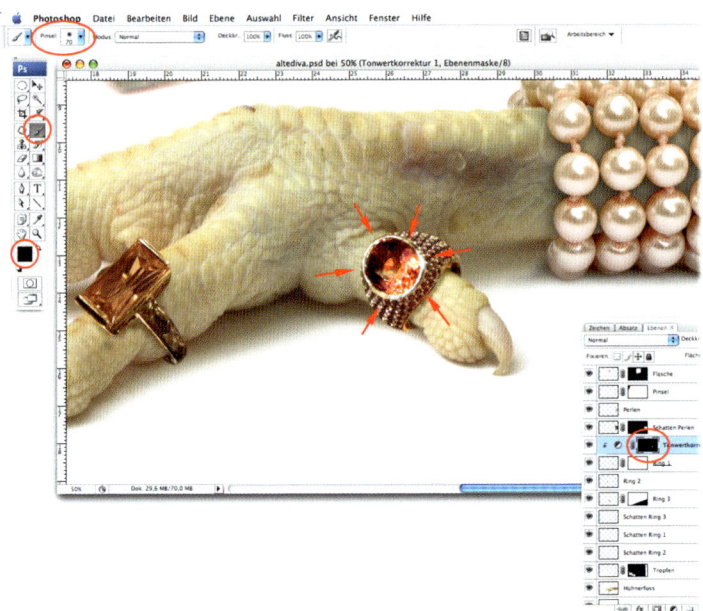

11

Den nächsten Ring mit dem rechteckigen Stein können Sie noch ein bisschen mehr bearbeiten.

Da alle Ringe Steine mit gelbroter Tönung haben, können Sie ein bisschen Farbe ins Spiel bringen und die Farbe des Steins verändern.

Erstellen Sie zuerst mit dem Polygon-Lasso-Werkzeug (L) eine großzügige Auswahl rund um den Stein.

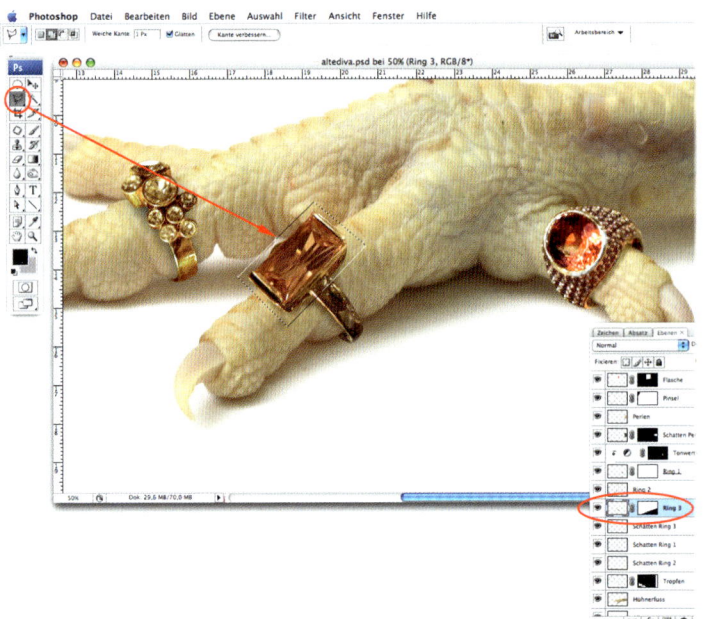

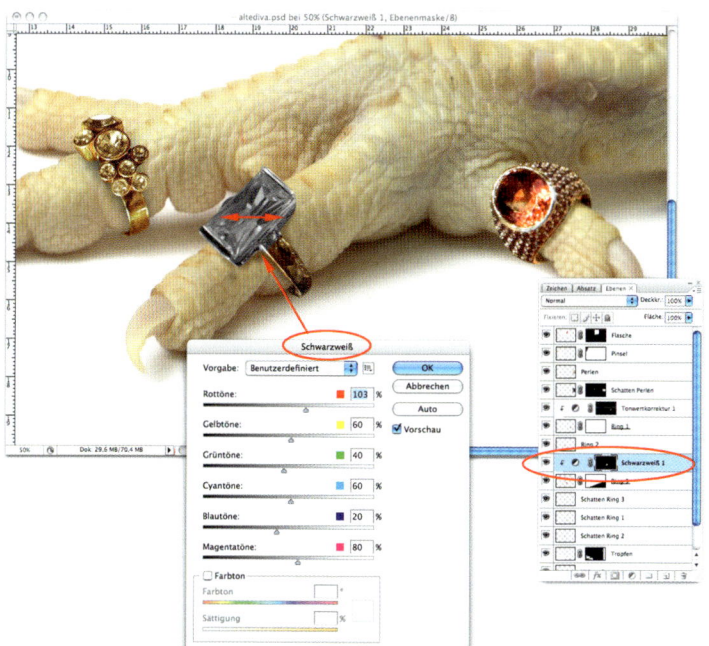

Der Stein wird zuerst entfärbt. Dazu benötigen Sie eine Einstellungsebene *Schwarzweiß* mit Schnittmaske.

Im Dialogfenster *Schwarzweiß* der Einstellungsebene können Sie die Entfärbung zusammen mit der Anpassung der Helligkeit durchführen. Wenn Sie mit dem Mauszeiger über die Bildfläche fahren, sehen Sie, dass er sich in eine Pipette verwandelt hat.

Wenn Sie mit gedrückter Maustaste über den Stein von links nach rechts fahren, wird der Stein heller, von rechts nach links dunkler. Wählen Sie so die passende Helligkeit und bestätigen Sie Ihre Eingabe.

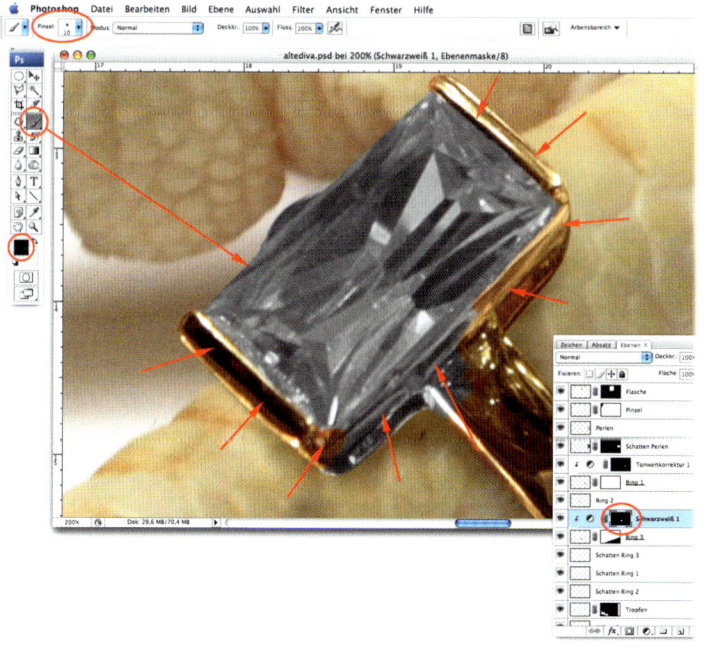

Genauso wie beim ersten Ring können Sie hier die Maske der Einstellungsebene mithilfe des Pinsel-Werkzeugs (B) genau an die Form des Steins anpassen.

Da Sie auf der Ebene des Steins noch eine Einstellungsebene *Farbbalance* mit gleicher Maske anwenden werden, können Sie die Maske kopieren.

Laden Sie zuerst die Maske als Auswahl. Klicken Sie auf die Maske der Einstellungsebene *Schwarzweiß* bei gedrückter (Strg)-Taste. Die schwebende Auswahl wird angezeigt.

Mit gedrückter
Strg-Taste anklicken

Erstellen Sie über der Einstellungsebene *Schwarzweiß* eine Einstellungsebene *Farbbalance* mit Schnittmaske. Die Einstellungsebene übernimmt die kopierte Maske und Sie können direkt mit der Anpassung der Farbe beginnen.

Wenn Sie den Stein blau umfärben möchten, verstärken Sie die Bereiche für Cyan und Blau in allen drei Optionen von *Farbtonbalance: Tiefen, Mitteltöne* und *Lichter*.

Auf die gleiche Art können Sie auch die Steine der anderen Ringe umfärben.

Fotografie: Kaplun & Kaplun GbR, Produktion: Kaplun & Kaplun GbR, Ralf Drischel-Kubasek

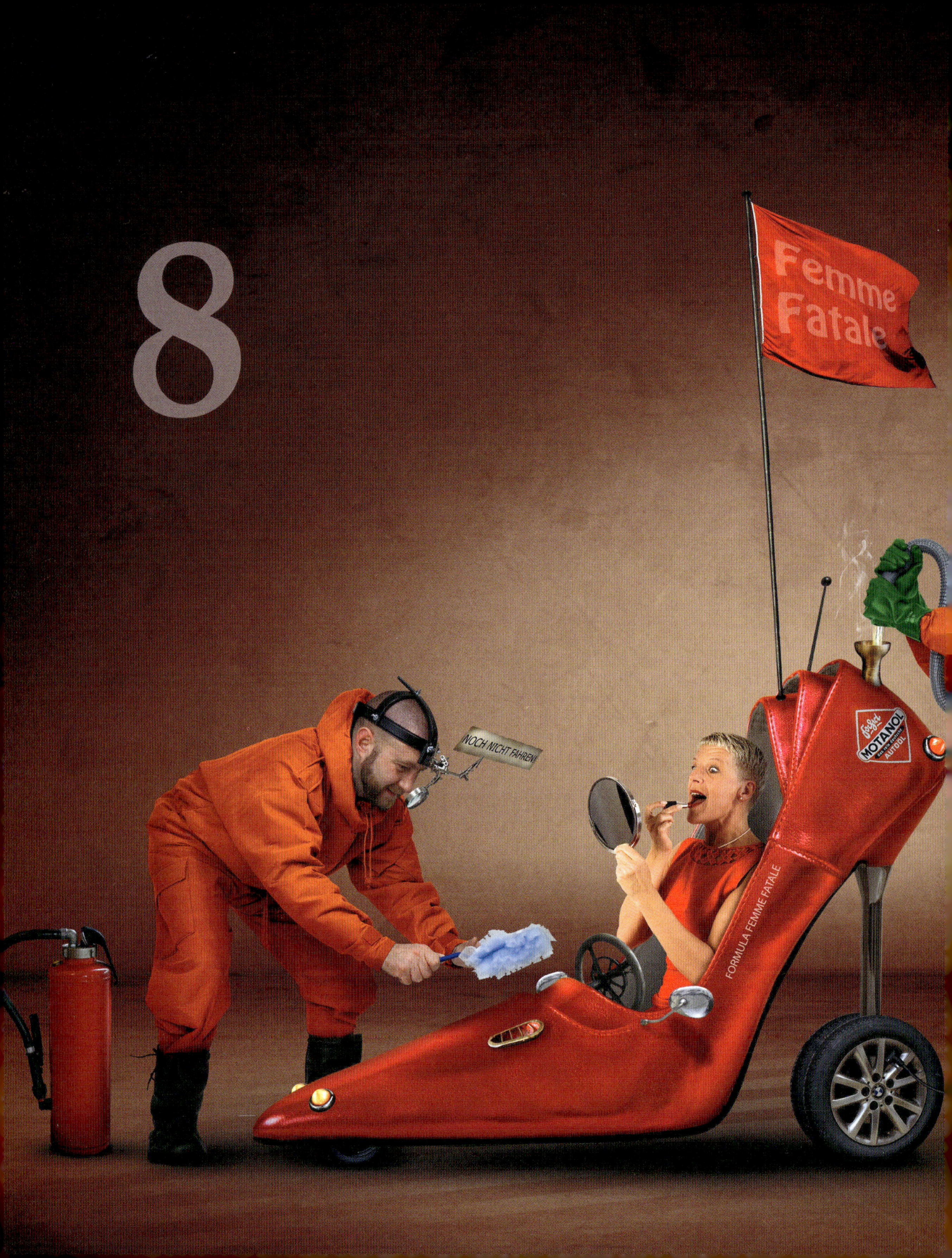
8
Femme
Fatale
NOCH NICHT FAHREN!
MOTANOL
AUTOÖL
FORMULA FEMME FATALE

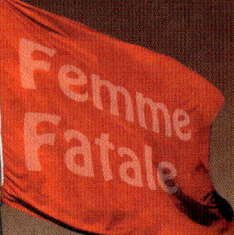

Monumentalfilm: komplexe Composings erstellen

Sicherlich haben Sie schon einige Composings gesehen, bei denen Sie nur Wow sagen konnten. In der Werbebranche werden oft aufwendige Inszenierungen fotografiert, die später in Photoshop „postproduziert" werden. Solche Kompositionen können Sie mit einem Monumentalfilm vergleichen, bei dem nichts dem Zufall überlassen wird. Die Regisseure erfinden die Filmszene, Zeichner fertigen die Skizzen an, Modellbauer bauen die Kulissen – alle haben viel zu tun. In diesem Kapitel erfahren Sie, wie eine komplizierte Bildkomposition – angefangen von der Idee über die Fotosession im Studio bis hin zur Bearbeitung am Computer – durchgeführt wird.

8.1   Skizzieren und gezielt fotografieren

In Kapitel 4 haben Sie bereits gelesen, wie eine Stadtkulisse mit Häusern für ein Composing kreiert werden kann. Das war nicht bloß eine Übung, sondern die Vorbereitung für die Gestaltung eines „Monumentalfilms". Die Idee ist es, eine moderne Version des Märchens „Gullivers Reisen" zu schaffen.

Auf der abgebildeten Skizze sehen Sie, wie die Darsteller positioniert werden können. Wie Sie sehen, können Sie hier nicht mit den Fotos arbeiten, die Sie irgendwann und irgendwo aufgenommen haben. Für diese Komposition benötigen Sie Aufnahmen, auf denen die Darsteller genau nach Ihrem Plan fotografiert wurden. Die Posen sollten exakt eingehalten werden, sonst wirkt die Collage nicht überzeugend. Nachdem die Gruppe der Darsteller „zusammengebaut" wurde, können Sie noch einige Bildelemente hinzufügen, die Sie bereits in Ihrem Bildarchiv haben, wie zum Beispiel Fotos von Vögeln, Hunden und Helikoptern, die für

unsere Komposition verwendet wurden. Die Darsteller sowie einige Bildelemente fotografieren Sie am besten im Studio. Dort können Sie die Lichtsituation des Bildes mit der Kulisse ziemlich genau anpassen.

Das Bild mit der Kulisse hat eine ausgeglichene Beleuchtung wie an einem leicht diesigen Tag – ohne harte Sonnenstrahlen. Fotografieren Sie entweder einen Darsteller in verschiedenen Posen oder mehrere Personen. Wichtig ist es auch, die Ausleuchtung der Darsteller in der Gruppe zu berechnen. Der Maler

zum Beispiel sollte von links weniger Licht abbekommen als von rechts. Der Schuhputzer sollte eher gleichmäßig beleuchtet werden, und der hängende Schneider ist von links oben ausgeleuchtet.

Für die Ausleuchtung wurden zwei Blitzköpfe à 350 W mit zwei Softboxen verwendet. Eine Softbox war quadratisch mit einer Größe von 60 x 60 cm, die andere ein Striplight in der Größe 30 x 120 cm. Als Hintergrund wurde ein Papierhintergrund mit dem Farbton Studiograu gewählt.

8.2   Die einzelnen Bildelemente vorbereiten

Für eine perfekte Collage brauchen Sie gut vorbereitetes Bildmaterial. Alle Bildelemente müssen sauber freigestellt und gut bearbeitet werden, damit Sie sich beim späteren Zusammensetzen der Bildelemente auf die rein gestalterische Arbeit konzentrieren können.

Freistellen und Kanten bearbeiten

1

Verwenden Sie zum Freistellen das Zeichenstift-Werkzeug ([P]) mit der Option *Pfade*. Auch wenn es gerade bei einem Studiohintergrund verlockend ist, den Zauberstab oder das Schnellauswahl-Werkzeug zu verwenden, arbeiten Sie mit dem Zeichenstift-Werkzeug am genausten.

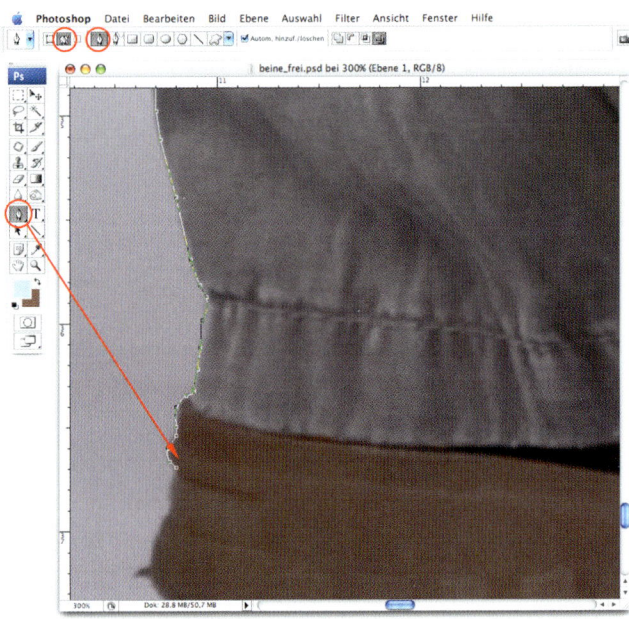

Da beim Fotografieren im Studio einige Schatten auftreten, können Sie diese auch mit auswählen und später in der Collage verwenden. Damit sparen Sie sich mühsame Arbeit bei der Nachbildung der Schattierungen.

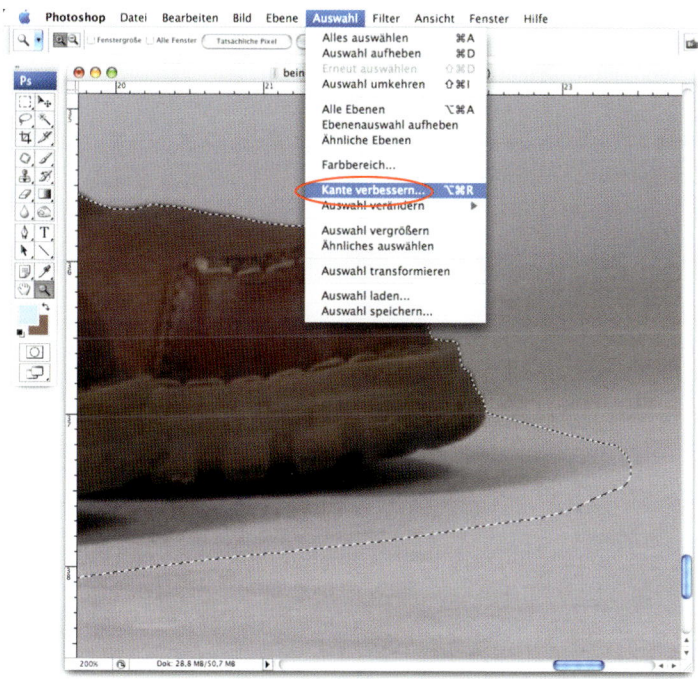

Damit Sie sich nach dem Übertragen der freigestellten Personen nicht über lästige Ränder ärgern, können Sie diese direkt entfernen. Wenn Sie die Auswahl fertig gestellt haben, klicken Sie auf *Auswahl/Kante verbessern*.

Im nun erscheinenden Dialog können Sie eine Maske auswählen (Symbole unten), mit der Sie die Kante besser sehen können. In unserem Beispiel wurde schwarze Farbe als Maske gewählt.

Falls einige Pixel des Hintergrunds noch zu sehen sind, können Sie die Auswahl verkleinern, bis diese verschwunden sind. Bewegen Sie dazu den Regler *Verkleinern/Erweitern* nach links.

Bestätigen Sie mit *OK*, wenn Sie mit dem Ergebnis zufrieden sind.

3

Mit [Strg]+[J] erstellen Sie eine neue Ebene des ausgewählten Bereichs durch Kopieren aus dem Hintergrund.

Vorhandene Schatten nutzen

Wie bereits erwähnt wurde, können Sie die Schatten auf dem Studiohintergrund problemlos in die Collage integrieren.

Wie genau das geht, können Sie auf dem nächsten Bild sehen, bei dem die Freistellung ebenfalls zuerst mit dem Zeichenstift-Werkzeug ([P]) durchgeführt und die Schattenbereiche ebenfalls ausgewählt wurden.

Legen Sie die Auswahl als Kopie auf eine neue Ebene mit ⌈Strg⌉+⌈J⌉. Von der Ebene mit der freigestellten Figur machen Sie mit dem Lasso-Werkzeug eine Auswahl des Schattenbereichs und legen diese auf eine Extraebene.

Die Reihenfolge der Ebenen sollte so aussehen: *Hintergrund*, Ebene mit dem Schattenbereich, Ebene mit der freigestellten Figur.

Die Ebenenfüllmethode für die Ebene mit dem Schattenbereich ändern Sie auf *Multiplizieren*.

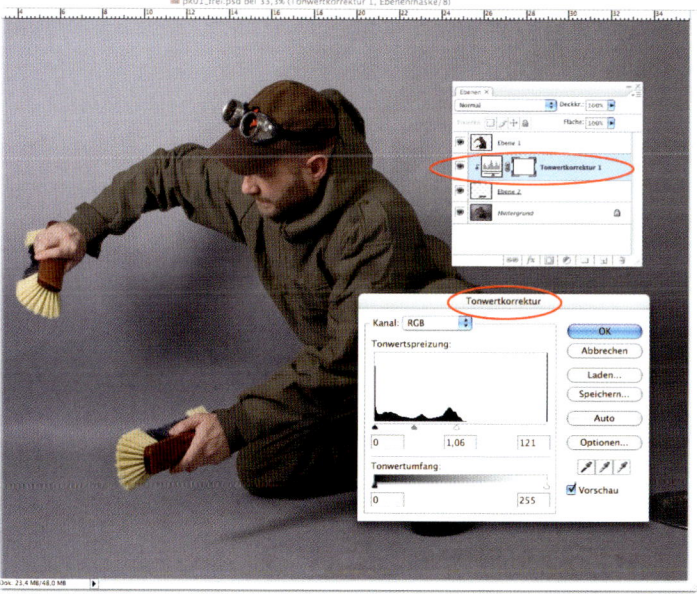

2

Über der Ebene mit dem Schattenbereich erstellen Sie eine Einstellungsebene *Tonwertkorrektur* mit einer Schnittmaske.

Diese brauchen Sie später, um den Schatten zu separieren und den restlichen grauen Hintergrund unsichtbar zu machen.

Vorerst sind aber keine Einstellungen im Dialog *Tonwertkorrektur* nötig. Schließen Sie den Dialog einfach durch Klicken auf *OK*.

3

Einige Bereiche wie zum Beispiel die Borsten können Sie schlecht mit dem Zeichenstift-Werkzeug freistellen, deshalb ist ein wenig Nachbesserungsarbeit angesagt.

Erstellen Sie zuerst über der Ebene *Hintergrund* eine Füllebene *Volltonfarbe* mit einer kontrastreichen Farbe (wählen Sie einfach die Farbe, die im Bild sonst nicht vorkommt).

Wählen Sie das Pinsel-Werkzeug ([B]) mit einer Werkzeugspitze aus dem Bereich *Stern*, z. B. *Stern 26*. Die Größe können Sie dann mit den Tasten [#] und [Ö] verändern. Definieren Sie die Vordergrundfarbe Schwarz.

Bearbeiten Sie die Bereiche mit den Borsten wie in dem Screenshot gezeigt. Mit der Pinselspitze aus der Sternreihe klappt das problemlos.

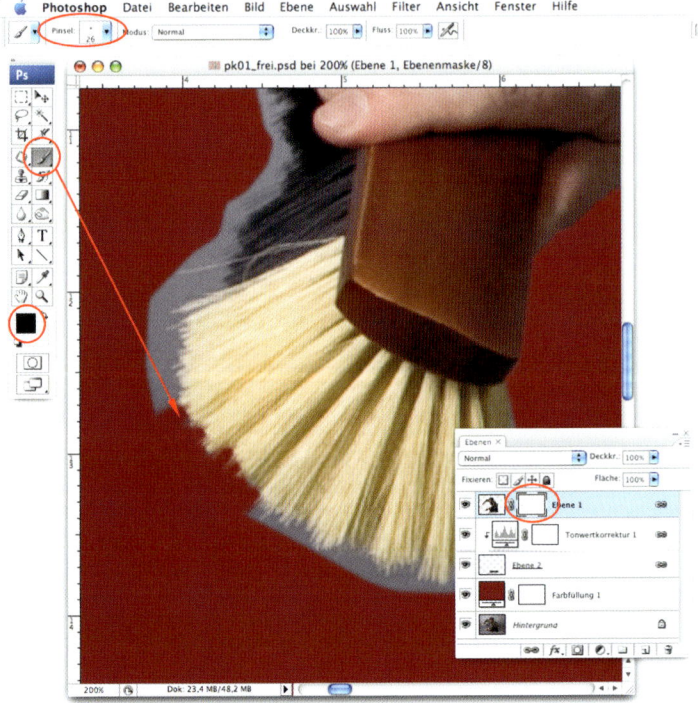

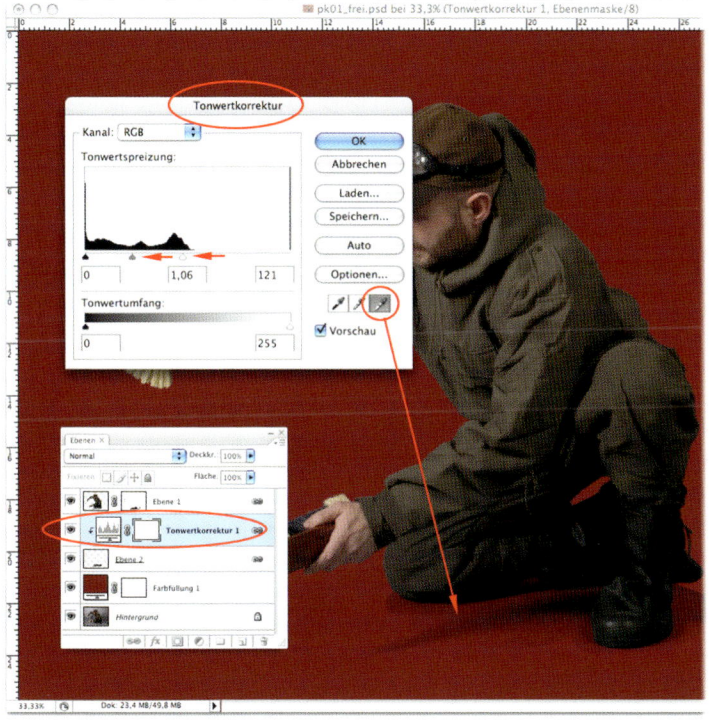

Auf dem kontrastreichen Hintergrund können Sie jetzt das Verhalten des Schattens beobachten. Dunkle Bereiche der Ebene mit dem Schatten sehen schon ganz gut aus, aber die Bereiche mit dem grauen Hintergrund sollten noch etwas bearbeitet werden.

Doppelklicken Sie auf die Ebenenminiatur der Einstellungsebene *Tonwertkorrektur*. Wählen Sie im Dialogfenster *Tonwertkorrektur* die weiße Pipette und klicken Sie damit auf die hellen Flächen des Hintergrunds.

Die helleren Bereiche werden transparent. Die Transparenz können Sie noch etwas verbessern, wenn Sie den mittleren und den rechten Regler des Bereichs *Tonwertspreizung* leicht nach links verschieben.

Diese Technik kennen Sie bereits aus dem Kapitel, in dem das Freistellen der Haare mithilfe der Ebenenfüllmethoden erklärt wurde.

5

Die noch sichtbaren Reste vom Studiohintergrund können Sie auf eine elegante Art entfernen. Erstellen Sie auf der Ebene mit dem Schattenbereich eine Ebenenmaske.

Wählen Sie einen runden Pinsel mit einer Größe von ca. 150–200 Pixeln und Härte = 0. Maskieren Sie die Bereiche, die Sie nicht im Bild haben möchten, mit schwarzer Farbe.

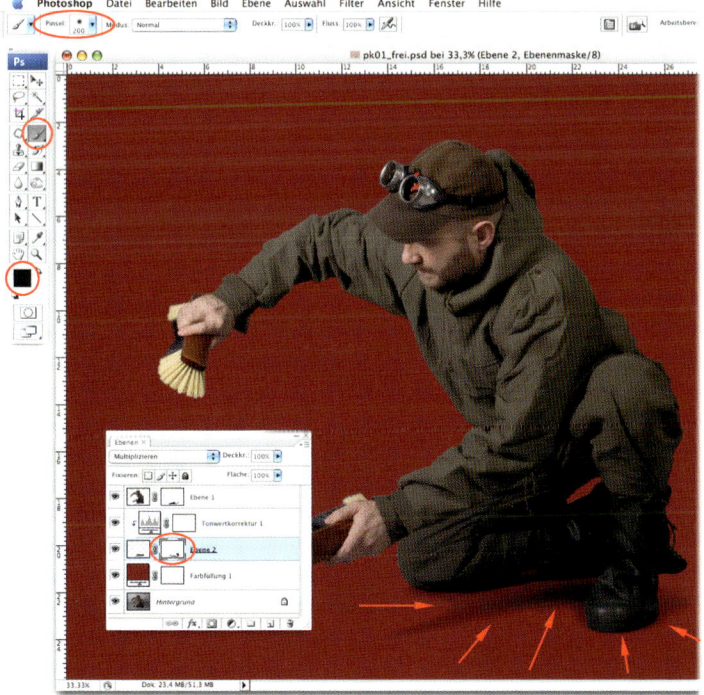

Beim Freistellen weiterer Bilder können Sie ähnlich vorgehen. Achten Sie darauf, dass Sie den Originalschatten auf dem Studiohintergrund auswählen.

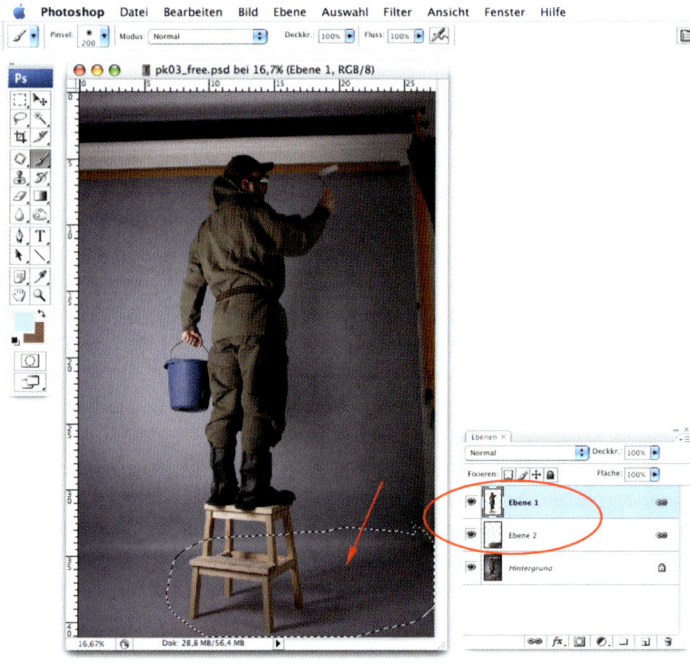

Im Bild wird noch ein Foto von einer Spule mit Faden verwendet (diese braucht der fliegende Schneider).

Den Faden können Sie großzügig freistellen und mithilfe der Ebenenfüllmethode *Multiplizieren* in die Collage integrieren.

Aber eigentlich können Sie nur die Spule freistellen (ohne den Faden) und den Faden später auf einer separaten Ebene einfach mit dem Pinsel-Werkzeug (B) und sehr kleiner runder Pinselspitze zeichnen.

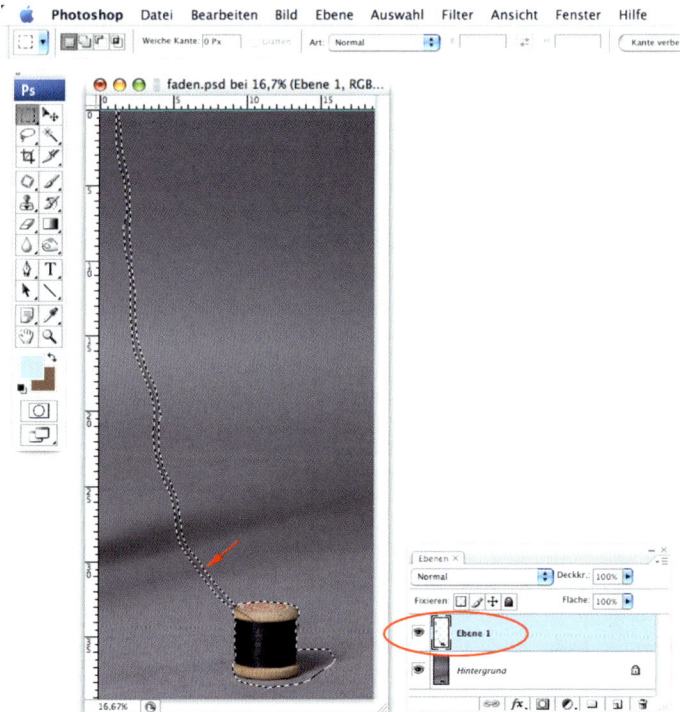

Freistellung von Objekten mit komplizierten Konturen meistern

1

Wie bereits erwähnt wurde, werden Sie in der Collage einige Bildelemente haben, die nicht unbedingt in einem Studio fotografiert wurden. Deshalb kann in so einem Fall keine Rede von genauer Freistellung sein.

Hätten Sie den Hund vor dem schwarzen Hintergrund fotografiert, wäre eine Freistellung durch die Nutzung der Kontraste viel einfacher.

Nun haben Sie aber ein Foto „aus dem Leben" und müssen das Beste daraus machen. Wählen Sie das Lasso-Werkzeug (L) mit der Option *Der Auswahl hinzufügen* und erstellen Sie eine großzügige Auswahl des Hundes.

Da die Option für eine mehrfache Auswahl aktiviert ist, können Sie die Fläche in mehreren Durchgängen auswählen.

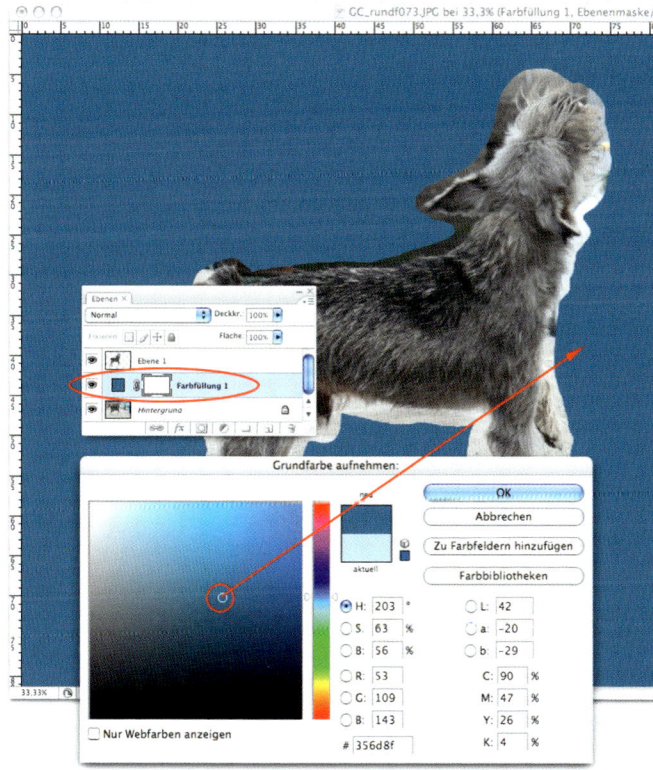

2

Mit (Strg)+(J) erstellen Sie eine neue Ebene durch Kopieren des ausgewählten Bereichs aus dem Hintergrund.

Zwischen der Hintergrundebene und der Ebene mit dem grob freigestellten Hund erzeugen Sie die Füllebene *Volltonfarbe* mit einer Kontrastfarbe.

3

Auf der Ebene mit dem freigestellten Hund erstellen Sie eine Ebenenmaske.

Mit dem Pinsel-Werkzeug ([B]) und einer Pinselspitze aus der Sternreihe (diese Pinselspitze haben Sie zum Bearbeiten der Borsten verwendet) stellen Sie das Fell des Hundes frei.

Die Pinselgröße können Sie abhängig von der Kante vergrößern oder verkleinern. Benutzen Sie dazu die Taste [#] zum Vergrößern und die Taste [Ö] zum Verkleinern.

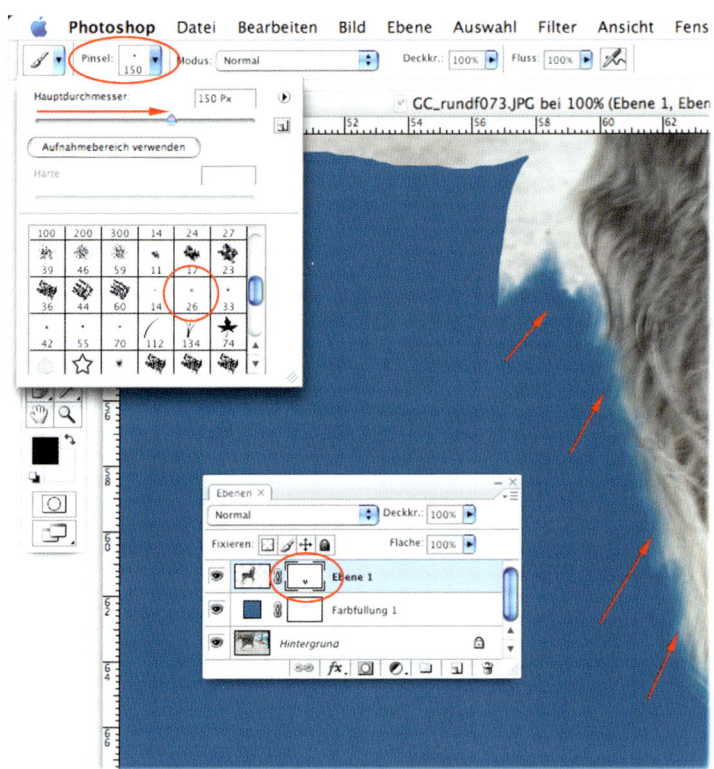

Besonders beim Freistellen des Fells ist es sinnvoll, die Pinselspitze ab und zu zu drehen, damit die Kante nicht gleiche Umrisse hat.

Zum Drehen der Pinselspitze öffnen Sie die Palette *Pinsel* und klicken auf den Eintrag *Pinselform*. Drehen Sie am Rad – die Pinselspitze dreht sich mit.

Da die Sternspitzen unregelmäßige Kanten haben, erreichen Sie durch das Drehen, dass immer unterschiedliche Formen der Kante erstellt werden können.

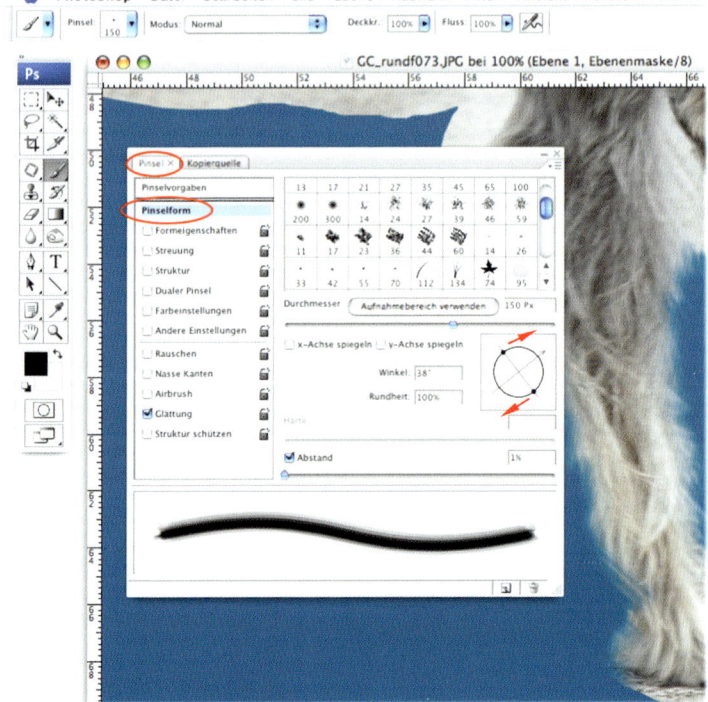

8.3 Selektive Farbkorrekturen der freigestellten Objekte

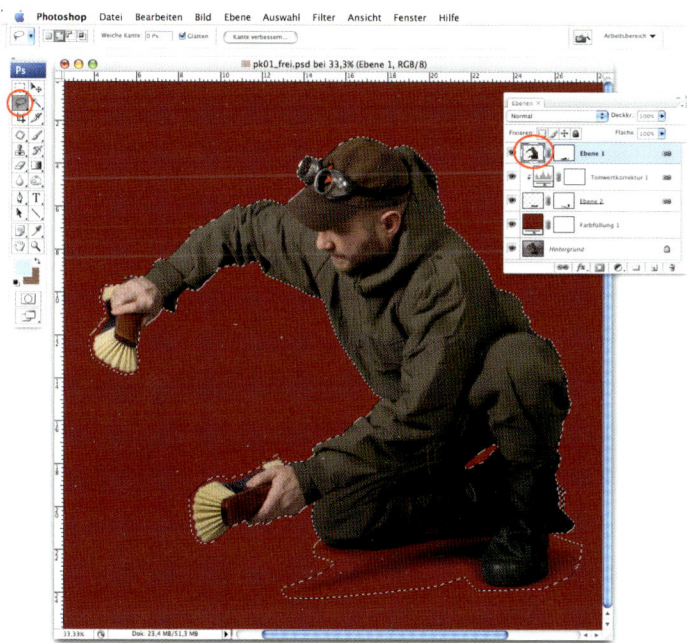

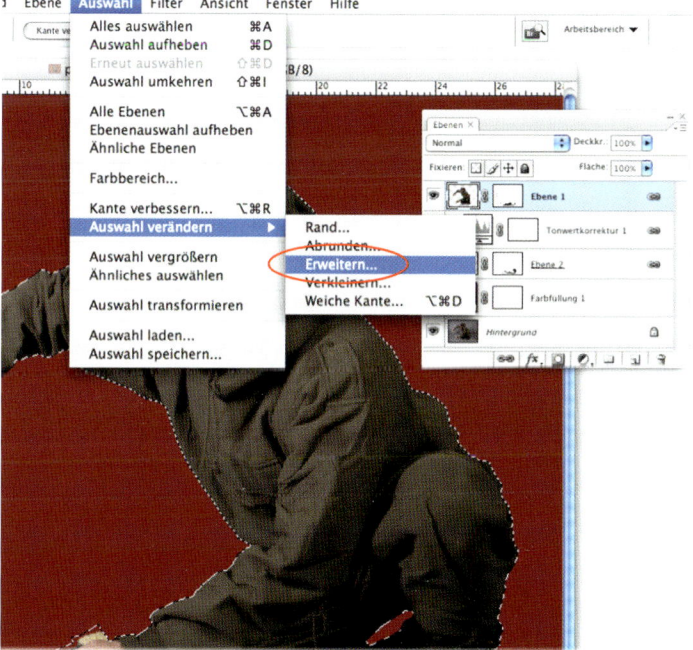

Umfärben mit Einstellungsebenen

Bei komplexen Bildcomposings kommen Sie ohne das Umfärben einzelner Teile der Pixelebenen nicht aus. In unserem Beispiel sollen die Overalls der Arbeiter (Maler, Schuhputzer, Schneider) von Militärgrün in Blau umgefärbt werden.

1

Öffnen Sie die Datei einer freigestellten Figur. Klicken Sie bei gedrückter Strg-Taste auf die Ebenenminiatur der Ebene mit der freigestellten Figur. Aktivieren Sie das Lasso-Werkzeug (L). Mithilfe des Lasso-Werkzeugs werden Sie die Bereiche, die nicht umgefärbt werden sollen, von der Auswahl abziehen.

2

Bevor Sie mit dem Abziehen der Auswahlbereiche beginnen, sollte die Auswahl komplett erweitert werden. Warum? Die Auswahl wird als Maske einer Einstellungsebene dienen.

Wenn die Auswahl genauso groß ist wie die Pixelebene, kann es passieren, dass eine pixelbreite Kante am Rande der Ebene nicht von der Wirkung der Einstellungsebene betroffen wird. Das führt zu unschönen Rändern. Wählen Sie deshalb *Auswahl/Auswahl verändern/Erweitern*.

Um absolut sicher zu sein, erweitern Sie die Auswahl um 5 Pixel. Bestätigen Sie die Erweiterung mit *OK*. Somit ist die Maske groß genug, um die Ränder auf jeden Fall abzudecken.

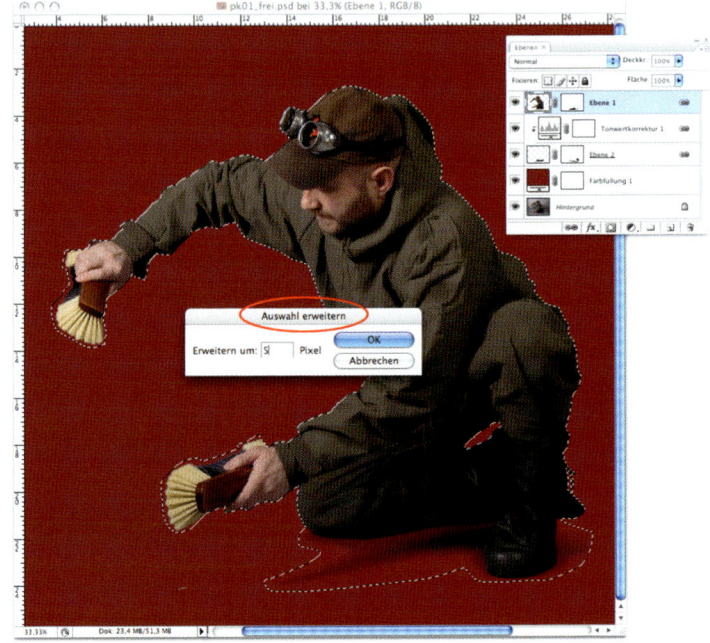

3

Das Lasso-Werkzeug ([L]) haben Sie bereits aktiviert, jetzt schalten Sie die Option *Von Auswahl subtrahieren* ein. Wahlweise können Sie, während Sie auswählen, auch die [Alt]-Taste gedrückt halten.

Alle Bereiche, die durch eine Einstellungsebene nicht gefärbt werden sollen, müssen von der Auswahl abgezogen werden.

Da in unseren Beispielen nur die Overalls eingefärbt werden, subtrahieren Sie Bereiche wie Kopf, Hände und Stiefel.

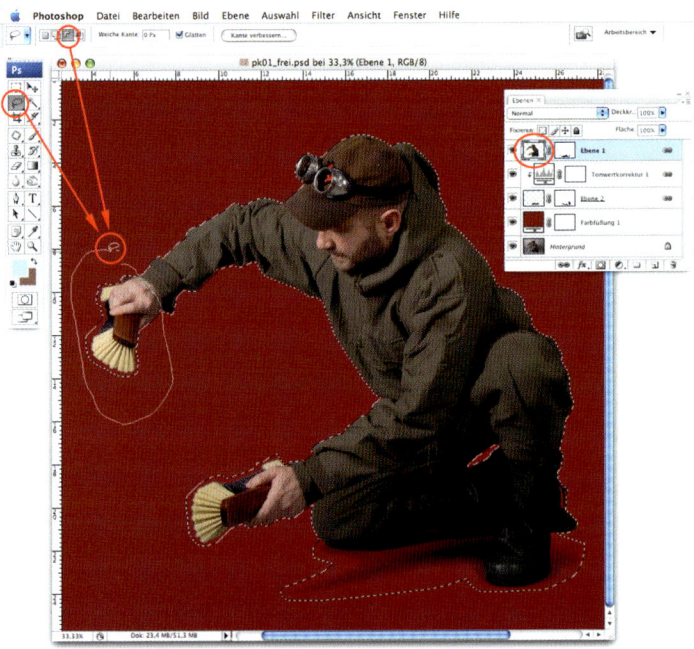

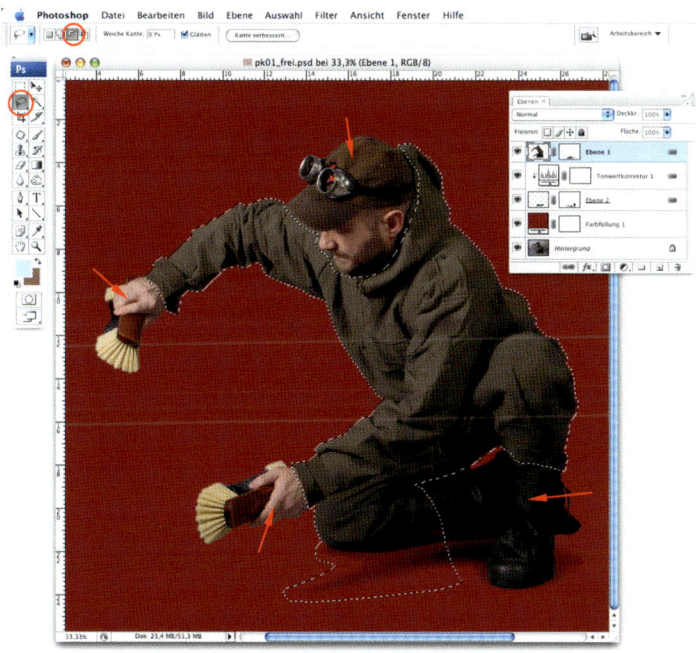

Wie Sie in dem Screenshot sehen, sind jetzt nur die Bereiche auf dem Bild ausgewählt, in denen der Overall zu sehen ist.

Natürlich können Sie kaum erreichen, dass die Auswahl zu 100 % richtig ist. Das ist erst einmal die grobe Auswahl. Die Feinheiten werden in den nächsten Schritten bearbeitet.

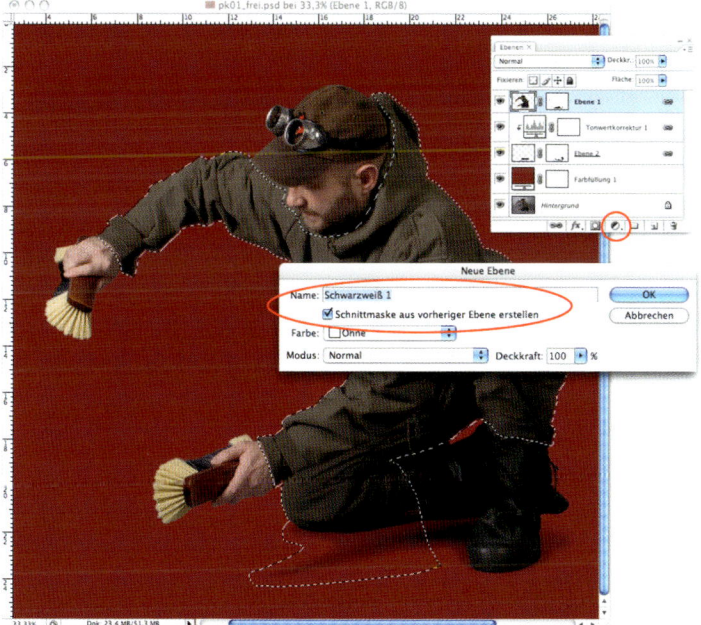

4

Leider klappt eine „direkte" Umfärbung der ausgewählten Flächen nicht. Wenn Sie die Fläche des Overalls mithilfe der Einstellungsebene *Farbbalance* umfärben, wird die grünbraune Farbe die Umfärbung beeinträchtigen und Sie bekommen nicht die reine Farbe, die Sie im Dialog auswählen.

Sinnvoll ist es deshalb, zuerst die Fläche zu entfärben. Klicken Sie die Ebene mit der Figur an, halten Sie die (Alt)-Taste gedrückt und wählen Sie die Einstellungsebene *Schwarzweiß*.

Im Dialog *Neue Ebene* aktivieren Sie die Option *Schnittmaske aus vorheriger Ebene erstellen*.

Wenn der Dialog *Schwarzweiß* geöffnet ist, können Sie durch In-Bild-Korrekturen die Helligkeit und den Kontrast des Overalls bestimmen.

Der Mauszeiger ist bei aktivem Dialog *Schwarzweiß* als Pipette angezeigt. Wenn Sie mit gedrückter Maustaste die Pipette nach links im Bild bewegen, wird der ausgewählte Bereich dunkler, nach rechts wird er heller.

Versuchen Sie, eine mittelgraue Farbe des Overalls zu erreichen. Bestätigen Sie anschließend Ihre Eingaben mit OK.

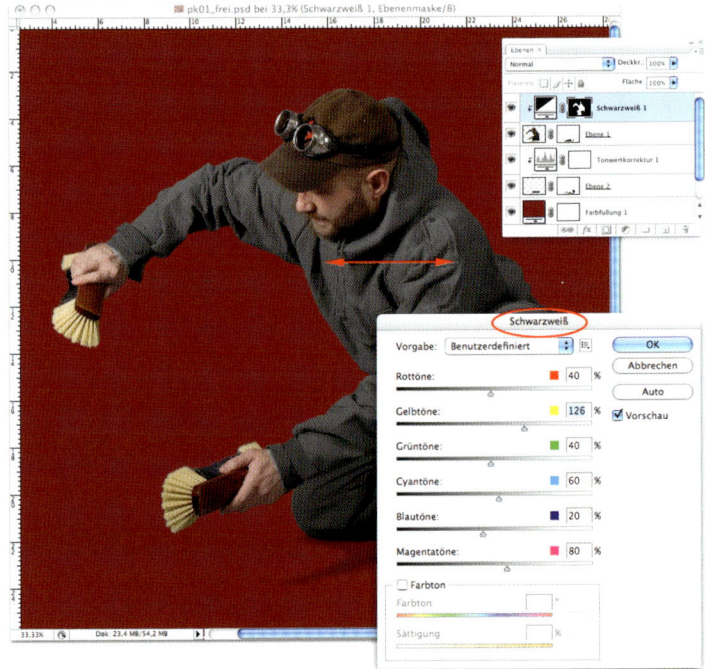

5

Vergrößern Sie die Ansicht des Bildes auf ca. 200–300 %, um die Grenzen zwischen den entfärbten und den nicht entfärbten Bereichen zu kontrollieren.

Durch Subtrahieren von der Auswahl konnten Sie die Grenzen nicht so gut treffen, deshalb sind Nachbesserungen erforderlich.

Wählen Sie als Vordergrundfarbe Weiß. Nehmen Sie das Pinsel-Werkzeug (B) mit einer weichen runden Pinselspitze in einer Größe von ca. 7–9 Pixeln.

Bearbeiten Sie die Grenzstellen, wie es im Screenshot gezeigt wird. Die sichtbaren Teile des Overalls sollen komplett entfärbt werden.

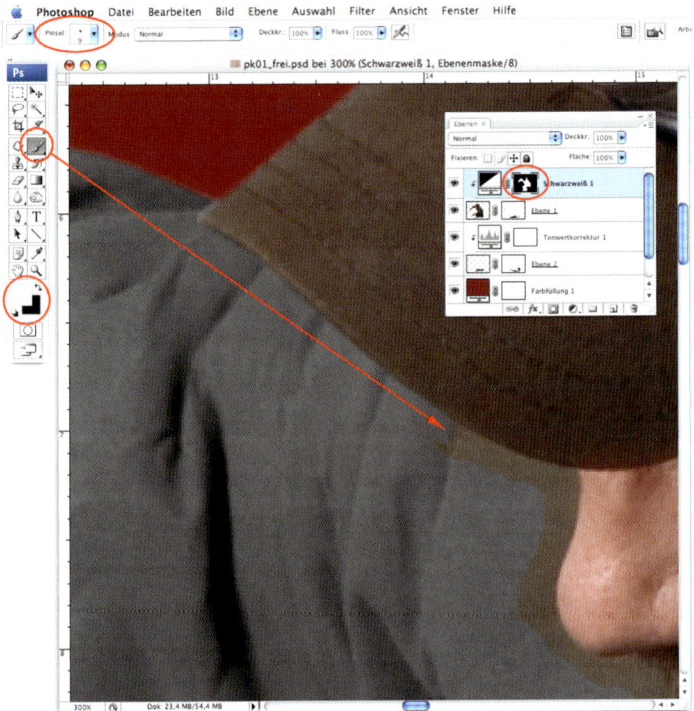

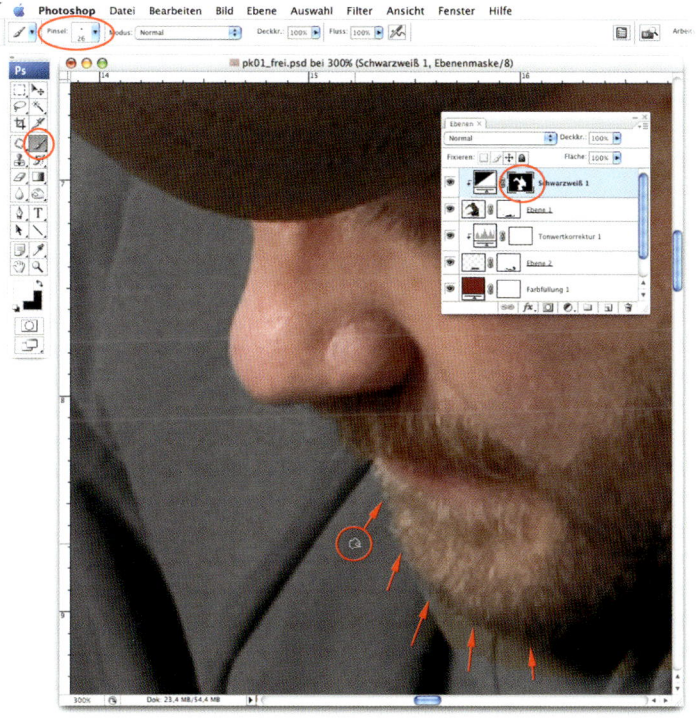

An den Stellen mit unregelmäßigen Kanten – wie in unserem Beispiel der Bart – können Sie eine andere Pinselspitze verwenden, zum Beispiel aus der Sternreihe.

Versuchen Sie, die Grenzen so sauber wie möglich zu bearbeiten, damit sie exakt verlaufen.

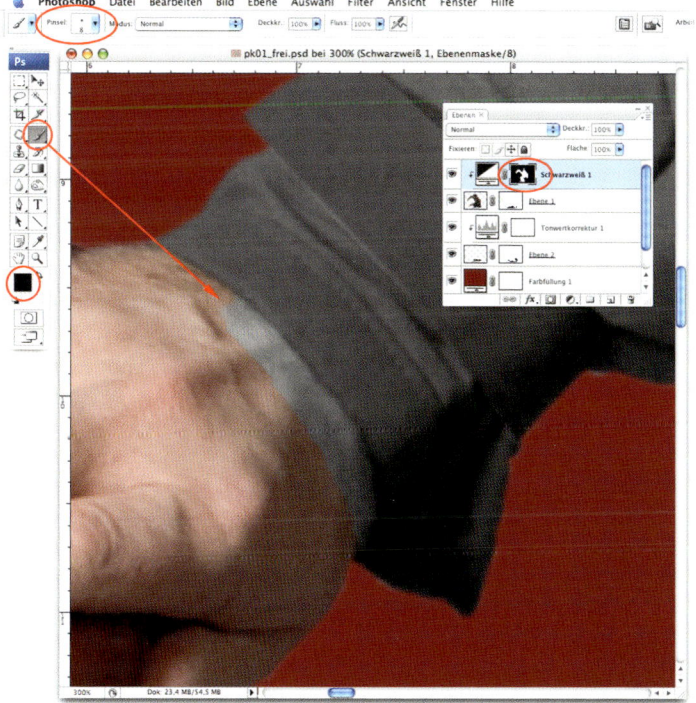

Falls einige Bereiche fälschlicherweise entfärbt wurden, wechseln Sie die Vordergrundfarbe auf Schwarz und bearbeiten die Maske so, dass die Grenze korrekt gewählt ist.

6

Sehr wichtig ist die Kontrolle der Maske auf Lücken. Damit Sie besser sehen können, ob die Maske auf dem gewünschten Bereich flächendeckend erstellt wurde, klicken Sie bei gedrückter [Alt]-Taste auf die Maske der Einstellungsebene *Schwarzweiß*.

Das Bild besteht dann nur aus schwarzen und weißen Flächen. Die Flächen, die entfärbt sind, sollen weiß sein, der Rest schwarz.

Falls Sie an einigen Stellen Lücken finden, können Sie diese mit dem Pinsel mit weißer Farbe abdecken. Klicken Sie dann erneut bei gedrückter [Alt]-Taste auf die Maske der Einstellungsebene, um zum Standardmodus zurückzukehren.

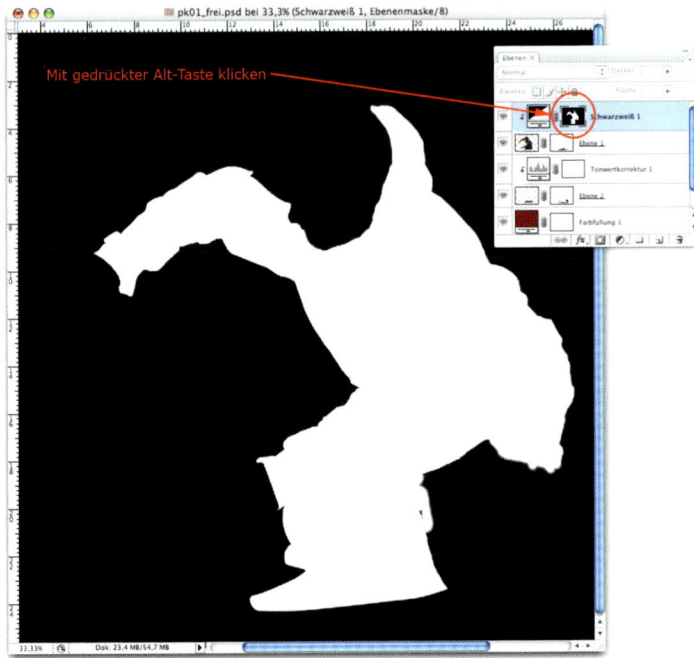

7

Die Entfärbung des Overall-Bereichs ist somit fertig und Sie können über die Einstellungsebene *Schwarzweiß* eine Einstellungsebene *Farbbalance* legen, in der Sie die gewünschte Farbrichtung eingeben können.

Diesmal brauchen Sie keine Farbbeeinträchtigungen zu befürchten – das Einfärben eines Schwarz-Weiß-Bereichs funktioniert einwandfrei.

Laden Sie die Maske der Einstellungsebene *Schwarzweiß*, indem Sie bei gedrückter [Strg]-Taste auf die Maske klicken. Die Maske wird als Auswahl geladen.

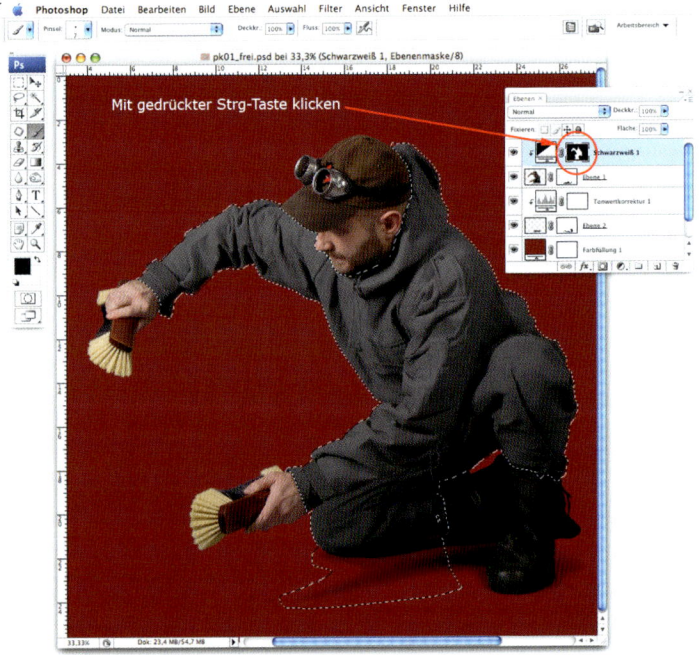

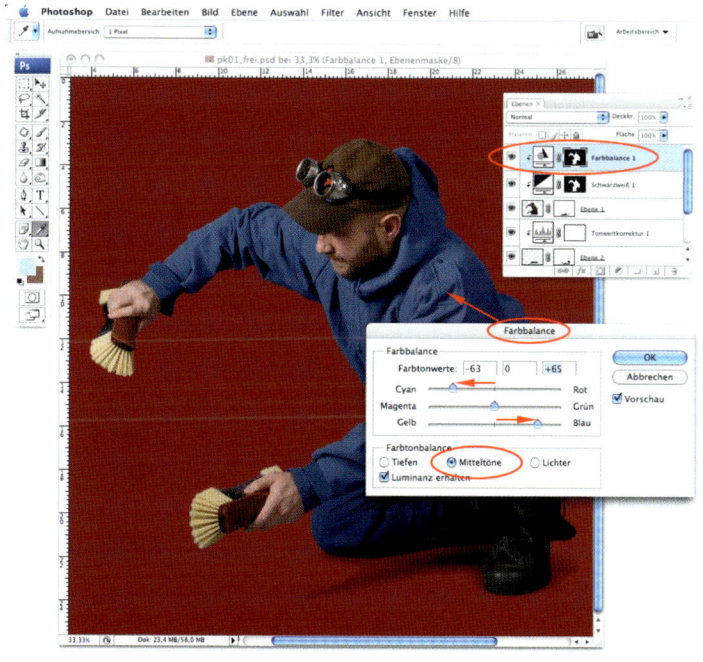

Bei gedrückter ⌐Alt⌐-Taste (damit die Schnitt-maske erstellt wird) wählen Sie über der Einstellungsebene *Schwarzweiß* eine weitere Einstellungsebene *Farbbalance*. Im Bereich *Mitteltöne* des Dialogfensters *Farbbalance* verstärken Sie die Werte für Cyan und Blau.

Auch wenn es eigentlich logisch klingt, reicht es zum Einfärben in Blau nicht, wenn Sie nur den Blauwert verstärken, Cyan sollte ungefähr um die gleichen Stufen verstärkt werden.

Die Einfärbung des ersten Bildes ist somit fertig. Da wir aber für die Collage weitere Bilder umfärben müssen, ist es interessant zu wissen, ob eine einfache Übertragung der Einstellungsebenen auf weitere Bilder möglich wäre.

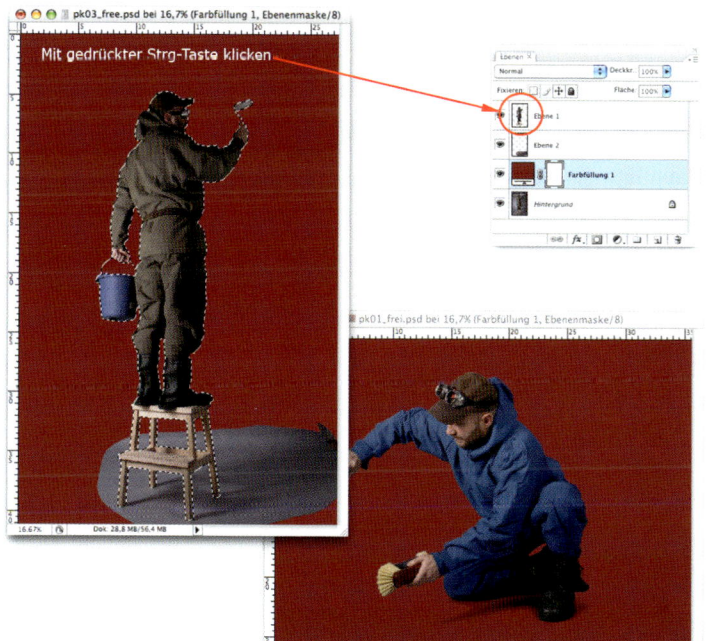

Umfärbung auf weitere Bilder übertragen

1

Lassen Sie das Bild mit dem bereits umgefärbten Overall offen und öffnen Sie ein weiteres Bild, in dem eine identische Umfärbung stattfinden soll. Voraussetzung dafür ist, dass das weitere Bild bereits freigestellt ist.

Laden Sie die Auswahl der freigestellten Ebene durch Klicken auf die Ebenenminiatur bei gedrückter ⌐Strg⌐-Taste. Erweitern Sie die Auswahl, wie das beim ersten Bild gemacht wurde.

2

Ziehen Sie von der Auswahl die Bereiche ab, die nicht eingefärbt werden sollen. Das machen Sie mit dem Lasso-Werkzeug (L) mit der Option *Von Auswahl subtrahieren*.

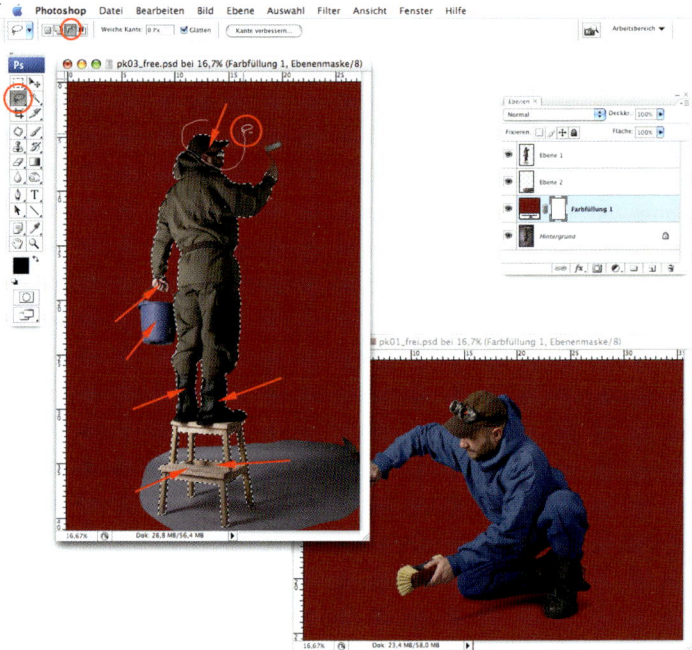

3

Duplizieren Sie beim ersten Bild die Einstellungsebene *Schwarzweiß*. Die Kopie brauchen Sie zum Übertragen auf das andere Bild.

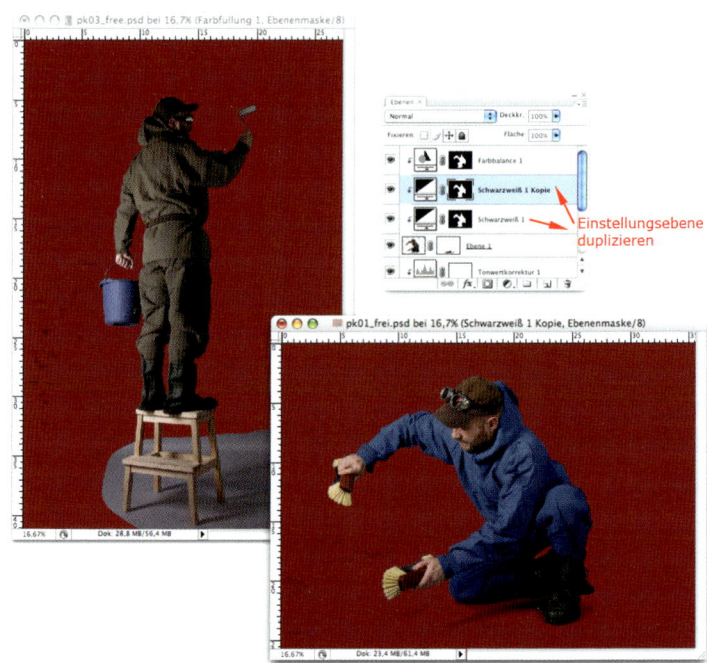

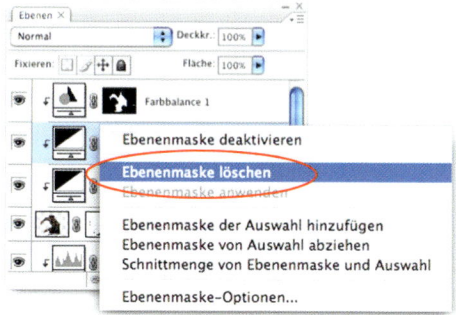

Von der duplizierten Ebene soll die Maske entfernt werden, weil im zweiten Bild eine andere, auf die Figur maßgeschneiderte Maske verwendet wird.

Klicken Sie auf die Maske mit der rechten Maustaste und wählen Sie die Option *Ebenenmaske löschen*.

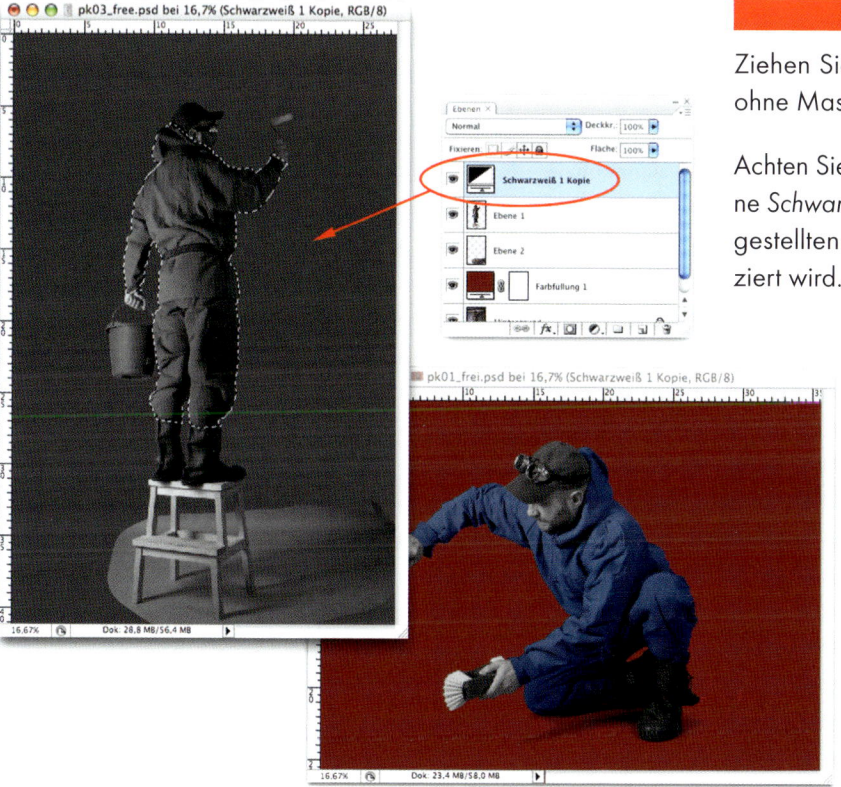

4

Ziehen Sie die kopierte Einstellungsebene ohne Maske auf das neue Bild.

Achten Sie darauf, dass die Einstellungsebene *Schwarzweiß* über der Ebene mit der freigestellten Figur in der *Ebenen*-Palette platziert wird.

5

Klicken Sie jetzt auf das Symbol *Ebenenmaske* in der *Ebenen*-Palette. Die geladene Auswahl wird als Maske auf die Einstellungsebene *Schwarzweiß* angewendet.

Die Einstellungsebene *Schwarzweiß* sollte noch mit einer Schnittmaske ausgestattet werden, damit sie nur auf die darunterliegende Pixelebene mit der freigestellten Figur wirkt.

Dazu haben Sie zwei Möglichkeiten: Sie können die Schnittmaske mit der Tastenkombination Strg+Alt+G bei angeklickter Einstellungsebene *Schwarzweiß* machen, oder Sie halten die Alt-Taste gedrückt und klicken zwischen den Ebenen *Schwarzweiß* und der darunterliegenden Ebene mit der Figur.

Die Kopie der Einstellungsebene *Schwarzweiß* auf dem ersten Bild können Sie anschließend wieder löschen.

Das Gleiche machen Sie mit der Einstellungsebene *Farbbalance*. Diese wird auf dem ersten Bild dupliziert, die Maske wird gelöscht.

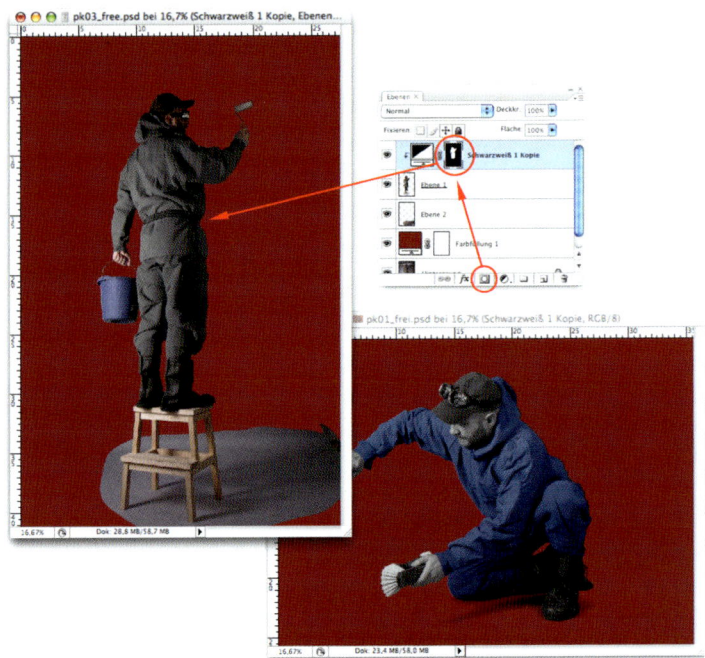

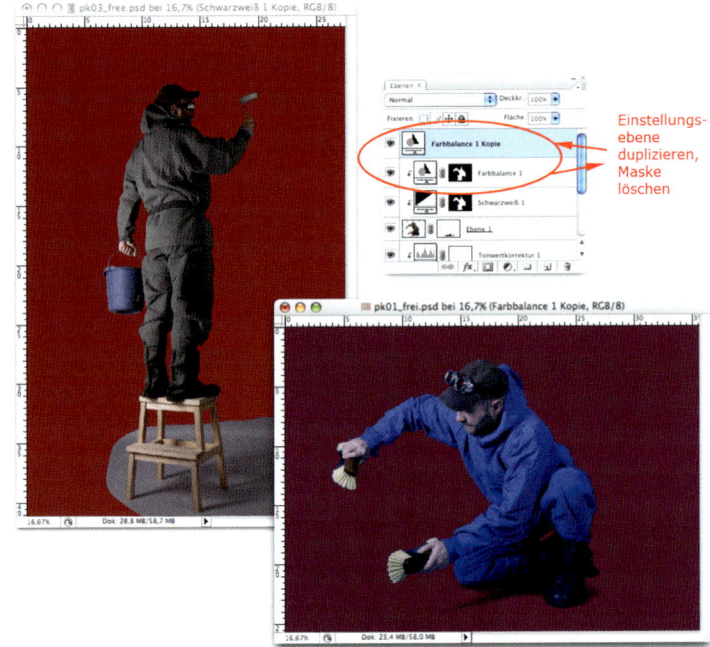

Einstellungsebene duplizieren, Maske löschen

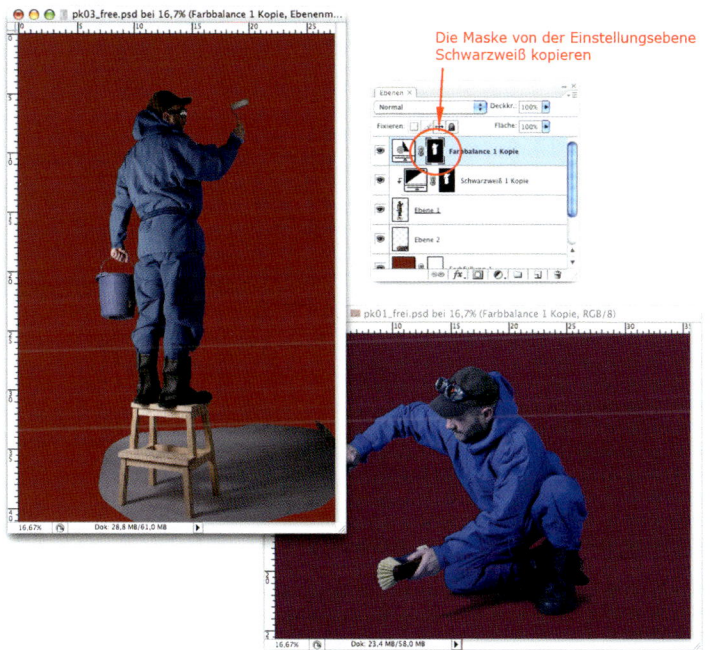

Die Maske von der Einstellungsebene Schwarzweiß kopieren

6

Laden Sie auf dem zweiten Bild die Auswahl von der Maske der Einstellungsebene *Schwarzweiß*.

Ziehen Sie die Kopie der Einstellungsebene *Farbbalance* ohne Maske von dem ersten Bild in das zweite und platzieren Sie die Einstellungsebene *Farbbalance* über der Einstellungsebene *Schwarzweiß*.

Die Maske wird von der Auswahl übernommen. Auf dem ersten Bild kann die Kopie der Einstellungsebene *Farbbalance* anschließend wieder gelöscht werden.

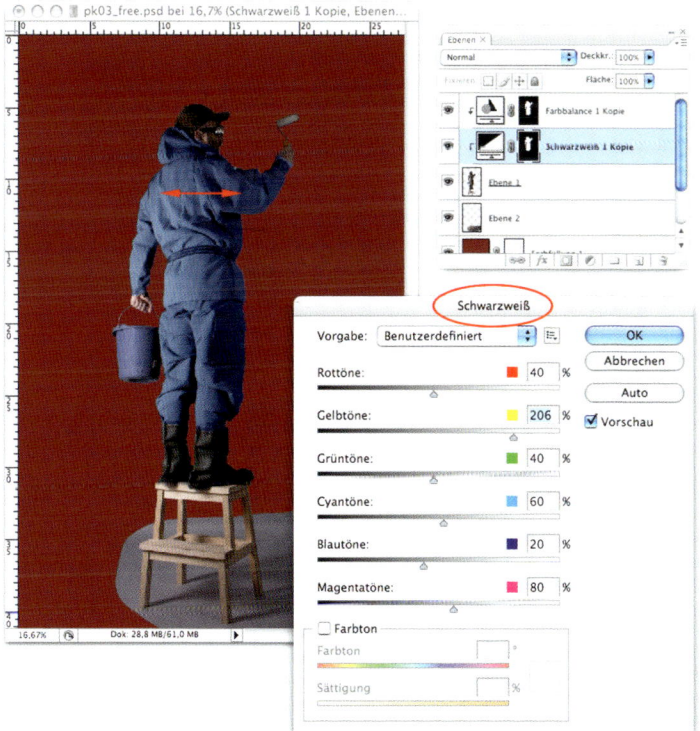

7

Falls Sie mit der Helligkeit der Ebene nicht ganz zufrieden sind, können Sie diese an Ihre Vorstellungen anpassen.

Doppelklicken Sie auf die Ebenenminiatur der Einstellungsebene *Schwarzweiß*. Wenn der Dialog *Schwarzweiß* geöffnet ist, können Sie die Anpassung der Helligkeit durch eine In-Bild-Korrektur vornehmen.

8.4 Die Montage der einzelnen Bildelemente

Die Hauptdarsteller für die Collage sind jetzt bereit und können in die Arbeitsfläche integriert werden. Wichtig dabei ist, dass die Größenverhältnisse und die Verteilung auf der „Bühne" korrekt sind und der Betrachter den Eindruck bekommt, dass alles so, wie es zusammengestellt ist, sein soll. Die Bildelemente sollen miteinander kommunizieren und nicht wie Fremdkörper wirken, die lieblos zusammengewürfelt wurden.

In unserem Beispiel wurden die Darsteller gezielt für eine Komposition fotografiert – das macht die Zusammensetzung leichter, weil die Posen bereits durchdacht sind und entsprechend für das Composing aufgenommen wurden.

Technisch gesehen sollten Sie darauf achten, dass Sie in erster Linie die Struktur der *Ebenen*-Palette so anlegen, dass jedes Bildelement schnell zu finden ist und ohne große Suchaktionen angefasst, verschoben oder bearbeitet werden kann.

Da alle vorbereiteten Bildelemente aus mehr als einer Ebene bestehen, ist es sinnvoll, Ebenengruppen zu bilden, in denen jeweils eine Pixelebene und entsprechende Einstellungsebenen mit Schnittmasken enthalten sind. Die Gruppen können Sie in der Arbeitsflä-

che bewegen oder skalieren. In der Abbildung sehen Sie die Ebenenstruktur mit den ersten darin enthaltenen Ebenengruppen. Diese werden in den nächsten Schritten optimiert, um die Komposition authentisch wirken zu lassen.

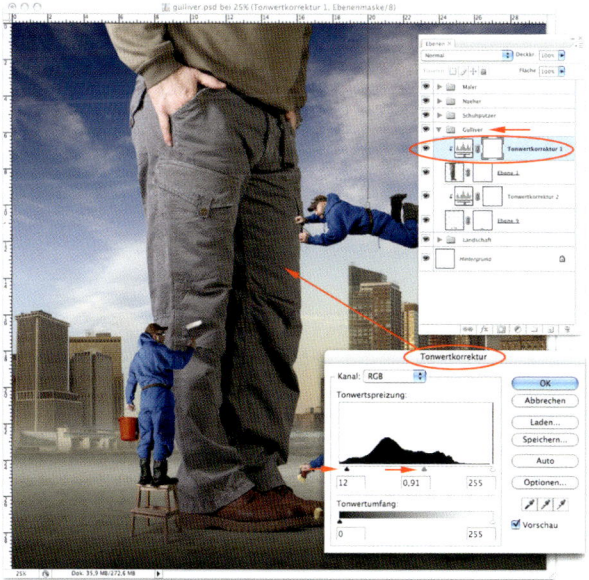

Die Hauptfigur, den Gulliver, bearbeiten

1

Öffnen Sie die Ebenengruppe *Gulliver*. Wie Sie bereits aus den Vorbereitungsschritten wissen, sind in dieser Gruppe zwei Pixelebenen – mit der Figur und mit dem Schatten – mit den dazugehörigen Einstellungsebenen enthalten. Um die Beleuchtung der Figur an die neue Umgebung anzupassen, werden einige weitere Einstellungsebenen nötig. Da die Einstellungsebenen nur auf eine Pixelebene wirken sollen, werden sie mit Schnittmasken verwendet. Dunkeln Sie die Figur des Gulliver mit der Einstellungsebene *Tonwertkorrektur* ab. Bewegen Sie hierfür nur den linken und den mittleren Regler im Bereich *Tonwertspreizung* leicht nach rechts, um die Helligkeit etwas zu reduzieren und den Kontrast zu erhöhen.

2

In der Komposition soll der Eindruck entstehen, dass das Licht von links oben kommt. Zwar ist das kein hartes, sondern ein eher diffuses Licht, aber die Schattengestaltung soll die Richtung des Lichteinfalls unterstreichen. Erstellen Sie eine weitere Einstellungsebene *Tonwertkorrektur* mit Schnittmaske. Diesmal bewegen Sie die linken und mittleren Regler im Bereich *Tonwertspreizung* weiter nach rechts, sodass die Figur des Gulliver deutlich dunkler wird. Die Wirkung der Einstellungsebene wird aber nur auf der rechten Seite der Figur benötigt. Deshalb wird die Einstellungsebene auf

der linken Seite der Figur mit dem Verlaufswerkzeug ([G]) maskiert. Auch die Schuhe
sollen nicht dunkler werden, deshalb wird
hier auch eine Maskierung erzeugt. Erstellen Sie die Maskierungsverläufe, wie es mit
den Pfeilen in dem Beispielbild angezeigt
wird.

3

Sehen Sie den Maler links im Bild, der Gullivers Hose umfärbt? Leider sieht man noch
keine Farbe auf dem Stoff, die von der Ma-
lerrolle aufgetragen wurde. Das können Sie
schnell ändern.

Erstellen Sie über den Einstellungsebenen,
die zu der Figur des Malers gehören, eine
weitere Einstellungsebene *Helligkeit/Kon-
trast* mit Schnittmaske. Bewegen Sie im Dialogfenster *Helligkeit/Kontrast* den Regler
Helligkeit ganz nach rechts und den Regler
Kontrast fast ganz nach links, sodass die Figur des Gulliver sehr hell wird.

4

Definieren Sie im Farbwähler die Vordergrundfarbe Weiß und die Hintergrundfarbe Schwarz – das können Sie mit der Taste [D] und dann [X] machen. Mit [Strg]+[Entf]
füllen Sie die Maske der Einstellungsebene mit schwarzer Farbe, damit die Einstellungsebene vorübergehend deaktiviert wird.
Nehmen Sie in der *Pinsel*-Palette die Pinselspitze *Kreide* mit 60 Pixeln. Der Name der
Pinselspitze erscheint, wenn Sie den Mauszeiger ca. drei Sekunden über der Miniatur
halten. Die Größe der Pinselspitze kann bei
Bedarf beliebig verändert werden.

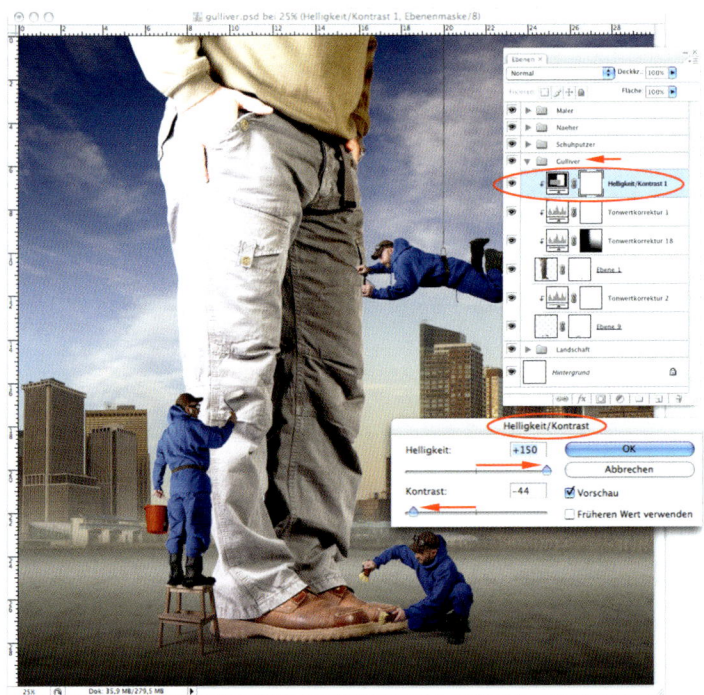

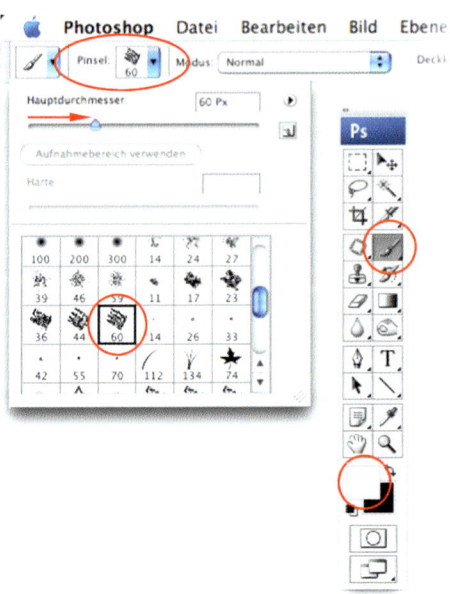

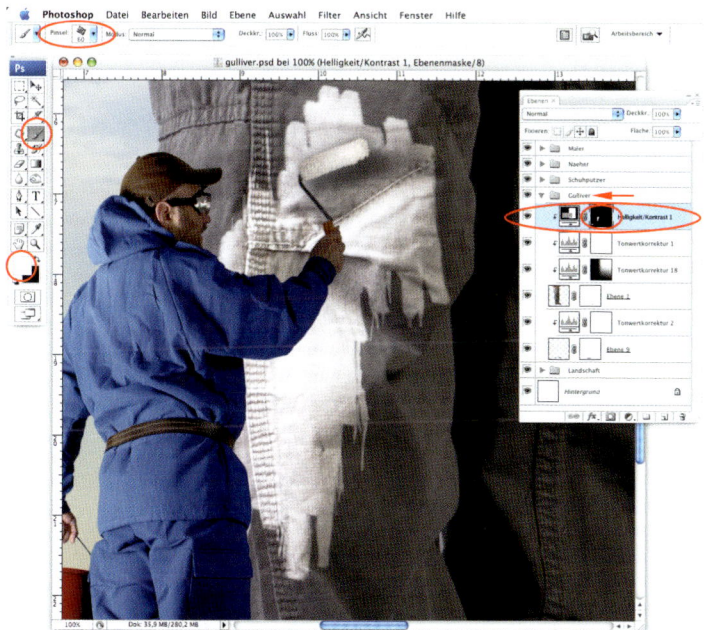

Vergrößern Sie die Ansicht des Bildes so, dass Sie die Malstriche gut setzen können, und malen Sie auf der Maske mit weißer Farbe, sodass die Wirkung der Einstellungsebene an bemalten Stellen wiederhergestellt wird. Jetzt war die Arbeit des Malers nicht umsonst, man sieht die Fläche, die bemalt wurde.

Unter Gullivers Schuh gibt es bereits einen Schatten, aber der ist noch nicht deutlich genug. Von der Figur sollte ein größerer diffuser Schatten rechts auf den Boden fallen.

Erstellen Sie daher unter der Ebene mit dem Schatten aus dem Studio eine neue leere Ebene, wählen Sie die Vordergrundfarbe Schwarz und eine große runde Pinselspitze mit ca. 300 Pixeln.

Reduzieren Sie die Deckkraft des Pinsels auf ca. 30 % und malen Sie einen Schatten, der von der Form zu der Gullivers passt. Falls der Schatten doch zu dunkel wird, können Sie die Deckkraft der Ebene mit dem Schatten noch weiter reduzieren.

Die Größe und die Form des Schattens können Sie nachträglich anpassen.

Erstellen Sie auf der Ebene mit dem Schatten eine Ebenenmaske und maskieren Sie mit dem runden weichen Pinsel mit schwarzer Farbe die Stellen, die weggeblendet werden sollen.

Die Figur des Gulliver ist somit fertig inklusive dazugehörigen Schattierungen. Die Ebenengruppe können Sie schließen.

Anpassung der Figur des Malers

Jetzt ist die Figur des Malers dran. Die bemalte Fläche auf der Hose Gullivers haben Sie bereits erstellt, nehmen Sie jetzt weitere Anpassungen vor.

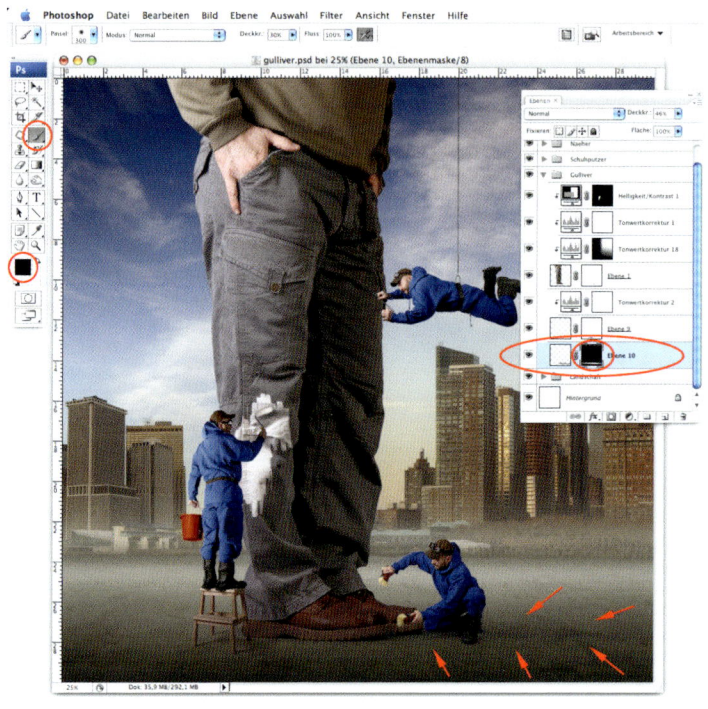

1

Genauso wie bei Gulliver sollte die Beleuchtung des Malers so angepasst werden, dass der Lichteinfall von links oben deutlich unterstrichen wird.

Dazu wurden mehrere Einstellungsebenen erstellt, die entsprechend maskiert wurden. Die Technik ist Ihnen bereits bekannt. Passen Sie die Beleuchtung der Figur mit den Einstellungsebenen *Tonwertkorrektur* mit Schnittmasken an.

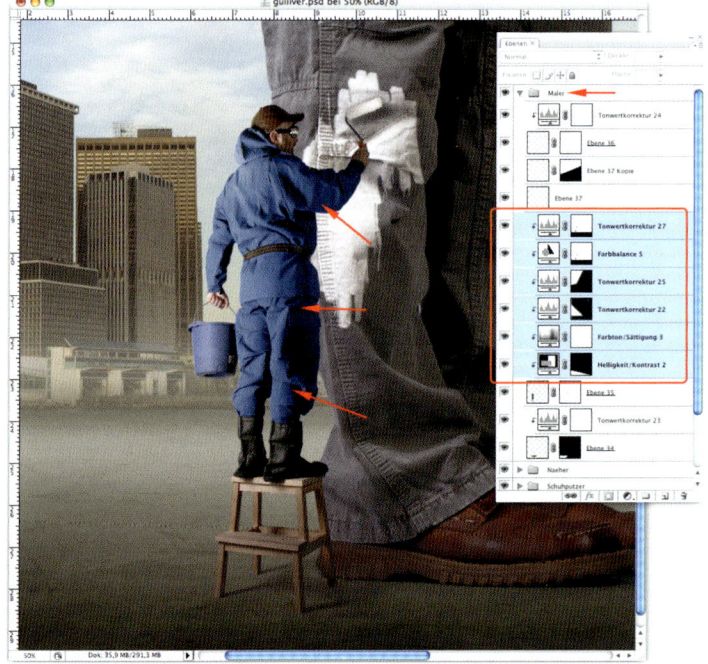

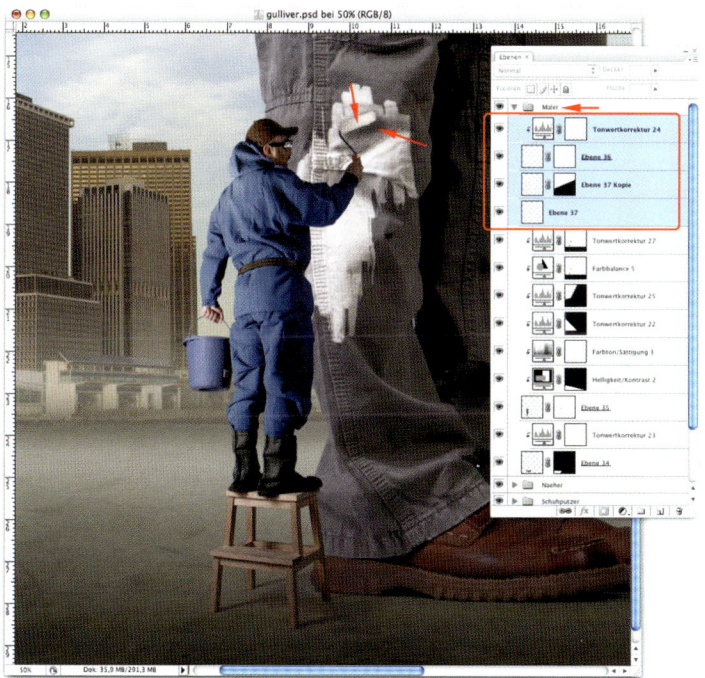

2

Eine extra Anpassung ist für die Rolle des Malers nötig. Erstellen Sie unter der Rolle eine deutlich sichtbare Schattierung, damit der Eindruck entsteht, die Rolle befinde sich sehr nah an der Hose Gullivers.

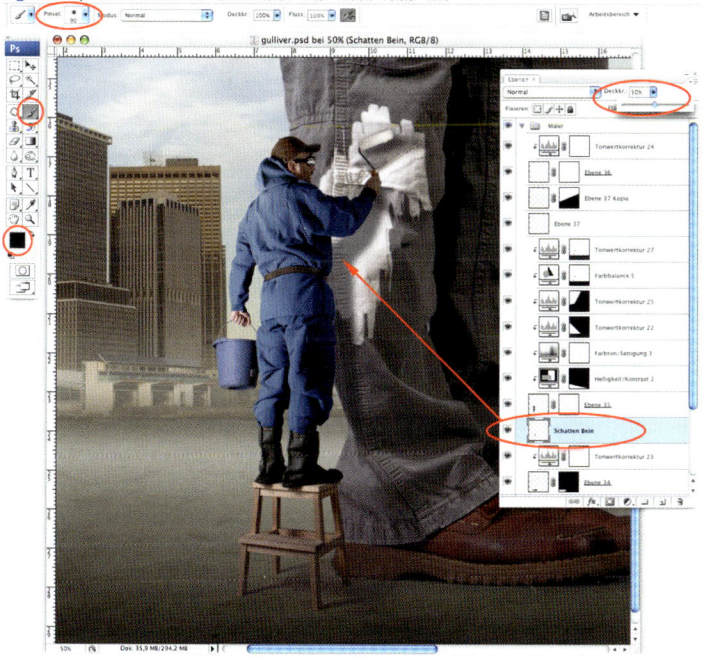

3

Von dem Maler fällt auch ein Schatten auf die Hose Gullivers. Erstellen Sie unter der Ebene mit dem Schatten, den Sie aus dem Studiofoto übernommen haben, eine neue leere Ebene.

Malen Sie auf dieser Ebene mit dem weichen runden Pinsel mit einer Größe von ca. 80–90 Pixeln einen passenden Schatten mit schwarzer Farbe.

Wenn Sie mit der Form des Schattens zufrieden sind, passen Sie die Deckkraft der Ebene an. In der Regel reicht eine Deckkraft von ca. 40–60 %.

4

Weitere Schattierungen sollen von der Tretleiter auf die Figur des Malers fallen.

Erstellen Sie dazu eine weitere leere Ebene, auf der Sie mit passenden Pinselspitzen den Schatten malen.

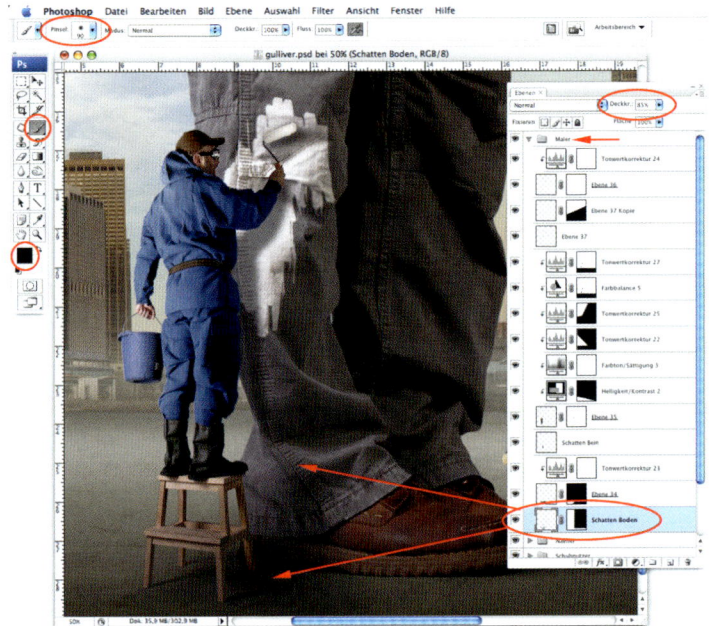

5

Was Sie beim Freistellen und Einfärben im Vorbereitungsstadium nicht gemacht haben, können Sie jederzeit nachholen.

In unserem Beispiel hat der Maler einen blauen Overall (wurde umgefärbt) und einen Eimer im Originalzustand – leider auch blau. Das ist zu langweilig, der Eimer soll knallrot werden.

Falls Ihnen wie in unserem Beispiel einfällt, dass ein Element des Bildes umgefärbt werden soll, sollte dieses zuerst mit der Einstellungsebene *Schwarzweiß* entfärbt werden.

Mit einer gezielten Maskierung erreichen Sie, dass andere Teile der Figur von der Entfärbung nicht betroffen sind.

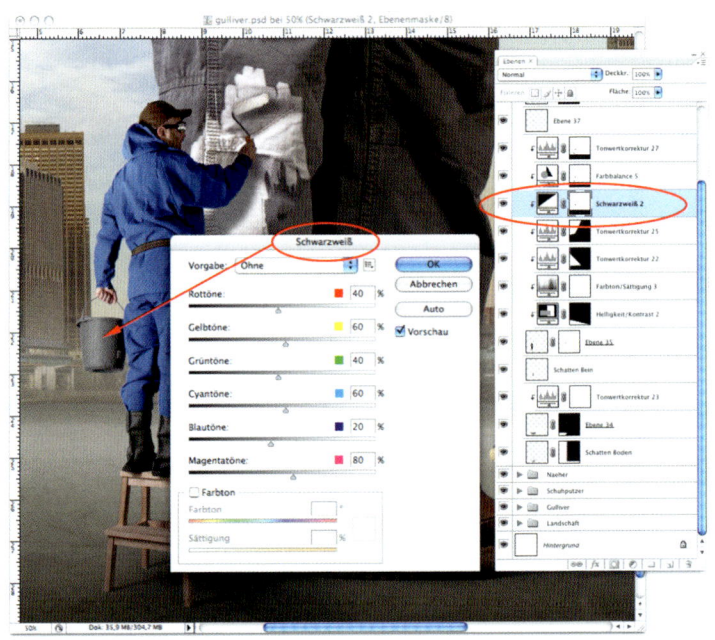

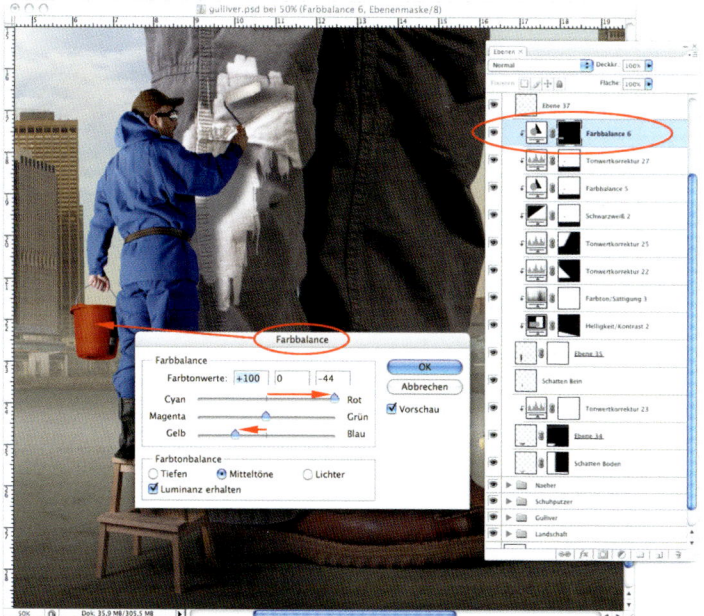

6

Laden Sie die Maske der Einstellungsebene *Schwarzweiß*, indem Sie bei gedrückter (Strg)-Taste die Ebenenmaske anklicken. Die Maske wird jetzt als Auswahl angezeigt und kann auf die nächste Einstellungsebene angewandt werden. Erstellen Sie über der Einstellungsebene *Schwarzweiß* die Einstellungsebene *Farbbalance* mit Schnittmaske.

Im Dialogfenster *Farbbalance* im Bereich *Mitteltöne* verstärken Sie die Werte für Rot auf +100 und für Gelb auf ca. −40. Die Farbe des Eimers verändert sich radikal.

7

Der Eimer des Malers soll nun zusätzliche Farbspuren bekommen. Diese können Sie schnell mithilfe einer weiteren Einstellungsebene *Tonwertkorrektur* anfertigen. Erstellen Sie über der Einstellungsebene *Farbbalance* die Einstellungsebene *Tonwertkorrektur* und nehmen Sie im Dialogfenster folgende Einstellungen vor: Bei *Tonwertspreizung* bewegen Sie den mittleren und rechten Regler nach links, sodass der Eimer sehr hell wird. Im Bereich *Tonwertumfang* reduzieren Sie die Kontraste in hellen Bereichen, indem Sie den rechten Regler stark nach links bewegen. Damit reduzieren Sie nicht nur den Kontrast, sondern auch den roten Ton, der von der darunterliegenden Einstellungsebene *Farbbalance* kommt. Füllen Sie anschließend die Maske der Einstellungsebene *Tonwertkorrektur* mit schwarzer Farbe und demaskieren Sie mit weißer Farbe und unterschiedlichen Pinselspitzen einige Bereiche so, dass der Eindruck von Farbflecken auf dem Eimer entsteht.

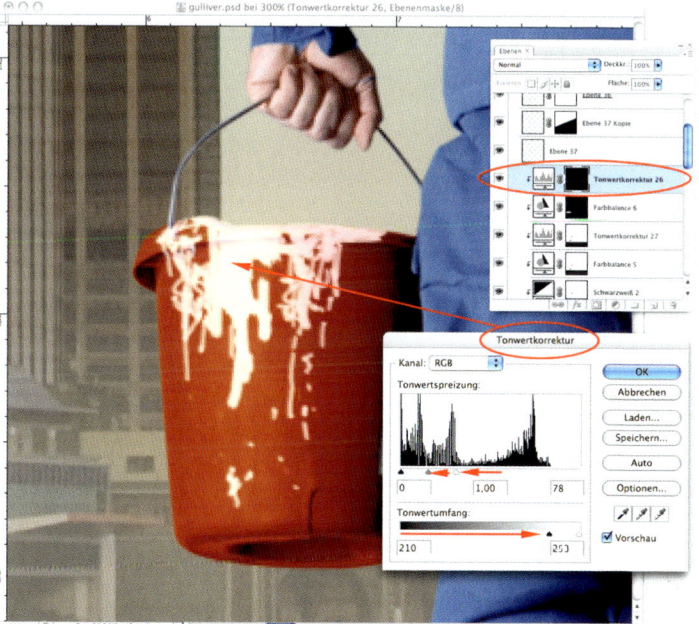

Der Schuhputzer

In der Ebenengruppe mit dem Schuhputzer
können Sie eine oder zwei leere Ebenen erstellen, in denen Sie den Schatten von der
Figur des Mannes malen können. Die Technik kennen Sie bereits.

Den Schatten malen Sie mit schwarzer Farbe. Die Deckkraft der Ebene wird dann
in der *Ebenen*-Palette entsprechend angepasst.

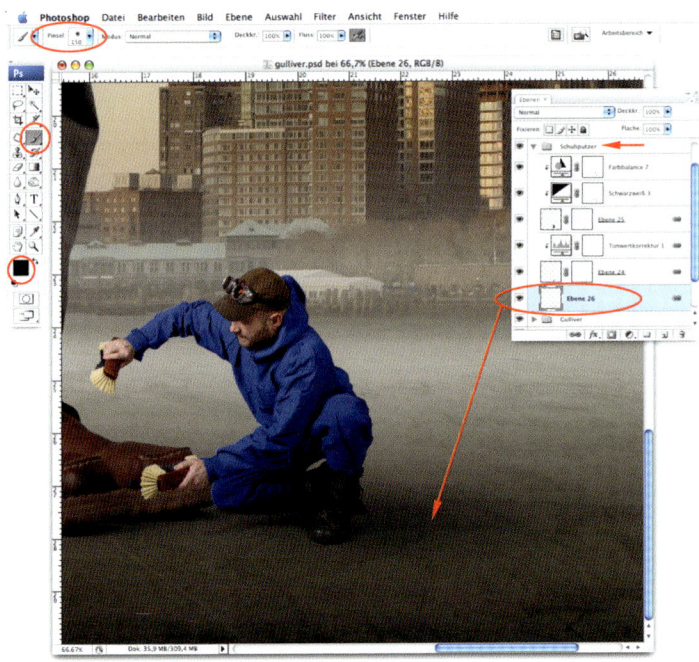

Der fliegende Schneider

Die Anpassungen der Ebenen in der Gruppe mit dem fliegenden Schneider sind minimal.

Die Figur des Schneiders wird unten mithilfe
der Einstellungsebene *Tonwertkorrektur* und
entsprechender Maskierung abgedunkelt.

Gehen Sie hierbei genauso vor wie bei der
Abdunklung der Figur Gullivers oder des
Malers.

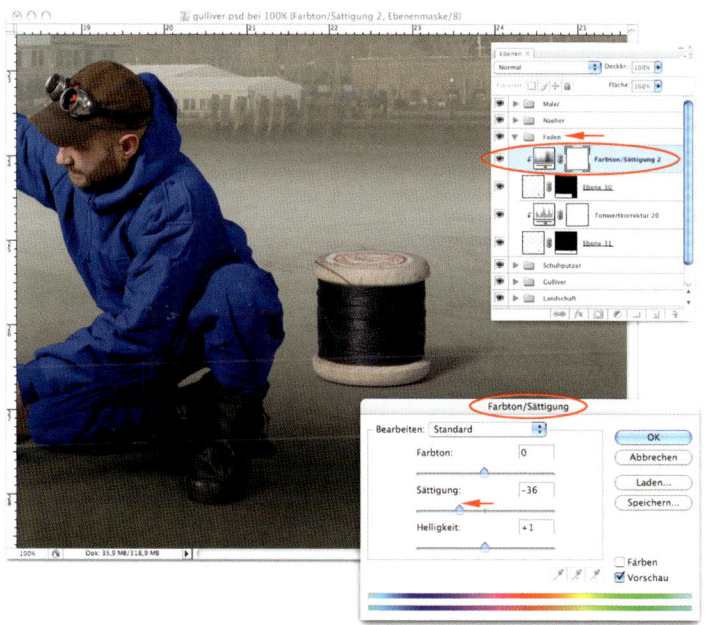

Die Fadenspule

Die Spule mit dem Garn sollte in einer separaten Ebenengruppe platziert werden, da zu der Pixelebene mit der Spule noch einige Einstellungsebenen dazukommen.

1

Damit alle Bildelemente harmonisch in der Komposition aussehen, sollte die Farbintensität einzelner Ebenen aneinander angepasst werden.

Reduzieren Sie die Sättigung der Ebene mit der Spule mithilfe der Einstellungsebene *Farbton/Sättigung* auf ca. –30 bis –40.

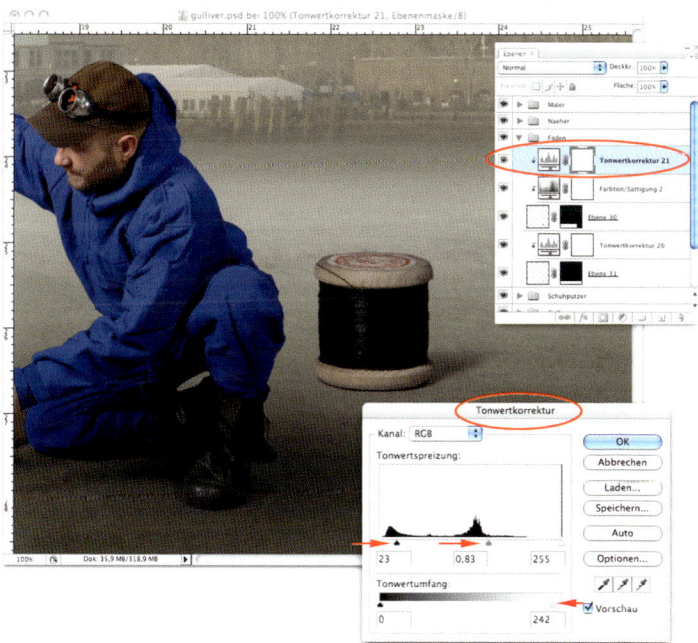

2

Damit die Spule ein wenig in den Hintergrund rückt, sollte diese etwas dunkler und kontrastärmer gemacht werden.

Das erreichen Sie mit einer Einstellungsebene *Tonwertkorrektur* mit Schnittmaske.

Bewegen Sie den linken und den mittleren Regler im Bereich *Tonwertspreizung* nach rechts; den weißen Regler im Bereich *Tonwertumfang* bewegen Sie leicht nach links – wie es in dem Screenshot gezeigt wird.

3

Wenn Sie beim Vorbereiten des Bildes mit der Spule den Faden freigestellt haben, können Sie ihn in die Gestaltung übernehmen.

Aber es ist sehr mühsam, den Faden genau so anzupassen, dass er exakt von der Spule zu der Nadel des Schneiders läuft. Am einfachsten ist es, den Faden nachzuzeichnen.

Erstellen Sie in der Ebenengruppe mit der Spule eine neue leere Ebene. Wählen Sie das Pinsel-Werkzeug (B) mit einer Größe von ca. 3 Pixeln, Härte = 0.

Zeichnen Sie jetzt den Faden freihand. Am besten klappt es, wenn Sie hierfür ein Grafiktablett verwenden.

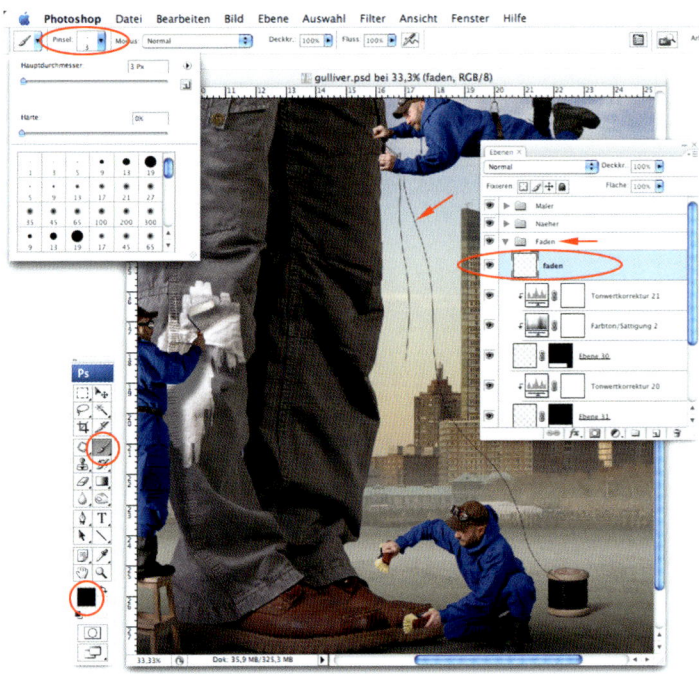

Der gemeine Hund

Warum ist der Hund eigentlich gemein? Weil er den Maler von hinten in die Ferse beißen will.

Genau das sollte authentisch in der Collage dargestellt werden. Wie alle anderen Darsteller und Bildelemente befindet sich die Ebene mit dem freigestellten Hund in einer separaten Ebenengruppe.

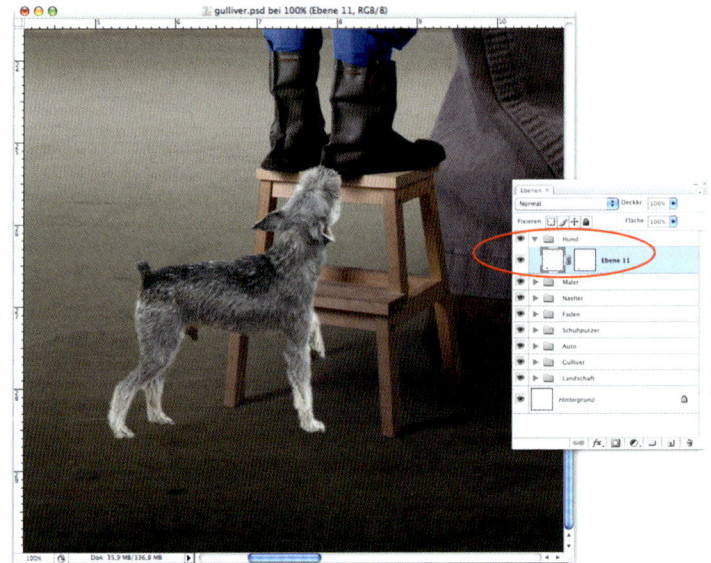

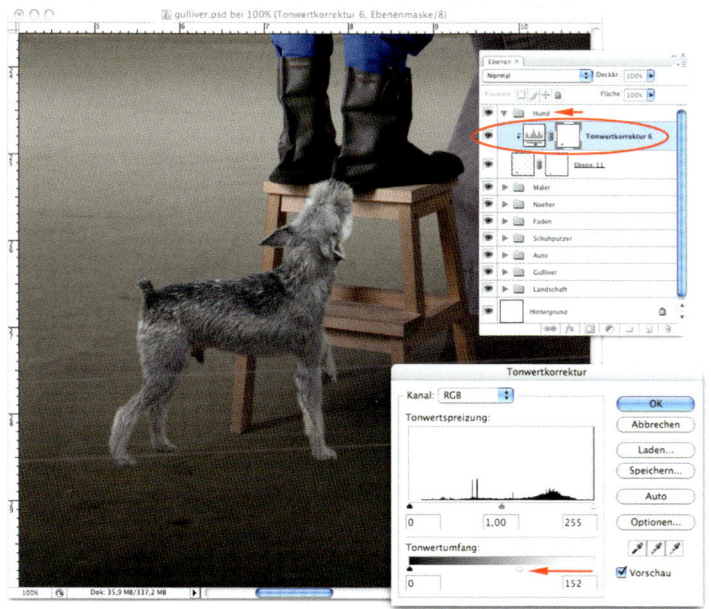

1

Der Hund ist für die Gestaltung eindeutig zu hell, deshalb soll er jetzt in mehreren Durchgängen von der Beleuchtung her angepasst werden.

Erstellen Sie über der Ebene mit dem Hund die erste Einstellungsebene *Tonwertkorrektur*, in der Sie den Kontrast reduzieren.

Bewegen Sie im Bereich *Tonwertumfang* den rechten Regler nach links, sodass helle Bereiche der Ebene mit dem Hund abgedunkelt werden.

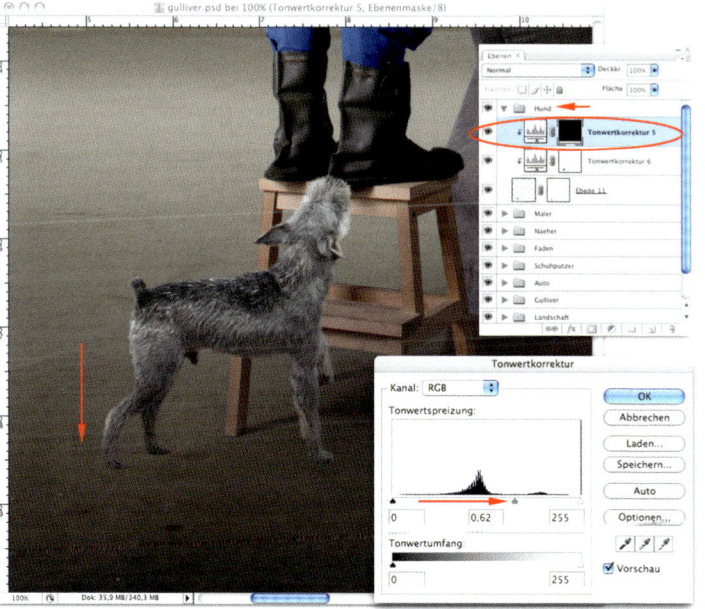

2

Einen weiteren Schritt in der Anpassung der Beleuchtung des Hundes machen Sie wieder mit einer Einstellungsebene *Tonwertkorrektur*.

Diesmal soll sie so maskiert sein, dass nur der untere Teil der Ebene des Hundes von der Wirkung der Einstellungsebene betroffen ist.

Erstellen Sie die Maske mit dem Verlaufswerkzeug. Im Dialog *Tonwertkorrektur* im Bereich *Tonwertspreizung* bewegen Sie anschließend den mittleren Regler leicht nach links.

3

Erhöhen Sie nun den Kontrast der Ebene des Hundes.

Erstellen Sie noch eine Einstellungsebene *Tonwertkorrektur*, in der Sie im Bereich *Tonwertspreizung* den linken und mittleren Regler nach links bewegen, bis der Kontrast der Ebene mit dem Hund dem Kontrast der Ebene mit dem Maler angeglichen ist.

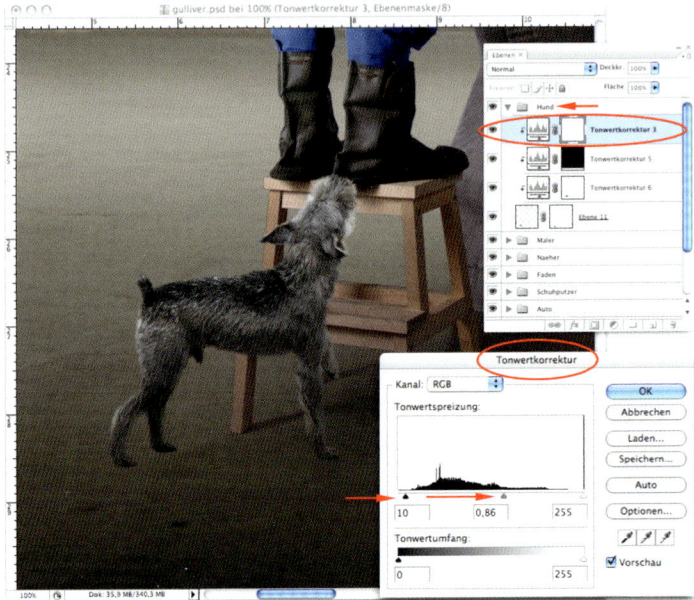

4

Die Schatten in der Ebenengruppe des Hundes sollen natürlich auch realistisch wirken. Erstellen Sie zuerst die Kernschatten – kleine dunkle Flecken unter den Pfoten.

Dazu erzeugen Sie eine neue leere Ebene unter der Ebene des freigestellten Hundes. Wählen Sie das Pinsel-Werkzeug ([B]): Größe ca. 30–40 Pixel, Härte = 0.

Malen Sie auf der Ebene unter jeder Pfote jeweils einen passenden Schatten. Die Anpassung der Form können Sie auf der Ebenenmaske mit dem Pinsel-Werkzeug machen.

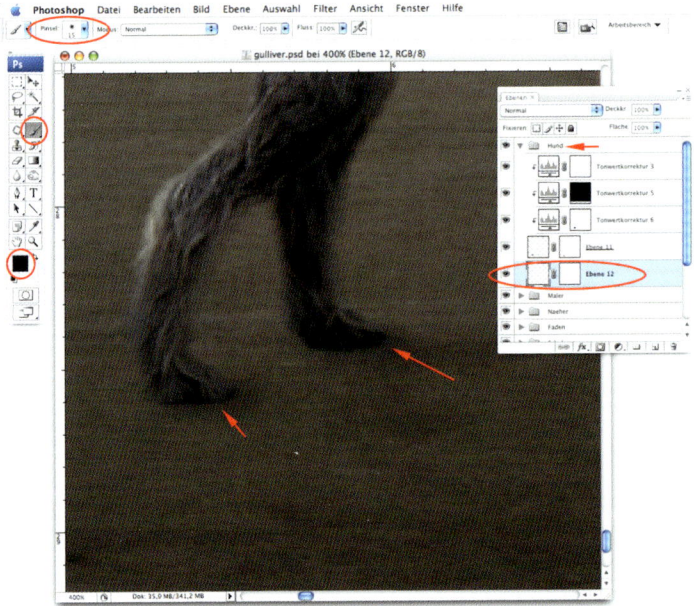

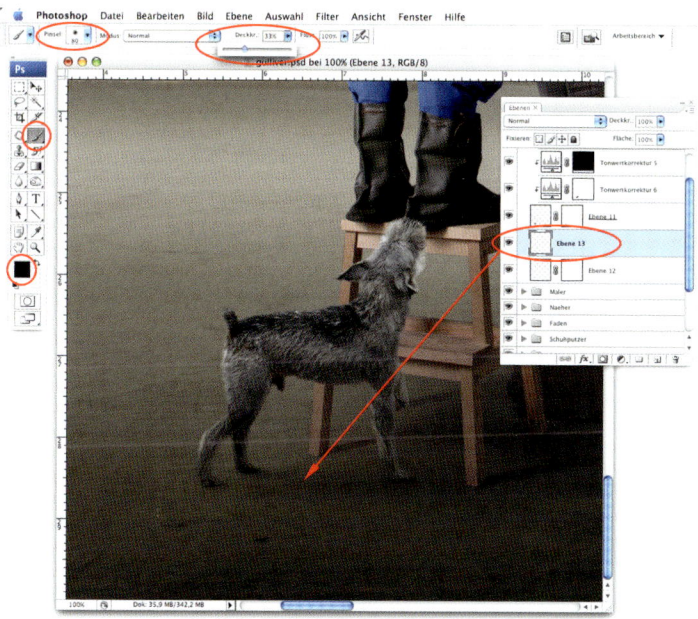

5

Ein weiterer diffuser Schatten wird auf einer neuen Ebene auch mit dem Pinsel-Werkzeug erstellt.

Dazu benötigen Sie eine andere Pinselgröße, ca. 80–100 Pixel.

Die Deckkraft des Pinsel-Werkzeugs reduzieren Sie auf ca. 30–40 %.

Malen Sie den Schatten so, wie es der Pfeil in der Abbildung andeutet.

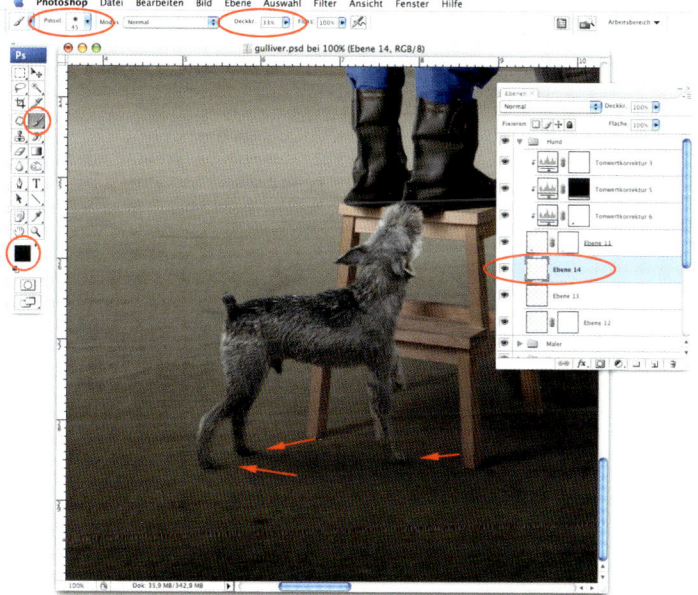

6

Von den Beinen des Hundes sollen zusätzlich noch längliche Schatten auf den Boden fallen.

Diese Schatten malen Sie wieder auf einer leeren Ebene.

Wie Sie sehen, erfolgt die Schattennachbildung nicht auf einer (was theoretisch möglich ist), sondern auf mehreren Ebenen.

Das geschieht nicht ohne Grund. Sie können jedes Element des Schattens beliebig nachbessern oder verändern, ohne die mühsam erstellte „Konstruktion" komplett zu zerstören.

Der Vogel

1

Der Vogel wurde zuerst freigestellt und dann mit dem Verschieben-Werkzeug ([V]) in die Gestaltungsfläche gezogen.

Für die Ebene mit dem Vogel und dazugehörige Einstellungsebenen, die noch erzeugt werden, erstellen Sie eine Ebenengruppe.

Diese Gruppe soll in der *Ebenen*-Palette unter der Gruppe des fliegenden Schneiders liegen.

2

Der Vogel wurde bei Kunstlicht fotografiert. Dabei hat die Weißabgleich-Einstellung der Kamera nicht ganz korrekt funktioniert, deshalb wurde das Foto leicht gelbstichig.

Aus diesem Grund ist die erste Aufgabe die Farbstichreduktion. Dazu reicht einfach die Verringerung der Sättigung.

Erstellen Sie über der Ebene mit dem Vogel eine Einstellungsebene *Farbton/Sättigung* mit Schnittmaske und reduzieren Sie die Sättigung auf ca. –30.

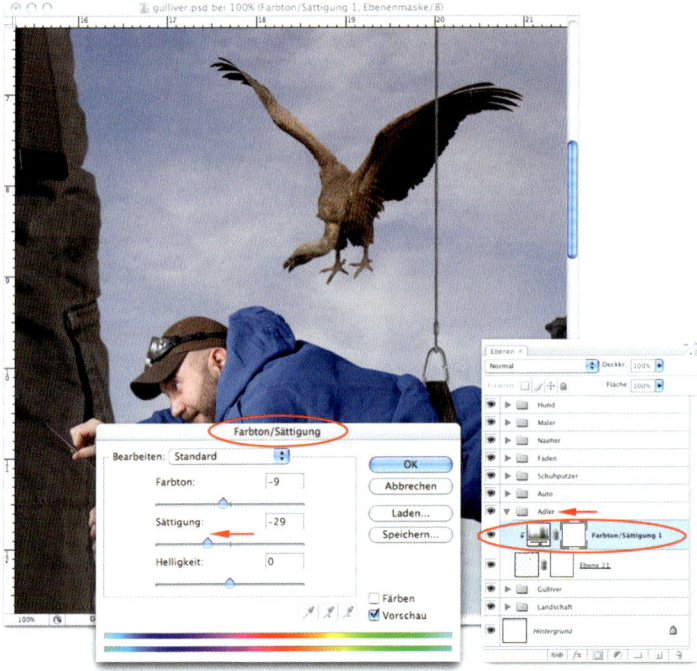

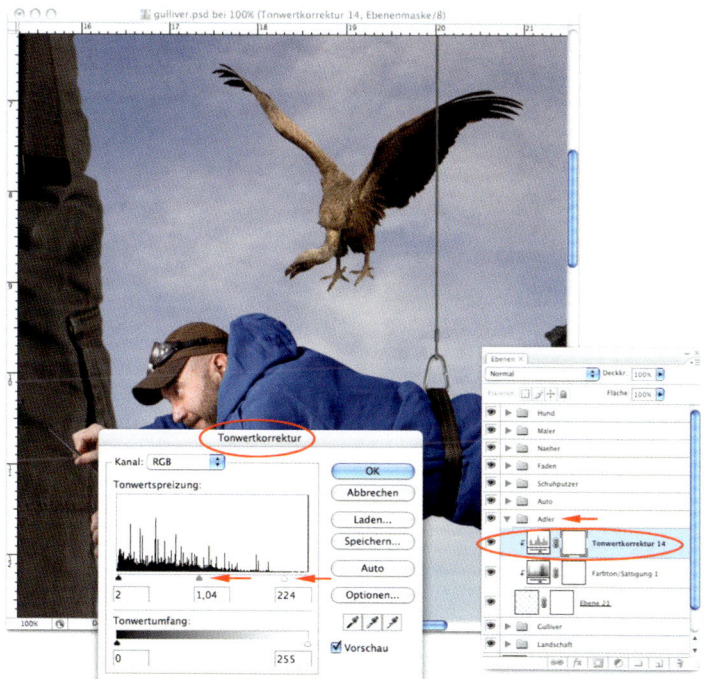

3

Damit das Gefieder des Vogels besser zur Geltung kommt, sollten Helligkeit und Kontrast der Ebene angepasst werden.

Das machen Sie mit der Einstellungsebene *Tonwertkorrektur*, in der Sie den mittleren sowie den rechten Regler im Bereich *Tonwertspreizung* leicht nach links verschieben, ungefähr so, wie es in dem Beispielbild zu sehen ist.

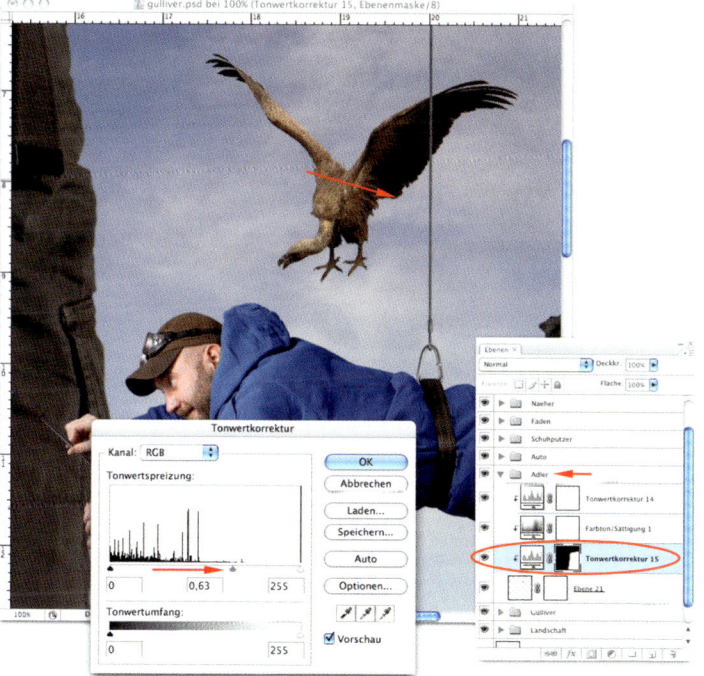

4

Die unregelmäßige Beleuchtung des Vogels kreieren Sie auf ähnliche Art, wie Sie das bereits bei Gulliver und dem Maler gemacht haben.

Die Einstellungsebene *Tonwertkorrektur* mit Schnittmaske hellt die Ebene mit dem Vogel auf – der mittlere Regler im Bereich *Tonwertspreizung* wird nach links verschoben.

Mit dem Verlaufswerkzeug ([G]) maskieren Sie den linken Teil der Ebene mit dem Vogel, sodass die Fläche unter dem rechten Flügel (von uns aus gesehen) dunkler wird.

8.5 Details im Hintergrund der Komposition

Bei einem Composing wie diesem kommt es auf jedes Detail an. Auch wenn Sie die Hauptdarsteller gekonnt in der Szene platziert haben, ist es wichtig, zusätzlich einige kleine Details in den Hintergrund zu integrieren. Auf den ersten Blick erscheinen diese Elemente unbedeutend, sie sollten auch die Hauptelemente im Vordergrund nicht stören. Diese kleinen Details runden die Komposition ab und lassen den Betrachter länger durch das Bild „wandern".

Das Auto

1

Das Auto wurde mit dem Zeichenstift-Werkzeug ([P]) freigestellt und in die Komposition integriert.

Achten Sie auch hierbei auf die Perspektive. Das Auto im Hintergrund sollte nicht zu groß sein. Damit unterstreichen Sie die Weite der Landschaft.

2

Den Schatten unter dem Auto gestalten Sie nach dem Ihnen bekannten Prinzip: eine neue leere Ebene, in der Sie die Form des Schattens mit dem Pinsel malen.

Die weicheren Übergänge gestalten Sie mit dem Verlaufswerkzeug ([G]) in der Ebenenmaske.

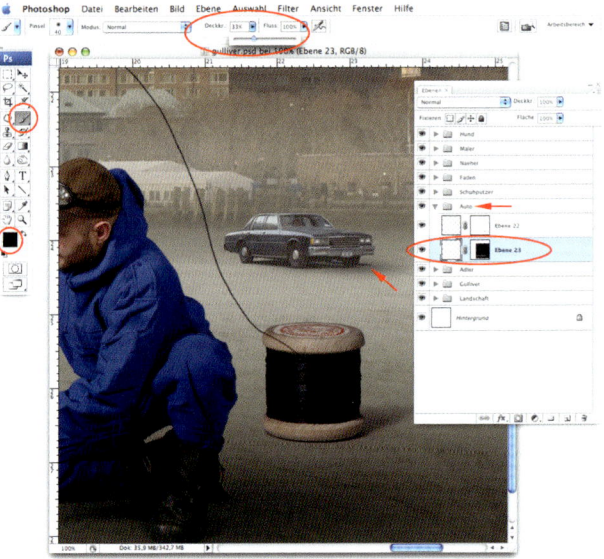

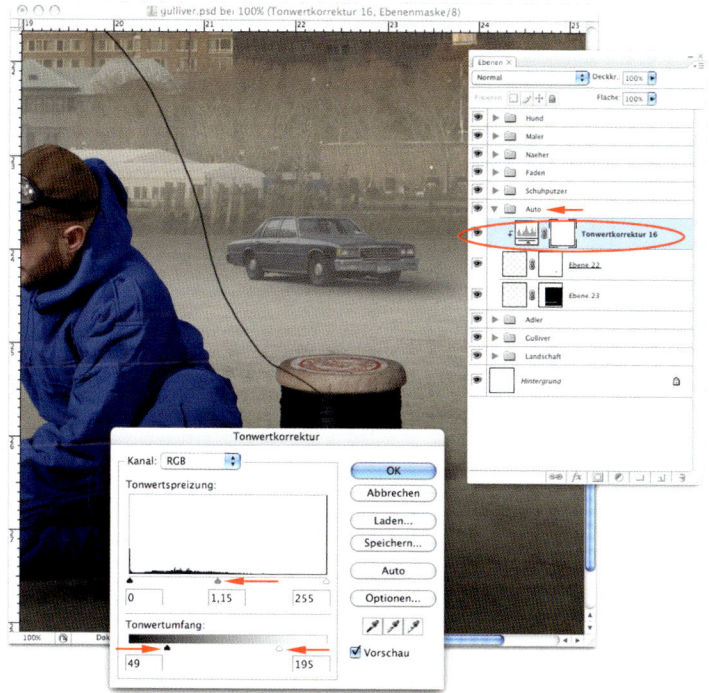

3

Unterstreichen Sie mit einer zusätzlichen Bearbeitung, dass das Auto weit von der Gulliver-Gruppe entfernt ist.

Erstellen Sie über der Ebene mit dem Auto eine Einstellungsebene *Tonwertkorrektur* mit Schnittmaske. Reduzieren Sie den Kontrast, indem Sie im Bereich *Tonwertspreizung* den mittleren Regler leicht nach links bewegen.

Im Bereich *Tonwertumfang* bewegen Sie den linken Regler leicht nach rechts und den linken leicht nach links.

Das Bild wird flauer und die Illusion, dass das Auto ziemlich weit im Hintergrund steht, ist perfekt.

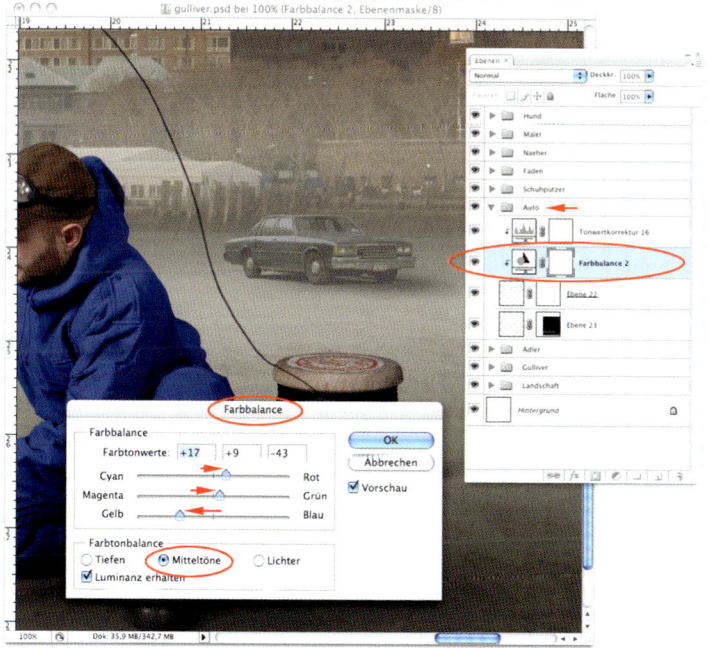

4

Mit der Einstellungsebene *Farbbalance* gleichen Sie nun noch die Farben aus. Verstärken Sie im Bereich *Mitteltöne* die Werte für Rot (ca. +20) und Gelb (ca. –45).

5

Eine stärkere räumliche Wirkung des Autos erreichen Sie, wenn Sie das Auto vorn etwas dunkler und hinten etwas heller gestalten. Dazu benötigen Sie eine weitere Einstellungsebene *Tonwertkorrektur*.

Diese positionieren Sie am besten gleich über der Ebene des Autos; die Schnittmaske wird dann automatisch erzeugt (weil sich darüber weitere Einstellungsebenen mit Schnittmasken befinden).

Bewegen Sie im Bereich *Tonwertspreizung* die linken und mittleren Regler leicht nach rechts. Erstellen Sie dann einen Maskierungsverlauf, wie es der Pfeil in dem Beispielbild andeutet.

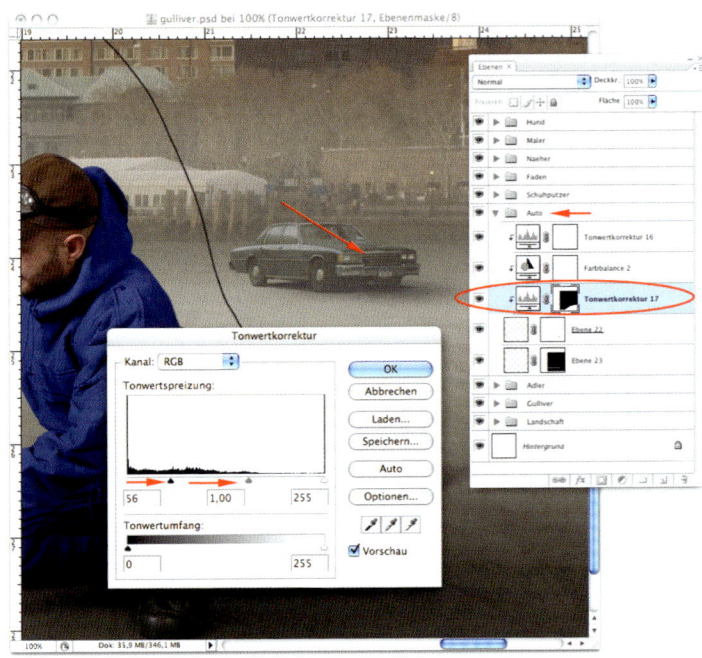

Der Helikopter

Das Bild des Helikopters wird ausnahmsweise nicht freigestellt.

Da der Hubschrauber im Flug fotografiert wurde und der Himmel auf dem Originalfoto wolkenlos war, können Sie sich die Freistellung ersparen.

1

Ziehen Sie das Bild des Hubschraubers in die Gestaltungsfläche der Collage und erstellen Sie für den Hubschrauber ebenfalls wieder eine Ebenengruppe.

Skalieren Sie das Bild des Hubschraubers und wechseln Sie die Ebenenfüllmethode auf *Weiches Licht*.

Erstellen Sie auf der Ebene des Hubschraubers eine Ebenenmaske und maskieren Sie diese mit dem Verlaufswerkzeug ([G]) von allen Seiten, sodass die Kanten des Originalbildes nicht mehr sichtbar sind.

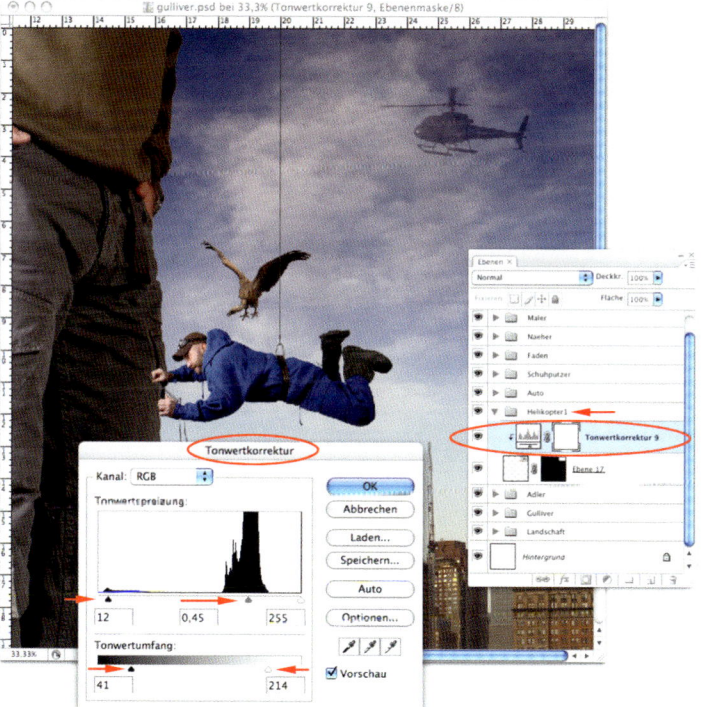

Machen Sie den Hubschrauber kontrastarm – so entsteht der Eindruck, dass die Entfernung zum Hubschrauber sehr groß ist.

Erstellen Sie über der Ebene mit dem Hubschrauber eine Einstellungsebene *Tonwertkorrektur*.

Gehen Sie vor wie bei der Kontrastverringerung des Autos. Im Bereich *Tonwertspreizung* bewegen Sie den linken und mittleren Regler nach rechts und im Bereich *Tonwertumfang* beide Regler in die entgegengesetzte Richtung.

4

Zuletzt können Sie beide Ebenen – die Ebene des Hubschraubers und die Einstellungsebene *Tonwertkorrektur* – markieren und auf das Symbol *Neue Ebene* ziehen.

Beide Ebenen erscheinen in der *Ebenen*-Palette nun noch einmal. Damit erreichen Sie mehr Transparenz beim Originalhintergrund des Bildes mit dem Hubschrauber und machen den Hubschrauber selbst etwas dunkler – fertig.

Die Radfahrer

Im Hintergrund wird zusätzlich noch ein Foto mit zwei Radfahrern eingesetzt. Die Radfahrer wurden zuvor freigestellt. (So wie mit dem Hubschrauber wird es leider nicht gehen, weil der Hintergrund des Originals nicht so ruhig ist wie das Bild des Hubschraubers im sauberen blauen Himmel.)

1

Die Ebene mit den freigestellten Radfahrern wird in einer Ebenengruppe in die Collage integriert.

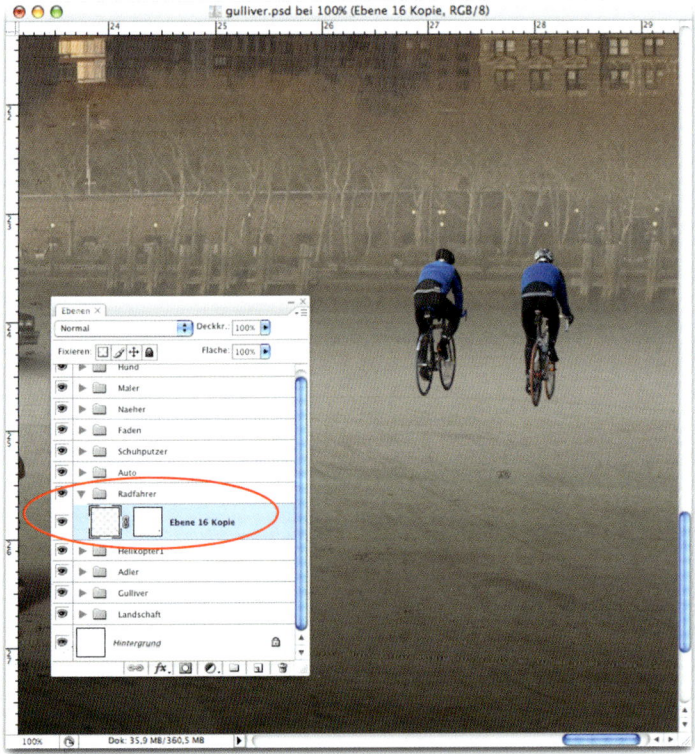

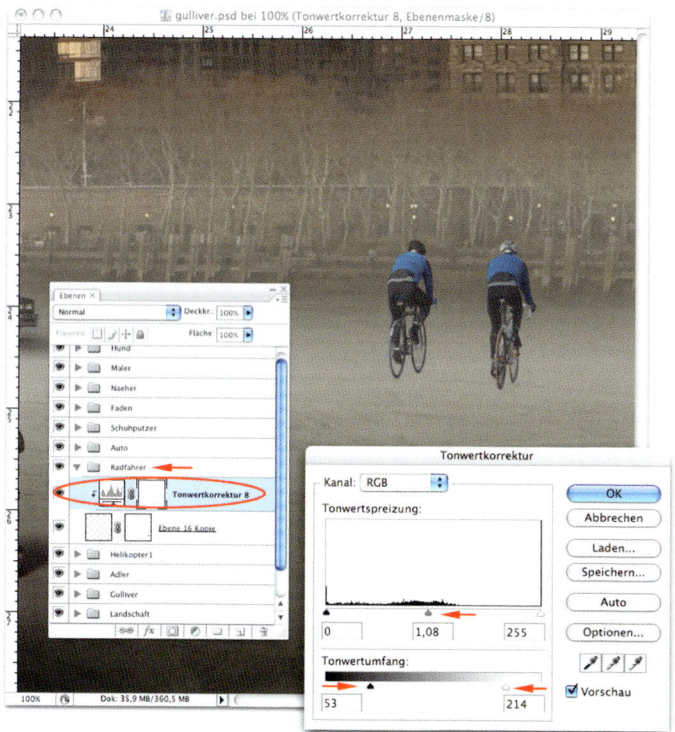

2

Der Kontrast der Ebene der Radfahrer wird mit der Einstellungsebene *Tonwertkorrektur* mit Schnittmaske ebenfalls etwas abgeschwächt.

Am wichtigsten beim Abschwächen des Kontrastes ist es, dass die Regler im Bereich *Tonwertumfang* Richtung Mitte bewegt werden.

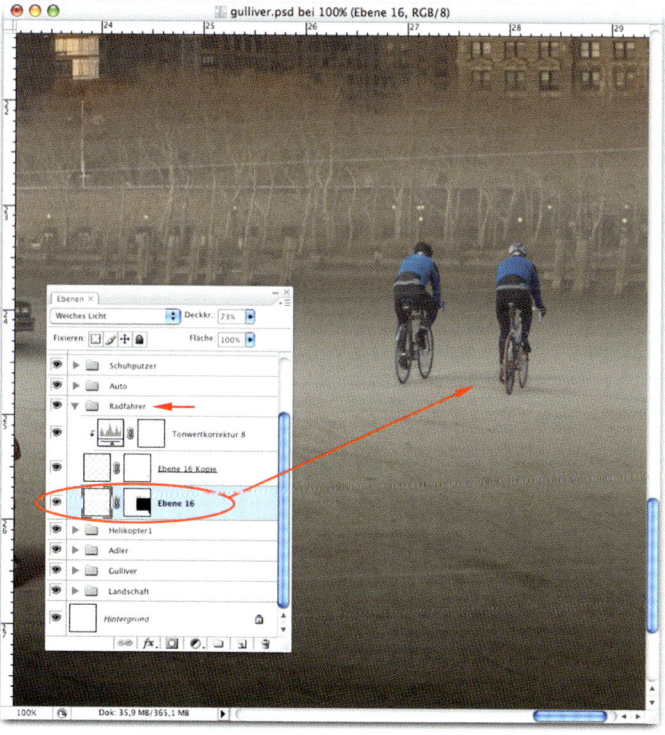

3

Wenn Sie den Schatten vom Originalhintergrund verwenden können, ist dies von Vorteil, dann können Sie sich nämlich einige Schritte beim Erstellen des künstlichen Schattens ersparen.

Auf dem Originalbild war der Schatten auf dem hellgrauen Asphalt deutlich sichtbar, deshalb wurde er auf einer separaten Ebene freigestellt und mit der Ebenenfüllmethode *Weiches Licht* ausgestattet.

4

Mit der Einstellungsebene *Tonwertkorrektur*, bei der im Bereich *Tonwertspreizung*
der mittlere und linke Regler nach rechts bewegt wurden, verstärken Sie den Kontrast
der Schatten.

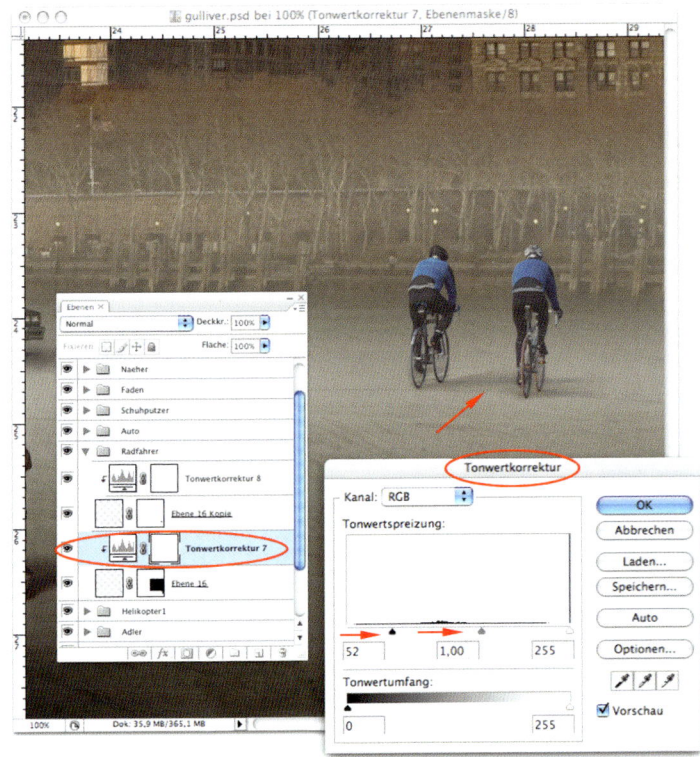

8.6 Geklonte Objekte perspektivisch korrekt verteilen

In der Komposition kommen die Pfeiler zum Einsatz, die aus einem Foto freigestellt, in die Gestaltung integriert, geklont und verteilt werden. Dabei ist es wichtig, die geklonten Objekte gekonnt zu verteilen, sodass diese perspektivisch korrekt wirken.

1

Stellen Sie den Pfeiler frei und verschieben Sie die Ebene mit dem freigestellten Objekt in die Arbeitsfläche der Collage.

2

Skalieren Sie die Ebene mit dem Pfeiler auf die gewünschte Größe.

3

Die Kontraste der Ebene des Pfeilers sollten an die Kontrastverhältnisse in der Collage angepasst werden.

Da der Pfeiler nicht im Vordergrund stehen bleibt, sollte der Tonwertumfang reduziert werden – bewegen Sie die Regler für den Tonwertumfang daher in die Mitte.

Zusätzlich können Sie die Helligkeit der Ebene etwas reduzieren, indem Sie im Bereich *Tonwertspreizung* den linken und den mittleren Regler nach rechts bewegen.

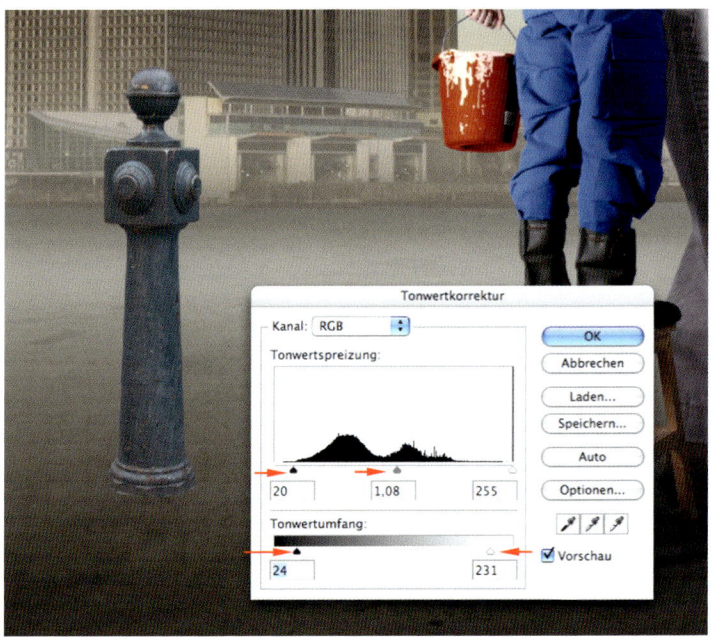

4

Den Schatten des Pfeilers können Sie entweder mit dem Pinsel-Werkzeug ([B]) auf einer neuen Ebene, die unter der Ebene des Pfeilers liegt, malen, wie Sie das bereits bei anderen Bildelementen gemacht haben.

Oder Sie machen es etwas anders: Wählen Sie das Lasso-Werkzeug ([L]) und erstellen Sie eine Auswahl, die zu der Form des Schattens passen würde.

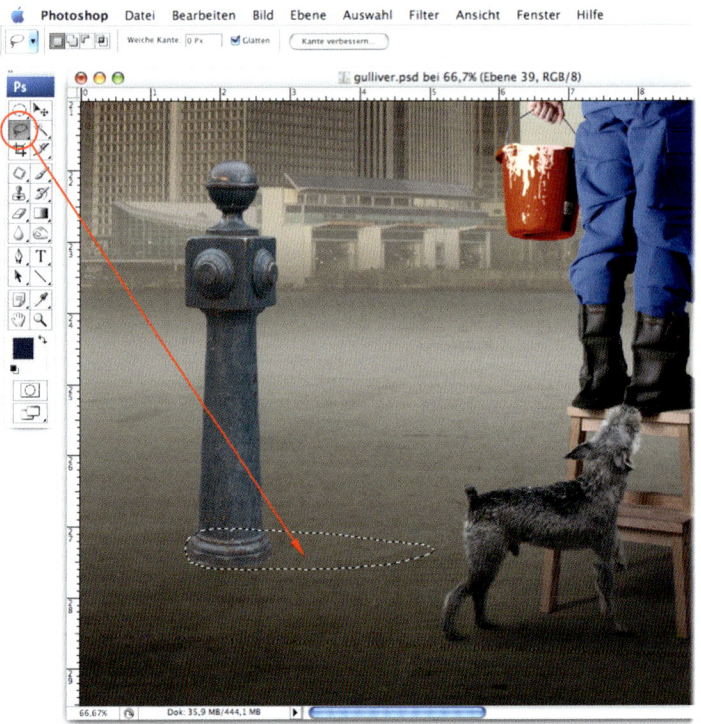

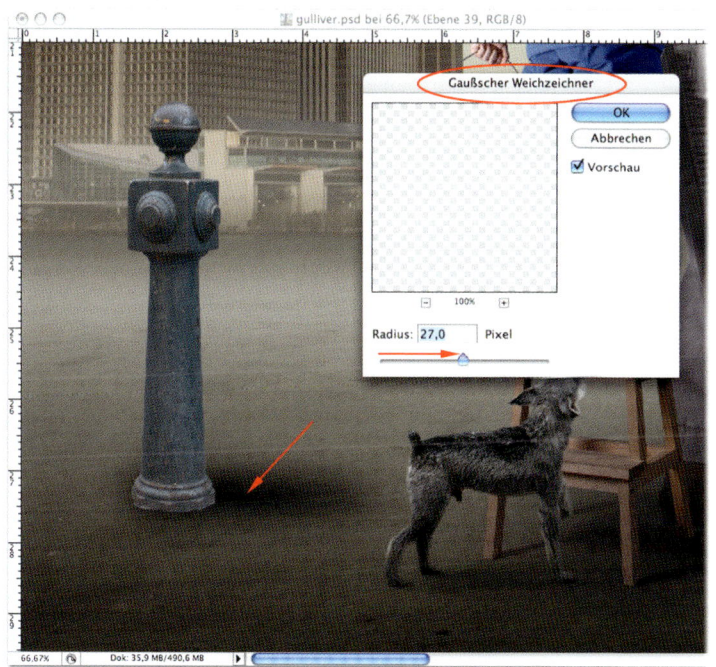

5

Füllen Sie die Auswahl auf der leeren Ebene unter der Ebene des Pfeilers mit schwarzer Farbe und heben Sie dann mit [Strg]+[D] die Auswahl auf.

Bearbeiten Sie anschließend die Auswahl mit *Filter/Weichzeichnungsfilter/Gaußscher Weichzeichner*.

Verwenden Sie im Dialog *Gaußscher Weichzeichner* einen Radius von ca. 25–30 Pixeln.

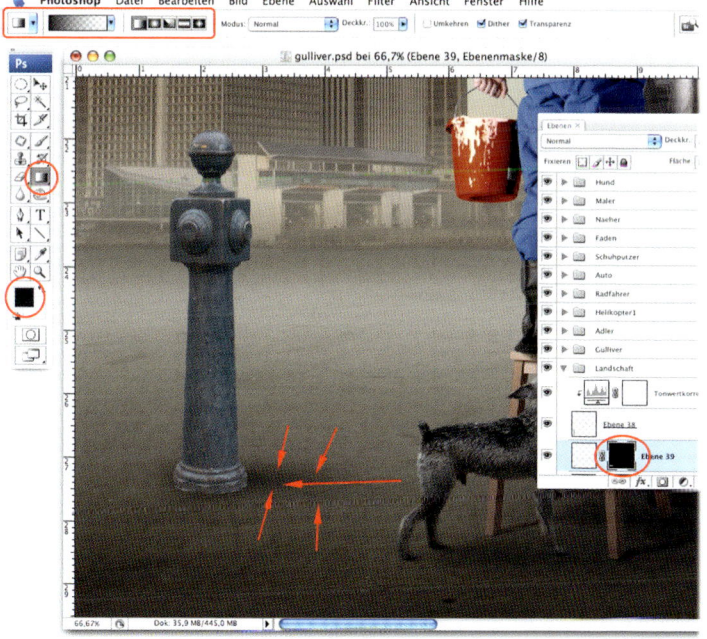

6

Die genaue Anpassung der Form des Schattens erfolgt mit dem Verlaufswerkzeug ([G]) auf der Maske der Ebene mit der erstellten schwarzen Fläche.

Reduzieren Sie bei Bedarf die Deckkraft der Ebene des Schattens.

7

Der erste Pfeiler samt Schatten ist fertig und kann jetzt geklont werden. Markieren Sie hierzu beide Ebenen sowie die zu der Ebene des Pfeilers gehörende Einstellungsebene *Tonwertkorrektur* und ziehen Sie diese auf das Symbol *Neue Ebene*.

Die drei Ebenen erscheinen in der *Ebenen*-Palette dann noch einmal. Verschieben Sie diese weiter nach hinten und aktivieren Sie mit Strg+T den Transformationsrahmen.

Skalieren Sie danach die Ebenen, die zu dem zweiten Pfeiler gehören, bei gedrückter Umschalt-Taste.

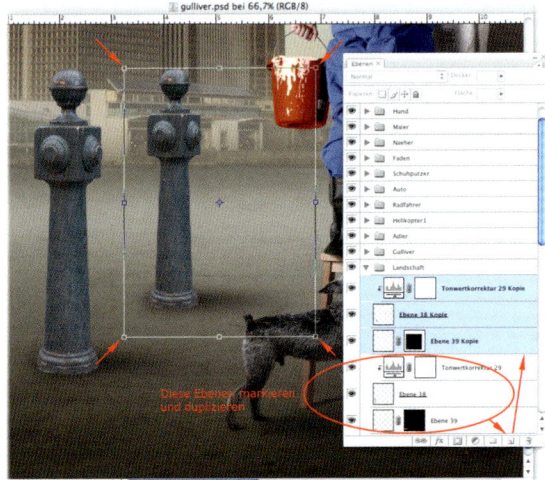

8

Die Ebenen und Einstellungsebenen der beiden Pfeiler können Sie in je einer Ebenengruppe vereinigen.

Dass sich die Ebenengruppen wiederum innerhalb einer darüberliegenden Ebenengruppe befinden, ist kein Problem. Außerdem bleiben diese Untergruppen nicht lange bestehen.

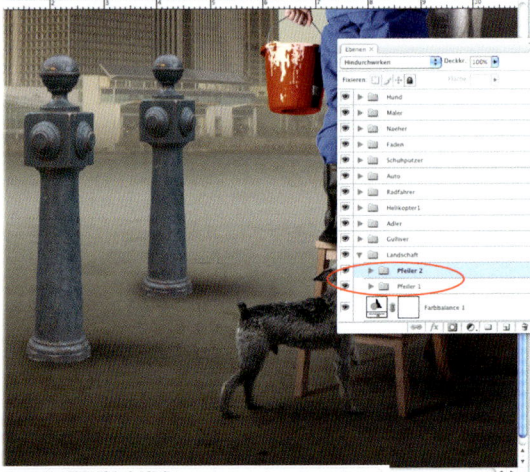

9

Wie bereits angekündigt, wird die verschachtelte Ebenengruppenstruktur vereinfacht.

Markieren Sie je eine Ebenengruppe mit dem Pfeiler, klicken Sie mit der rechten Maustaste und wählen Sie die Option *Gruppe zusammenfügen*.

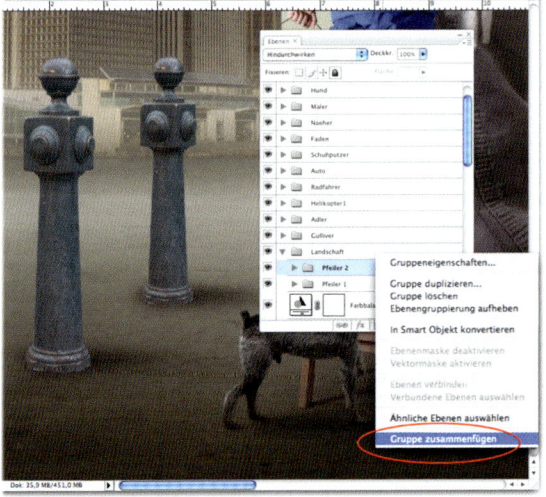

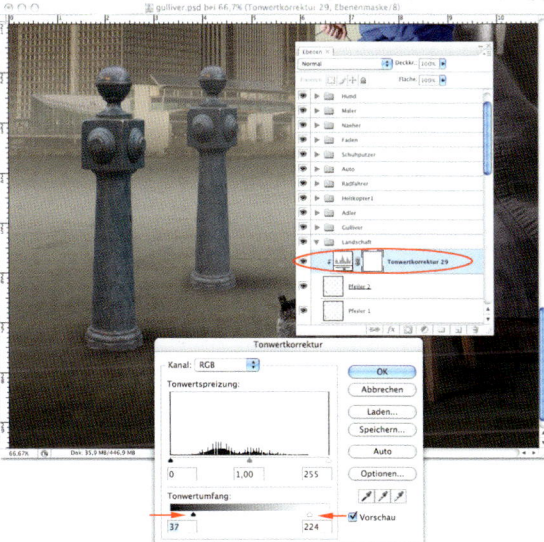

10

Bei der Tiefenverteilung der geklonten Objekte soll der Kontrast der Objekte weiter nach hinten verringert werden. Das erledigen Sie mit den Einstellungsebenen *Tonwertkorrektur*.

In unserem Beispiel sehen Sie nur zwei Pfeiler. Auf dem finalen Bild werden aber mehrere geklonte Objekte eingesetzt.

Je weiter das Objekt vom Betrachter entfernt ist, umso kontrastärmer soll dieses Objekt sein.

Diese Wirkung können Sie mit den Reglern im Bereich *Tonwertumfang* des Dialogs *Tonwertkorrektur* sehr gut steuern.

11

Auf diese Weise kann ein ganzer Weg von den geklonten Pfeilern erstellt werden. Natürlich ist das viel Arbeit und die Erfahrung spielt dabei auch eine wichtige Rolle.

Wenn Sie die Technik gut beherrschen, steht einer korrekten perspektivischen Verteilung der geklonten Objekte nichts mehr im Wege.

Somit ist Ihr Composing fertig.

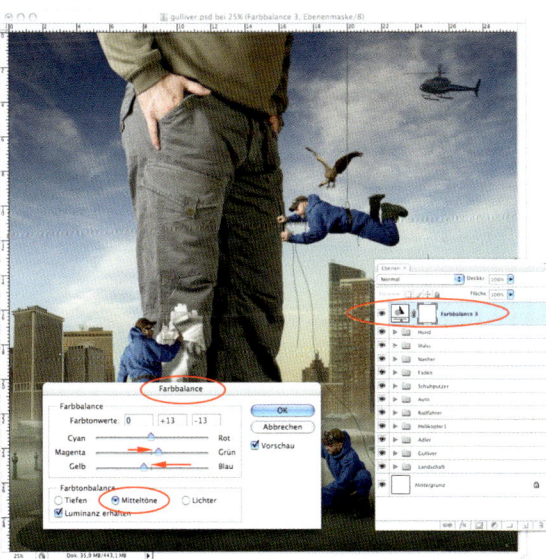

Farbstimmung des ganzen Bildes anpassen

Am Ende können Sie ausprobieren, wie die Farbstimmung des ganzen Bildes angepasst werden kann. Dazu brauchen Sie nur eine Einstellungsebene *Farbbalance*, die sich ganz oben in der *Ebenen*-Palette befindet. Probieren Sie aus, wie das Bild wirkt, wenn Sie im Bereich *Mitteltöne* die Werte für Grün und Gelb

leicht verstärken. Das fertige Ergebnis sehen Sie auf der nächsten Seite. Auf einer weiteren Seite können Sie sehen, wie andere „Monumentalfilme" gestaltet wurden. Die Technik dazu ist Ihnen bereits bekannt. Probieren Sie es selbst aus, so ein komplexes Composing zu kreieren. Viel Erfolg!

Fotografie, Produktion: Kaplun & Kaplun GbR

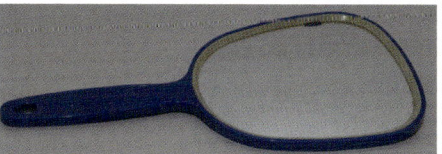

Fotografie, Produktion: Kaplun & Kaplun GbR

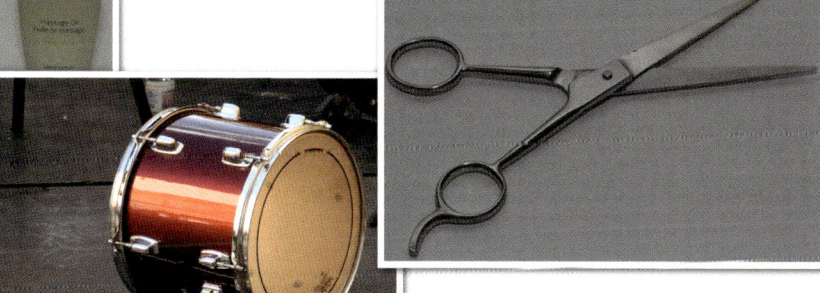

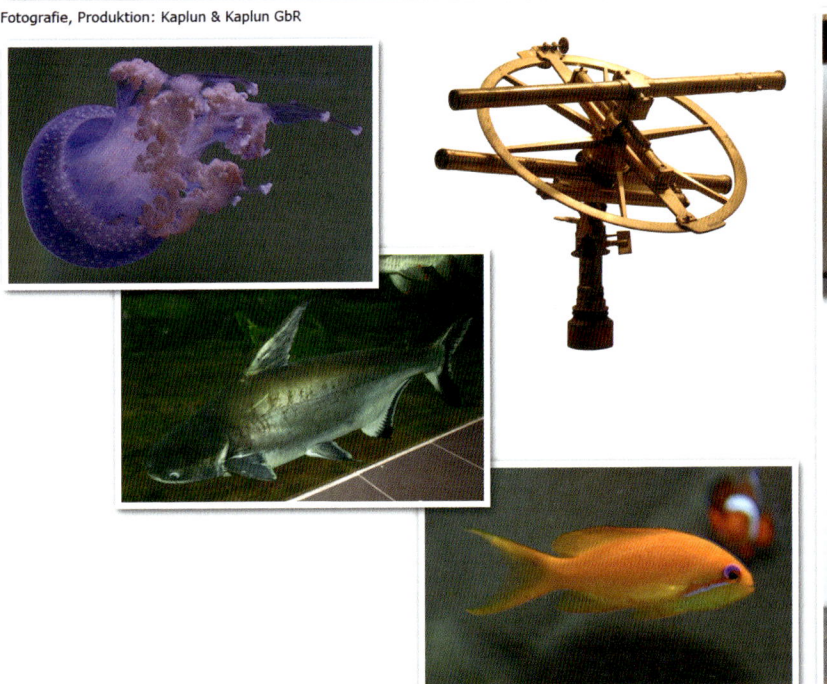

Fotografie, Produktion: Kaplun & Kaplun GbR

Fotografie, Produktion: Kaplun & Kaplun GbR

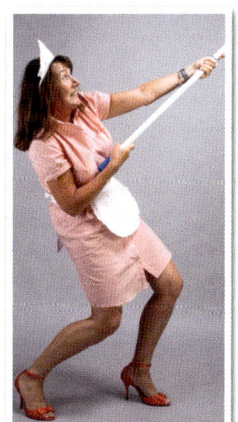

A

B

C

D

E

F

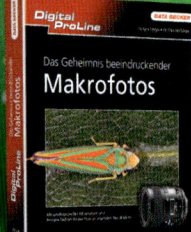
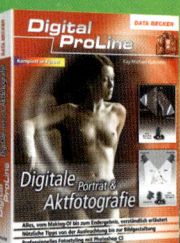